图书在版编目(CIP)数据

党内法治逻辑与范畴/肖金明等著. —济南:山东大学出版社,2018.12

(法治中国创新研究/肖金明主编)

ISBN 978-7-5607-6265-4

Ⅰ.①党… Ⅱ.①肖… Ⅲ.①中国共产党—党的纪律—研究 Ⅳ.①D262.13

中国版本图书馆 CIP 数据核字(2018)第 289163 号

责任策划:尹凤桐
责任编辑:谭学秋
封面设计:张 荔

出版发行:山东大学出版社
　　社　址　山东省济南市山大南路 20 号
　　邮　编　250100
　　电　话　市场部(0531)88363008
经　　销:新华书店
印　　刷:山东新华印务有限责任公司
规　　格:720 毫米×1000 毫米　1/16
　　　　　24.5 印张　386 千字
版　　次:2018 年 12 月第 1 版
印　　次:2018 年 12 月第 1 次印刷
定　　价:38.00 元

总　序

一

前些年，有一部名为《法治中国》的政论片引人注目，它由“奉法者强”“大智立法”“依法行政”“公正司法（上）”“公正司法（下）”“全民守法”六集构成，比较全面地呈现了改革开放以来尤其是党的十八大以来中国法治建设取得的重大成就。如果说这部政论片还有什么需要改善和加强的地方，那就应当是进一步突出宪法在法治中国建设中的基础地位，凸显依规治党和依法执政对于依法治国战略实施的关键作用，强化法治社会理论与实践对于法治国家建设的重大价值，更加完整地表述新时代全面依法治国、建设法治中国战略的内涵和外延。从一定意义上讲，在推进国家治理体系和治理能力现代化进程中，法治中国是一个需要特别涵养的概念，它已经超出了传统的法学和法治知识体系，强烈需要中国法治理论创新、制度创新和实践创新。基于此，法治中国的时代命题似乎还可以更严谨一些，可以完善各集题名为：第一集“奉法者强，尊宪者威”，第二集“依规治党，依法执政”，第三集“科学立法，良法善治”，第四集“严格执法，依法行政”，第五集“公正司法，司法公信”，第六集“全民守法，法治社会”。这不仅可以进一步加强《法治中国》的完整性，更能够在世界视野中深层次地反映法治建设的中国元素、中国特色和中国风格。

“法治中国创新研究丛书”就是这样一部体现法治建设中国元素、中国特色和中国风格的创新性理论成果。该成果以“奉法者强，尊宪者威”为信条，将党内法规与法治建设、科学立法与良法善治、行政创新与法治政府、公正司法和司法公信、法治社会与社会治理等新时代重大理论和实践命题整合为一个研究系列，或以新内容或以新视角，面向更为宏阔和更有深度的法治中国建设伟大实践，在如下几个领域或方向上的学术创新和理论深化取得了重要进展：

一是秉持法治创新的基本理念，确认“政党—国家—社会”的分析框架，基于在党内法治、国家法治、社会法治三条战线上全面推进法治的逻辑认识，以党内法规现象为研究对象，运用一般法学原理和方法探讨党内法规制度的形成和运作；从提升党内法规研究学理化水平、推动党内法规学学科化的角度，系统探讨党内法治的基本范畴和特别逻辑，超越传统法学与传统法治的视野与范式；在考察中国共产党党内法治历史经验的基础上，分析党内法规制度逻辑，研究党内法治实践规律，深化党内法治理论研究，形成“理论—历史—制度—实践”的党内法治研究框架体系。

二是以立法的科学性为基本出发点，以法治运行的逻辑起点——立法现象为主要研究对象，遵循“实践—规律—制度”的分析理路，探讨科学立法的经验与规律，探索完善立法制度体系的机制与路径，致力于深化科学立法研究，推动立法学学科不断成熟发展，全面提升我国立法实践的科学化、规范化与法治化水平；基于为全面依法治国、建设法治中国战略实施提供坚实立法支持与有力法治保障的实际需要，反对立法虚无主义与法律万能主义，坚持用实践的、发展的、全面的眼光认识立法现象，正确处理立法与法治、改革、发展、反腐等重大命题的逻辑关联；在法学学科体系中明确立法学的智识贡献，多维和真实地揭示立法现象的本质与规律，进而检视和构造立法实践的制度依据、行动过程、产出形态、利益方案和表达方式。

三是以人民主体性为根本出发点，以非强制性的行政权力形态——行政软权力为主要研究对象，从功能主义的理论视阈出发探索行政软权力理论形态及其实践经验，以深入推动中国特色社会主义法治政府建设，推动行政程序法制、行政伦理法制和社会价值评价法制的发展，并坚持“法治国家、法治政府、法治社会一体建设”的基本思路，紧扣时代脉搏，关注行政自主领域软权力治理的实践和法治化路径，回应了行政软权力及其法治化的理论难题，构建起一个比较严谨的理论范畴与体系，为行政国时代硬权力治理与软权力治理相结合的现代行政法治提供理论依据，对创新中国行政法理论和完善中国公法学理论体系，具有重要学术价值，对推进全面依法治国、建设法治中国，深入依法行政、建设法治政府，推进新时代国家治理体系和治理能力现代化，具有重大现实意义。

四是将立法、执法与司法确定为法治国家建设的三个基本维度，明确它们对法治国家、法治政府、法治社会一体建设的重要作用，尤其强调司法是制约权力、保障权利实现的最后一道屏障，立基于四十年改革开放宏大背景之下叙事，贯穿“权利与权力之间的制约平衡”基本逻辑，将公正司法置于各种关系之中予以观察和界定，对公正司法的逻辑与路径展开系统的学理阐述，尤其是打破以往仅从司法主体或者司法过程探讨司法公正的传统，更加注重司法公正的实现逻辑及其路径，将司法改革与公正司法紧密相连，以公正司法的目标方向引导司法改革，以司法改革完善公正司法的维护和实现机制，并按照通过司法改革走向司法公正的逻辑进路，重点探讨司法改革的重大现实问题，分析司法改革面临的迷局和存在的隐患，防范司法改革中的“撕布效应”，以及深化司法改革须正确处理的多重关系。

五是遵循国家法与民间法共治的法治逻辑，呼吁关注以社会权利为基础的民间法现象，基于法治社会中民间法与国家法的关系、民间法的现状以及民间法如何回应社会结构变化等多元角度分析，提出“社会三元结构理论”与回应型民间法的一般理论，夯实民间法与法治社会关系的理论基础，阐明民间法对于法治社会建设的重大意义和积极作用，将法治发展的历史视为一部激昂的政治发展史和一部鲜活的社会发展史，表达了法治依赖于有法有治、政治受制于权力博弈、社会常呼唤多元价值的重要观点，强调法治社会需要在一个严谨又不失活力的宪法框架内，促进政府与社会有界、国家与民间相融，发挥国家法、律令法条的宏观框架作用和民间法、社会规范的“生活化”效应，以促成法治与德治相结合、自治与共治相统一的社会样态。

二

法治中国建设的目标指向近代以来中国人民孜孜以求的民族复兴和国家富强。在历史维度上，法治中国建设必须依托党的领导制度和中国特色社会主义制度予以展开，依规治党也好，良法善治也好，政府法治、司法公信、社会法治也好，都是在这一历史维度下法治中国建设的内在要求，是法治建设所不可缺少的中国元素、重要环节和核心内容。

山东大学肖金明教授等所著《党内法治逻辑与范畴》一书，着眼于完善和发展中国特色社会主义制度，建设中国特色社会主义法治体系，建设社会主义法治国家，推进国家治理体系和治理能力现代化的战略目标，依循党领导人民治国理政新理念新思想新战略，以坚持党的领导、人民当家作主、依法治国有机统一为主线，将“坚持依法治国、依法执政、依法行政共同推进，法治国家、法治政府、法治社会一体建设”与依规治党、依法执政、依法治国有机统一连线，主张通过党内法治推进党内治理，通过党内法治联动国家法治，推进党和国家治理体系和治理能力现代化，科学阐释“党的治理现代化—依规治党、法治政党—依法执政、依法行政—依法治国、法治国家—国家治理现代化”的法治中国建设逻辑体系。

该书在分析党内法规的概念与特征、价值与功能、类型与历史、现象与定位等基础上，侧重于探讨党内法治的一般含义与基本逻辑、党内法治体系的基本构成与建设路径，关照党内法规制度创新，形成覆盖党的领导和党的建设各方面各领域的党内法规制度体系，涵盖党内法规运行“制定—实施—监督”程序与机制的各层面全过程，探讨党内法治与国家法治、政党法治与党内法治、党内法治与社会法治、依规治党与以德治党等党内法治重大前沿问题。探究党内法治逻辑与范畴，目的在于深化党内法规的科学研究，推进党内法规学科建设，对实践中的中国法的形态和体系的新变化作出学理阐释，以丰富发展中国特色社会主义公法学知识体系、理论体系和学科体系，创新发展中国特色风格气派的法治知识体系、理论体系和话语体系。

浙江工业大学石东坡教授所著《科学立法规律与机制》一书，以提升立法活动的科学化水平、构建更为完善的立法制度体系为目标，着眼于在新时代的历史方位中进一步加强和改进立法工作，形成完备的法律规范体系，让立法为全面深化改革提供法治动力，为全面依法治国夯实制度基础，致力于完善和发展中国特色社会主义制度，建设中国特色社会主义法治体系，推进国家治理体系和治理能力现代化。

该书以立法实践开篇，以立法科学结章，确立和解析立法的一系列实践范畴和法理范畴，从本质上将立法确认为一种政治、法律的实践活动，主张在“大数据时代”趋势和新科技背景下重构立法调查及其方式方法，深度把握立法需求体系，萃取立法理性、科学立法设计、运用立法评价以求把握立法效果、发挥立法效应，并始终以审议为中心，突出代议民主权利作为立法决定权利(力)的本源性，在宪制前提和共识基础上开展相对充分的博弈，全面、具体、细密地考量各种利益主张、价值分歧与设计方案，为立法需求者供应具有正当性、合法性、可及性、协同性的法律产品，进而通过置身国家和地方立法实践的切进考察，凝练和锻造立法之法理，发展新时代立法实践所需要的具备阐释功能和批判功能的立法学理论、立法学学科和立法科学。

山东大学(威海)门中敬教授所著《行政软权力与法治政府建设》一书，以推进法治政府建设和国家治理能力现代化为目标，以行政软权力治理法治化为主题，基于行政国时代行政职能多元化背景和行政软权力的概念建构，阐释了行政软权力的权力属性及其理论和现实意义，分析了行政软权力的主要特征、价值与功能、内在作用机理等，重塑了行政权的内部构造，并建构起“行政硬权力—行政软权力”的行政权二元构造理论。

该书在行政权的二元构造理论基础上，探讨了支撑行政软权力发挥实际效用的传统伦理文化、现代法治文化和社会制度规范等软权力资源，以及功能主义模式下行政软权力的法律控制模式——一种符合目前中国国情的，以程序主义法范式为主导的，由行政程序法制、行政伦理法制和社会价值评价法制等复合而成的行政软权力规制模式，形成了比较完备的软权力治理及其法治化理论体系，并依循上述思路回顾了改革开放四十年来政府软权力治理的实践历程，总结了软权力治理的重要成就和基本经验，对行政软权力治理的未来进行了展望。

武汉大学秦前红教授等所著《公正司法的逻辑与路径》一书，从制约权力和保障权利两个方面出发，强调多方主体（部门）及多个制度配合对公正司法的重要性，分别探讨了公民权利与公正司法、最高法院与公正司法、司法如何吸纳民意、检察机关与公正司法、监察改革与公正司法、人民监督员制度与公正司法、宪法实施与公正司法等实质问题，尤其强调司法自身的规律性和能动性对公正司法的重大影响。基于司法规律对公正司法的作用，突出了尊重并运用司法规律能力的重要意义，循由司法规律实现社会正义；特别强调程序公正这一司法规律的重要性，认为程序公正是司法公正的前提，并对“司法能动性”消解或挑战司法规律的许多认知进行了深刻反思，通过分析金融危机中司法权的能动性、司法能动与司法节制以及中美司法能动主义比较，阐明了司法能动性对公正司法的作用及其限制。

该书关注公正司法的域外经验，主要选取了美国和欧盟的一些经验样本进行比较分析，着重介绍了美国最高法院通过裁判说明塑造法院权威的方式、《欧洲司法改革报告（2011～2012）》以及域外经验对中国的启示和借鉴意义。

北京市委党校吕廷君教授所著《法治社会的民间法之维》一书，以国家与民间对比视角探讨民间法对于法治社会的意义，强调与国家法相比的民间法更具“生活化”和地方性色彩，基于丰富多彩的民间法现象客观上勾勒出的一幅法治社会的民间法图景，分析了民间法具体的表现形式和民间法中蕴含的权力与权利逻辑，对厘清法治社会中国家法与民间法的权力边界，分析社会权利与国家权力、政治国家与民间社会之间博弈的意义。观察分析法治社会中存在的乡规民约、订婚制度、民间禁忌、谣言规制和民间信仰等不同形式的民间法，发现部分民间法现象的权力向度与规范属性，以及以“微信”中的权利与权力关系为例证，阐释科技发展解构传统社会权力时所带来的民间法的相应变化。

该书特别关注法治社会中民间司法和民间法治文化，分析了民间司法所具有的独特进路和基本原则，尤其是不同于国家司法所体现的更多内心制约和行为自觉，民间司法对于法治社会建设的独特意义；阐释了“价值—理念—思维”多层次的民间法治文化，通过法文化的“软权力”消除民间法治的灰色地带，以及对民间法与国家法互相协调、形成合力共治的法治社会格局的积极作用。

三

改革开放以来，政治经济社会的变化和发展得益于解放思想、经济建设和民主法治。就法治而言，它当然应当与民主联系起来，民主与法治的关系决定着国家制度的质量和治理的水平。改革开放初期提出的“发展社会主义民主，健全社会主义法制”的政治论断写入1982年宪法，至今仍有重大意义。现行宪法第五次修改，新宪法修正案将“社会主义法制”修改为“社会主义法治”，这不仅是再次强调法治超越法制的意义，更重要的是强化民主与法治的关系，这是改革开放四十年后更加突出的事关国家治理现代化的重大命题。

什么是法治？法治当然与人权息息相关，它是权利的可靠保障，规范权力和保障权利，这是千真万确的。2004年的宪法修正案宣告国家的人权立场：国家尊重和保障人权。党的十八大在描述全面建成小康社会的目标时阐述了完整的法治逻辑体系：依法治国基本方略全面落实，法治政府基本建成，司法公信力不断提高，人权得到切实尊重和保障。新时代以来，中国法治的走向受制于两条主线：权利法治需要进一步加强，治理法治需要给予高度关注。人权与善治已经在法治中国建设进程中高度关联,人权思维和善治逻辑将共同决定着中国法治的进程和水平。这无疑对中国法学尤其是公法学提出了时代要求,面向党的十八大以来中国法治理论创新、制度创新、实践创新所带来的中国法体系的显著变化,中国法学需要一次适应新时代需要的根本性变革和重构。

三十年前,苏联法学理论主体影响消沉,西方法学理论多元影响补位,激活了当时处于僵化状态的法学理论体系,实现了改革开放以来中国法学的第一次变革和重构。比较而言,改革开放四十多年后发生的再一次法学变革和重构则更具根本性和革命性,它以治理革命为时代背景,以法治中国建设为现实依托,以法学中国化为根本目标和本质特征,将是中国法学在第一次变革和重构基础上的转型并升级。这也正是"法治中国创新研究丛书"的学术努力方向和学术价值所在。

肖金明

2018 年 12 月

目　录

导　言
通过党内法治推进党内治理

一、党内治理现代化与国家治理现代化

党的十八届三中全会确立了全面深化改革的总体目标，即完善和发展中国特色社会主义制度，推进国家治理体系和治理能力现代化；四中全会确立了全面推进依法治国的总目标，即建设社会主义法治体系，建设社会主义法治国家。两次全会的决定形成了一条基本路线，即完善和发展中国特色社会主义制度，建设中国特色社会主义法治体系，建设社会主义法治国家，推进国家治理体系和治理能力现代化。

这条基本路线建立在这样两条基本逻辑上：一是国家治理与国家制度、国家法治的内在逻辑关系。以民主法治为核心的中国特色社会主义制度现代化的过程，就是推进全面依法治国、加快建设法治中国的过程，也就是推进国家治理体系和治理能力现代化的过程。如果没有中国特色社会主义法治体系，没有中国特色社会主义政治制度，就不会有国家治理体系和治理能力现代化。二是国家与执政党的现实逻辑关系。从历史到现实，从政治到法治，从人民历史地选择共产党领导到宪法赋予共产党领导地位，甚至从党和国家事业发展、党和国家整体战略、党和国家工作全局、党和国家领导制度、党和国家前途命运、党和国家长治久安等稳定组合的惯性表述中，可以并且应当推演出"党和国家治理现代化"

概念，并突出其历史性、现实感和未来意义。

毫无疑问，推进国家治理现代化不能脱离历史形成的执政党与国家的关系及其改革的现实逻辑，这就必然要求按照政治制度八项评价标准[①]完善中国特色社会主义制度，保持党和国家制度持续稳定进步，推动执政党政治转型以维护长期稳定的执政地位，这是国家治理体系和治理能力现代化的必由之路。而正是基于执政党与国家的现实逻辑关系，可以认为，朝向全面实现党和国家治理现代化的目标要求，全面推进依法治国，加快建设法治中国，包括构建完善的党内法规体系，加快党内法治建设进程，加强党和国家制度现代化建设，是推进政党政治现代化和确保共产党长期执政的必然之途。完善和发展中国特色社会主义制度，建设中国特色社会主义法治体系，建设社会主义法治国家，推进国家治理体系和治理能力现代化，必须坚持一条基本方针，即在制度建设中坚持民主法治的价值引领和目标导向。

这条基本方针指引着两大领域的制度创新：一是推进人民代表大会制度理论与实践创新。人民代表大会制度深刻体现着人民—执政党—国家的逻辑关系，是中国特色社会主义制度现代化的基础、国家治理体系和治理能力现代化的基石。二是实施全面从严治党战略，完善以党内法规为制度基础的党内法治体系，深入推进依法治党，加快建设法治政党。党内法治和人民代表大会制度是中国特色社会主义政治制度的主要体现，党内法治建设深刻反映了科学民主、依法依宪执政的要求，是推进政党政治现代化、社会主义制度现代化和国家治理现代化的必由之路。

中国特色社会主义制度现代化的基础是推进人民代表大会制度理

① 2014 年 9 月在庆祝全国人民代表大会成立 60 周年大会上，习近平总书记在讲话中用八个“能否”来评价一个国家政治制度是不是民主的、有效的：国家领导层能否依法有序更替；全体人民能否依法管理国家事务和社会事务，管理经济和文化事业；人民群众能否畅通表达利益要求；社会各方面能否有效参与国家政治生活；国家决策能否实现科学化、民主化；各方面人才能否通过公平竞争进入国家领导和管理体系；执政党能否依照宪法法律规定实现对国家事务的领导；权力运用能否得到有效制约和监督。

论与实践创新。健全和完善人民代表大会制度并释放其政治效应，是中国特色社会主义制度现代化的重大命题。党的领导、人民当家作主、依法治国有机统一于人民代表大会制度的内在逻辑中。在政治文明范畴中，人民代表大会制度是保障人民当家作主、实现共产党民主科学依法依宪执政、落实依法治国方略的根本制度。人民代表大会制度是“一切权力属于人民”宪法原则的集中体现，是人民当家作主最根本的制度保障，人民代表大会是人民当家作主最有效的组织形式；人民代表大会制度还是依法治国、建设法治国家最根本的制度保障，人民代表大会是依法治国的组织枢纽和法治国家建设的责任机关；党领导人民当家作主，党的领导贯穿于全面推进依法治国的整个过程，党就必须领导人民代表大会制度的完善和发展，党的领导也必须紧紧依靠人民代表大会制度。科学民主依法依宪执政，通过人民代表大会执掌政权，必须坚持以改善党的领导为关键的政治改革，将推进民主科学依法依宪执政与最大限度地释放人民代表大会制度的政治效应结合起来。推进人民代表大会制度理论与实践创新，是完善和发展中国特色社会主义制度的重心所在，既是国家治理体系和治理能力现代化的要求，也是中国政党政治现代化的需求。

社会主义制度现代化的前提是全面认识党的制度建设、党内法规建设和党内法治建设在中国特色社会主义制度现代化中的重大意义，根据全面深化改革、全面依法治国、全面从严治党的总体要求，根据完善和发展党和国家制度体系的基本需要，按照“党内治理—党内法治”的逻辑关系和“党内法规—党内法治”的现实路径，构建完整的以党章为核心、以完备的党内法规体系为基础的党内法治体系。在全面深化经济、政治、文化、社会、生态文明改革和党的制度建设的宏观背景中，随着实行依法治国、建设法治国家基本方略和法治中国建设进程的不断加快，尤其是随着“依法治国、依法执政、依法行政共同推进”新战略的贯彻落实，当前亟须规划和实施全面从严治党战略，深入推进依法治党，加快建设法治政党。从完善党和国家治理体系、提升党和国家治理能力的长远需要出发，不断推进党内法治建设理论和实践创新，将党内法规、党内法治建设融入中国特色社会主义法治体系的建设中，汇入中国特色社会主义制度现代化的进程中。在党和国家治理现代化的现实命题中，党的制度现代化水平直接制约着国家制度现代化的进程和整体水平。从这样的意义上讲，以党内法治为核心的党的制度现代化既是中国特色社会主义制度现代化的题中之义，又是国家制度现代化的前提和保障。

如前所述，国家治理现代化、制度现代化与政党政治现代化一脉相承、相辅相成，政党政治现代化是其中的关键。实施全面从严治党战略，深入推进依法治党，加快建设法治政党，推进党内治理现代化，是全面推进依法治国、国家治理体系和治理能力现代化的重大命题。党内治理现代化的内涵非常丰富，其中有两点需要特别说明：一是规范权力—党内民主—保障权利的逻辑关系。国家制度的基本原理和其中的民主—法制（治）逻辑同样适用于党内政治生活，其中最重要的理念就是“权力有限”和“权利保障”，实现党内民主与党内法治的有机统一。二是依法治党—依法执政—依法治国的现实路径。全面推进党内法治，深入推进依法治党，加快建设法治政党，逐步形成党内依规办事的定式，为依法执政强化法治惯性，为依法治国奠定坚实的政治基础。

二、党内法治与党和国家治理现代化

在全面深化经济体制、政治体制、文化体制、社会体制、生态文明体制和党的建设制度改革的宏观背景中，随着依法治国、建设法治国家战略实施和法治中国建设进程的不断加快，随着“依法治国、依法执政、依法行政共同推进”新战略的落实，基于民主执政、科学执政、依法执政和“把权力关进制度的笼子里”的迫切现实需求，尤其是完善党和国家治理体系、提升党和国家治理能力的长远需要，执政党全面启动了党内法治建设。以党内法规建设为基础，全面构建党内法治体系，对于促进执政党对内依法治理、对外依法执政，全面推进法治中国建设、实现党和国家治理现代化，无疑具有重大和深远意义。

第一，加强党内法治建设，健全党内法规体系进而构建党内法治体系，是完善党的制度体系、提升党的制度建设水平的基本要求，是推进党内民主、加强党内治理体系建设的现实需要。如前所述，加强党内法规建设是党的制度建设的重大转型，全面启动党内法治建设是党的制度建设的重大举措。有计划有步骤地统筹推进党内法规制定工作，进一步完善党内法规制度体系，推动党内法规有效实施，增强党的各级组织和党员领导干部的法治信仰和法治思维，将党内行为、党内权力行为纳入法规轨道，构建党内法治体系，对推进党的建设制度化、规范化、程序化，规范党内权力和保障党员权利，提高党的科学执政、民主执政、依法执政能力与水平，推动党和国家治理体系和治理能力现代化进程，无疑具有广泛而深远的意义。

第二，加强党内法治建设，有利于保障和实现党内民主，为党内治理现代化确立方向。发扬社会主义民主，加强社会主义法制，使社会主义民主制度化、规范化、法律化，这是党的十一届三中全会确立并在国家政治生活中广泛实践的民主—法制（治）逻辑。无论执政党的政治活动还是国家政治生活，无论依法执政还是依法治国，都要体现民主与法制（治）的关系，实现民主与法制（治）两者的结合。换言之，国家制度的基本原理和其中的民主—法制（治）逻辑同样适用于党内政治生活，适用于党的制度建设。党内民主是党内法治的前提和基础，也是党内治理的基本要求；党内法治是党内民主的体现和保障，也是党内治理的基本特征。与“国家民主—国家法治”关系同理，发扬党内民主，必须加强党内法治；只有加强党内法治，才能保障和实现党内民主。只有在党内民主与法治相结合的基础上，才能保证党内治理的方向和质量。

第三，加强党内法治建设，有利于规范权力和保障权利，为党内治理民主化规划路径。通过党内法治建设保障和实现党内民主，主要依靠规范权力和保障权利两条途径：一是依靠党内法治规范党内权力，让党内权力在党内法治轨道上运行，防止权力专断以保障党内民主；二是依靠党内法治保障党员民主权利，使党员权利在党内法治环境中主张，充分体现党员主体地位以实现党内民主。加强党内法治建设，需要强化“规范权力—党内民主—保障权利”的逻辑关系，有效发挥党内法治控制权力和保障权利的功效。一方面，必须通过党内法规科学配置权力，优化权限、程序、责任等制度要素，改革和完善党内治理的决策、执行和监督机制，规范和完善党内权力制约与协作制度，依法确保党内民主集中制原则的贯彻执行，不仅把党内权力真正关进制度的笼子里，笼子里的权力也必须在党内法规轨道上运行。另一方面，需要通过党内法规保障党员主体地位，健全党员权利体系，完善党员权利行使的途径和方式，以及党员权利保障和救济的机制和方法，使党员知情权、选举权、参与权、表达权、监督权等民主权利的政治效应充分释放出来。

第四，加强党内法治建设，有利于促进对内依规治理、对外依法执政，为党内党外依法办事建立关联。治国必先治党，治党必须从严，从严必须法治。加强党内法治建设，要完善党内法规体系，使党内政治生活有规可依、有章可循。在党内事务管理中坚持有规必依、执规必严、违规必究，充分运用党内法规调整党内政治关系，有效规范党内政治生活以及党员的权利、义务，用党的纪律保证党内法规的效力，将党内治理建立在党内法规基础上，运用党内法规管党治党，实现党内有效治理。尤其重要的是，党内法治实践有助于更新治理理念和思维方式，在党内各级组织和领导干部中逐步形成善于运用法治思维和法治方式的习惯，形成党内按法规办事的倾向和惯性。以党内法治建设促进党的领导方式的转变，并形成党内法规与国家法律的合力，以法治方式推进党与国家关系改革和党政关系转型。

第五，党内无规国家无矩，党内不能做到依法治理，国家治理就难以依法展开。加强党内法治建设是党依法执政、领导人民有效治理国家的重大命题。加强党内法治建设，完善党内法规体系，严格依法依规办事，保证党内法规效力，这不仅是推进党内政治生活民主化、公开化、规范化、程序化的要求，也是强化制度意识和规则思维从而促进执政党民主、科学、依法执政的需要。2013 年 11 月，中共十八届三中全会通过的《关于全面深化改革若干重大问题的决定》提出六个“紧紧围绕”，其中包括“紧紧围绕提高民主、科学、依法执政水平加强党的制度建设”。加强党的制度建设，通过党内法治实践形成党内依法依规办事的习惯倾向，从静态角度讲，这是依法执政的前奏；从动态角度看，这是依法执政的源头。从某种意义上讲，党内法治建设不足，依法执政缺乏完备的法规规范和体制保障，国家法治建设就会受限，党政关系就无法转型。只有加强党内法治建设，强化和协调党内法规体系与国家法律体系的关系，为依法执政提供由党内法规和国家法律相衔接、相统一而形成的制度体系，才能促进党政关系规范化和执政活动制度化。

第六，加强党内法治建设，党内法治与国家法治相互联动，是实现党和国家治理现代化的需要。党内法治与国家法治高度关联，没有党规党法，国法就很难有保证。历史经验表明，执政党的民主法治观及其实践深刻影响着国家政治生活的民主化、制度化、规范化。① 以党内民主带动社会民主，以党内政治生活规范化联动国家政治生活规范化，这是长期以来形成的中国民主法治建设的基本经验。现实地讲，国家法治联动党内法治，是推动国家法治进程的必由之路，也是推进党内法治建设的必经之道。完善党内法规体系，必须加强与国家法律体系的协调和联动；完善国家法律体系，必须全面启动并加快推进党内法治建设。在倡导以党内民主带动社会民主和国家民主的基础上，近些年来出现了党内法治与国家法治联动建设的明显迹象，党内法规与国家法律的关系得到加强，党内法治与国家法治关系的意义得到深化。加强党内法治建设，有利于正确处理党规与国法的关系，完善党内法规体系和国家法律体系及其协调和衔接，避免党内法规与宪法法律之间的矛盾和冲突，尤其是防止以党内法规替代国家法律，这无疑有利于依法治国、建设法治国家战略的实施，以及依法执政、依法治国共同推进战略的落实。

无论说党内治理还是说党领导人民实现国家有效治理，都属于中国公共治理范畴。如前所述，党内治理与国家治理在原理上有差异性也有共通性，在治理方式、治理工具、治理手段等方面有近似性。可以这样说，凡公共事务的治理，都与制度、法制紧密关联，或者说制度治理、法治治理已经成为现代公共治理的基本特征，成为党和国家治理现代化的基

---

① 参见肖金明：《改革开放以来中国共产党的法治观及其实践形式》，《法学论坛》2011 年第 4 期。

本标志。从某种意义上讲，党内法治、国家法治与党和国家治理是一体两面的关系。加强党内法治建设，增强党内治理理念中的法治成分、治理体系的法治特征、治理方式上的法治因素、治理能力上的法治能量，并且加强党内法治与国家法治的相互联动、党内治理与国家治理的彼此互动，这是不断推进国家法治发展和国家治理现代化的基本途径。法治不仅应当成为党和国家政治生活的共同基调，还必须成为党和国家公职人员的基本品质。加强党内法治建设，有利于提升党的各级组织、领导干部“在宪法法律范围内活动”的自律性，增强实践“党要守法”法治要求的自觉性①，逐步形成治国理政的法治思维和依规依法办事的习惯，这是增强党内治理能力、执政能力以及国家治理能力的根本所在。

三、在党内治理中实现良法善治

近 20 多年来，中国共产党全国代表大会适时修改党的章程，中共中央、中央纪委、中央各部门和省、自治区、直辖市等地方党组织颁行了一系列关于党的组织权限、行为准则、程序规范、监督问责、党纪体系、党员权利义务等方面的党内法规和规范性文件，逐步形成了党章统领下由党内准则和条例、规定、规则、细则、办法等构成的比较完整的党内法规体系，确立了党内法制建设的基本框架，并为党内法治建设、党的治理现代化奠定了制度基础。十八大以来，制度治党、依规治党成为全面从严治党的重要内容，党内法治也成为理论研究和实践探索的一个重要课题。

历史地来看，中国共产党自建党以来就一直注重党的制度建设，其中包括党内法规建设。党内法规建设以中国共产党一大纲领为起点，近百年来以党的章程建设为主线，构成党的制度建设的基础部分，为中国共产党领导革命、建设和改革提供了强有力的制度保障。尤其是建立全国政权以来，特别是改革开放以来，党内法规建设日趋制度化、规范化、

① 李步云教授提出法治的十条标准或要求，包括法制完备、主权在民、人权保障、权力制衡、法律平等、依法行政、司法独立、程序正当、党要守法。（参见李步云：《依法治国的历史进程的回顾与展望》，《法学论坛》2008 年第 4 期）

程序化，在党的制度建设中具有越来越稳定的基础地位，对坚持和改善党的领导、促进党内良好治理和科学民主依法执政发挥着不可替代的重大作用。但是，长期以来，人们对党内法规现象缺乏应有的关注，学界甚至对“党内法规”的概念也存有争议，对党内法治的精神与原理、规律与逻辑、价值与功能等更缺乏共识。党的十八大以来，党内法规建设已经进入一个新的历史阶段，随着党内法规建设的不断加快，党内法规体系纳入中国特色社会主义法治体系，尤其是随着“两学一做”学习教育活动的深入开展，党内法规现象已经引起党内外各方面的广泛关注，相关学习和研究不断深入，人们对党内法规和法治建设的认识也随着党内法治理论创新和实践探索不断深化，并且不断取得共识。

第一，运用法治思维和法治方式推进党的建设，是党内治理走向现代化的明显特征。一个拥有 8900 多万名党员、460 多万个党组织的执政党，应当如何治理才能保持它应有的纯洁性和先进性并逐步走向现代化？这是中国共产党关于“建设一个什么样的党和怎样建设党”这一时代命题的延伸和深化。回应这一时代命题，必须有所持守，有所创新。一是必须坚持政治建党和思想建党的原则，始终坚持以马克思主义为指导思想，坚持中国特色社会主义；始终坚持人民立场，坚持为了人民、依靠人民、属于人民。二是必须坚持制度建党和依规治党的方针，始终坚持民主集中制原则，坚持党内民主与法治的统一；始终坚持依规管党治党，坚持依规治党与从严治党相结合。运用法治思维和法治方式推进党的建设尤其是党的制度建设，在党内治理实践中推进依规治党与从严治党相结合，充分体现了党的建设与时俱进，更加明显地呈现出了党内治理的现代化特征。

2016 年 7 月 26 日，中共中央政治局会议决定 2016 年 10 月在北京召开十八届六中全会，研究全面从严治党重大问题，制定新形势下党内政治生活若干准则，修订《中国共产党党内监督条例(试行)》。在继党的十八届三中全会作出《关于全面深化改革若干重大问题的决定》、四中全会作出《关于全面推进依法治国若干重大问题的决定》之后，六中全会专题研究全面从严治党若干重大问题，系统地阐述全面从严治党的指导思想、基本原则、总体目标和重大任务，重申政治建党、思想建党的原则和制度治党、依规治党的方针，进一步强调依规治党与从严治党相结合。六中全会专题研究全面从严治党重大问题的重大成果之一，就是出台和修订《党内政治生活的若干准则》《党内监督条例》等重要党内法规，这恰恰体现了依规治党与从严治党的结合。

遵循制度治党和依规治党的方针，推进依规治党与从严治党相结合，必须加强党内法治建设。在党内法治—依规治党—从严治党的逻辑体系中，一方面需要更加突出从严治党与依规治党的关系，以此强化党内法规和法治建设的问题意识、针对性和方向感，避免在党内为了法规而法规、为了法治而法治，更好地适应新时期加强党的建设、推进党内治理现代化和民主科学依法执政的需要，更好地回应全面深化改革、全面推进依法治国、全面从严治党三者相统一的要求。另一方面还需要进一步做实党内法治与从严治党的关系，由此更加完整地认识和界定全面从严治党的内涵与外延，防止对全面从严治党的片面认识、浅面理解，将全面从严治党的意义准确定位在把党的各级组织和领导干部的决策权、执行权、监督权关进党内法规制度编织的笼子里，把党的领导和执政工作以及组织、宣传、统战、纪检、政法、军事等全部工作纳入法规轨道。

第二，在执政党—国家—社会三个层面，把所有权力都关进制度的笼子里。之前人们之所以对党内法规现象不够关注，学界对“党内法规”概念也存有争议，主要原因在于长期以来形成的有关法治的思维定式，即人们习惯性地将法治局限在国家意义上，把依法治国仅仅理解为国家意义上的依法治“官”、依法治“权”，将依法治国的核心价值确定在公民权利保护上。实际上，除了规范国家权力与保障公民权利外，在执政党内部和各类社会组织中也存在需要受到监督和制约的权力，相应地，政党组织、社会组织成员的权利也需要得到尊重、保障和实现。进而言之，在执政党的各级组织甚至各类社会组织中，也存在规范权力、保障权利的重大法治命题。从依法治国到全面依法治国，从法治国家到法治中国，从在立法—行政—司法三个层面上强调依法治官、依法治权，到在执政党—国家—社会三个层面上强调把所有权力关进制度的笼子里，这无疑是在有关法治的认识和实践上的一次重大飞跃。

就法治认识而言，党的十八届三中全会将全面深化改革的总体目标确定为“完善发展中国特色社会主义制度，推进国家治理体系和治理能力现代化”。正确认识和把握全面深化改革的总体目标，一方面必须强调制度、法治、治理三者之间的内在逻辑关系，将治理奠定在制度和法治的基础上；另一方面必须强化执政党组织、国家政权组织、社会组织三者之间的现实逻辑关系，通过制度建设和发展法治，推进执政党、国家和社会治理一体化和现代化。这就意味着适应党和国家以及社会治理现代化的需要，必须加强党内法治、国家法治和社会法治建设，在传统的法治国家之外拓展党内法治、社会法治两个新的法治领域。四中全会将全面推进依法治国确定为一个系统工程，是国家治理领域一场广泛而深刻的革命。这场广泛而深刻的革命必然要求党内政治生活贯彻法治原则，社会组织生活实践法治精神。这是基于“依法治国、依法执政、依法行政共同推进，法治国家、法治政府、法治社会一体建设”的新论断和法治中国的新视野的必然结论。

就法治实践来说，在党内法治—国家法治—社会法治的逻辑关系中，尤其需要强调党内法治、社会法治之于国家法治的意义，党内法治是国家法治的前提，社会法治是国家法治的基础。党的十八大以来，“依法治国，建设社会主义法治国家”不仅更有速度、更有深度，而且更有广度，法治国家建设的理论与实践与时俱进。尤其是十八届四中全会决定将完善的党内法规体系纳入社会主义法治体系，并将法治社会建设确定为全面推进依法治国的重大任务，形成了中国法治建设的大格局。由党内法规制度体系、国家法律制度体系、社会规章制度体系组构的中国特色社会主义法治规范体系逐步成形，并在逐步运行中展开了法治中国建设三线推进的格局，一线党内法治奠定了法治国家建设的政治前提，三线社会法治夯实了法治国家建设的社会基础，初步形成了党内法治联动国家法治并带动社会法治同步发展的局面。

第三，党内法治建设，既要对外处理好党规国法的关系，也要对内发展完备的党内法治体系。由法律体系到法治体系，反映了国家法治建设的基本趋势；由党内法规体系到党内法治体系，体现了同样的法治发展规律。“党内法治”是一个与“党内法规”相关联的概念，党内法规是党内法治的实然前提和现实基础，党内法治是党内法规的内涵深化和精神升华，它们之间的关系反映了有关法治最一般的认识。就传统的国家法治来讲，良法与守法缺一不可，良法善治是最根本的一条。对党内法治来说亦是如此，仅有法规而不讲法治，就无法确保党内善规良治，也就无法保证国家良法之治、党和国家治理走向现代化。只有明确党内法治的根本价值、基本功能和深远意义，才能超越党内法规制度层面，遵循党内治理规律和一般法治原理，与国家法治、社会法治相对应，建设以党章为核心的党内法规制度体系，实施以党内法规制度为基础的党内治理的法治形态。加强党内法治建设，一是要对外处理好党规国法的关系，二是要对内完善发展完备的党内法治体系。就前者而言，党内法治与国家法治高度关联的前提是它们共享一般法治原理和规律，基础则是党规与国法的良好关系。历史经验证明，没有党规党法，国法就很难有保证。以党内民主带动社会民主，以党内政治生活规范化联动国家政治生活规范化，这是长期以来形成的中国民主法治建设的基本经验。只有坚持党规别于国法、党规国法分工协作，党纪严于国法、党纪挺在国法前，才能保证党内法治与国家法治良性互动，保证党内善规之治与国家良法之治相辅相成。就后者来讲，党内法治包含理论、制度和实践三个层面。构建完备的党内法治体系，既包括科学的党内法治理论体系，需要将一般法治原理和规律引入党的建设和党内治理，不断探求党内法规的特质，探索党内法治的特别逻辑，又包括完善的党内法规制度体系，适应党的建设、从严治党、党内治理体系和治理能力现代化的需要，完善以党章为核心的党内法规制度体系，还包括高效的党内法治实施体系，需要突出全党守规、严格执规的基础意义，强调党内监督、严肃执纪的关键效应，以党内法治工作为支撑和保障。

完善发展完备的党内法治体系，就是要立足于法治理论—法治规范—法治实施的逻辑体系。一是需要进一步完善党内法规制度体系，突出党章的核心地位和统率作用，进一步凸显《准则》《条例》的基础地位，并为规则、规定、办法、细则等重新定位，以及进一步规范党内规范性文件形式和范围、层次、效力，做到结构合理、位阶明晰、等级有序，并以把党的全部工作纳入法规轨道为目标，着力于在薄弱环节上加强党内法规制度规范建设，比如，加快党领导立法、政法工作的规范建设，加大宣传、统战等部门法规建设，加强党的基层工作法规建设力度，等等，进一步消除党内法规建设上的短板现象。二是必须进一步建设党内法治制度实施体系，守规与执规并重、监督与执纪分行，将党内权力监督、党员权利监督纳入法规轨道，加强党内法治工作队伍建设，等等，形成由严格执规、严密监督、严肃执纪、全党守规、法治支撑构成的高效实施体系。三是应当进一步完善党内法治理论体系，在高度上要将党内法治理论纳入中国特色社会主义法治理论体系，在宽度上要拓展党内法治与国家法治、社会法治的比较研究，在深度上要探索党内法治的规律和逻辑。比如，它与民主相关联，突出民主集中制原则，促进党内民主与法治的统一；它与规范权力相关联，突出特别权力关系理论，遵循党内权力与党员权利关系准则；它与权利保障相关联，突出党员主体地位，强调义务责任第一性。

第一章
党规现象与党规定位

党规现象是一类政治现象、制度现象，实际上也是一类特殊的法现象、法治现象。研究党规现象，应当立足于对其内涵外延的把握，描述其本质规定性和基本特征，分析其存在形式和基本类型，尤其需要厚待其价值理念和基本功能，在历史和现实双重维度下准确认识并科学定位党规。

■ 第一节 党规现象描述

“党规”概念是研究党规现象的逻辑起点。认识和把握党规现象，需要以“党规”定义为基础，全面概括党规特征，深入探讨党规分类和类型化。

一、“党规”概念

（一）一般性分析

一般说来，党规是所有政党不可或缺的构成要素，是由政党制定或认可的，就如同国法是由国家制定或认可的一样，它体现立规者的主观意志；党规的功能是规范行为、调整关系，如同国法的功能在于规范人的行为和调整社会关系一样，党规的功能在于规制政党组织及其成员的行为，调整由此产生的党务关系；党规是一个规范集合体，就如同国法是由内容不同、性质有别和功能相异的一系列规范构成的体系一样，党规主要包括相互关联的组织权限规范、行为程序规范、责任救济规范等。直观说来，党规是规范政党组织及其活动的制度规范，是一类特殊的法规范，它在本义特征、形式内容、价值功能、制度逻辑、运行机制、作用方式等方面不同于国家法律规范。

显然，作为一种特殊的法现象，党规限定在政党内部规范意义上使用。在政党治理实践中，可以将党规作宽泛解释，党规不仅包括政党制定的组织规范和行为规范，还包括国家规范和社会规范。比如，对中国共产党来讲，党规可以泛指党的规矩，包括党内规矩和党外规矩。党的纪律规范属于党内规矩，国家法律法规属于党外规矩。实际上，党在长期实践中形成的优良传统和工作惯例也属于重要的党内规矩。但从科学意义上看，党规与国法分属不同的范畴，属于同类但不相同的事物和现象。另外，研究不同国家和地区的党规现象应当有不同的角度和侧重。在中国，党规研究主要侧重于研究中国共产党党规现象，有时也应当兼及各民主党派的党规现象。① 当然，党规在多数语境中特指中国共产党党规，是指由中国共产党各级各类组织制定或认可、反映党的意志和客观规律、规制和调整党内行为和党务关系的各类规范的总称。

“党规”概念有广义和狭义之分。广义的党规包括党内法规、党内规范性文件、党内规矩、党的优良传统和工作惯例等；狭义的党规是指规范

---

① 从党规制定主体的角度看，党规是指政党制定的组织和行为规范。在我国，党规包括各政党制定的适用于本党组织和活动的规范。各民主党派制定的有关自身组织和活动的规范亦属于广义的党规范畴。从广泛意义上讲，在我国，党规可以分为执政党党规和参政党党规，两类党规存在共性也存在差异，应当促进两类党规的联动协调，以执政党党规建设带动参政党党规建设。

意义上的党内法规[①]，可看作是“党内法规”的简称。实际上，党内法规也可作广义和狭义两种理解。广义的党内法规包括规范意义上的党内法规、党内规范性文件、党的规矩、党的优良传统和工作惯例等，等同于广义的党规；狭义的党内法规仅指规范意义上的党内法规，等同于狭义的党规。本书所称“党规”主要在广义上使用，所称“党内法规”主要在狭义上使用。但在有些语境下，为便于表述，“党规”也在狭义上使用，“党内法规”也在广义上使用。在多数情况下，“党规”与“党内法规”有别；但在有些情况下，“党规”与“党内法规”同义。

（二）“党规”的定义

中国共产党各级各类组织制定和认可、规制组织及其活动、调整党内关系的党规规范，包括由中国共产党党内法规和党内规范性文件确立的组织规范、行为规范和责任规范等，是党的各级各类组织和党员干部的行为规范，是执政党党内治理、党内自治和党务管理的基本依据。

其一，从党规形成来看，党规是由中国共产党制定或认可的各类规范，主要是指由中国共产党各级各类组织制定的党内法规和党内规范性文件及其形成的规范。其中，党内法规及其形成的规范由中国共产党的特定组织制定，在党规体系中居于基础地位。

其二，从党规本质来看，党规是党的意志的体现，从实质内容上看，它又是客观规律的反映，尤其是政治规律、政党政治规律、党的领导规律、党的执政规律的反映。党规既要反映政党政治规律，又要体现规范权力、保障权利等一般法治规律，更要反映和体现由民主集中制论特别权力关系论、义务重心论或义务优先论等构造的党规特别逻辑。党规既体现意志又反映规律，是主观意志与客观规律的统一。

其三，从党规功能来看，党规规制和调整党内行为、党内关系。党规所规制的行为既包括组织行为，也包括组织成员行为；既包括权力行为，

① 《中国共产党党内法规制定条例》第 2 条规定，党内法规是党的中央组织以及中央纪律检查委员会、中央各部门和省、自治区、直辖市党委制定的规范党组织的工作、活动和党员行为的党内规章制度的总称。

也包括权利行为;既包括决策与立规行为,也包括执行与执纪行为;还包括监督与问责行为,等等。党规所调整的党务关系既包括组织与组织的关系,又包括组织与其成员的关系;既包括权力与责任的关系,又包括权利与义务的关系,还包括权利与权力的关系,等等。

其四,从党规形态看,党规主要不是指一部部具体的党规或者一条条具体规范。它是由有关党的组织和成员及其活动的一系列规范的集合体,是一个制度规范体系,主要由组织和权限规范、行为和程序规范、责任和救济规范等各类规范构成。

(三)党规相关概念组合

一个政党作为一个系统,除了要有一定的党员、党的领袖、党务人员和一定的组织等基本条件外,还必须具有一些政治要素,包括政党理念、党纲、党章、党纪、政党经费等。① 在党规制度建设和实践中,党章、党纪属于党规范畴,党章是党规的最高规范形态,党纪是党规的最严规范形态,它们在党规体系中都具有特殊性。党规国法、党章党规、党规党纪等组合对认识和理解党规现象、概念和价值具有重要意义。

其一,在党规国法的组合中,党规是独立于国法的另一制度系统,党规与国法关联并行。党规与国法相互关联但自成体系,二者既有共性也有差异。它们共性的一面主要体现在:党规与国法在很大程度上共享一般法治原理,共循一般法治规律;规范权力、保障权利既是国法的永恒命题,也是党规的根本主题;法律面前公民平等,党规面前党员平等;等等。它们差异的一面主要体现在:国法有公法与私法的划分,公私法的划分不适用于党规;特别权力关系理论适用于党员与公民等双重或多重角色,但不能笼统地适用于单纯的公民身份;国法上的权利义务与党规上的权利义务属性特征差异明显,权利义务位次在国法与党规上存在明显不同;国法强调可诉性,诉讼是国法作用的实现途径,党规并无可诉性,党规以非诉讼方式产生实效;等等。

其二,在党章党规的组合中,党章是最基础和最根本的党规,党规是

① 参见周淑真:《政党政治学》,人民出版社2011年版,第86页。

以党章为核心的制度系统。党章党规如同宪法法律,宪法是国家根本法律,党章是党内根本法规。党章居于党规制度体系的核心位置,党章的精神、原则和规范统领党规制度建设,党规体系就是以党章为统领、以准则和条例两个层面的党内法规为基础、以其他党内法规(或可称为"党内规章")为枝干并以党内规范性文件为支撑的制度规范体系。实践中有"党章和其他党内法规"的表述,按照"宪法法律"这样的规范性表述,采用"党章党规"这一表述可能更合乎制度逻辑。

其三,在党规党纪的组合中,党纪是最具有规范性和约束力的党规,是党规制度体系的关键部分。党规是一个规范体系,既包括权限责任规范,也包括监督问责规范,还有激励性规范与制裁性规范。党的纪律规范是党规的一类规范,与权责规范、问责规范、制裁规范一脉相承,在党规体系中具有关键地位和作用,对党规的实施和整体效力起着保障作用。相对于"党纪"来讲,"党规"是一个上位概念,在实践中突出党纪的地位和作用,不能淡化了党规的完整性和整体意义。

二、党规特征

党规与国法属于同类事物,既存在不少差异,也有若干共性。它们都是一定意志的体现,同时又是一定规律的反映,是意志与规律相统一的产物;它们具有高度政治性,同时又贯彻法治原理和逻辑,是政治与法治相统一的现象;它们具有多元表现形式,也都保持着一体性,是多元化与一体性相统一的制度体系。党规特征是党规所具有的本质规定性及表征,主要表现为它的意志性、规律性、政治性、法治性、多元性、统一性等。

(一)党规的意志性

党规国法属于上层建筑的一个层面,是一定范围内占据统治地位的阶级、阶层、集团或组织意志的集中反映。法律反映国家意志,科学立法的要求之一就是反映人民意志要求。党规也是主观意志的产物,党规也必须反映组织和成员的意志。党规制定是一定主体反映一定意志的活动,是广泛汇集、集中表达组织和成员意志的行为过程,科学立规必须集中表达和综合反映组织和成员的政治意志。党规的意志性是党性的集中体现，是党规的本质特征之一。

党规反映主观意志不是随意的。其一，物质决定意识，党规的意志性受制于一定的经济社会政治条件，取决于国情民情党情政情，以及国际大局和外交环境等。其二，意识形态制约党规意志，党规的意志性受约于社会核心价值体系尤其是政党的意识形态，政党的指导思想、政治纲领及其体现的价值诉求对党规意志具有规束力。其三，认识来源于实践，党规的意志性受限于对相关利益要求和主张的概括和综合，以及对客观规律的认识和把握能力，受限于党规制定、党规实施、党内监督等法治实践水平。

（二）党规的规律性

任何形式的制度都要反映一定的经济社会政治发展规律，党规国法皆不例外。法律反映客观规律，科学立法的要求之一就是要让国家意志体现经济社会政治发展规律的基本要求。党规也是客观规律的反映，必须反映经济社会政治发展规律的基本要求。党规制定是科学认识规律、尊重规律、反映规律的过程，科学立规就是要在科学认识和把握规律的基础上，实现党的意志与客观规律的统一。党规的规律性是其科学性的集中体现，是党规的本质特征之一。

党规尊重和反映客观规律有若干要求。其一，尊重一般规律，党规应当充分尊重经济社会政治发展规律，包括公共治理的一般规律、政党政治的一般规律等。其二，体现特殊规律，党规必须体现政党内部治理规律特别是其自治逻辑，党的领导规律、执政规律、民主集中制规律，以及党的各项工作的规律，如统战工作规律、群众工作规律、政法工作规律等。其三，反映关系规律，党规需要反映不同组织关系规律、不同制度关系规律等，如党政关系规律、党规国法关系规律、党的基层组织与社会组织关系规律等。

（三）党规的政治性

政党是与国家政权密切相关的政治组织，主要围绕国家政权展开政治活动，政党组织及其活动的性质决定了党规的政治性特征。党规国法都是政治性与法治性的统一，与国法相比较，党规具有更加明显的政治性。无论是党内民主生活、党内职责权限、党员权利义务，还是党规所指向的具体行为和党务关系，均具有鲜明的政治性。

党规的政治性体现在很多方面：其一，党规所规范和调整的对象是党内政治生活、党内政治行为、党内政治关系。政治性是政党组织、活动、关系及其制度的普遍特性。其二，党规赋予党的各级各类组织的责任和权力属于政治责任和政治权力，无论是决策活动、执规行为还是监督问责等都具有鲜明的政治特征。其三，政党组织成员履行的义务和享有的权利均为政治性权利和义务，是党内民主生活政治属性的内在需要，体现和保障着党员的政治主体地位。①

（四）党规的法治性

国法是由国家机关制定或认可的，并由国家强制力保证实施的制度系统和规范体系。党规是由政党组织制定或者认可的，并由组织处理和纪律制裁等保证实施的制度系统和规范体系。与国法不同，党规不以国家强制力为后盾，它的强制性以党内的组织处理、党的纪律制裁作为后盾。与国法一样，党规也是权力与责任、权利与义务等要素的组合，党规要素的优化组合必须贯彻法治精神和原理，增强党规的法治性。

党规的法治性基于多重逻辑：其一，党规是一个价值体系，或者说是一个价值和规范相统一的制度体系。党规内含着一定的价值诉求，比如，维护政治正义和政治生活的民主性和公正性等。其二，党规与民主相适应，党规保障党内民主权利和党员的政治主体地位，贯彻权力责任一致性、权利义务统一性、规范权力和保障权利等原则。其三，党规是党内治理的基础，党内治理必须建立在党内组织、行为、关系及责任规范等基础上，遵循一般法治原理和党内法治逻辑，以法治支持和促进党内自治、共治和善治。

---

① 任何政治组织的成员均具有公民身份，平等地享有宪法规定的公民权利，比如财产权、生命权、经济社会文化权利等，还有各项政治权利。公民加入政治组织尤其是政党，其作为组织成员的权利显然没有公民权利那么广泛，基本上属于政治性权利，执政党党员权利更是如此。

(五)党规的多元性

党规作为一种制度现象,与国法一样是由内容广泛、形式多样的规范构成的规模宏大的制度体系。党规的多元性既反映了党的领导和执政活动,以及组织、宣传、统战、政法、纪检等工作对党规制度规范的不同需求,又体现了党规制度规范体系中不同制度规范的功能定位和具体分工。

党规的多元性既表现在内容上,也表现在形式上。其一,从内容上讲,党规有多种规范类型,既有禁止性规范、制裁性规范,又有倡导性规范、激励性规范,还有监督性规范、保障性规范、救济性规范等。其二,从层级上讲,党规有其自身的等级秩序,其规范程度和效力存在一定的级差,既有中央党内法规,又有部门党内法规和地方性党内法规,还有党内规范性文件。其三,从形式上讲,党规有多种存在形态和表现形式,既有党章,又有准则和条例,还有规则、规定、办法和细则,以及不同层级、不同形态的党内规范性文件,等等。

(六)党规的统一性

党规国法是彼此关联、相互协调的两个不同的制度规范体系,它们自成一体,分别由理念、原则、制度、规范等构成。法制统一是党规与国法及其相互关系的共同原则,党规有核心有层级,有原则有逻辑,多元化规范构成完整统一的党规体系。

党规的统一性有若干保证。其一,党规尊崇法治精神,统一的法治理念和原则、统一的制度体系和逻辑维护着党规的统一性。其二,党规尊崇法治秩序,党章在党规体系中拥有核心地位和统率作用,下位阶规范不得抵触上位阶规范,维护着党规体系的层级结构。其三,党规建设走规范化、类型化、体系化之路,目的就是维护党规的统一性。

三、党规分类与类型化

党规分类研究与党规类型化研究是党规学研究的重要方法。党规分类主要是从不同的角度对党规进行类比和划分,对党规一分为几,分类研究的意义在于更全面和深入地认识和把握党规现象。党规类型化主要是指按照一定的标尺对党规进行分门别类,将党规逐一归类,类型化研究的意义在于促进党规的规范化和体系化建设。比较而言，党规分类研究更具有学理性和理论意义，而党规类型化研究更具有应用性和实践价值。

（一）党规分类

从不同的角度可以对党规现象进行不同的分类。

其一，成文党规和不成文党规。党规是由党的组织制定或认可的，用以规制组织及其成员活动、调整党内关系的规范系统。党规系统由成文党规和不成文党规构成。一般说来，通过制定途径产生的党规属于成文党规，不成文党规是指非经党的组织依权限和程序制定的党规，如党内政治惯例等。成文党规与不成文党规同在，党规主要表现为成文党规。

其二，实体性党规与程序性党规。实体性党规关涉党务活动、党内关系、政治行为等，表现为权利义务、职能权责、行为标准、责任措施等内容。程序性党规主要关涉决策与立规、执行与执纪、监督与问责等活动和行为的环节、步骤、期限等，并且强调程序的正当性。实体性党规与程序性党规共存，两者甚至交织在一起。

其三，全国性党规与地方性党规。全国性党规是指党的全国代表大会、中央委员会、中央政治局及其常务委员会等中央组织制定的党规，中央纪律检查委员会、中央军事委员会制定的党规，以及中央组织部、宣传部、统战部等中央部门制定的党规；地方性党规是指党的各级地方组织行使党的立规权制定的党规。① 全国性党规与地方性党规并存，一般地，适用于全国范围的党规属于全国性党规，仅适用于某一地方的党规属于地方性党规。

---

① 全国性党规是对应地方性党规而言的，它由中央党规和部委党规构成，当然应包括军事党规、纪检党规。中央纪律检查委员会、中央军事委员会不同于一般中央部委，是特殊的党规制定主体，纪检党规、军事党规构成两个特殊的党规领域。地方性党规是党的各级地方组织行使党的立规权形成的党规，之所以称为“地方性党规”而非“地方党规”，主要是因为地方党组织行使的立规权是配置在地方党组织的党的立规权，地方党组织并无自我立规权或自治性立规权。

其四，单一性党规与复合性党规。单一性党规是指由党的各级组织制定的党内法规和党内规范性文件及其创设的规范；复合性党规主要是指党政机关联合制定的法规和规范性文件及其创设的规范。单一性党规与复合性党规共在，单一性党规针对党内事务，效力限于党内，复合性党规既属于党规范畴，又属于行政法规和规范性文件范畴，通常是针对党政机关面对的共性问题或者共责事务。[①]

其五，法规性党规与非法规性党规。党规主要由党内法规和党内规范性文件构成，所谓法规性党规就是指党内法规及其创设的具体规范，所谓非法规性党规就是党内规范性文件及其确立的具体规范。法规性党规与非法规性党规同存，一般来说，党内法规在党规体系中地位重要、作用重大，党内规范性文件在党规体系中数量众多、效应广泛。需要说明的是，法规性党规与非法规性党规仅限于形式上的大致分类，没有考虑它们的内容和效力。实际上，党内规范性文件也具有层级性，通过党内规范性文件确立的组织、行为规范也有不同等级效力。尽管从文本上看，即使一些高层级党内规范性文件不属于严格意义上的党内法规，但

---

① 比如，中共中央、国务院联合制定的《党政机关厉行节约反对浪费条例》，既是党内法规，也是行政法规，对党政机关和部门在经费管理、国内出差、因公临时出国境、公务接待、公务用车、会议活动、办公用房等方面作出全面规范，适用于党内外。当然，党政联合行文也有党委为政府“背书”的成分，这无疑有助于增强行政规范的效力。比如，中共中央、国务院印发的《法治政府建设实施纲要(2015～2020年)》与以往的有关依法行政、法治政府建设的国务院文件相比，强调党的领导是加快建设法治政府最根本的保证，必须坚持党总揽全局、协调各方，发挥各级党委领导核心作用，把党的领导贯彻到法治政府建设各方面，各级政府要在党委统一领导下，谋划和落实好法治政府建设的各项任务，主动向党委报告法治政府建设中的重大问题，及时消除制约法治政府建设的体制机制障碍，强调党政主要负责人要履行推进法治建设第一责任人职责，各级党委要把法治建设成效作为衡量各级领导班子和领导干部工作实绩的重要内容，纳入政绩考核指标体系，等等。党政联合行文无疑比政府单独行文更容易产生实效，更利于推进既定目标的实现。

它们确立的一些规范实际上具有相应的党内法规的效力。[①]

(二)党规类型化

党规类型化研究不同于党规分类研究。由于人们对党规现象的关注和研究,相关理论论争以及实践探索主要是由党内法规引起并围绕党内法规展开,所以党规类型化研究侧重于党内法规,主要是确定标准和尺度对党内法规进行类别研究,并且旨在推进党内法规类型化、规范化和体系化建设。关于党内法规类型化研究,学界已有不少尝试。比如,有学者根据性质和所涉领域不同,将党内法规类型化为党章及党章相关法规、党的政治建设法规、党的思想建设法规、党的组织建设法规、党的队伍建设法规、党的纪律建设法规、党务管理工作法规等。也有学者从功能角度将党内法规类型化为党章、党内组织法规、党的行为法规、党内程序法规、党内监督法规、党内法规制定的法规。[②] 还有学者将党内法规类别化为党章、党员权利义务法规、党内组织法规、党务管理法规、党纪检查法规等。[③]

党内法规类型化研究可以沿着体系、形式、内容、功能等维度展开。

其一,基于党内法规体系的类型化。从体系上看,通常认为,党章统率下的党内法规制度体系由党的组织法规制度、党的领导法规制度、党

---

① 党的全国代表大会的政治报告、中央全会的决定等对党内具有约束力,包括对党规的制定也有约束力。这些高层级的党内规范性文件需要制定党规甚至需要通过制定、修改和废止国家法律加以落实。比如,党的十八届三中全会决定废止劳动教养制度,随后全国人大常委会通过决议废止了这项制度。也就是说,不能简单地将高层级的党章性或者党规性的党内规范性文件中与现行法律不一致的规定视为违宪违法,实际上这类规范性文件恰恰具有一种推进国家立法的功能,将这种规范性文件所体现的党的意志和政治主张转化为国家意志和法律,是一种正常的政治与法治结合的现象。

② 参见兰亚宾:《党内法规建设存在的问题及对策研究》,《理论学刊》2005 年第 11 期。

③ 参见周叶中:《关于中国共产党党内法规建设的思考》,《法学论坛》2011 年第 4 期。

的自身建设法规制度、党的监督保障法规制度四大板块构成。[①] 党章是党内法规制度体系的核心。以党章为核心，党内法规制度分为关于党的建设的党规制度和关于党的领导的党规制度，党的建设领域的党内法规和党的领导方面的党内法规两大分支合成党内法规制度体系。党的领导方面的党内法规制度体系包括党领导立法、行政、监察、司法、军事和社会等各方面的党规制度，党的建设领域的党内法规制度体系包括党的政治、思想、组织、作风、纪律和保障等建设各领域的党规制度。

其二，基于党内法规形式的类型化。从形式上看，党内法规由章程、准则和条例以及规则、规定、办法、细则等构成。党内法规体系化需要对党内法规进行科学合理的类型化，通过党内法规类型化重构党规制度规范体系，既要突出章程的党内根本法地位和统率作用，彰显党章类党规在党规体系中的核心地位和作用，又要进一步凸显准则、条例在党规体系中的基础地位，将准则定位为党内基本法规，将条例定位为党内一般法规，并适度扩展法规类党规的范围，还要为规则、规定、办法、细则等法规性形式重新定位，将它们确定为党内规章，进一步规范规章类党规建设。由此形成党章为核心、法规为主干、规章为分支，位阶明晰、等级有序、完备统一的党内法规制度规范体系。[②]

其三，基于党内法规内容的类型化。从内容上看，党内法规由党章及相关法规、党的领导和党的工作方面的法规、思想建设方面的法规、组织建设方面的法规、作风建设方面的法规、反腐倡廉建设方面的法规、民主集中制建设方面的法规、机关工作方面的法规等部分构成。这种划分

---

① 一般说来，完善党的组织法规制度，全面规范党的各级各类组织的产生和职责，夯实管党治党、治国理政的组织制度基础。完善党的领导法规制度，加强和改进党对各方面工作的领导，为党发挥总揽全局、协调各方领导核心作用提供制度保证。完善党的自身建设法规制度，加强党的思想建设、组织建设、作风建设、反腐倡廉建设，深化党的建设制度改革，增强党的创造力、凝聚力、战斗力。完善党的监督保障法规制度，切实规范对党组织工作、活动和党员行为的监督、考核、奖惩、保障等，确保行使好党和人民赋予的权力。

② 参见肖金明：《论党内法治体系的基本构成》，《中共中央党校学报》2016 年第 6 期。

的参照依据主要是《中央党内法规制定工作五年规划纲要(2013～2017年)》。实际上,《中国共产党党内法规选编(2007～2012)》也主要是根据这种划分编排的。①

其四,基于党内法规功能的类型化。从功能上看,党内法规主要由组织性党规、行为性党规、责任性党规等构成。组织性党规侧重于党的组织原则和制度,规范组织职责权限、机构编制、体制机制,以及规定党员权利义务等;行为性党规侧重于行为程序规范,规定党的组织及其成员的权力(权利)行为规范,包括党内决策、执行、监督行为规范和党员知情、参与、表达、监督等权利行为规范,尤其是程序规范;责任性党规侧重于党内问责和救济,规定组织处理、纪律制裁规范,以及党内权利救济规范等。

■ 第二节 党规价值与功能

党规价值与功能是进行党规现象研究的基本命题。加强党内法治建设,推进党内治理现代化,需要全面认识并概括总结党规的价值和功能。党规价值是党规研究的理论基石,需要在党规制定、党规实施、党规监督等实践中发挥根本性指导作用。党规功能是党规在调整党内关系、规范党内生活过程中所发挥的作用,应当在维护党的纪律和党内团结、维护党内民主和党内权威、维护党的纯洁性和先进性、推进党的建设、实现党的领导和长期执政等多方面发挥党规的多元功能。

---

① 另外,根据中共中央办公厅法规室、中央纪委法规室、中央组织部办公厅编辑的《中国共产党党内法规选编(1978～1996)》《中国共产党党内法规选编(1996～2000)》《中国共产党党内法规选编(2001～2007)》,党内法规包括党章、党的思想建设法规、党的组织建设法规、党的队伍建设法规、党的作风建设法规、反腐倡廉建设法规、党内工作程序法规等类型。

一、党规价值

在哲学意义上，“价值”是内在的、主观的概念，具有道德性和伦理性，人们甚至可以将价值与美好事物和愿望联系起来，甚至可以与善关联起来。“价值”也是法学、政治学、社会学等社会科学上的基本概念，是诸多学科的基石之一。法的价值是法学研究基本范畴之一。法的价值具有多元性、次序性和善性，包括秩序、自由、公正、正义、人权、效率等道德伦理性显著的制度价值，它们构成一个富有开放性、包容性的价值体系，体系内存在不同程度的冲突，价值纷扰及其紧张关系需要价值整合与衡平，实现价值次序优化和认同。

其一，自由与秩序。任何一种组织尤其是政治组织，都必须面对自由和秩序问题。组织本身就意味着对自由的一定的限制，因为但凡组织都需要秩序。政党意味着秩序，也就意味着对组织成员结社、言论甚至思想自由的约束。当然，这种约束也是有限度的，必须基于组织性、伦理性，且必须基于党规。党规尤其是党内法规是党内自由与秩序统一的保障。

其二，民主与权威。民主是现代政治组织的基本表征，党内民主是党的生命线，它体现为组织成员的主体地位和党员民主权利等。权威是政治组织的内在需求，党内权威是党内秩序的需要，党内权威以民主集中制为基础，体现为组织性和纪律性。无论党内民主还是党内权威都必须建立在党规基础上，以党章党规保证党内民主与党内权威的统一，形成又有集中又有民主、又有纪律又有自由、又有统一意志又有个人心情舒畅生动活泼的政治局面。

其三，自治与法治。自治是政党组织的基本价值，自治的前提是政党必须在宪法法律范围内活动，政党自治的内涵是国法和公权一般不介入党内事务，但政党内部治理必须以自身制度体系为基础。中国共产党是公共性组织，也是自治性组织，必须在宪法法律范围内活动，依宪依法治国理政，同时必须在党内政治生活上强化法治思维，在党规制度建设中贯彻法治原理，遵循法治—共治—自治—善治逻辑，以国法为前提、党规为基础推进党内法治,通过党内法治走向党内善治。

其四,权力与权利。在政党组织内部,权力、责任、权利、义务等元素既具有鲜明的政治性,又需要强烈的法治性。它们统一于党规规范之中,其中,权力与权利关系是对应性的价值范畴,反映着党规制度的精神及其水平。实现权力责任、权利义务法规化,在权力与责任、权利与义务关系基础上突出权力与权利关系的法治意义,以保证自由与秩序、民主与权威、自治与法治等构成的多元价值体系的衡平和统一。

二、党规功能

党规功能亦即党规在规范政党组织、规制党内行为、调整党内关系、促进党内治理中的作用。党规的功能包括若干层面,宏观而论,党规支撑起党内治理和党内法治,规范和保障全面从严治党,与国法并列,并形成党规国法与社会规范一体化局面,形成执政组织、政权组织、社会组织三线推进法治的格局,从而全面推进国家治理体系与治理能力现代化。具体而言,党规以组织规范、关系准则、行为规则、评价尺度等规制党内组织和党内行为、调整党内关系,具体功用表现为对党的组织及其成员行为的指导、规制、保障、激励、惩治、教育、评价等作用。

其一,指导作用。党规是一套精神理念、原理原则、制度规范、规律逻辑等的集合体。党规所内含的价值理念和外表的制度规范对党的政治生活和各项工作具有指导作用,它们构成党内关系指针和行动指南,具有明确的方向性和导向性,具体引导党的组织活动,指引组织成员的行为,引领党内关系的完善和发展。

其二,规制作用。党规规定可以做什么、应当做什么、必须做什么和不得做什么,具有约束性,它以明确的行为规则、基准、尺度等规制党的组织及其成员行为的方向、过程和选择,以及以党内职权职责、权利义务等为内容的党内关系。党规的规制作用侧重于将党内权力责任行为、权利义务行为纳入党规轨道,校准和纠偏党内关系,尤其要防止权力滥用和义务怠慢,避免党内权力与权利的冲突。

其三,保障作用。党规的基本精神之一是规制权力,保障权利。党规具有保护组织及其成员合章合规权益的作用，尤其是对党内民主权利和党员主体地位的保障。党规通过规制党内权力防止对党内权力的侵害，并通过申诉、救济等制度实现对党内合章合规权益的有效保护。

其四，激励作用。党规具有激励性，党规确立倡导性规范、激励性措施，有效运用和发挥党内组织性、荣誉性资源促使组织及其成员向上向善、为组织目标而努力的作用。

其五，惩治作用。党规具有强制性和制裁性，主要表现为党内组织处理和纪律制裁。党纪规范在党规体系中具有关键地位，主要发挥对党的组织及其成员违法违规行为的惩治作用，对滥用职权和权利、懈怠职责和义务的行为施加不利后果，包括限制和剥夺党内权利、科处党规义务等。

其六，教育作用。党规外现为一定的规范，内含着一定的价值理念、自在精神、道德伦理，对党规遵守和实施、党规监督和奖惩等党规实践产生规范作用，从而形成对政党组织及其成员有效的教化作用。党规内在的政治信念、精神价值、组织伦理等具有潜移默化地形塑党员干部思想意识和信仰、党内行为习惯和党内关系模式的力量。

其七，评价作用。党规是党内关系准则和行为规范的集合，它明确党内权力责任、权利义务及其规定性、行为界限与合规性、行为标准与合理性、行为程序与正当性等，由此形成党内关系和党内行为合规性评价的指标系统，可以实现依此自我衡量与据此外部评价的统一。

■ 第三节 党规定位

“客观地讲，党规包括党内法规是伴随中国共产党九十多年革命、建设和改革的历史而存在的制度现象，也是当前执政党制度建设的基础层面，它是一种不能忽略的历史性和现实性的客观存在。”①考察党规制度现象，准确定位党规，需要坚持历史和现实两个维度。

一、历史维度下的党规

党规的历史由来已久，自从中国共产党诞生之日起，党规制度建设就深深根植于党所领导的革命、建设和改革实践中。1921年召开的党的一大虽然没有制定党章，但党的一大通过的《中国共产党第一个纲领》确立了党的基本属性和奋斗目标，它包括政治纲领和组织章程两个部分，其中的组织章程规定了组织原则、组织机构和党员发展等问题，可以视为党规建设的起点。1922年召开的党的二大在《中国共产党第一个纲领》的基础上制定了《中国共产党章程》，对党员、组织、会议、纪律、经费等作出了比较完整的规定，是中国共产党历史上第一部正式的基础性党规。“党内法规”作为一个完整的概念术语是在1938年10月党的六届六中全会上提出的。因张国焘严重破坏纪律，毛泽东强调必须重申党的纪律：“为使党内关系走上正轨，除了上述四项最重要的纪律外，还须制定一种较详细的党内法规，以统一各级领导机关的行动。”②刘少奇在《党规党法的报告》中指出：“要保证党的团结与统一，除政治上思想上之统一外，条文上亦应规定法律上非团结不可，并以此党规和党法教育同志。”③1945年，刘少奇进一步阐释了“党内法规”的内涵：“党章，党的法规，不仅是要规定党的基本原则，而且要根据这些原则规定党的组织之实际行动的方法，规定党的组织形式与党的内部生活的规则。”④中华人民共和国成立后，中国共产党正式成为执政党。面对复杂严峻的国际国内形势，毛泽东提出“党内要严，党外要宽”的治党理念，党内法规主要在规范党的组织形式、严肃党内纪律、健全党内生活等方面发挥重要作用。1955

① 肖金明：《法学视野下的党规学学科建设》，《法学论坛》2017年第2期。

② 《毛泽东选集》第2卷，人民出版社1991年版，第528页。

③ 中共中央文献研究室、中共中央党校编：《刘少奇论党的建设》，中央党校出版社1991年版，第46页。

④ 《刘少奇选集》上卷，人民出版社1981年版，第316页。

年，毛泽东在中国共产党全国代表会议的开幕式上，针对高岗、饶漱石事件给全党带来的沉痛教训，强调："符合党的原则的，比如五年计划，关于高饶反党联盟的决议、报告，以及各种正确的政策，正确的党内法规，这样一些言论、行动，当然要积极支持，打成一片。"[①]1962年，邓小平在扩大的中央工作会议上指出："特别是遵义会议以后，在毛泽东同志领导下，我们党建立了一套健全的党的生活制度。比如民主集中制……艰苦朴素、谦虚谨慎，等等。这些都是毛泽东同志一贯提倡的，是我们的党规党法。"[②]遗憾的是，十年"文化大革命"的浩劫不仅严重破坏了社会主义民主和法制进程，而且对党规建设造成重大创伤，已经建立起来的相对完整的党内组织纪律和党规制度遭到严重破坏。

为了恢复和重建党规制度，中国共产党在不同的时间节点上相继展开实践探索。党的十一届三中全会召开前夕，邓小平在题为《解放思想，实事求是，团结一致向前看》的重要讲话中指出："国要有国法，党要有党规党法。党章是最根本的党规党法。没有党规党法，国法就很难保障。"[③]1980年制定和颁布了《关于党内政治生活的若干准则》，可谓是党规恢复重建的标志性事件。这部党内法规涵盖坚持党的政治路线和思想路线、坚持集体领导、发扬党内民主、保障党员权利等内容，对"文化大革命"结束后党内面临的主要矛盾和突出问题进行拨乱反正，对规范党内政治生活、保障党内民主与团结产生了重要影响。1990年印发的《中国共产党党内法规制定程序暂行条例》明确界定了"党内法规"的概念，"党内法规是党的中央组织、中央各部门、中央军委总政治部和各省、自治区、直辖市党委制定的用以规范党组织的工作、活动和党员的行为的党内各类规章制度的总称"。1992年召开的中共十四大修改了党章的部分内容，指出党的各级纪律检查委员会的主要任务是"维护党的章程和其他党内法规"，"党内法规"由此正式写入党章。21世纪之初，党规在经

① 《毛泽东文集》第6卷，人民出版社1999年版，第400页。

② 《邓小平文选》第1卷，人民出版社1994年版，第300页。

③ 《邓小平文选》第2卷，人民出版社1994年版，第147页。

历20多年的恢复重建后逐步呈现规范化和制度化的趋势，党规在中国共产党治国理政中的地位更加突出，作用更加明显。2001年，江泽民在庆祝中国共产党成立80周年大会上的讲话中指出："各级党组织都要严格按照党的章程和党内法规行事，严格遵守党的纪律。"[①]2006年，胡锦涛在中央纪委第六次全体会议上的讲话中指出："要进一步加强制度建设，加强以党章为核心的党内法规制度体系建设，着力提高制度的科学性、系统性、权威性。"[②]党规建设开始朝着加快形成完善的党规制度体系的目标奋进。

通过对党规历史沿革的考察可以看出，党规是伴随中国共产党建设和发展的历史性概念，在党的建设和发展的每个重要历史节点上都留有党规的印记。当然，党规在很长一段时间里并未形成明确的概念范畴，"党的纪律""党规党法""党的法规""党的制度"等提法出现不同程度上的混用，但它们与党规在本质上是趋同的，都是致力于严肃党内政治纪律，规范党内政治生活，从而实现党内部的自我监督和制约，所以这些提法都可以等同为党规。直到1990年中共中央制定印发《中国共产党党内法规制定程序暂行条例》，党规才确立了相对明确的界定。自此，"党内法规"的使用频率日趋增高，成为概括党内规章制度、完善党内制度体系、推动党内民主法治建设不可替代的规范性话语体系。

二、现实维度下的党规

新时代以来，党规制度建设步入快车道，党规的规范化、制度化和体系化水平不断提高，党规日渐成为推进党和国家治理现代化进程中不可或缺的组成部分。2013年5月，被誉为"党内立法法"的《中国共产党党内法规制定条例》和《中国共产党党内法规和规范性文件备案规定》同步发布，党内法规的制定和备案审查工作由此步入"有规可依"的轨道。与

---

① 江泽民：《论党的建设》，中央文献出版社2001年版，第519页。

② 《胡锦涛在中纪委全会讲话强调深入开展反腐败工作》，《人民日报》2006年1月7日。

此同时，党内法规和规范性文件的清理工作也顺利展开。2013 年 8 月，中共中央发布《关于废止和宣布失效一批党内法规和规范性文件的决定》；2014 年 11 月，中共中央发布《关于再废止和宣布失效一批党内法规和规范性文件的决定》。“两次共清理 1178 件，废止 322 件，宣布失效 369 件，二者共占 58.7%；继续有效的 487 件，其中 42 件需适时进行修改。”①2013 年 11 月，中共中央发布《中央党内法规制定工作五年规划纲要（2013～2017 年）》，这是首部对党规制定工作进行顶层设计的指导性规划纲要，引领党规建设向科学化、规范化、程序化方向迈进。2014 年 11 月，党的十八届四中全会明确把党内法规体系和国家法律规范体系一并纳入中国特色社会主义法治体系。中国共产党既要依据宪法法律治国理政，又要依据党规管党治党，党规建设被提升到新的战略高度。2016 年 10 月，党的十八届六中全会研究全面从严治党重大问题，审议通过了两部从严管党治党的重要党内法规——《关于新形势下党内政治生活的若干准则》和《中国共产党党内监督条例》。2017 年 10 月，习近平在党的十九大报告中指出：“增强依法执政本领，加快形成覆盖党的领导和党的建设各方面的党内法规制度体系，加强和改善对国家政权机关的领导。”2018 年 3 月，中共中央印发《中央党内法规制定工作第二个五年规划（2018～2022 年）》，强调党规建设要适应新时代坚持和加强党的全面领导、以党的政治建设为统领全面推进党的各项建设的需要，到建党 100 周年时形成以党章为根本，以准则、条例为主干，覆盖党的领导和党的建设各方面的党规制度体系。

在推进党规制度建设的进程中，党规的科学定位是关键，而厘清党规的概念范畴则是进行科学定位的首要前提。根据《中央党内法规制定条例》的规定，党内法规是党的中央组织以及中央纪律检查委员会、中央各部门和省、自治区、直辖市党委制定的规范党组织的工作、活动和党员行为的党内规章制度的总称。上述定义主要在制定主体和规范对象两

---

① 《中央党内法规和规范性文件集中清理工作全部完成》，《人民日报》2014 年 11 月 18 日。

个层面对党内法规加以界定。党内法规的制定主体是党的中央组织以及中央纪律检查委员会、中央各部门和省、自治区、直辖市的党委，这意味着省级党委各部门、自治区党委各部门、直辖市党委各部门、地级市党委等机构无权制定党内法规。党内法规的规范对象是党组织的工作、活动和党员行为，这意味着党内法规不能规制国家、其他社会组织和普通公民的行为。需要指出的是，部分学者尝试在此基础上重构党规的概念范畴，进一步扩大党规的内涵和外延。比如，有学者指出党内法规法定概念需要从内在要求、制定主体、创制方式、制定程序、调整内容、保障手段、外在形式等方面进行重构。① 再比如，有学者认为《中央党内法规制定条例》第 2 条之规定仅为狭义上的"党内法规"，而广义上的"党内法规"则是指党内所有用以规范和保障党的行为的法律或规范性文件。② 毫无疑问，以《中央党内法规制定条例》界定的"党内法规"概念为基础，对"党内法规"概念的学理研讨是必要的，这有利于确立党内法规基本范畴，有利于深化党内法规基本理论。"党内法规"概念的科学重构可能涉及党内法规制定主体、党内法规制度体系层级化和结构化，以及党内法规类型化等理论和实践问题。③

三、党规的科学定位

党规的定位应立基于中国特色社会主义法治体系，从完善和发展中国特色社会主义制度，推进党和国家治理现代化的角度，将党规与国家法律视为并行不悖、相辅相成的中国法制度规范，二者合成党和国家治理体系和治理能力现代化制度基础。党的十八大以来，"党内治理现代

---

① 参见欧爱民、李丹：《党内法规法定概念之评述与重构》，《湘潭大学学报》（哲学社会科学版）2018 年第 1 期。

② 参见刘长秋：《论党内法规的概念与属性——兼论党内法规为什么不宜上升为国家法》，《马克思主义研究》2017 年第 10 期。

③ 比如，就党内法规主体而言，2017 年 6 月，中共中央提出探索赋予副省级城市和省会城市党委党内法规制定权。因为副省级城市和省会城市党委不在党内法规制定主体之列，所以部分学者指出应当扩大党内法规制定主体以适应新情况新变化。这一观点忽视了地方党内法规制定主体已由中共中央授权的客观现实。

化—依规治党—依法执政—依法行政—依法治国—国家治理现代化”的治理体系日趋成熟，如何让其中的法治逻辑促进党规国法有机统一，推进依规治党和依法治国有机统一，是实现党和国家治理体系和治理能力现代化的重大课题。

(一)党规是党内治理现代化的制度基石

治理现代化已经成为一个全球性命题，无论全球治理、大党治理、大国治理还是地方治理、基层社会治理，都有一个现代化的问题。党的十八届三中全会将“完善和发展中国特色社会主义制度，推进国家治理体系和治理能力的现代化”确立为全面深化改革的总体目标，党和国家治理现代化成为新时代治国理政的目标导向和行动路线。在国家治理现代化进程中，无论是政府管理、公共治理、社会自治都离不开党的领导，党的执政、党的领导、党的建设需要党内治理现代化，没有党内治理科学化、民主化、法治化，就不可能有国家和社会治理现代化。中国共产党作为一个超大组织型政党，是全面领导和长期执政的政党，同时又是一个超强制度型政党。通过全面从严治党、依规管党治党，推进科学民主依法执政，实现依规治党和依法治国有机统一，致力于党和国家治理体系和治理能力现代化。基于中国政治路线和逻辑、法治方针和道路，实现党的治理现代化必须成为优先战略。中国共产党唯有率先推进以自身现代化为旨归的改革和调适，推动党内治理的科学化、民主化、法治化，才有可能领导国家和社会治理现代化进程。党内治理现代化无疑是国家治理现代化的逻辑前提和关键所在，在一定意义上讲，党内治理现代化与国家治理现代化是一个同构的过程，通常所说的“国家治理体系和治理能力现代化”，实质上就是“党和国家”治理体系和治理能力现代化。①

党内治理现代化事实上是政党内部政治运行机制和治理能力的自我优化升级，是由党内传统的治理模式向现代治理模式的转变，主要体

---

① 参见肖金明：《论通过党内法治推进党内治理——兼论党内法治和国家治理现代化》，《山东大学学报》(哲学社会科学版)2014 年第 5 期。

现为党内政治生活的制度化、民主化和法治化。党内政治生活制度化主要表现为党内政治生活运行的制度约束和保障，强调党的制度建设的重要意义，形成配套的制度规范，通过各种制度规范的刚性约束，规范党内政治生活运行状态，从而有效避免党内政治活动的任意和无序，为党内治理现代化奠定基础；党内政治生活民主化强调以党内民主集中制为根本组织原则和实现党内民主的根本制度规范，保障全体党员以直接或间接方式参与、管理和决定党内事务，充分发扬党内民主的优良特性；党内政治生活法治化强调党内决策权、执行权、监督权制度化安排，贯彻权责一致的原则，突出党员在政治生活中的主体地位，保障知情权、选举权、参与权、表达权、监督权等党员民主权利，由此形成党内治理法治化的两条主线，将党内权力和党内权利纳入法治轨道，运用法治思维和方式实现限制权力与保障权利之间的平衡。① 概言之，党内政治生活制度化、民主化和法治化是党内治理体系和治理能力现代化的核心要义、基本内涵和实现形式。

“制度—法治—治理—善治”是党内治理现代化的基本逻辑。党内治理现代化离不开以法治为核心的党的制度建设的规范和促进，主要体现为党规制度基础上的党内法治对党内治理及其现代化的基础保障作用。换言之，党规是党内治理体系和治理能力现代化的制度基石。遵循党内法规进阶党内法治、党内法治推动党内治理现代化的现实逻辑，党规是推动党内治理现代化的前提和基础，党内治理现代化是党规的动态表达和目标追求。党规之于党内治理现代化的重要意义主要体现为：第一，党规提升党的制度建设水平，有利于党的制度体系的科学化、规范化、制度化。党的制度建设是党的建设的重要组成部分，党规制度建设是重中之重。党的十八届中央委员会共制定修订 92 部中央党内法规，包括 2 部准则、14 部条例，占 195 部现行有效中央党内法规的近 50%，制定、修订党内法规数量之多、质量之高皆前所未有。② 目前已初步形成以

---

① 参见肖金明：《关于党内法治概念的一般认识》，《山东社会科学》2016 年第6 期。

② 参见宋功德：《坚持依规治党》，《中国法学》2018 年第 2 期。

党章为核心，以准则、条例为主干，以规则、规定、办法、细则为分支的制度框架体系，为党的系统建设、全面领导、长期执政和党内治理现代化奠定了坚实的制度基础。第二，党规促进党内民主政治生活，为党内民主建设提供制度规范依据。党规为党内民主集中制、党员主体地位、党员权利提供制度规范和保障。比如，2004 年颁布实施的《中国共产党党员权利保障条例》，是在坚持民主集中制原则的基础上制定而成，内含党员权利、保障措施、责任追究等内容，进一步明确了党员享有的各项权利，规定了党员权利保障的举措，对侵犯党员权利的行为明确了追究程序和方式。第三，党规奠定党内法治制度基础，是党内法治建设的内在基础性依据。管党治党的法治化意味着党内治理向现代化迈进，以党规为基础性依据，通过规范和约束党组织和全体党员的行为，防止党内权力恣意滥用，全面从严治党，依规管党治党，遵循党内治理的一般规律和一般法治原理，实践党内治理和党内法治的特殊逻辑，不断推动党内治理法治化进程。

通过党内法治推进党内治理，走向党内善治，是推进党内治理体系和治理能力现代化的另一表述。党的十九大报告指出，推进科学立法、民主立法、依法立法，以良法促进发展、保障善治。"'良法'是高级形态法治的价值标准和理性追求，'善治'是高级形态法治的运作模式和实现方式，二者构成了国家治理的一体两面。"①正如良法善治是国家治理现代化的基本遵循，良规善治亦是党内治理现代化的必然进路。进一步推进科学立规、民主立规、依法立规，以良规促成党内法治、保障党内善治，是党内治理现代化的必由之路。

(二)党规是与国家法律并行的法规范

党的十八届四中全会通过了《中共中央关于全面推进依法治国若干重大问题的决定》(以下简称《决定》)，一方面将党规体系和国家法律体系一并纳入中国特色社会主义法治体系，把党规的战略定位提升到新的高度；另一方面强调党规与国家法律的衔接和协调，二者同为建设社会

① 石佑启、杨治坤：《中国政府治理的法治路径》，《中国社会科学》2018 年第1 期。

主义法治国家有力的制度支撑和法治保障。党规体系与国家法律体系作为中国特色社会主义法治体系的两个分支，二者相互独立而存在，拥有各自的作用板块和领域。与此同时，党规和国家法律互不替代、互不抵触，协同致力于全面依法治国，共同推进党和国家治理体系和治理能力的现代化。

党规的定位既要立足于文本依据，又要契合中国特色社会主义法治实践。一方面，党规不是国家法律的组成部分。有学者曾从应然和实然两个角度出发提出“党规是法律”的观点。从应然角度讲，党规的法律性来自于宪法所确立的中国共产党领导和中国共产党章程；从实然角度讲，党规具有强制约束力，因为中国共产党掌握着暴力力量并以暴力作后盾。① 亦有学者提出将党规统称为“中共法规”，通过明确党规的法律位阶和效力等级、确定党规所遵循的立法原则和立法权限的边界、科学设计党规的监督审查机制三个环节，将党规纳入国家法律体系。② 很明显，将党规与国家法律混为一体，忽视了党的十八届四中全会《决定》明确将党规体系纳入中国特色社会主义法治体系而非中国特色社会主义法律体系的意义，不仅无助于党规的准确定位，还可能引起党规是否属法的反复性争论。另一方面，党规不等同于政党法。尽管党规与政党法在价值理念、目标指向等多个方面具有高度的相似性甚至一致性，比如二者都旨在防止政党权力滥用，保障党员权利，规范政党运作机制，等等；但是二者在制定主体、作用对象、规范方式、效力范围等方面有显著区别。党规的制定主体是中国共产党内部的权力机关，而政党法的制定主体则是国家立法机关；党规的作用对象仅限于中国共产党各级党组织和党员，政党法的作用对象则包括中国共产党和各民主党派。事实上，相较于制定一部政党法，党规更适用于中国特色社会主义法治实践。制定政党法的本质目的在于：“用法律来实施对政党的政治控制与组织控

---

① 参见柯华庆：《重新认识党规》，爱思想网，http://www.aisixiang.com/data/97401.html，最后访问日期：2018 年 7 月 8 日。

② 参见王春业：《论将党内法规纳入国家法律体系》，《天津师范大学学报》(社会科学版)2016 年第 3 期。

制，约束政党行为，防止政党林立、无序竞争，防止政党成为社会冲突的工具，维护既有政治秩序或达到预期政治秩序。”①不少国家的政党法归根结底还是用国家法律规制政党行为，调和不同党派之间的纷争，保障政治秩序的稳定和良性运转。中国的政党规范对完善和发展中国特色社会主义政党政治具有重要意义，但政党法无法替代党规。作为与国家法律并行的党规，是政党通过内部制度规范管党治党，促进和保障政党自主、自律、自洽和自治属性的制度规范体系。

依循“治国必先治党，治党务必从严，从严必依法度，法度必循法治”的现实逻辑，遵循“坚持依法治国和依规治党有机统一”的基本原则，全面从严治党与依规管党治党相结合成为治国理政和依法治国的关键所在。全面从严治党不仅要依据国家法律进行外部管控，更要依靠党规实现党内自我规制。这就需要以严格的党规制度规范为基础实现中国共产党内部治理的规则之治，尤其需要将法治一般原理和价值理念融入党规制度，着力构建党内法治的进阶形态，推动党内治理制度化、法治化、程序化。当然，法治中国宏伟目标的实现既要逐步提高依规治党的法治化水平，实现政党的法治转型，又要不断提高依规治党与依法治国的系统兼容性和机制协调性。② 推进党规国法进入不仅并行不悖而且相辅相成的境界，推动依规治党与依法治国有机统一，实现党内法治与国家法治之间的内在联动，是实现党和国家治理体系和治理能力现代化的根本要求。

---

① 刘红凛：《〈政党法〉的世界概况与主要成因》，《当代世界与社会主义》2009 年第 1 期。

② 参见王若磊：《依规治党与依法治国的关系》，《法学研究》2016 年第 6 期。

第二章
党内法治一般理论

基于党规现象的历史性和现实性、党规制度建设的必要性和迫切性，以及党规与党内法治之间的内在逻辑性，确定“党规”“党内法治”概念的合用性，以党规制度建设为基础，引入一般法治原理，注重党内权力和权利及其相互关系的特殊性，突出党内法治的特色和独特价值，深入分析党内法治的基本逻辑，概括总结党内法治的价值意义，不断推动党内法治深入发展，是党内法治理论研究的基础性课题，也是公法学理论研究的新领域和新命题。

第一节
党内法治的基本含义

党内法治是以党内法规为制度前提、将一般法治原理创造性地运用于党内治理的法治状态。党内法治既反映一般法治原理，又具有特别的内在规律。理解党内法治需要从党内权力和党内权利两条逻辑上展开，并注意区分其与“党内法制”“政党法制”“政党法治”“党导法治”“党建法治”的联系和区别。

一、“党内法治”概念何以成立

“党内法治”一词学界很少使用。比较早见的，在武汉大学周叶中教授论及中国共产党党内法规建设的文章中出现过“党内法治”一词。[①] 在中南财经政法大学“全面深化改革与宪法学发展”主题讲座上，我们在依法治国、建设法治国家层面上阐释如何实现国家治理体系现代化，认为党的治理现代化相较于国家治理现代化更为迫切，要从宪法法律和党内法规两方面加强党的法治建设。[②] 中央编译局何增科研究员在论及反腐败时使用了“党内法治”术语，并提出解决之道无非四个方面，即党内法治、行政法治、政策过程民主，以及公共信息公开和领导干部家庭财产等个人重大事项公开。[③] 无论学者在什么样的语境中或意义上使用“党内法治”一词，都从不同角度将“党内法治”术语与实践中的党的制度建设尤其是党内法规现象密切联系在一起。

“党内法治”概念何以成立？一是基于一个简单的认识，即“党内法规”概念成立，“党内法治”概念就应该成立。由于学界对“党内法规”的合用性存在异议，这就必然带来“党内法治”概念是否成立的争论。二是基于关涉法治中国格局的一个并列关系，即作为法治中国建设政治前提、主体工程和社会基础的党内法治、国家法治、社会法治，必须呼应互动、同步发展。立足于法治中国建设格局，必然要求加强党内法治建设。三是基于有关党内治理的一个内在逻辑，即无论国家治理、社会治理、党内治理，都必须建立在制度基础上和善治—法治—治理逻辑上。实践善

---

① 参见周叶中:《关于中国共产党党内法规建设的思考》,《法学论坛》2011 年第 4 期。

② 2014 年 4 月 11 日，在中南财经政法大学举办的“全面深化改革与宪法学发展”主题讲座上，焦洪昌、林来梵、吴家清、苗连营、李树忠、肖金明等教授畅谈十八届三中全会背景下宪法的发展。(参见《宪法学名师齐聚中南财大探讨改革与宪法学发展》,“中南财经政法大学网”,2014 年 4 月 12 日)

③ 参见何增科(中央编译局世界发展战略研究部主任)、周淑真(中国人民大学廉政建设研究中心主任)、聂辉华(中国人民大学经济学院教授):《反腐，从书记挂帅到党内法治》,“共识网”,2014 年 7 月 30 日。

治—法治—治理这一逻辑，就是通过党内法治推进党内治理现代化。

从实然的角度讲，党内法治以党内法规为前提和基础。或者可以说，“党内法治”是一个在“党内法规”基础上深化和延伸而来的概念。如果现实中没有党内法规制度现象，党内法治的要求也许就无从产生，“党内法治”概念也许就没有存在的必要和可能。也就是说，“党内法治”能否成立，在很大程度上取决于“党内法规”在理论上能否成立。如前所述，法学界长期忽略党内法规制度现象，少有的讨论大都婉拒或者回避“党内法规”的提法，更不可能为党内法治这样的概念留有余地。但客观地讲，党内法规是伴随中国共产党90多年革命、建设和改革的历史存在的制度现象，也是当前执政党制度建设的核心环节，它是一种历史性和现实性的客观存在。正是基于这种历史和现实的客观存在，不少学者已经将党内法规现象纳入法学研究的视野。罗豪才教授在其软法理论中强调软法规范的体系性，执政党制定的政策性规范属于软法范畴。[①] 姜明安教授更将执政党和参政党规范本党组织和活动及党员行为的章程、规则、原则等纳入软法的范围，并认为中国共产党的党内法规不完全是社会法和软法，它同时具有一定的国家法和硬法的因素。[②] 北京大学强世功教授从不成文宪法的角度认为“党章乃是中国宪法体系的有机组成部分”[③]。从一定意义上说，“党内法规”的概念是党的制度建设的基础性概念，甚至可以说它已经成为一个中国特色的制度性概念。[④] 相对于“党内法治”来讲，“党内法规”是一个原初性、基础性概念。如果“党内法规”的提法被普遍接受，“党内法治”的概念就会顺理成章地走进党内治理、

---

① 参见罗豪才等:《软法与公共治理》，北京大学出版社2006年版，第9、89页。

② 参见姜明安:《论中国共产党党内法规的性质与作用》，《北京大学学报》(哲学社会科学版)2012年第3期。

③ 强世功:《党章与宪法:多元一体法治共和国的建构》，《文化纵横》2015年8月。

④ 参见《夯实党执政治国和自身建设的制度基础——中共中央办公厅法规局负责人答记者问》，《求是》2014年第2期。1990年出台的《中国共产党党内法规制定程序暂行条例》使“党内法规”正式入规；1992年10月，党的十四大修改党章，将党的各级纪委的主要任务由“维护党的章程和其他重要的规章制度”修改为“维护党的章程和其他党内法规”，“党内法规”正式写入党章。

法治中国理论和实践的前沿。

尽管党内法规现象已初入“法眼”，甚至有法学学者断言，随着“完善的党内法规体系”纳入中国特色社会主义法治体系，十八届四中全会《决定》已经为关于能否使用“党内法规”一词的纯粹概念之争画上了休止符。[①] 但实际上，问题并没有那么简单。长期以来，不少人认为，国家和法相联系，法制、法治、法律、法规等为国家专属的政权现象，政党不具有立法权，党内法规不具有法的特征，党内的制度规范不应称“法规”，使用“党内法规”一词容易引起党法关系的混乱，等等。[②] 这样的认识和疑虑一直存在，至今没有完全消失，目前学界对“党内法规”概念的合用性仍有异议。中国社会科学院刘作翔研究员重申了上述部分观点，特别强调“党内法规”的提法是一个最基本的理论问题，容易在人们的认识上产生混淆，在党规党纪与国法的关系问题上会产生那么多的疑虑，不利于法治意识的培养，主张凡属于政党制定的规范，诸如党章、党规、党纪等，都属于党内规范的范畴，建议用“党内规范”的提法替代“党内法规”的提法。[③]

统而观之，尽管人们不太接受“党内法规”这一概念的原因很多，但归结为最重要的一点，就是对执政党和国家关系的考量，担心混淆了党和国家的界限。如果仅仅担心党规国法混同，而将法治、法律、法制、法规等归于国家现象，为国家所专属，从而排斥“党内法规”概念显然说理不够充分。在已经形成的国家法律体系中，除了宪法和法律，就是行政法规和地方性法规，实际上还有军事法规。法律是唯一的，法规是多元的，它可以是中央政府制定的行政法规，也可以是地方人大及其常委会制定的地方性法规，还可以是中央军委制定的军事法规。尽管它们同称“法规”，但存在着制定主体、适用领域、对象和效力上的分别。三类法规

---

① 参见付子堂：《法治体系内的党内法规探析》，《中共中央党校学报》2015 年第 3 期。

② 参见王贵秀：《中国政治体制改革之路》，河南人民出版社 2004 年版，第 331～332 页；曾市南：《“党内法规”提法不妥》，《中国青年报》2004 年 1 月 2 日。

③ 参见刘作翔：《党纪与国法不能混同》，《北京日报》2015 年 8 月 3 日。

不可能界限不明，相信党内法规与它们也不会混淆，与国家法律也不会混同。倒是有一种情况需要认真对待，即执政党与政府共同出台法规对某类事项进行规范，这是一种特殊的却并不少见的法规现象，通常以中共中央办公厅、国务院办公厅联合发文的形式出现。比如，2010 年 7 月 11 日印发的《关于领导干部报告个人有关事项的规定》、2013 年 11 月 25 日印发的《党政机关厉行节约反对浪费条例》等。由于中国共产党是唯一执政党，执政党与中央政府就对党政机关和人民团体等有同样要求的事项共同出台法规加以规范，这类法规既适用于党的组织，又适用于国家机关，还可能适用于人民团体等。这些条例和规定基于执政党组织、政权组织等治理的共性需求而制定，既是行政法规，又属于党内法规范畴，它们以不同的方式和保障措施作用于不同的领域和对象，在一定意义上也有利于节省制度成本。

从社会秩序、社会治理及基本表征和要求看，法律多元主义立场、软法之治理论有其合理性。基于法律的本质是秩序、国家并非法律的垄断者的基本认识，“活法论”认为社会中的权力和社会秩序是多元的，“活法”内生于社会并作用于社会，是指与国家制定法相对应的在社会生活中真正起作用的各种社会规则，也就是各种社会团体的内在秩序。活法论的重点是无需和没有国家介入的法律领域，而不是国家制定法律。[①] 如前所言，罗豪才教授提出的软法理论强调非传统法规范形式对于治理的意义。软法论者基于治理方式多元、治理规范多样的基本认识，构筑

① 奥地利法学家、欧洲社会学法学、自由法学创始人之一埃利希（Eugen Ehrlich，1862～1922）创制了“活法”（Living Law）概念，概述了小至家庭、村落、企业，大至政党、协会、国家，不论规模大小、形态复杂程度的人类团体内生型秩序。产生自团体内部而不是由外部施加的一阶规范是法律发展的重心所在。

了完整的软法规范体系。[①] 基于法律社会学的角度，还有学者认为，仅靠一部《中华人民共和国宪法》不能完全解释中国的政治结构和权力体系。中国共产党构成中国宪政制度的核心，中国宪法由两个文件组成，即1982年《宪法》和中国共产党党章。[②] 确实如此，因为执政党的党章对于解释政治结构和权力体系具有实质意义。政治学、宪法学不能忽视执政党党章的宪政意义，但亦不能淡化党章和宪法的界限，至少在形式上应严格区分。我们不赞同从法律多元的角度将党内法规也视为法律的一种类型，将党章视为宪法体系的一部分，因为宪法法律是国家制定的规范，具有唯一性。十八届四中全会《决定》将完善的党内法规体系纳入社会主义法治体系，而不是纳入国家法律体系或者国家法治体系。严格地讲，党内法规体系与国家法律体系并列，是党和国家法治体系和治理体系的有机构成部分。

从更深层次上讲，"党内法治"概念的合用性取决于管党治党、从严治党、党内治理现代化的实践需要。全面建成小康社会，全面实现国家治理现代化，不仅要实现全面深化改革与全面推进依法治国的有机统一，还必须将全面从严治党与全面推进依法治国有机结合起来。可以这样讲，政党组织与国家政权组织一样，同属于公共组织，都属于社会公器，国家治理与政党治理都属于公共治理范畴，都有一个现代化的问题。国家治理与政党治理在现代化的道路上都需要民主和法治。尽管政权组织与执政组织在职能和组织形式等方面存在很大差异，但它们的治理必须以制度为基础且制度必须贯彻法治。对于非政权组织的内部事务，法律可以不介入，但法治不能有盲点，更不能形成法治盲区。法治精神、

① 罗豪才教授认为，软法主要包含以下几类规范：一是法律、法规和规章中那些旨在描述法律事实或者具有宣示性、号召性、鼓励性、促进性、协商性、指导性的规范；二是国家机关依法创制的诸如纲要、指南、标准、规划、裁量基准、办法等大量的规范性文件；三是各类政治组织创制的旨在解决参政、议政等问题的自律规范；四是名目繁多的社会组织创制的自治规范。（参见罗豪才：《加强软法研究，推动法治发展》，"人民网—人民日报"，2014年6月20日）

② 参见强世功：《中国宪政模式？巴克尔对中国"单一政党宪政国"体制的研究》，《中外法学》2012年第5期。

原理可以融入国家法律，亦可以融入社会组织、政治组织规范体系。换言之，“国家制度的基本原理和其中的民主—法治逻辑同样适用于党内政治生活，适用于党的制度建设。党内民主是党内法治的前提和基础，也是党内治理的基本要求；党内法治是党内民主的体现和保障，也是党内治理的基本特征”①。我们应当将执政党组织与国家政权组织区别开来又联系起来，也能够且必须将党内法规与国家法律、党内法治与国家法治区分开来又联系起来。党内法治建设是党内治理和国家治理的根本需要，在全面推进依法治国的实践中，除实践“党内法规—党内法治”内在逻辑外，如何创制“党内法规—国家法律”状态、形成“党内法治—国家法治”局面，是党内法治建设所面临的重大课题。

二、如何理解“党内法治”含义

“党内法治”是一个与“党内法规”相关联的概念。如何理解党内法治？所谓党内法治，是指适应全面从严治党、全面实现党的治理现代化的需要，遵循党内治理规律和一般法治原理，与国家法治、社会法治相对应，建设以党章为核心的党内法规制度体系，实施以党内法规制度为基础的党内治理的法治形态。如前所言，“党内法治”是一个在“党内法规”基础上提出的新概念。一方面，党内法规是党内法治的实然前提和现实基础，如果能够接受“党内法规”这一概念，“党内法治”概念就顺理成章甚至是党内制度、党内法规建设的必然产物；另一方面，党内法治是党内法规的深化和延伸，它们之间的关系反映了有关法治的最一般的认识。也就是说，只有法律但不讲法治，国家法律不一定是善法。对党内法规来讲也是如此，仅有法规而不讲法治，党内法规不一定是良规。没有党和国家的良规善法，就不会有党和国家治理的善治和现代化，由此显示了“党内法治”概念的根本价值、基本功能和深远意义。

“党内法治”是一个与“国家法治”相并列的概念。党内法治、国家法

---

① 肖金明：《论通过党内法治推进党内治理——兼论党内法治与国家治理现代化的逻辑关联》，《山东大学学报》（哲学社会科学版）2014 年第 5 期。

治还有社会法治协调和同步发展，与“依法治国、依法执政、依法行政共同推进，法治国家、法治政府、法治社会一体建设”的战略思想一脉相承。依法治国、建设法治国家，其根本是依法行政、建设法治政府，关键是依法治党、推进依法执政，基础是社会法治、建设法治社会。就执政党与法治的关系而言，仅有党必须在宪法法律范围内活动的要求是不够的，仅有执政党的各级组织民主科学依法执政是不够的，必须强调党的治理的现代化，强调全面从严治党，强调将党内决策权、执行权、监督权关进制度的笼子里，强调将党的工作全部纳入法规轨道。概言之，党内法治强调的是依法依规治党，建设法治政党。从某种意义上讲，依法治国必然要求依法执政，依法执政必然倒推依法治党，依法治党必然要求党内法治建设。撇开社会法治不讲，在党内法治—依法治党—依法执政—依法治国—国家法治的链条上，党内法治与国家法治首尾呼应，而且从现实和逻辑上讲，党内法治至为关键。

“党内法治”是一个具有中国意义的术语。党内法治与党内法规内在关联，与国家法治外在关联，是一般法治原理在中国共产党制度建设上的体现，是以党内权力责任、权利义务等要素及其相互关系规范化、制度化、法治化为主线的有机统一体，它由系统的党内法治理论体系、完备的党内法规制度体系、高效的党内法治实施体系、严密的党内法治监督体系、有力的党内法治保障体系有机合成。与国家法治和社会法治并联的党内法治呈现出自身的特点，它与民主相关联，突出民主集中制；它与规范和控制权力相关联，呈现出党内权力与权利关系的特殊性；它与权利保障相关联，强调义务责任第一性。概言之，党内法治反映了一般法治规律，又衍生出特别法治逻辑。关于党内法治特别逻辑，可以将党内权力和党内权利视为两条平行线，围绕权利与权力的关系展开对它的分析。

（一）党内权力及其公共性、规范性

如何认识党内权力？这里需要区分“党内权力”与“党的权力”。“党内权力”与“党的权力”是两个不同的概念。党的权力以党的领导权为高度概括，以执政权为核心表现，以党内权力为重要支撑，党内权力服从和

服务于党的领导权和党的执政权的实现。[①] 党的权力包含着党内权力，面向国家和社会事务，尤其是国家政权的产生和运作，还有党内事务和党内治理，它尤其强调党的领导权的全面性、党的执政权的唯一性，以及党内权力的有序性，以持续稳定执政党统揽全局、协调八方的政治格局。加强党内权力规范化、制度化、程序化建设，必须紧紧围绕加强和改善党的领导、保障和巩固党的执政地位的需要，确定党的内部职能，以党的内部职能为基础确定党内责权并贯彻权责一致原则。党内权力主要体现在如下几个方面：制定路线方针政策；制定党内法规；党内配置政治资源，包括组织人事资源配置；党的政策、法规执行，包括执行纪律和制裁违规违纪行为；还有党内监督权，与决策和执行分离的党内监督。[②] 从一定意义上讲，党内权力的核心是党内政治资源的配置，特征是决策、执行、监督分离，目的是实现党的领导权和执政权。关于党内权力的特性，尤其要强调它的公共性和规范性。

一是关于党内权力的公共性。凡政治组织、政党组织、执政组织，均与国家政权组织一样，属于公共组织范畴。如前所述，国家是一类公共组织，政党是另一类公共组织，国家治理与政党治理都属于公共治理范畴，都有一个以民主化和法治化为主题的现代化问题。有学者将政党组

---

① 如何理解执政权？一是与领导权的关系，领导权是宪法赋予的，执政权是领导权的递进，构成领导权的核心，领导权的外延大于执政权，执政权的内涵深于领导权。二是针对参政权而言的，民主科学依法执政与民主科学依法参政构成了中国政党政治的主线，共同构筑全面推进依法治国的政治前提。三是针对国家政权而言的，执政党依据宪法法律对国家政权实施全面领导，在这一点上，任何权力均无例外，差异是领导方式不同。当然，在党政关系改革和发展上，必须强调立法、司法、行政机关都必须协调一致、独立负责地开展工作，执政党要领导科学立法、保证严格执法、支持公正司法，但不包办立法、干预执法、干涉司法。

② 党内权力结构与国家权力结构不同，但在制约逻辑和机理上有相同点，比如，既要防止执行权扩张侵蚀决策权空间又要避免执行权乱位替代监督权。加强党内权力制约，应当将执行权尤其是执纪权纳入党内法规轨道，明确党的各级纪委的职能结构和权责体制，将执行权与监督权分离开来，突出监督权的独立地位，实现对决策权、执行权的有效监督，确实解决各级纪委监督同级纪委的问题以及“谁来监督监督者(实际上是执纪者而非监督者)”的问题。

织视为非公权组织，这里涉及观察和分析的角度。如果全面地看，政党并非国家公权组织，但属于社会公权组织范畴，当然并非一般的社会公权组织，而是与国家政权密切关联的社会公权组织。国家政权是一类公权力，党的领导权、执政权是一类公权力，党内权力也是一类公权力。从权力的性质看，党内权力是具有高度政治性和高度公共性的权力，其政治性不仅表现为党内事务和党内治理的政治特性，更表现为它要服从和服务于党的领导和执政的政治目的。党内权力在党内事务和党内治理中居于主导地位，作为一种公共性权力，它必须着力避免和防止两种情形：既要避免党内权力私用行为，又要防止党内权力私化现象。一方面，执政党组织不仅自身是一个公共组织，还是社会的公器，内部事务和治理具有公共性质，党内权力属于公权力，公权不能私用。这既是政治伦理，也是法治公理，因此必须做到党内公权、公正、公平、公开、公信。另一方面，必须防止它的私化现象，除防止一般性的滥用权力外，应当杜绝宗派主义、山头主义和其他违反民主集中制的党内现象，防止出现党内“小圈子”现象。权力私化比权力私用更具危害性，如果说党内权力滥用行为污染了河流，党内权力“圈子化”则污染了水源。

二是关于党内权力的规范性。党内权力的规范性主要包括党内权力效力范围的特定性、党内权力的合规性和结构性。就党内权力效力范围的特定性而言，如前所述，“党内权力”与“党的权力”不是同一概念，与党的领导权、执政权不同，党内权力作用于党内事务和党内治理，其行使范围和效力范围限于党内。按照法治的一般原理，任何权力都不是无限的，无论国家政权、政党执政权，还是党内权力、社会组织权力概莫能外。权力有限性就包括权力的效力范围是有限的，党内权力的效力范围限定在党内，在边界内规范运行，防止党政不分和以党代政，绝不可以对党内事务与国家事务不加区分，用党内权力支配国家事务。强调党内权力的规范性，必须突出党内权力作用领域和对象的特定性，明确党内权力作用的界线，确保党内权力的作用限于党内事务和党内治理，作用于各级党的组织及其成员，防止产生权力的溢出效应，形成对国家和社会事务的直接干预和支配。如果党内决策、执行、监督权及于国家和社会事务，就必须经由法治转换或者实现法治性结合。比如，党的政策转化为国家法律，党的政策转换为政府措施，党的执纪与执法司法衔接，党的监督经由人大或政府专门机构实施，等等。

就党内权力的合规性和结构性而言，首先必须强调，与其他公权力并无二致，“政党实际上已经成为政府的一个组成部分，对它加以应有的管理，就和指挥国家体制其他任何部分一样，是一个公共政策的问题”①。也就是说，必须像对待国家公权力一样对待党的权力，包括党内权力。比如，政府推行权力清单制度，“执政党对资源的支配权很大，应该有一个权力清单”②。党内权力的规范性需要党内权力的合规性、结构性加以保障。一方面，党内权力的来源及其运作都需要从党章和其他党内法规中获取合法性，党的各级组织的权力和领导干部的职权必须做到“权自法出”，“于法有据”。具体而言，党内权力应当有个范围要求、程序规范和责任约束，党的各级组织的权力和领导干部的职权都应当有一定的限度，这个限度应当是由党内法规确定的法度；党的各级组织的权力和党的领导干部职权的行使都应当有个过程，这个过程应当公开，党务公开是政务公开的一个重要方面。这个过程应当遵循程序，程序法治是党内权力建设的重要内容；党的各级组织的权力和党的领导干部的职权行使应当有责任约束，尤其是对各级党的组织的“一把手”，在强调职权范围和限度、行使过程和程序的同时，必须加强责任问究。另一方面，党内权力是党内治理的主导性因素，是确保党内组织权威和政治生活秩序的主导性力量，是党内纪律、团结、声誉和政治影响力，以及领导能力和执政能力的基本保障。因此，加强党内权力规范化建设必须与贯彻民主集中制结合起来，正确处理民主与集中、集权与分权、上级与下级的关系。与此同时，遵循权力监督制约的基本规律，以保证党内权力规范性为目标，完善党内权力的基本体系和结构，创新党内权力的运行体制机制，逐步

① ［美］梅里亚姆：《美国政治思想》，朱曾汶译，商务印书馆1984年版，第169页。

② 《习近平关于党风廉政建设和反腐败斗争论述摘编》，中国方正出版社、中央文献出版社2015年版，第129页。

形成党内决策、执行、监督三权相对分离和适度制衡的新常态。①

（二）党内权利及其政治性、相对性

如何认识党内权利？所谓党内权利，主要是党员民主权利，是指为突出党员在政治生活中的主体地位，由党章统率的党内法规制度确认和保障的，以知情权、选举权、参与权、表达权、监督权等为主要内容的党员民主权利。党内权利不是孤立存在的，它是党内政治关系的一个基本要素，必须与党内权力、党员义务等相结合。与公民权利针对国家权力一样，党内权利在某种程度上也是相对于党的组织权力而言的。执政党各级组织应当认真对待党员权利，在健全党内民主权利体系的基础上，完善党员权利行使的途径、方式和程序，以及党员权利救济机制和侵犯党员权利的责任制度，为党员权利提供全方位的保障。尤其要强调以增强党员主体地位为主导方向，以保障党员民主权利为主体内容，以建设党内各项民主制度为主要目的，促进党内民主机制和法治机制的完善和发展。关于党内权利，应当特别强调其政治性和相对性。

一是关于党内权利的政治性。任何社会组织、政治组织的成员均具有公民身份，平等地享有宪法规定的公民权利，比如财产权、生命权、经济社会文化权利等，还有各项政治权利。公民加入社会组织和政治组织，其作为组织成员的权利显然没有公民权利那么广泛，基本上属于政治性权利，执政党党员权利更是如此。这里所说的“政治性权利”主要是指党员作为执政组织的成员所享有的民主权利，功能在于维护党员政治主体地位和党内政治生活民主化。执政党党内并无基于党员身份的财

---

① 基于中国特色社会主义三权分立与制衡机制的设想，有学者主张党内的决策权、执行权和监督权由党代会、党委会、纪检委分别行使，明确党代会的决策权，防止其转移至党委会，明确党代会和纪检委之间的权力授受关系、党委会与纪检委的平行关系，形成权力之间的张力，纪检系统实行垂直领导，党委会、常委会、纪检委成员任职不能交叉，以避免自我监督的发生。（参见金太军、张劲松、沈承诚：《政治文明建设与权力监督机制研究》，人民出版社2010年版，第502页）

产性、人身性权利，也没有经济社会文化权利。[①]《中国共产党章程》第一章第4条规定了党员享有的权利，包括参加党的有关会议，阅读党的有关文件，参加关于党的政策问题的讨论，对党的工作提出建议和倡议，行使表决权、选举权，有被选举权，向党的上级组织直至中央提出请求、申诉和控告，等等。很明显，党员权利基本上是政治性权利，体现和保障着党员的政治主体地位，反映了党内政治生活民主化的基本要求，当然从某种意义上也体现了政治组织与其成员之间特殊身份关系和契约关系。与此相适应，党章第一章第3条首先规定了党员必须履行的义务，包括学习党的路线、方针、政策和决议，贯彻执行党的基本路线和各项方针、政策，自觉遵守党的纪律，模范遵守国家的法律法规，严格保守党和国家的秘密，执行党的决定，服从组织分配，积极完成党的任务，维护党的团结和统一，对党忠诚老实，言行一致，坚决同消极腐败现象作斗争，密切联系群众，等等。与党员权利一样，党员义务在内容上具有高度的政治性，主要体现为执政党的组织对党员的政治要求。

二是关于党内权利的相对性。党内权利的相对性主要包括相对于义务而言的第二性和相对于权力而言的受限性。就党内权利相对于义务的第二性而言，与国家法治意义上的权利明显不同，与公民义务对应的公民权利通常被认为具有本位性。而党内法治意义上的权利却置于义务之后，党员义务是第一位的，党员权利是第二位的。[②] 也可以这样说，党员主体地位不仅要靠党员权利体现，更需要靠党员义务支撑，这是党内权利与公民权利的一个重大差异。尽管党内权利保障问题是党内法治建设的重心所在，党章和党内法规既要有权利规定，也要有义务规

---

① 以人身自由为例，公民有人身自由，因为国家权力可以限制甚至剥夺公民人身自由。并不存在基于党员身份的人身自由，因为政党组织没有限制人身自由的权力。比如，党内纪律措施不得限制人身自由，限制人身自由涉及的就不再是党内权力问题了，不是侵犯了党员的人身自由而是侵犯了党员作为公民的人身自由问题。

② 尽管党员义务第一位、党员权利第二位的表述不具有绝对意义，但义务先于或者重于权利的逻辑在政治组织中普遍存在。可以想象，如果在一个政治组织中像讲公民权利那样讲成员权利，这个政治组织将不成其为政治组织，执政组织更是这样。

定，权利义务相对应，这是党内权利问题必须满足法治一般原理要求的体现。但是，因为政治组织的特殊需要，尤其是执政组织民主集中制的需要，党内法治必然有其自身的逻辑，党章上的权利义务规定应当是法治一般性与特殊性的统一。① 比较来看，宪法上的公民权利非常广泛，而党章上的义务规定非常具体。在宪法上，公民权利义务相对应，但公民权利对应的国家义务和责任更重要；在党章上，党员权利对应着组织的义务和责任，但党员权利与党员义务的对应更重要。如果像宪法规定公民权利义务那样在党章上规定党员权利义务，人们很难想象执政组织会是什么状态。

就党员权利相对于权力的受限性而言，与一般法治意义上权利与权力的关系不同，它们之间的关系呈现出特殊性。进言之，与公民权利之于国家权力相比，党内权利之于组织权力显示出更大的受限性。这里所说的"受限性"，主要是指党内权利的保障排斥强度的外部介入和干预，包括立法干预和司法审查。任何社会组织形态要有一个好的治理，必须不同程度地适用特别权力关系理论，政治组织更是如此。立法干预不能过度介入，司法更不能随便介入政治组织内部事务。就立法干预问题而言，因为党内权力与权利关系具有特殊性，完全的国家法治逻辑并不适用于党内事务和党内治理，所以法律对政党事务的干预必须保持应有的限度；就司法介入问题而言，党员权利不能寻求党外救济，这是由政治组

① 北京航空航天大学田飞龙博士以《中国共产党党内法规制定条例》为基础概括了党内立法法体现的新原则，认为这些新原则是严格的法律原则，是执政党法治转型的法律成果，也是社会主义法治理念的实在化。这些原则多数来自国法体系中的既有原则，但也有部分专属于党内法治的原则，比如"党员义务本位原则"(参见田飞龙:《法治国家进程中的政党法制建构》,《法学论坛》2015 年第 3 期)。党内法规关于党员权利的保障主要放在"完善党的民主集中制建设方面的党内法规"板块中，体现在《中央党内法规制定工作规划纲要》第七部分，强调健全党员权利保障制度，以落实党员知情权、参与权、选举权、监督权为重点，提高党员对党内事务的参与度，强化对侵犯党员权利行为的责任追究，更好地发挥党员在党内生活中的主体作用。将党员权利的保障置于民主集中制和党内民主制度的框架内，也在一定程度上说明了党内权利的相对性。当然从党内法治建设的总体考虑，应当设置一个党内法规板块对党内权利连同党内义务等一并作出系统规定。

织内部特别权力关系决定的。至于像开除党籍这样的处分措施能否请求司法救济，就看特别权力关系理论在政党内部治理中的影响程度如何。[①] 我国台湾学者陈新民教授曾关注政党内部是否适用国家民主法治原理，并提出一系列值得深入讨论的问题。比如，是否可要求政党像国家保护人权那样保护党员的权利？如果承认在政党内部党员有结社的权利，是否可促成政党的分裂？在政党内部是否适用国家选举制度，采用秘密投票原则？政党内部是否必须设立如国会一样的组织，来控制党务的运行？党员的组织及其权限是否须受到国家法律的规范而不仅仅是政党党章的规制？党员的权利是否受到宪法保障？党员的入党和退党权是否受法律保障？党员的言论自由权和结社权是否受法律保障？党籍的开除有无救济制度？政党的候选人推举制度等是否受国家选举法的规范？等等。[②] 这一系列问题关涉党内治理，关涉党内事务自治、党内权力与权利关系特殊性等，问题的答案都不能偏离民主法治的一般原理。在政党政治问题上，立法介入的有限性和司法审查的限制性实际上反映了党内权力与权利关系的特殊性。这在公法学上是特别权力关系理论，实际上对应着党建等学科上的政党自治理论。党内治理属于党内事务自主范畴，并不需要国家法律制度过多介入。比如，党内选举依据以党章为核心的党内法规确立的选举制度进行，无须适用国家选举制度；再比如，国家法治意义上的结社自由显然不适用于政治组织，长期执政的唯一执政党更不同于一般政治组织，既不能“来去自由”，更不允许党内立党、党内派生利益，以避免山头林立和防止组织分裂。国家法律可以渗透进党内事务中，党内法规也可以影响到国家事务，但都有一个

---

① 2013 年 9 月，台湾地区立法机构负责人王金平司法关说（说情）引发台湾政坛政争风暴。马英九称这是侵犯司法独立最严重的事件，数度表态要求予以处分，国民党考纪会决定撤销王金平党籍。王金平随即作出反应，委托律师向台北法院递状提出“假处分”诉求，要求国民党将处分暂缓送选务机构，并提出“确认党籍”民事诉讼，台北法院正式受理在案，引起司法对国民党内部事务的介入。

② 参见陈新民：《德国公法学基础理论》上册，山东人民出版社 2001 年版，第 259～261 页。

限度和方式问题。前者体现为国家对政党政治进行必要的立法，而后者主要体现为党内法规对国家政权组织中公职人员的规范作用。

三、党内法治相关概念分析

如前所述，“党内法治”是在“党内法规”基础上深化和延伸而来的术语，没有党内法规，便无党内法治，这是一个实然性的判断。如果有了党内法规，必然要求贯彻党内法治，这是一个应然性要求。党内法治是与国家法治、社会法治并列关联的现象，它们形成了中国特色社会主义法治的三条战线，党内法治与国家法治同理，但也有自身的逻辑。除“党内法规”“国家法治”外，还有不少与党内法治相关的概念或术语，比如，“党内法制”“政党法制”“政党法治”，以及“党导法治”“党建法治”等。上述概念或术语在内涵和外延上均有关联，与党内法治也有着或近或远的关系。概括性地介绍和比较上述概念或术语，对认识和把握党内法治的内涵和外延具有重要意义。

一是党内法制。“党内法制”这一术语是我们在另外行文时使用的术语，它介于“党内法规”与“党内法治”之间。我们用“党内法治”对中国共产党近百年党内法治建设和发展的历史加以整体概括，而以“党内法规”“党内法制”“党内法治”等概念表示党内法治的不同发展阶段和递进式发展。1938 年首次使用“党内法规”概念，吸取党的六大修改党章的经验，形成了党内法规建设的高度自觉。1990 年出台《中国共产党党内法规制定程序暂行条例》，“党内法规”概念首次“入规”，并于 1992 年党的十四大写入党章，在改革开放 10 多年来党内法规建设经验的基础上，党内法规建设进入正式程序化、更加体系化时段，逐步形成了党内法制局面。尤其是进入新世纪以来，呈现出党内法治的走向。2013 年可以称为“党内法治的元年”，在正确看待和吸收 90 多年来尤其是改革开放以来党内法规、党内法制、党内法治建设正反经验基础上，在党员权利保障、党内权力监督等法治脉络上迈出了党内法治建设的坚实一步。如同以往主流观点强调“法制”与“法治”的区别一样，党内法制重在党内法规制度建设，强调党内法规制度建设的体系性，但其价值层面还不突出，功能定位也不到位。当然,严格地讲,法制并不仅仅限于制度层面的意义,实际上,“党内法制”在很多情形下是可以与“党内法治”通用的。[①] 党内法制也包含着对权利的尊重和保障,包含着对权力的戒备和控制。

二是政党法制。不同学科的学者对政党法制的理解有所不同。上海市委党校刘红凛教授认为,无论从理论、实践还是历史上看,“政党法制”这一概念都是与“政党自治”相对而言的。政党地位需要法律确认、权益需要法律保护、行为需要法律规范,要通过宪法、宪法性法律、政党基本法、专项政党立法、普通法律等来全面规范政党活动和政党行为,依法规范政党、依法调整政党运行中的各种重要关系,包括政党与政党、政党与权力机关、政党与监察机关、政党与行政机关、政党与司法机关、政党与武装力量、政党内部关系等。[②] 这意味着政党法制仅限于国家立法对政党政治的规范和保障,属于国家法治范畴。而政党内部制度规范,包括本书所指“党内法规”等,都应属于政党自治范畴。法学界对政党法制问题关注不多,少有的一些研究也将政党法制界定为政党接受法律的规制,主要是指政党组织及其活动应当受到宪法确立的一些基本原则、相关法律中有关政党活动的具体规范甚至专门的政党法的规制。政党法制实际上就是国家立法对政党组织及其活动进行规制,规制的形式也是国家法治意义上的,主要体现为以司法审查政党行为合法性和合宪性的过程。尽管观察范围大体一致,关注点比较相近,描述政党政治及其制度化的形式也较为接近,但法学领域的学者与党建领域的学者观察和研究政党法制的视角还是有所不同,关注点也不完全相同,党建学者倾向于政党法制与政党自治对应的视角,而法学学者主要受到“国家法中

① 关于一般意义上的法制与法治的关系,通行的观点是法治超越法制。尽管法制并不限于静态的制度,实际上“法治”与动态的法制含义相当接近,但人们通常还是认为,“法制”与“法治”一字之差,有着质的不同,这就注定了即使是动态地理解法制,法制也不是寓意饱满的现代法治。(参见张志铭、于浩:《共和国法治认识的逻辑展开》,《法学研究》2013 年第 3 期)

② 参见刘红凛:《政党关系和谐与政党制度建设》,人民出版社 2013 年版,第 252、254 页。

心主义”的影响，着重于国家法律与政党政治的关系。上述对政党法制的认识和理解显然将政党内部制度现象排除在外，但也有学者扩大了政党法制的观察范围，认为“完备的法律法规体系”和“完善的党内法规体系”都是建设中国特色社会主义法治体系的必要基础。武汉大学秦前红教授等认为，基于中国当下的权力分布状况，特别是实定规范的制定和执行模式，可以得出中国政党法制是由国家法律体系和党内法规体系共同组成的结论。[①] 因研究视角和观察范围不同，“政党法制”有广义和狭义之分，广义的政党法制包括了政党内部制度现象，党内法规、党内法制包含其中，而狭义的“政党法制”与“党内法制”是并立的两个不同的概念。

三是政党法治。“政党法治”概念学界较为少见。山东大学王韶兴教授将政党法治视为一种新型的政党文明形态，从政党治理依据的角度将政党法治分为政党法律和国家法律两个基本方面，政党法律是政党制定的有关自身生活准则和行为规范的通称，包括政党章程、政党代表大会的报告、政党的单项性法规及政党的纪律等。其中，政党章程是党内大法，具有根本决定性和全局指导性，可以称之为“党的宪法”。[②] 中央编译局鞠成伟在明确法治政党含义时实际上阐释了政党法治由表及里、从低到高的两个层面：“一是政党法制化，由国家法律和与法律相一致的党内法规规范对党进行规范；二是制度法治化，符合现代民主政治的基本精神和法治的基本理念与原则。”[③]法学界更少使用“政党法治”一词，但通常将政党法治化视为国家法治的重要方面。中国青年政治学院马岭教授曾撰写系列文章探讨政党法治化可行性问题，文章所言“政党法治化”系指通过宪法法律对政党组织、政党活动等加以规范，其中也包括对政党的违宪审查问题等。[④] 关于政党法治，有两点需要特别强调：一是不

---

① 参见秦前红、苏绍龙：《中国政党法治的逻辑建构与现实困境》，《人民论坛》2015年7月10日。

② 参见王绍兴：《政党法治：一种新型的政党文明形态》，《文史哲》2004年第5期。

③ 鞠成伟：《论法治政党》，“共识网”，2014年10月31日。

④ 参见马岭：《政党法治化的可行性研究》，“爱思想”，2011年5月30日。

要过度解读政党法制与政党法治的差别,“政党法治”应当是在“政党法制”基础上发展起来的概念,不仅因为“政党法治”是以“政党法制”为基础的概念,就像前述“法制”与“法治”很多情形下可以替换一样,“政党法制”与“政党法治”是两个难以区分、可以通用的概念。二是“政党法治”具有广义和狭义之分。如果对“政党法治”作广义理解的话,“政党法治”与“党内法治”不是同一层次的概念,“政党法治”是相对于“党内法治”的上位概念,它包括党内法治。我们长期关注政党政治研究,在政党政治法治(制)化问题上,更倾向于狭义上的理解,将政党法治与国家为政党组织及其活动立法联系起来,而与党内法治分别开来。①

四是党导法治。中国政法大学柯庆华教授近来提出党导立宪的主张,并使用了“党导法治”这一术语。党导法治论者认为,面向中国共产党领导和全面推进依法治国关系的唯一选择是采取党导法治制度。党导法治论的基本逻辑起点是党对全面推进依法治国的领导。社会主义法治就是中国共产党领导的全面依法治国,也就是党领导法治,概括为“党导法治”。在党导法治论者看来,党内法规适用于党组织和党员,国法适用于政府和公民,在党规和国法之间,缺少从适用于党组织和党员的规则到适用于政府和公民的规则的党导法规体系,也就是从党规到国法的党导法规体系。党导法治体系应该包含党内规治系统、国家法治系统和党导法规系统,党导法规系统是规治与法治的衔接系统。党导法治论者特别强调区分党内法规和党导法规,党内法规仅仅适用于党组织和党员,党导法规则主要解决从适用于党组织和党员到适用于政府和公民的规则问题,也就是中国共产党通过规治到法治的领导规则问题。党导法规将适用党组织和党员的规则和适用于政府和公民的规则统一起来,是连接党规和国法的规则。② 比较来看,“党导法治”是与“党内法治”相去甚远的概念,它的外延甚至超过了广义上的“政党法治”,党导法治首

---

① 参见肖金明:《政党论——现代政治分析新视角》,山东大学出版社 1993 年版,第 171～177 页;肖金明:《中国法治泛泛而论》,法律出版社 2012 年版,第 92～98 页。

② 参见柯庆华:《党导法治:将党关进党规的钢笼子里》,“爱思想”,2015 年 6 月 16 日;《党导法治呼唤党导法规体系》,“爱思想”,2015 年 6 月 28 日。

先突出的是社会主义法治的特征，其重点是处于党规和国法之间的党导法规体系。面向全面推进依法治国进程中的党规—国法关系，这一论点无疑值得重视。实际上，如何协调党规—国法关系也是政党法治、党内法治建设必须面对的重大问题。

五是党建法治。东南大学顾大松副教授曾撰文从法治中国建设的多场域角度使用了“党建法治”这一术语，主张执政党建设应当厉行法治，认为执政党不仅应当在国家法治层面上“遵守宪法和法律”，“在宪法和法律范围内活动”，执政党也应当在自身建设的层面上厉行法治，方能将法治思维与法治方式真正运用到治国理政中，实现依法执政。党建法治论的重点在于为“良法”立法，以实现“良法之治”，党的制度建设、党内法规建设贯彻法治原理，才能实现党内良法善治；尤其强调通过程序规范保障党员民主权利的实现，进一步理顺党内法规的执法（纪）机构体制，党的各级纪律检查委员会应当依据党内法规严格、公正执法（纪），通过建立党内司法机制为党员权利提供救济和保障。[①] 比较而言，“党建法治”与“党内法治”是相对接近的概念。不论“党建法治”这一术语是否妥切，其关于党建法治与依法执政的逻辑关系，执政党建设上推行良法善治，通过程序规范、司法机制保障和救济党员权利，以及党内严格公正执法等论点确有继续深化的意义。但遗憾的是，党建法治论者没有后续研究成果展示，因此也没有引起应有的学术反应。

第二节 党内法治的基本逻辑

党内法治基本逻辑规定着党规制度的民主性、科学性、法治性，决定着党内法治发展的方向、格局和水平。加强党内法治建设，构建党内法治体系，深化党内法治实践，需要以党内法治基本范畴为基础，以党内法

① 参见顾大松：《“法治中国”视野下的党建法治》，“共识网”，2014 年 1 月 22 日。

治基本原则为依循，科学阐释和正确实践党内法治基本逻辑。党内法治基本逻辑主要包括治理—法治—善治逻辑、人民—政党—国家逻辑、权威—民主—法治逻辑、权力—权利—义务逻辑等。

一、治理—法治—善治逻辑

党的十八届三中全会《决定》关于全面深化改革总体目标的表述，突出强调了制度与治理之间的内在关联，确立了全面推进国家治理体系和治理能力现代化的必由之路。党的十八届四中全会《关于全面推进依法治国若干重大问题的决定》则延伸了制度与治理关系的内在逻辑，中国特色社会主义制度主要包括完备的法律规范体系和完善的党内法规体系。完善和发展中国特色社会主义制度，建设中国特色社会主义法治体系，建设社会主义法治国家，推进国家治理体系和治理能力现代化，构成了一个更为完整、更加有力的治理—法治—善治逻辑体系。

其一，“善治”是相关学科公认和共享的概念和范畴。一般来说，善治是治理倾向的目标，法治是善治的基本构成要素。比较而言，政治学、党建学等学科更加关注党内治理的自治性，组织的自治性必然与法治、善治相关联；法学更加关注党内治理的规范化，治理的规范化必然与法治、善治相联系。在一定意义上讲，在党内治理领域，就治理、法治、善治的关联研究而言，党建学、政治学与法学殊途同归，党内法规学应当以治理—法治—善治逻辑体系为基石，深化党规制度现象和党内法治实践研究。

其二，善治是政治与法治有机统一的过程和状态。善治是治理现代化的政治表述，法治是治理现代化的基本特征，政治与法治的有机统一是走向善治的必经之路。现代政党和国家治理首先是一个政治过程，它们以制度为基础，在制度治理上更加突出法治，以法治为基本特征的治理现代化过程即是实现善治的过程。在中国，善治的政治表述和法治表达就是党和国家治理体系和治理能力现代化。换言之，推进党和国家治理民主化、法治化，实现以民主法治为基本特征的治理体系和治理能力现代化，即达成善治。

其三，善治是党和国家治理相融合的趋势和效果。从某种意义上讲，法治中国建设过程就是党和国家治理现代化的过程，也就是党和国家治理走向善治的过程。依循治理—法治—善治逻辑主线，以善治为归宿，优化它们之间的相互关系，形成通过党内法治推进党内治理，逐步走向党内善治的态势。党和国家治理以制度为基础，突出法治的作用，必须强调党的制度之于社会主义制度的重要性，突出党规制度体系以及党内法治建设在党和国家治理现代化中的作用，使其成为中国特色社会主义制度的关键内容和中国特色社会主义法治体系的有机组成部分。实现国家治理体系和治理能力现代化的长远目标，需要在全面依法治国的总格局中加强党和国家制度建设，推进党规与国法相结合，坚持依规治党与依法治国有机统一，加快中国特色社会主义法治体系的构建，夯实中国特色的党内法治，以党内法治推进党内治理，联动国家法治，带动社会法治，使党内法治在党和国家以及社会治理现代化进程中发挥示范作用。

建设制度、加强法治不是为制度而制度，为法治而法治。现代治理必须建立在制度和法治基础上才能走向善治，完善党的制度和推进党内法治是为了走向党内善治。治理联系着制度，治理现代化依赖于制度现代化。制度集中于法治，制度现代化的主要标志是法治化。法治决定着善治，实现善治必须紧紧依靠制度和法治。无论党内善治，还是国家和社会治理现代化，都必须奠定在现代制度和法治基础上。

二、人民—政党—国家逻辑

任何事物、现象都有自身的产生和发展规律，法治亦是如此。通常说来，不同领域和方面的法治有所不同，但法治的一般原理都有所适用。法治有一般法治与特别法治之分。所谓一般法治，就是超越各个领域和方面法治的共性法治，可以人民法治命名；所谓特别法治，就是指分别在不同领域和方面的差别法治，例如国家法治、党内法治等。相对于人民法治原理、规律而言，国家法治、党内法治可以视为特别法治，或者人民法治的不同形式，它们共用权力、责任、权利、义务等法治基本要素，共享自由、平等、公正等法治基本价值，共循人民民主、人民主权、社会主义法治等原则。党内法治、国家法治是中国特色社会主义法治体系的不同部分，它们有共性并密切关联，也有差异且并行共进。

其一，一般法治即共性法治，侧重于党内法治和国家法治相同的一般原理和规律。比如，执政意志与政权意志从属于人民意志，党内权力、国家权力归属于人民权力；国家法治建设强调良法善治，法治国家建设是国家治理现代化的必经之路。党内法治建设亦强调良规善治，法治政党建设则是党的治理现代化的必由之路；国家法治与民主相结合、与人权相统一，党内法治也要与党内民主相结合并与党内权利保障相统一。依法治国关键是依法治官、依法治权，依规治党的关键也是规范和控制权力，把党内权力纳入党规制度铺设的轨道。从法制到法治，从法律体系到法治体系，体现了国家法治的发展轨迹；从党规制度到党内法治，从党规制度体系到党内法治体系，则反映了党内法治的发展逻辑。概言之，无论是法治国家、法治政府，还是法治社会、法治政党，其中的法治内涵具有共性，不同领域和方面的法治共同遵循一般法治原理和规律。

其二，特别法治即差别法治，侧重于党内法治和国家法治不同的特殊理论和逻辑。党内法治和国家法治是人民法治的基本类型，它们在人民法治原理、规律之下有各自的理论和逻辑。比如，在权利与权力、权利与义务关系等重大理论问题上，国家法治上的权利本位理论就不能机械地搬用到党内法治上，在党内法治上，义务重心论有着更大的合理性。再比如，国家法治上的司法观念和制度不能盲目地移植到党内法治上，党内争议、纠纷具有政治性，在党内以非诉讼、非司法方式解决。[①] 作为

---

① 在党内法治体系的构建方面，有学者主张，在从严治党层面设立与现行国家法治同样的规治体系，其中包括在党内设立司规系统，负责对于党员与党员之间、党员与党组织之间、党组织与党组织之间的纠纷进行裁决，甚至主张在党内设立类似于“公检法”一样的体制亦即侦查、监督和审判体制，特别是设立党庭进行适用党内法规的审判，党员和公民都可以对党员或者党组织的违纪违规进行起诉，党内规治系统与国家法治系统一样要严格遵循程序规则，侦查、监督和审判之间相互独立、相互配合，做到公开、透明和公正。（参见柯庆华：《党导法治：将党关进党规的钢笼子里》，“爱思想”，2015 年 6 月 16 日）

联系人民和国家的主体性桥梁，执政党组织必须是紧密型的政治组织，党内法治在一些重大主题上与国家法治的差别必须受到足够的重视。这就意味着政治规矩、组织纪律、民主集中制以及义务重心论、特别权力（权利）论等原则和理论对党内法治建设具有特别的意义，也由此形成了执政组织体系及其治理结构不同于政权组织及其治理结构的特征。

其三，一般法治与特别法治相统一，必须遵循法治共性并且尊重法治差别。既然党内法治与国家法治有共性也有差别，就必须强调一般法治原理和规律对党内法治建设的指导意义，明确党内法治的特别理论和逻辑，两者不能偏废。一方面，党内法治不能偏离一般法治原理和规律，因而也不能忽视国家法治的经验；另一方面，不能机械地、僵化地、盲目地在党内法治建设上照搬国家法治，复制国家法治模式，照搬和复制国家法治就容易将党内法治过于简单化了。加快推进党内法治建设，依循人民—政党—国家的逻辑主线，以人民为起点，优化它们之间的相互关系，形成人民、政党和国家有机体，以人民法治统驭党和国家法治，推进共性法治与差别法治有机统一，通过党内法治和国家法治实践人民法治。

人民是中国共产党政治的逻辑起点，也是中国法治的逻辑起点。以人民为逻辑起点加强党内法治建设，坚持人民、党和国家有机体理论，以人民法治驾驭党内法治和国家法治，正确处理一般法治与特别法治的关系，实现共性法治与差别法治有机统一，在党内法治建设中贯彻一般法治原理和规律，同时探寻和实践党内法治自身的特别理论和逻辑，推进党内法治理论创新、制度创新和实践创新。

三、民主—权威—法治逻辑

无论是国家政权组织、执政组织还是社会组织，其存在、改革和发展必然要实现权威、民主、法治的适度结合和动态统一。尤其是政党与国家，同属于现代社会公共组织，它们的治理具有一定的同理性。比如，它们都需要建立在制度基础上，形成正当、合法、有效的政治、组织的权威秩序，都需要发扬民主和贯彻法治，坚持民主与法治的有机统一，都要强调民主原则和对民主权利的保障，都要强化法治和对权力的监督和制约，将权力关进制度的笼子里，等等。尽管权威、民主、法治可能在不同时期有所偏重，但国家治理需要三者同在，相互平衡、相互促进、相辅相成，政党组织尤其是执政组织的治理亦是如此。

其一，三者相互平衡。权威不是孤立的事物，民主、法治亦是如此，权威、民主、法治是相互联系的政治现象。没有民主，就不会有法治，权威无法获得正当性；没有法治，就不会有真正的民主，或者过度民主或者过度权威，或者两者结合，都可能产生专制和暴政；没有权威，民主容易无序，政治无法稳定，“法治”也就会徒有虚名。民主、法治、权威若不能同频，参差不齐，势必会影响治理格局和成效。一般说来，民主与法治的关系在于相互依存、有机统一，特别强调民主制度化、规范化、程序化；民主与权威的关系在于彼此依赖、相互依赖，特别强调权威基于民主、依赖民主；权威与法治的关系在于相互依靠、相互保障，尤其强调权威立于法治、依靠法治。党和国家领导人依章依宪、依规依法有序产生，是政治制度是否民主、有效的首要标识，也是形成权威的前提和基础。① 在推进党内治理体系和治理能力现代化进程中，党内法治、党内民主、党内权威三位一体，互为条件，相互平衡。

其二，三者相互促进。无论政权组织还是执政组织，都需要一定的权威。如前所言，权威需要以民主为前提和基础，以法治为规范和保障。民主维护权威的正当性，法治维持权威不发生异变，民主与法治有机统一能够促进权威。同样，民主需要权威和法治的保障和规范，权威与法治有机统一能够促进民主。同理，没有民主、权威就没有法治，没有党内民主就没有党内法治，没有党内权威也不会有党内法治，党内法治既离

---

① “评价一个国家的政治制度是不是民主的、有效的，主要看国家领导层能否依法有序更替，全体人民能否依法管理国家事务和社会事务、管理经济和文化事业，人民群众能否畅通表达利益要求，社会各方面能否有效参与国家政治生活，国家决策能否科学化、民主化，各方面人才能否通过公平竞争进入国家领导和管理体系，执政党能否依照宪法法律规定实现对国家事务的领导，权力运用能否得到有效制约和监督。”（习近平：《在庆祝全国人民代表大会成立 60 周年大会上的讲话》，《人民日报》2014 年 9 月 6 日）

不开党内民主，也离不开党内权威。法治的意义在于维护和约束权威，促进和保障民主，实现民主与权威的统一是法治的使命。顺言之，全面从严治党，一方面要将党内民主与党内权威结合起来，将党内民主与党内权威建立在党内法治基础上；另一方面要将必要的党内权威和充分的党内民主作为党内法治的基本条件和保障，在党内建立法治，民主与权威缺一不可。

其三，三者相辅相成。依循权威—民主—法治的逻辑主线，优化它们之间的相互关系，是党内善治的主题。以民主为视线，与权威结合，与法治统一，形成三者相互统合的良性关系；以权威视线，将权威建立在民主与法治统一的基础上，形成三者相辅相成的良好态势；以法治为视线，实践党内民主与法治关系的内在统一，强化党内权威与法治的内在联系，形成三者并行同进的优良格局。党内民主、权威与法治的统一是新时代民主集中制的重大主题。坚持民主集中制原则，推进党内民主制度化、规范化、程序化，构建完整的党内法治体系，将党内民主、权威建立在党内法治基础上，预防党内权威与民主、法治发生断裂，有利于形成党内治理体系和治理能力现代化趋势。

加强党内法治建设，推进党内治理现代化，必须进一步阐释和实践权威、民主、法治关系的统一逻辑。① 在国家治理模式上，权威以民主为基础获得正当性、合法性，受到法治的保障和制约。党内治理亦是如此，没有党内民主就没有党内法治，没有党内法治也就没有党内民主，建立和维护党内权威必须依赖党内民主与法治。加强治理权威，必须发展民主和健全法治，这是国家建设、国家治理的基本原理，同样适用于党的建设和党的治理。

---

①　一般说来，法治与民主、人权、司法高度关联，法治与民主的关系、法治与人权的关系、法治与司法的关系决定了法治的政治基础、根本价值和基本路径。加强民主，必须健全法制，这是最基础的法治；保障人权，必须加强法治，这是最根本的法治；公正司法，必须强化法治，这是最基本的法治。

四、权力—权利—义务逻辑

凡法治，必言权利。权利是法治的显要符号，也是法治的主要逻辑起点。权利与义务的关系、权利与权力的关系是法治的重大主题。在国法范畴内，公民权利与公民义务的关系、公民权利与国家权力的关系状态，尤其是后者，在一定意义上决定着国家法治的质量和水平，通常表现为宪法法律更加注重对国家权力的制约和对公民基本权利的保障，宪法统帅的国法体系将公民权利置于崇高位置。毫无疑问，党章党规必须保障党员的基本权利，党内法治必然强调对党内权力的监督制约，这是党内法治的一个基本前提。[①] 在党内权利与义务的关系、权利与权力的关系等重大理论问题上，党内法治尤其要强调义务重心论、权利受限论和相对平衡论的意义。

其一，义务重心论。在"权利本位"还是"义务重心"问题上，党内法治与国家法治有所不同。与宪法法律不同，党章党规确立了党规权利与党员义务关系的特别逻辑。在党员权利义务关系上，基于党的高度统一的政治要求和组织纪律严密的特性，党内法治比国家法治更加注重对义务的要求，加强组织纪律观念和伦理建设，强化党员义务要求和伦理要求，尤其突出党员对组织的忠诚义务和伦理责任。政党组织成员的政治地位主要是通过权利义务加以体现的，党内法治突出党员主体地位，既需要通过党内权利加以体现，更需要通过党内义务加以支撑。强调党内义务的特殊意义，将履行党员义务作为合格党员的基本标准[②]，通过党规义务体现党员主

---

① 1956 年的八大党章第 3 条规定了党员的 7 项权利，这在一定程度上体现了党内法治的水平。但自"反右"以后，这一条款实际上形同虚设。1969 年九大党章、1973 年十大党章和 1977 年十一大党章取消了八大党章中的党员权利条款。尤其是九大党章和十大党章，几乎没有规定党员权利，而是更多地提出了对党员的义务要求。如果没有了党内权利的保障，显然也就失去了权利义务关系的前提。

② "党章对党员的义务和权利要有明确规定。要用党章规定的条件来衡量党员合不合格，能履行党员义务的叫合格。"[《邓小平年谱(1975～1997)》(上)，中央文献出版社 2004 年版，第 595 页]十二大党章规定入党誓词首次提出党员应"履行党员义务"，"履行党员义务"成为合格党员的基本标准。

体地位，这是由党规权利与义务关系的特别逻辑决定的。

其二，权利受限论。就权利与权力关系而言，在强调权利意义和控权观念上，党内法治与国家法治近似。但由于政党组织的特殊性，党规权利与权力的关系受到党的性质、宗旨和使命的影响，组织之内存在一定程度的特殊权力（权利）关系。① 在特殊权力（权利）关系之下，组织成员的权利要受到超出一般的限制。从全面从严治党与全面依规治党相结合的角度讲，必须强调党规权利的一般意义，在党内法规的基础上形成权利与权力的对应关系，形成以党员主体地位和民主权利为基础的强有力的党内权力监督制约机制。同时，需要正确处理身份关系，在党内政治生活上，党员身份优先于公民身份，一些公民权利因党员身份而受到限制，同时需要超出公民义务的额外义务。② 比如，言论自由、结社自由等，这些公民权利受到相对限制，通常是通过党规义务来实现的。而与党规义务对应，党员享有一般公民并不享有的党规权利，由此形成了二元权利义务体系平衡着党员和公民身份。

其三，相对平衡论。无论是义务重心论，还是权利受限关系论，都不能使权利—义务、权力—权利关系失去应有的基础平衡。依循权力—权利—义务的逻辑主线，以权利为视角，优化它们之间的相互关系，实现权力与义务关系的制度化、规范化、合理化，形成党规权力、权利、义务相对平衡的良好状态。在权力—权利—义务逻辑体系中，权力与义务的关系

① “特别权力关系”作为国法上的概念，是指行政主体基于特别法律原因，为实现特别行政目标，在一定范围内和程度上对行政相对人具有概括的命令强制权力，而行政相对人却负有服从义务的行政法律关系。特别权力关系理论因在一定范围内和程度上削弱法律保留、排斥司法审查而备受质疑，各国法治实践上日渐减弱该理论的影响。党规上的特殊权力（权利）关系理论不同于国法意义上的特别权力关系理论，主要是因为执政组织有别于政权组织，政党组织的特性和中国共产党的特质决定了特殊权力（权利）关系理论对于党内法规建设和法治实践的意义。

② 有学者认为，党内法规是在国家法之上进行“二次调整”，对党组织和党员提出更高标准更严要求，专为调整党内关系量身定制（参见宋功德：《坚持依规治党》，《中国法学》2018 年第 2 期）。从自然逻辑上讲，公民身份先于党员身份，但从政治逻辑上讲，党员身份先于公民身份，党内关系先于一般社会关系，党规调整先于国法调整。

可以从权力自身和权力对象两个方面理解。从权力对象角度看，权力强势与权力对象的义务过度相对应，义务过度不同于权利义务关系中的义务重心，后者基于政治道德和组织伦理，前者是权力专断的衍生现象。由权力本位形成义务过度现象，不仅助长权力专断现象，也会打破权利义务的平衡，破坏健康的政治组织生态。从权力自身角度看，义务意味着权力者的责任，权责应当是一致的，有权无责、有责无权都助长权力的随意性，容易削弱权力与权利的平衡性，形成权力对权利的压倒性优势。权责一致是以责任制约权力的基础，而以责任制约权力无疑会使权力进入常态，权力对权利的尊重是权力常态的基本特征。依循权力—权利—义务关系的特别逻辑，优化它们之间的相互关系，形成以权利制约权力、促进义务，逐步走向权利与权力、权利与义务的相对平衡态势。

一般而言，权利是法治的核心要素，党规权利是党内法治的基础成分。以党规权利为视角，可以观测党内法治的两条逻辑主线。它们在一定程度上表明了党内法治差别于国家法治：一是在党规权利与义务关系上保持着制度上义务优先于权利的主调；二是在党规权利与党规权力关系上形成了实践中权利受制于权力的基调。当然，无论是义务重心论作用于制度，还是权利受限论作用于实践，都不能破坏权利与权力、权利与义务之间的相对平衡。

■ 第三节 党内法治建设的意义

以党内法规建设为基础，遵循一般法治原理和党内法治特别逻辑，突出党内法治的特色和独特价值，以及在中国特色社会主义法治体系中的特殊地位和作用，创新党内法治建设理论与实践，对于促进全面深化改革、全面推进依法治国、全面从严治党三者结合与统一，进而迈向全面建成小康社会近期目标和全面实现国家治理现代化的远期目标，具有重大和深远的意义。

一、党内法治建设是全面深化改革的需要

适应全面深化改革的需要，必须全面推进依法治国，当然包括加快党内法治建设。只有加快党内法治建设，确立和巩固依法治国的政治前提，不断推动国家法治进程，才能适应全面深化改革的需要。加快建设党内法治，目的是将党的自身改革建立在党内法治基础上。

党的十八届三中全会《决定》规划的全面深化改革，无论是改革的高度、广度还是深度都是前所未有的，涉及的领域全面、内容丰富，其中包括了党的改革。近些年来，改革在政治、经济、社会、文化和生态文明五大领域全面挺进，党的改革是政治改革的有机组成部分，因为党的建设问题至为重要，党的改革相对独立地形成全面深化改革的领域。毫无疑问，这也是全面深化改革的关键领域。党的十八届四中全会《决定》对全面推进依法治国作出的规划，在高度、广度和深度上可以与全面深化改革相提并论，所涉领域广泛，内容也非常全面，其中包括了党内法治。近些年来，法治在法律规范体系、法治实施体系、法治监督体系、法治保障体系四个环节上全面行进，因为党内治理问题至关重要，党内法治理当独立构成全面推进依法治国的环节。毫无疑问，这也是全面推进依法治国的关键环节。

全面深化改革与全面推进法治相对应，意味着全面推进党内法治建设与全面深化党的改革相互依存、相互促进。党的改革必须紧紧依靠党内法治建设，将党的改革建立在党内法规基础上。没有党内法规基础上的党的改革，也就没有可能在全面推进法治基础上全面深化改革。换个角度讲，党的改革与党内法治的关系是改革与法治关系在党的建设上的具体展现，构成全面深化改革与全面推进依法治国相结合的重大实践课题。加快建设党内法治，就是要为党的改革决策提供特别规范，将党的改革决策活动纳入全面法治的轨道。党是全面深化改革的领导力量，是重大改革的主要推动者和首要决策者，党的改革决策决定着全面深化改革的方向、进程、成效，甚至决定着改革的成败。加强党对全面深化改革的领导，必须坚持“重大改革于法有据”的基本要求，将党的各级组织的

改革决策权关进制度的笼子里。推动全面深化改革与全面推进依法治国相结合，有利于党的各级组织在宪法法律范围内开展党的领导工作和决策活动，有利于党的改革决策受到党内法规和国家法律的双重规范和约束。概言之，适应党的自身改革的需要，必须正确处理党内法治与党内重大改革的关系，以确保党内重大改革于章有据、于规有据。适应全面深化改革的需要，必须明确党内法规在全面深化改革中的地位和作用，以确保将党的各级组织对全面深化改革的领导工作和重大改革决策活动纳入由党内法规和国家法律形成的法治轨道。

二、党内法治建设是全面依法治国的需要

适应全面依法治国的需要，奠定依法治国的前提和完善法治体系，需要加快党内法治建设。加快建设党内法治，目的是为全面依法治国确立坚实的政治前提。

党的十八届四中全会《决定》对全面推进依法治国作出了总体部署，包括法治目标、法治道路、法治方针、法治任务等广泛内容。概括地讲，全面依法治国，建设社会主义法治国家，不仅要将国家政权的运行纳入法治轨道，还必须奠定坚实的政治前提和社会基础。“依法治国、依法执政、依法行政共同推进，法治国家、法治政府、法治社会一体建设”是全面依法治国的战略思维，将依法执政、法治社会与依法治国、建设法治国家并列一体，构成了法治政党、法治国家、法治社会三位一体的全面依法治国的战略布局，依规治党、依法执政是依法治国的政治前提，创新社会、法治社会是法治国家的社会基础。① 就全面依法治国的政治前提而言，“在中国现行的政治框架下，作为唯一执政党并且掌握着核心政治权力的党组织，如果自己不按照宪法和法律处理国家事务，按照党章党规处理党内事务，那就断不可能建成法治国家”②。

---

① 参见肖金明：《全面推进依法治国理论与实践创新》，《山东社会科学》2015 年第 1 期。

② 俞可平：《依法治国：良法善治的本土资源与中国道路——深度解读十八届四中全会〈决定〉精神》，《中国法律评论》2014 年第 4 期。

加快建设党内法治，就是要拓展和深化依法治国、建设法治国家的外延和内涵。当然，全面加快党内法治建设，加快建设法治政党，实现民主科学依法执政，不仅是依法治国的政治前提，更是法治国家建设的固有内容。党的十八届四中全会《决定》将完善的党内法规体系纳入中国特色社会主义法治体系，使党内法规、党内法治成为法治体系和法治国家的重要组成部分，这是全面依法治国的重大战略抉择。构建完整的社会主义法治体系，党内法规不能成为法治规范体系的缺项，党内法治不能成为法治体系的短板。客观地讲，以党内法规建设为首要表现的党内法治建设逐步深化，既是加强党的建设和改革、推进民主科学依法执政的重大需求，也是维护国家法治与党内法治联动性、保持法治体系完整性的根本需要。

三、党内法治建设是全面从严治党的需要

适应全面从严治党的需要，必须推进全面依法治国，当然包括加快党内法治建设。加快建设党内法治，目的是为全面从严治党提供稳定性的、权威性的规范依据。

全面从严治党，是执政党继全面深化改革和全面依法治国之后提出的又一重大战略部署，它一方面需要加强党的自身建设和改革，另一方面需要加强党内法规和法治建设，将改革与治党一同纳入法规轨道。依法治党成为全面从严治党的基本路径，党内法规成为全面从严治党的基本依据，党内法治对全面从严治党具有重大意义。所谓“全面从严治党”，就是要强调依规治党与以德治党的结合，突出依规治党的意义，强调党内法规与国家法律的结合，突出党内法规的价值。加快建设党内法治，就是要把党的各类权力关进制度的笼子里，将党的各项工作纳入法治轨道。坚持全面从严治党，就需要摆脱一些认识上的误区，不能简单地将全面从严治党仅仅理解为严厉惩治腐败，不断加大惩治腐败的力度，持续保持反腐败的高压态势，这当然是全面从严治党的最直接的要求和表现，但准确理解全面从严治党的内涵，就应当站在党内治理走向善治的高度、坚持党的全面领导的广度和实践民主法治原则的深度上，

强调党的思想观念、制度规范、体制机制、方式方法、能力水平和效果效应的全面创新,促进和加强党内法治建设与党的领导工作、组织建设、作风建设等相结合,将党的各项工作全面纳入法治轨道,通过党内法治促进党的治理走向党内善治。

具体地讲,一是坚持全面从严治党,基于将党的组织工作、宣传工作、统战工作以及政法工作和纪律检查工作等全面纳入法治轨道的需要,构建以党章为核心的完善的党内法规规范体系,为党内治理提供制度基础。① 二是坚持全面从严治党,基于将党内权力关进制度的笼子里,使决策权、执行权、监督权在党内法规铺就的轨道上运行的需要,必须进一步推动由党内法规规范体系到党内法治体系的重大转变。三是坚持全面从严治党,实施依法治党战略,必须进一步推动党员权利、党员义务、党的纪律等要素的制度化、法规化,推进党内政治生活的民主化、制度化、法治化。毫无疑问,继全面深化改革、全面推进法治之后,确立全面从严治党战略进一步提升了党内法治建设的高度、广度和深度。

四、党内法治建设是全面建成小康社会的需要

适应全面建成小康社会的需要,必须推进全面依法治国,当然需要加快党内法治建设。加快建设党内法治,目的是实现小康社会的民主法治指标,并为全面建成小康社会提供制度保证。

---

① 以 2015 年 4 月 30 日中共中央政治局会议审议通过的《中国共产党统一战线工作条例(试行)》和 2015 年 5 月 29 日中共中央政治局审议通过的《中国共产党党组工作条例(试行)》为例作为党内法规建设的基础性、标志性成果,它们既体现了党的十八大以来党内法治建设的重大进展,更反映了党内法治建设的现实需求。试行的《统战工作条例》共 10 章 46 条,在统战工作组织领导与职责、民主党派和无党派人士以及党外知识分子工作、民族与宗教工作、非公有制经济领域和港澳台海外统一战线工作、党外代表人士队伍建设等各领域、各层面推进统战工作制度化、规范化、程序化,作为中国共产党关于统一战线工作的第一部法规,在党的统一战线历史上具有里程碑意义。试行的《党组工作条例》共 8 章 39 条,对党组的设立、职责、组织原则、议事决策、监督检查、责任追究等作出全面规范,作为党组工作的第一部基础主干党内法规,成为党组设立和运行总的依据和遵循。

党的十八大提出到2020年实现包括经济持续健康发展、人民民主不断扩大、文化软实力显著增强、人民生活水平全面提高、资源节约型和环境友好型社会建设取得重大进展的全面建成小康社会宏伟目标。小康社会目标包括了民主、法治、人权等指标，概括为“人民民主不断扩大”，具体表述为“民主制度更加完善，民主形式更加丰富，人民积极性、主动性、创造性进一步发挥。依法治国基本方略全面落实，法治政府基本建成，司法公信力不断提高，人权得到切实尊重和保障”。实际上不仅如此，不仅人民民主不断扩大与法治相关，小康社会的主要指标无不与法治紧密相连。从某种意义上讲，小康社会就是人民权利得到有效保障的社会，无论公民与政治权利还是经济社会权利，无论文化权利还是环境权利，无论生存权利还是发展权利，无一不与法治高度关联。很难想象，政治、经济、社会、文化和环境等方面的权利缺乏法治保障的社会能成为小康社会。人民民主需要党内民主带动，国家法治需要党内法治引领，只有加强党内法治建设，才能实现小康社会关于“人民民主不断扩大”的目标。

党的十八届四中全会《决定》进一步深化了党的十八大报告关于法治的要求，法治国家建设目标包括了法治政党建设和法治社会建设，加快党内法治建设既是全面建成小康社会的基本要求，也是它的一个重要保障。通过加快党内法治建设，促进全面从严治党，规范党对全面深化改革和全面推进法治的领导，将为全面建成小康社会提供更加强有力的政治、组织和思想保障。

五、党内法治建设是全面实现国家治理现代化的需要

适应全面实现国家治理现代化的需要，必须推进全面依法治国，需要加快党内法治建设。加快建设党内法治，目的是构建完整的国家法治体系，完善和发展国家制度，推进国家治理现代化。这里的“国家治理现代化”具有广泛意义，包含着国家政权组织治理现代化、政党组织尤其是执政党组织治理现代化和社会组织治理现代化。

国家治理现代化要求社会治理创新，建设法治社会，当然要求依规

治党和依法执政，建设法治政党。党的十八届三中全会《决定》明确提出了全面深化改革以完善和发展社会主义制度、推进国家治理现代化为总体目标。这里的“制度”当然以法律制度为核心，以法治精神和原则为引领，完善和发展国家制度以加强法治建设为中心；这里的“治理”自然包括党的治理和国家治理，实际上还包括社会治理，推进国家治理现代化必须加强相互关联的政党、社会、国家三大领域治理创新。

适应国家治理现代化的迫切需求，必须完善和发展社会主义制度，加强社会主义法治体系建设，全面推进国家法治、社会法治和党内法治的全面进步。尤其需要特别强调的是，在“党和国家治理现代化”的概念中，应当突出党的治理现代化的地位，强化党内法治建设对国家治理现代化的重大意义。从某种意义上讲，党内法治、国家法治与党和国家治理现代化是一体两面的关系。就党内法治建设而言，必须推进党内法治理论和实践创新，不断增强党内治理理念中的法治成分、治理体系的法治特征、治理方式上的法治因素、治理能力上的法治能量，并且实践党和国家关系的现实逻辑、民主与法治关系的统一逻辑，以及加强党内法治与国家法治的相互联动、党内治理与国家治理的彼此互动，这是不断推进党和国家治理现代化的有效途径。

第三章
党内法治体系基本构成

自党的十八大以来，依法治国战略的实施步伐不断加快，党内法治建设正在成为日渐明朗的第二条法治战线，它与第一条法治战线上的国家法治相联动，带动着第三条法治战线上的社会法治建设，形成了全面推进依法治国的新常态和法治中国建设的新格局。以党内法规为基础，由科学的党内法治理论体系、完善的党内法规制度体系、高效的党内法治实施体系、严密的党内法治监督体系、有力的党内法治保障体系有机合成统一的党内法治体系正逐步形成。推进党内法治建设理论与实践创新，应当探寻从党内法规体系到党内法治体系的内在逻辑，明确党内法治体系的基本内容，在此基础上确立党内法治建设的目标和路径。

第一节 党内法治体系的价值跃升

十八届四中全会通过的《关于全面推进依法治国若干重大问题的决定》明确提出了全面推进依法治国的总目标，即建设中国特色社会主义法治体系，建设社会主义法治国家，依法治国战略逐步进入了全面推进依法治国的新的历史时段。与此相适应，依规管党治党、全面从严治党也需要实现从党内法规体系到党内法治体系的转变，实现在价值理念、体系内容等方面的跃升。

一、从党内法规体系到党内法治体系

由法律体系到法治体系，法学界不少人将其视为一个质的飞跃，甚至不亚于当年由法制到法治的意义。[①] 十八届四中全会《决定》描述了中国特色社会主义法治体系的基本构成，包括完备的法律规范体系有效的法治实施体系、严密的法治监督体系、有力的法治保障体系以及完善的党内法规体系。[②] 在中国特色社会主义法治体系中，完善的党内法规体系尤其引人注意。执政党党内法规体系纳入中国特色社会主义法治体系，既是中国法治特色的根本体现，又是全面推进依法治国在理论和实践上的重大突破。

依法治国、依法执政、依法行政共同推进，法治国家、法治政府、法治社会一体建设，必然要求国家法治、党内法治、社会法治同步发展。党内法治是以党内法规为基础，与国家法治、社会法治并列、对应和互动的制度现象。正视党内法规制度现象，以党内法规制度建设为基础，引入一般法治原理，在与国家法治、社会法治建设互动中，着眼于党内权力与权利等相关要素，探讨党内法治的特别逻辑和独特价值，加快推进党内法治建设，以适应依规治党、建设法治政党的需要。推进党内法治建设理论与实践创新，对于全面深化改革、全面推进依法治国、全面从严治党、全面建成小康社会以及全面实现国家治理现代化无疑具有特别重大的

---

① 在全球化背景下，尤其是在改革开放初期西方法治理论再入国门、中国法学话语初步更新的过程中，从法制到法治成为中国法治文化和制度进步的重大象征。

② 党的十八届四中全会《决定》确立的中国特色社会主义法治体系，除了完备的法律规范体系、高效的法律实施体系、严密的法治监督体系、有力的法治保障体系、完善的党内法规体系外，还应当包括形式多样、内容丰富的社会规范体系，这实际上构建了中国特色社会主义法治体系的“5＋1”支柱结构[参见张文显：《习近平法治思想研究——习近平法治思想的一般理论》(中)，《法制与社会发展》2016 年第 3 期；肖金明：《法治中国建设从宪法起步》，《法学论坛》2016 年第 3 期]。或者可以认为，中国特色社会主义法治体系包括国家法治体系、党内法治体系、社会法治体系三大板块。

意义。对于党内事务和党内治理，国家不宜给予过多的法律干预。但是，法律可以不介入，法治却不能有盲点。

从实然的角度讲，“党内法规”是党内法治最基础的概念，“党内法治”由“党内法规”延展和深化而来。在从已经形成的中国特色社会主义法律体系到中国特色社会主义法治体系的演进过程中，加快由党内法规体系走向党内法治体系的进程，就是一个应然的要求和必然的选择。构建完整严谨的党内法治体系，必须以建立完善的党内法规制度体系为基础，使其相对独立于国家法律规范体系、法治实施体系、法治监督体系、法治保障体系，并与它们密切关联。[①] “党内法治”是一个概括性术语，党内法治建设是一项系统性工程，它关涉法治思想理论、制度规范、实施体制机制、监督方式方法、保障环境条件等诸多因素。构建完整严谨的党内法治体系，就是要在法治中国建设的整体布局中，加快党内法治理论体系、党内法规制度体系、党内法治实施体系、党内法治监督体系、党内法治保障体系建设，推进它们的有机合成和统一。

二、党内法治体系的价值意涵

如前所述，从实然的角度强调党内法治由党内法规深化和延伸而来，没有党内法规就没有党内法治，如果承认党内法规的合用性，就必然要接纳“党内法治”概念并落实它的意义。实际上，即使不讲党内法规，或者如有学者主张那样将“党内法规”改称“党内规范”，或者就讲党的制度建设，恐怕也应当强调法治在其中的意义，党的制度建设也必须遵从一般法治原理。强调在党内事务上和党内治理中贯彻法治，无非就是通

---

① 关于党内法治与国家法治的关系，除了一般意义上的党规国法关系外，它们都需要高效的实施体系、严密的监督体系、有力的保障体系，还应当包括科学的理论思想体系。对于党的十八届四中全会《决定》所描述的中国特色社会主义法治体系的理解，要防止将党内法规体系与其他体系割裂开来，如同国家法律规范体系与实施、监督、保障体系紧密结合一样，党内法治体系以党内法规制度体系为基础，也应当是高效的法治实施体系、严密的法治监督体系、有力的法治保障体系以及科学的党内法治理论思想体系的有机结合。

过它的精神、原理驾驭党内法规制度建设过程，保证党内法规制度建设的水平和质量，为党内权力制约、党内权利保障、党内治理现代化奠定坚实的制度基础。从中国特色社会主义法律体系到中国特色社会主义法治体系，从党内法规体系到党内法治体系，在此基础上，构建完整严谨的党内法治体系，促进中国特色社会主义法治体系的完善和发展，具有若干重大和深远的价值意涵。摘其要者言之：

第一，从法制到法治，即使不说是一个质的飞跃，后者比前者在境界和内涵上也有所升华。如前所言，“党内法治”是一个基于党内民主需要的概念，它从“党内法规”深化和延伸而来，以党内法规为基础，又是对党内法规的超越。从完善的党内法规制度体系到完整严谨的党内法治体系，有助于提升党内法规的价值高度、精神境界和制度水平，这无疑是全面推进依法治国的重要拓展和重大深化。

第二，从科学民主依法执政的政治原则，到依法依规治党、加快法治政党建设的迫切要求，再到构建完整严谨的党内法治体系的现实需要，这是一个从政治到法治最终达成政法通融的逻辑链条和实践走向。构建完整严谨的党内法治体系，推进依法依规治党，加快建设法治政党，将党内权力关进制度的笼子里，将党务管理和党内治理纳入法治轨道，促进科学民主依法执政，从而维护党的领导地位和执政地位，这是全面从严治党的基本要求、主体内容和实现路径。

第二节 党内法治体系的内容

推进党内法治理论与实践创新，构建完整严谨的党内法治体系，是加快推进党内法治建设的基本内容和根本任务。党内法治体系的内容包括科学的党内法治理论体系、完善的党内法规制度体系、高效的党内法治实施体系、严密的党内法治监督体系以及有力的党内法治保障体系。

一、科学的党内法治理论体系

党内法治理论是长期以来党内法规建设实践的集中反映，是党内法治实践经验的理论升华，是党内法规建设和党内法治实践认识不断深化的思想成就。科学的党内法治理论体系是党内法治体系的灵魂，是党内法治体系完整统一的思想保证。坚持党内法治理论创新，构建科学的党内法治理论体系，是巩固党内法治体系精神基础的重大需求，也是完善中国特色社会主义法治理论体系的重大需要，是构建完整的党内法治体系的紧迫任务。

随着中国共产党治国理政经验的不断积累，尤其是近 30 多年来，不断解放思想带动着意识形态与时俱进，中国特色社会主义理论不断创新发展，并逐步形成体系，民主法治思想不断完善发展，逐步走向成熟。尤其是近些年来，执政党的治党思想和治国理念相辅相成，法治思想理论挺进意识形态，与治国理政实践相结合，极大地丰富了执政党的法治思想，包括党内法治思想理论。就执政党的法治思想来讲，从人民和历史选择共产党的领导，到宪法赋予共产党领导地位，尤其强调党的领导和执政的合宪性和合法性；从党必须在宪法法律范围内活动，到科学民主依法执政，尤其强调依法执政首先是依宪执政；从党章统帅党内法规建设，到党内法规不得抵触宪法法律，尤其强调“宪法至上，党章为本”的政治和法治原则；从党内民主带动国家民主和社会民主，到国家法治联动党内法治并与社会法治协同并进，尤其强调在三条相互依存、彼此呼应的战线上全面推进法治；从有法可依、有法必依、执法必严、违法必究，到科学立法、严格执法、公正司法、全民守法，尤其强调党领导立法、保证执法、支持司法、带头守法；从法治必须坚持党的领导，到党的领导必须依靠法治，尤其强调党的领导与依法治国的统一；从依据宪法法律治国理政，到依据党内法规管党治党，尤其强调全面推进依法治国与全面从严治党相结合；等等。党的执政理念和治党理念上的这些重大变化，以及随之而来的重大制度改革尤其是全方位的法治构建，极大地丰富和发展了中国特色社会主义法治理论体系，完善和发展了中国特色社会主义法律制度体系，巩固和发展了中国特色社会主义法治道路。

构建科学的党内法治理论体系，必须着眼于全面推进依法治国的宏大背景，为党内法治理论准确定位，它关涉与中国特色社会主义法治理论、一般法治理论以及党内法治实践的关系。构建科学的党内法治理论体系，一是必须将党内法治理论体系纳入一个更大的思想理论体系之中，将其置于中国共产党民主法治思想的核心地带，使其成为中国特色社会主义法治理论体系不可或缺的重要内容，成为中国特色社会主义理论体系的有机组成部分。二是必须认同和贯彻一般法治原理，如民主与法治的一般原理、规范权力与保障权利的法治理念、权利义务相统一的一般理论等，强化和实践党内法治建设的特别逻辑，如党内民主与党内权威相统一原则、民主集中制原则与制度、义务优先于权利的权利义务准则等。只有融通一般法治规律和特别法治逻辑，才能不断丰富和完善党内法治理论体系。三是必须加强党内法治理论与党内法治实践的关系，坚持党内法治实践探索，不断积累党内法治建设经验，保持和维护党内法治理论与实践互动进步的有效机制，滋养和催进党内法治理论。同时，坚持党内法治理论创新，为中国特色社会主义法治理论塑成特色和优势，并服务于党内法治建设，形成理论指导、制度规范、道路引领党内法治实践的局面。

前述党的执政理念和治党理念上的若干重大变化，内含着党内法治理论的创新发展，党内法治思想已经成为执政党法治思想的重要内容。党内法治理论的创新发展伴随着一系列重大理论和实践命题的探索和破解，从强调党规对国法的意义，到全面建设党规国法关系，促进党内法治与国家法治协调发展；从党内法规递进到党内法制再超越至党内法治，建设完备的党内法规体系，构建完整严谨的党内法治体系；从一般意义上强调党员在党内政治生活中的主体地位，具体到党员民主权利保障，以及强调把党员义务摆在首位；从一般意义上权利—权力关系强调规范党内权力，把党内权力关进制度的笼子里，到把党内权威奠定在党内民主与法治基础上，以及党内重大改革必须于法有据、依法治党与以德治党相结合、以党内法治带动社会法治等。党的十八届四中全会《决定》指出，中国特色社会主义道路、理论和制度是全面推进依法治国的根本遵循。构建科学的党内法治理论体系，坚持以中国特色社会主义理论指导党内法治思想建设，发展符合中国实际、具有中国特色、体现社会政治发展规律的社会主义法治理论，是推进党内法治建设和法治中国建设、巩固和发展中国特色社会主义法律制度和法治道路的根本需要。

二、完善的党内法规制度体系

党内法规制度体系是中国共产党制度建设的重大成就，是执政党制度体系的核心部分，是中国特色社会主义法治体系和中国特色社会主义制度的有机构成，是党内法治建设的制度基础。坚持党内法规制度创新，构建完善党内法规制度体系，是构建完整的党内法治体系的重中之重，是夯实党内法治体系制度基础的重大需求，也是完善和发展中国特色社会主义制度，推进党和国家治理民主化、法治化和现代化的重大需要。

在近百年中国共产党的制度建设史上，党内法规建设由自发、半自觉走向自觉，由稚嫩、简陋走向成熟，由不完整、不系统走向体系化，由因时制宜、因势而变走向规范化、制度化，尤其是经过改革开放40年来的努力，党内法规制度建设的规范化、制度化、程序化、体系化已经形成趋势，并初步确立了以党章为核心、内容涉及党的所有工作领域的党内法规制度框架体系。它具有以1部党章为根本，2部准则和26部条例为主干，以约1800件规则、规定、办法、细则为枝丫的三层结构；以140多件中央党内法规为基干、约150件部委党内法规为枝干、1500件地方党内法规为支撑的三个层次；以党章和党章相关法规、党的领导和执政活动法规、思想建设法规、组织建设法规、作风建设法规、反腐倡廉建设法规、制度建设法规、党的机关运行保障法规等类型化的八大板块。① 党内法规制

① 在调整领域上，约有35%党规规范党的领导和执政活动，45%的党规规范党的自身建设活动，20%的党规规范党的机关运行保障活动。从规范形态上说，主要有三类，即少量属于规定党的组织机构设置等的主体性规范，大部分属于规定党务活动的行为性规范，相当数量属于规定责任追究及监督救济的保障性规范。（参见宋功德：《党规之治》，法律出版社2015年版，第3～4页）

度体系还包括更加大量的党内规范性文件。党内法规和党内规范性文件建设的目标就是形成内容科学、程序严密、配套完备、运行有效的党内法规制度体系。

构建完备的党内法规制度体系，必须在中国特色社会主义制度体系中为党内法规制度建设确定位置和框架体系，它关涉党内法规的内容、形式以及与国家和社会规范的关系。构建完备的党内法规制度体系，一是应当适应不断加强党的领导和推进民主科学依法执政的迫切需要，适应全面从严治党和依法治党的现实需求，适应推进党的工作规范化、制度化、程序化的要求，根据明确责任、规范权力、保障权利、强化义务的要旨，科学合理地布局党内法规制度建设，以党内组织和权限制度、过程和程序制度、监督和责任制度以及党内权力清单制度、党务信息公开制度、党的巡视监督制度等具体制度为侧重，加快党内法规制度体系重点建设，形成更加完善的党内法规制度板块①，促进党内法规制度建设与党的工作相结合，使党内法规在内容上涵盖党的组织、宣传、统战、政法和纪检等各方面的工作，覆盖党的领导和党的工作、思想建设、组织建设、作风建设、反腐倡廉建设、民主集中制建设等各个领域，保持和加强横向到边的党内法规系统性，强调党内法规的外延完整性。二是加强党的章程建设，维护党章的根本法地位、精神统帅作用及其核心规范价值。在此基础上，提升准则和条例的法规地位，进一步突出准则的基本法规地位和基础作用、条例的一般法规地位和重要作用，并进一步强化规则、规定、办法、细则的更强针对性、具体规范性和可操作性，形成由党章到准则、条例再到规则、规定、办法、细则的纵向等级体系性，增强以党章为起

---

① 根据《中央党内法规制定工作五年规划纲要(2018～2022年)》，党内法规体系主要由党的领导和党的工作、党的思想建设、党的组织建设、党的作风建设、党的反腐倡廉建设、党的民主集中制建设等六个方面的党内法规构成。目前，党员权利义务主要规定在党内民主集中制建设法规中。从党内法治的角度审视党内法规体系建设，使党内法规体系更具科学性和合理性，有关党员权利义务的规定有必要单独作为一个方面制定党内法规。

点、纵向到底的党内法规有序性，保持和加强党内法规内部秩序。[①] 换言之，就是从形式上构建由党章统帅的，包括准则、条例、规则、规定、办法、细则等法规形式组构的，符合党内法治要求和党内法治原理的、比较完整的党内法规制度框架体系，使党内法规制度框架结构更加科学合理。[②] 三是以完善和发展中国特色社会主义制度为目标，以全面推进依法治国为牵引，构建以党内法规制度体系、国家法律制度体系、社会规章制度体系为基础的中国特色社会主法治规范体系。尤其需要界定和处理好党规与国法的关系，党规与国法高度关联的前提是它们共享一般法治原理和规律，基础则是党规与国法的良好关系。只有坚持党规别于国法、党规与国法分工协作，党纪严于国法、党纪挺在国法前，才能保证党内法治与国家法治良性互动，保证党内善规之治与国家良法之治相辅相成。

党内法治建设应当遵循科学立规、严格执规、公正司规、全党守规的方针，其中科学立规是党内法治建设的首要环节，是严格执规、公正司规和全党守规的前提和基础，是构建党内法规制度体系的总要求。推进科学立规，就是要加强党内法规制定工作的民主化、科学化、法治化，使党内法规更加符合政党政治规律、更加反映党的宗旨要求和全党意志，更

---

① 《中国共产党党内法规制定条例》第 4 条规定："党内法规的名称为党章、准则、条例、规则、规定、办法、细则。"根据该条规定，党章对党的性质和宗旨、路线和纲领、指导思想和奋斗目标、组织原则和组织机构、党员义务和权利以及党的纪律等作出根本规定，党的全国代表大会制定和修改的党章属于根本法规；准则对全党政治生活、组织生活和全体党员行为作出基本规定，条例对党的某一领域重要关系或者某一方面重要工作作出全面规定，党的中央组织制定的准则和条例属于基本法规；规则、规定、办法、细则对党的某一方面重要工作或者事项作出具体规定，中央纪委、中央部门和省级地方党委制定的规则、规定、办法、细则等属于具体法规。

② 根据《中国共产党党内法规制定条例》的规定，党规包括中央党规、部委党规、地方党规三级，形成一种以党章为首、以其他中央党规为体、以部委和地方党规为两翼的架构。党内法规框架结构合理化是健全和完善制度规范体系的重要内容，突出党章的核心地位，凸显准则、条例的基础地位，将党章、准则、条例列为党内法规体系中的根本法规、基本法规、一般法规，将规则、规定、办法、细则等确立为党内规章，再加上党内规范性文件，形成以党章为核心、法规为主体、规章为枝干、规范性文件为支撑，位阶明晰且等级有序的完备的法规制度体系。

加符合党章精神和国家宪法法律。党内法规制度体系需要良好的党内法规制度生成和维护机制，以确保党内法规制度的质量和水平。党内法规制度体系与党内立法体制紧密相关，构建完备的党内法规制度体系，应当加强党内立法体制改革，既要强化各级党的代表大会在党内法规制定中的地位和作用，提升党内法规制定工作的民主程度和党内法规的权威，又要适度扩展党内法规制定权的范围，赋予较大市的地方党组织以一定的党内法规制定权，以促进地方党的治理和地方治理的有效性。[①]党内法规制度体系与党内法规评估审查制度紧密相关，应当像国家立法一样，形成党内法规定期清理制度，完善党内法规审查机制，创制党内法规评估制度，确保党内法规制度体系中的基本秩序，维护党内法规水平和质量，并维护党内法规制度与国家宪法法律的一致性。

三、高效的党内法治实施体系

党内法治实施是党内法治建设的关键所在，党内法治的水平不仅在于党内法治理论成熟与否和党内法规制度的完善程度，更取决于根据法治理论和法规制度付诸法治行动及其实际效应，亦即以党内法治理论为指导、以党内法规制度为基石的具体法治实践的水平。坚持党内法治实践创新，构建高效的党内法治实施体系，是党内法治体系建设的核心工程，确保党内法规制度的有效实施，是强化党内法规执行力和维护党内法规权威性的根本需要。

就如同法律的生命和权威在于实施一样，党内法规的生命在于实施，党内法规的权威在于实施。加强党内法治实施，就是将党章党规的

---

① 关于党内法规制定权的配置问题一直存有争论，除地方党委的配置是否由省级组织向下延伸外，还包括在非党组织设立的党组或党委应否赋予一定的法规制定权的问题（参见宋功德：《党规之治》，法律出版社 2015 年版，第 19 页）。实际上，如同地方治理之于国家治理的重要性一样，地方执政组织的治理对于执政党自身治理具有重要意义。适应地方治理的需要，适度扩展地方国家立法权的配置范围，是提升国家治理质量和水平、最终走向治理现代化的根本要求。与此同理，在一定范围内扩展党内法规制定权，是民主集中制原则在党内法规制度建设中的具体化，对促进党的治理现代化具有重大现实意义。

精神、原则和规范落实到党内政治生活中，促进党务管理和党内治理的民主化、科学化和法治化。加强党内法治体系建设，构建高效的党内法治实施体系，应当以党章实施为根本，以党内法规实施为重点，以促进党员履行义务和落实党员民主权利、规范党内权力的行使和维护党内权威为主线的党内法治实施体系，形成以守法为基础、依规为重点、执纪为关键，旨在实现党内法规目的和效力的有机系统。换言之，促进遵守党内法规（守法）、依章依规办事（依规）和严格执行党的纪律（执纪）三者有机统一，是构成高效的党内法治实施体系的现实选择。

构建高效的党内法治实施体系，必须完善党内法治实施体系的结构化，并与国家法治实施体系相联系。构建高效的党内法治实施体系，一是强调一体守规的基础地位。党内法治实施体系的基础是全党一体遵守党内法规。在法理学上，法的实施主要包括守法、执法、司法，守法是国家机关、社会组织和公民个人依照法的规定，行使权利（权力）和履行义务（责任）的活动，是法的实施的一种基本形式。① 法治就是良法与守法的统一，遵守党内法规是党内法治实施的一种基本形式。坚持全党上下尊法学法守法用法，培育全党守规守法精神，形塑全党一体守规的习惯，使全党一体遵守党内法规成为党内法治实施最基础的部分和最可靠的保证。二是强调依规办事的基本作用。党内法治实施体系的重点是党的各级组织和部门依照党内法规办事。党内法治的实施主要依靠依规办事，在有规可依的基础上，在党的各领域工作上做到有规必依、执规必严、违规必究。完善党内法治实施体系，尤其需要加强党的部门法治建设，增强党内法治观念，提升运用法治思维、法治方式开展工作的能力，推动党的组织、宣传、统战、政法、纪检等各项工作在党的章程和党内法规框架内展开，在党规铺设的路基和法治轨道上运行，保证党内法规在各项工作中的权威和效力。三是强调执行纪律的关键效应。党内法治实施体系的关键是严格执行党的纪律。执纪是依规办事的重要表现

① 参见张文显主编：《法理学》，高等教育出版社、北京大学出版社 2007 年版，第 239～245 页。

和重要保障，对于滥用党内职权、怠慢职责、滥使党员权利、违反义务等违章违规行为给予必要的纪律制裁，维护党内法规的实际效力及其严肃性、权威性，使执纪成为党内法治实施的坚强后盾，这既是依规办事、严格执规的具体体现，又是党内法规有效实施的基本保证。

构建高效的党内法规实施体系，必须贯彻党内决策权、执行权、监督权分离原则，尤其需要界定执行权的内涵和外延及其相互关系，将党内法规的执行与党内法治监督区分开来，尤其需要强调执行纪律的执行性质，将其作为执行法规的组成部分，与党内法治监督分开，探索和实践执纪规律和监督逻辑，防止执纪与监督混同。坚持党内法规执行体制创新，加强党内决策、执行、监督分离体制改革，健全和完善党内法规执行体制，包括一般性的党内法规执行体制改革和特殊性的党内纪律执行体制改革，逐步形成以执规执纪体制机制为重心和保障的党的工作依法运行的体制机制，这是构建完整的党内法治体系的关键所在。构建高效的党内法治实施体系，是否有必要考虑建立专门的司规机构和机制，依法依规裁定党内纠纷，可否将其作为完善党内法规实施体系的重要选项，都值得进一步研究和试点探索。①

四、严密的党内法治监督体系

党内法治监督是党内法治体系建设的重点所在，是将党内权力关进

---

① 党内法规与国家法律、党内法治与国家法治有共性的地方，也有若干差别，党内法规应当遵循一般法治规律、法治原理，也应当突出特别法治逻辑。因此，我们不能将一般法治套用党内法治，将国家法治模式机械地搬用到党内法治上。比如，有学者认为如何将执政党纳入司法治理是目前法治发展的重中之重，必须建立党务法院体系，主要承担党务诉讼和党务审查，由此实现党内法治，并与国家法治相补充。为实现党要管党、从严治党和自我完善、自我革新的方针，为把执政党的事务纳入司法治理，实现法治国家，实现公平正义，以单列党务法院的形式，按司法方式执行中国共产党章程和党内法规制度。党务法院是实现党内法治、依法执政和公平正义的执政党内部法院管辖所有党务上的纠纷。德国政党法制将国家民主的一般原则适用于政党内部，并创造性地将司法程序和原则适用于解决政党内部争议、处理政党纪律问题，从而创建了独特的政党纪律执行方式，即党内仲裁制度。

制度笼子里的必要环节，是中国特色社会主义监督体系的重要组成部分，是党内法治建设的重要特色和优势。坚持党内法治监督创新，构建严密的党内法治监督体系，推进党内监督法治化，确保党内监督的有效性，是实现党内良法善治的内在需求，是党内治理体系和治理能力现代化的根本需要。

传统法学上的监督通常是指对法律实施的监督，以国家权力为对象，监督的主体包括国家政权、执政党、人民团体、社会公众等，政党监督包括执政党的监督通常被视为国家监督之外的社会监督的一个方面，以区别于国家监督。[①] 党内法治监督显然与传统法学上的法律监督不同，它有别于党的监督，与党外监督相对应。"党内监督""党外监督""党的监督"是三个在监督原理和逻辑、监督主体和对象、监督体制和方式等方面存在差别的概念。党的监督对象一般指向国家政权，因而党的监督是有力的国家法治监督体系的一部分。党外监督主要是指来自执政党之外而指向执政党的各级组织和领导干部甚至普通党员的监督，包括社会监督和国家监督，比如来自参政党的监督、社会舆论监督等。与党的监督、党外监督不同，党内监督的对象是党的各级组织和领导干部，它以党员民主权利和民主监督为基础，以党内专门机构的权力监督为重点，重在实现民主监督和权力监督两个方面的有机结合。

构建严密的党内法治监督体系，必须为党内法治监督确立标准，关涉体系严密性、效果有效性、过程法治性等基本指标。构建严密的党内法治监督体系，一是强调体系贵在严密。强化党内监督体系的严密性，将民主监督和权力监督有机结合和统一起来，将所有的党内权力行为纳入监督范围，既要监督立规又要监督执规，不应出现监督盲点和监督盲区，确保法治监督体系无漏洞和缝隙。尤其应当充分保障党员的知情权、参与权、选举权、表达权、监督权等民主权利，保证党章和其他党内法

---

① 在国内法理学上，法律监督通常分为两个大类：一是国家监督；二是社会监督。党的监督属于社会监督的组成部分，但其监督对象主要是国家机关。（参见周永坤：《法理学——全球视野》，法律出版社 2010 年版，第 391 页）

规规定的检举权、申诉权、控告权等有效行使,以形成广泛的党内监督状态。二是强调监督重在有效。依法独立行使监督权,排除任何组织和个人力量对监督的干涉,独立行使监督权是监督有效性的保证。充分行使民主监督权利,防止对党员民主监督权利的侵害,是监督有效性的保障,严密性是有效性的前提,法治性是有效性的保障。三是强调法治监督需要监督法治。在党内法治体系建设中强调“监督法治”这一概念的意义,确保监督权利和监督权力在法治轨道上行使。应当充分保障党员民主监督权利的依规行使,既要防止党员监督权利流于形式,又要避免党员监督权利的滥用;保证党内监督权在党内法规轨道上运行,要使党内监督制度、体制、方式等符合法治原理,突出监督的独立地位,完善党内监督法规制度,明确监督权限、程序和责任,既要防止监督上的不作为,又要防止监督权的滥用。

在“决策—执行—监督”的逻辑体系中界定监督权的内涵和外延,在职能—权责—体制的逻辑体系中作出科学合理的权责布局和体制安排,是构建严密的党内法治监督体系的前提和基础。执政党的各级纪律检查委员会既是执纪组织又是监督组织,当前主要承担着执行党的纪律、实施党的监督两项性质不同但又相互关联的职能。如前所言,党内执行纪律与党内法治监督权力性质不同、运行逻辑有异,应当在纪委职能和组织体系中将执纪和监督两种职能分离开来,通过党内法规完善纪检权责制度,实现执行纪律的机构和实施监督的机构在纪委内部的相对分离。从这样的角度看,党的纪律检查委员会既是党内法治实施体系的一部分,又是党内法治监督体系的一部分。构建严密的党内法治监督体系,必须完善党内监督制度,健全党内监督体制机制。比如,通过完善和发展备案审查制度,健全党内法规合章性、合规性审查机制;通过完善和发展党内决策制度,健全党内重大决策合规性审查机制;通过完善和发展巡视制度,健全巡视工作体制机制;等等。[①] 构建严密的党内法治监督体系,还可以论证党内监督体制机制创新,贯彻决策、执行、监督分离原则并使监督回归本色,形成更加完善的决策、执行、监督分离体制。[②]

五、有力的党内法治保障体系

党内法治保障是党内法治建设不可或缺的组成部分,它包括以党内权威—民主—法治、执政党—国家—社会的内外逻辑关系为依循形成的党内法治建设的环境和条件,尤其体现为党内政治、组织、思想和道德优势对党内法治的支撑作用。坚持党内法治保障创新,构建有力的党内法治保障体系,是完善中国特色社会主义法治保障体系的需要,是保障党内法治建设方向、进程和格局的需要。

依循民主—法治—权威的逻辑关系,完善党内法治的内在保障,以党内民主和权威保障党内法治。法治不是孤立的事物,而是与民主、权威等相联系的现象,没有民主、权威就没有法治,没有法治也就不会有真正的民主和权威,法治的意义在于维护权威和保障民主,实现民主与权威的统一是法治的使命。无论是国家政权组织、执政组织还是社会组织,其存在、发展和改革必然要实现民主、法治、权威的适度结合与动态统一。尽管民主、

---

① 完善和发展巡视制度是十七大党章作出的关于党内监督的战略性制度安排。早在1990年,党的十三届六中全会决定“中央和省区市党委可根据需要派出巡视工作小组”。1996年中央纪委第一次开展巡视。党的十六大正式提出建立和完善巡视制度,党的十七大将巡视制度写入党章,2009年中央颁布《中国共产党巡视工作条例(试行)》,成立中央巡视工作领导小组,并将中央纪委、中央组织部巡视组更名为中央巡视组。党的十八大要求更好地发挥巡视制度的监督作用。十八届三中全会决定,改进中央和省区市巡视制度,做到对地方、部门、企事业单位全覆盖。当前亟须修改《中国共产党巡视工作条例(试行)》,进一步完善党的巡视制度。

② 中央编译局世界发展战略研究部主任何增科研究员论及反腐和推进法治时认为,党章和党内法规应当拟定各级党委、常委会特别是书记的权力和责任的内容、边界,把纪委改造为监督委员会,建立党的全委会决策、常委会执行、监督委员会监督的党内三权分立体制(参见何增科等:《反腐,从书记挂帅到党内法治》,“共识网”,2015年5月4日),或者设立党内司法委员会或者称为党的法规委员会,负责党务纠纷调处和党内法规审查工作。

法治、权威可能在不同时期有所偏重，但国家治理需要三者同在、相对平衡。政党组织尤其是执政组织亦是如此。没有党内民主就没有党内法治，没有党内权威也不会有党内法治，党内民主、党内权威均离不开党内法治。在推进党内治理体系和治理能力现代化进程中，党内法治、党内民主、党内权威三位一体，它们互为条件和相互支撑。顺言之，全面从严治党，一方面要将党内民主与党内权威结合起来，将党内民主与党内权威建立在党内法治基础上，另一方面要将必要的党内权威和充分的党内民主作为党内法治的基本条件和保障，在党内建立法治，民主与权威缺一不可。

构建有力的党内法治保障体系，必须创新集成、优化发展党内法治保障要素、体制、方式，充分发挥党内政治、组织、思想、道德等优势。构建有力的党内法治保障体系，一是必须加强政治保障，以党的路线、方针、政策指导党内法治建设。从一定意义上讲，政治决定法治方向，政策指导法治实践。党的路线、方针、政策不仅对国家法治具有指导意义，对党内法治建设亦具有决定作用。所谓政治保障就是用正确的路线、方针、政策指导党内法治建设，为党内法治建设规定方向和实践指南。二是应当加强组织保障，以组织机构和人员队伍支撑党内法治建设。适应加强党内法治建设和全面推进依法治国的需要，各级党委应当高度重视党内法规机构和队伍建设，负责党内法规制定、修改、清理以及党内法规合法合规审查等工作，形成党委重大决策合法性和合规性审查机制，为党的政策转化为立法（包括人大决议等）提供机制保障。党内法规队伍应当纳入社会主义法治工作队伍体系，与立法工作队伍、行政执法队伍、司法工作队伍等一样，强化其政治水平、职业水准，尤其是法治素养。所谓组织保障就是根据党的十八届四中全会《决定》的要求，建设一支适应党内法规建设和党内法治工作需要的专门队伍，以适应加快建设党内法治和全面推进社会主义法治建设的需求。三是需要加强思想保障，以与时俱进的意识形态指导党内法治建设。推进党内法治理论创新和党的意识形态与时俱进，强化党员尤其是党员领导干部法治素养。党员领导干部运用法治思维和法治方式的能力和水平决定着党内法治的状态和水平。所谓思想保障就是要将法治思想和法治精神纳入执政党的意识形态，不断提升党员领导干部的法治理论水平，增强法治思维和法治信仰，培养依规办事的习惯，为党内法治建设等提供精神支撑和思想动力。四是加强道德保障，以伦理道德支持党内法规和法治建设。坚持依法治党与以德治党相结合，将党内法治建设与党内道德建设统一起来，强化党内政治伦理建设，为党内法治建设提供道德支持。

依循政党—国家—社会的逻辑关系，完善党内法治的外在保障，以法治国家和社会保障党内法治。法治不是单一性现象，而是存在于不同领域和表现为不同方面的多元性事物，国家、政党、社会治理和善治均离不开法治。在党内法治、国家法治、社会法治三线展开渐趋形成的全面推进依法治国的大格局中，法治政党、法治社会、法治国家三位一体，它们互为条件和互相保障。没有法治政党，就不会有法治社会和法治国家，反之亦然。法治国家和法治社会的状况构成党内法治的外部环境。法治国家和法治社会建设的进程和水平对党内法治建设有着直接的影响。从广义上讲，就党内而言，民主、权威是党内法治的内在性保障；就党外而言，国家法治、社会法治是党内法治的外在性保障。构建有力的党内法治保障体系，就是要实现党内法治与国家法治、社会法治的有机统一。如前所述，“全面推进依法治国”的“全面”具有多重意蕴，其中就意味着法治政党、法治国家、法治社会相辅相成、三位一体的关系。与此相适应，党内法治是前提，社会法治是基础，国家法治是根本。从某种意义上讲，党内法治、国家法治、社会法治互为环境和条件。毫无疑问，实现国家法治、社会法治与党内法治的联动和互动，必须加强党内法治与国家法治的联动共进关系，同时必须加强党内法治与社会法治的互动并进关系，这将为党内法治建设提供有力的外部支撑。

第三节 党内法治体系建设的目标与路径

加快党内法治体系建设，必须以全面深化改革为抓手，以全面从严治党为牵引，以全面推进法治为依托，将党内法治建设视为法治中国建设总体布局中的一项系统工程，从科学立规、有效执规、严格督规、全党守规等四个方面着手。

一、党内法治体系建设的目标

党的十八届三中全会《决定》确立了全面深化改革的总体目标，即完善和发展中国特色社会主义制度，推进国家治理体系和治理能力现代化，突出了治理—制度—法治的内在逻辑，通过完善和发展制度尤其是完善和发展法治，推进国家治理现代化，这其中也包括党的治理体系和治理能力现代化。加快推进党内法治建设，构建完整严谨的党内法治体系，是推进党的治理体系和治理能力现代化的必然要求。十八届四中全会《决定》确立了全面推进依法治国总目标，即建设中国特色社会主义法治体系，建设社会主义法治国家，强化了国家—执政党—社会的三元关系，通过建设法治体系推进法治国家建设，其中包括推进党内法治以建设法治政党和推进社会法治以建设法治社会。① 全面推进依法治国，就是要在国家法治、党内法治、社会法治三条战线上推进中国法治建设，推动三者协同并进以形成法治中国建设的整体局面。如果不能同步推动党内法治、国家法治、社会法治建设和进步，三条战线上的法治建设不能协调一致甚至出现不同程度的脱节，那么推进依法治国的全面性就难以形成也无法保证。如果不能有效实施依法依规治党、加快建设法治政党和依法依章管理治理、加快建设法治社会的新战略，不能形成全面推进依法治国坚实的政治前提和扎实的社会基础，法治国家建设就前程难料，法治中国建设也就前途渺茫。

党的十八届四中全会之后不久，习近平总书记提出全面从严治党的新要求，并形成了全面深化改革、全面推进依法治国、全面从严治党、全

① 在法治中国视野中，法治政党和法治社会不可或缺，党的十八届四中全会提出的建设法治体系、建设法治国家的总目标，包含着建设法治政党和法治社会的要求，并且将法治政党和法治社会建设视为法治国家建设的政治前提和社会基础。

面建成小康社会的战略布局，这使得全面推进依法治国成为一场广泛和深刻的革命。全面从严治党与十八届四中全会《决定》提出依据党内法规管党治党的要求是一致的。也可以说，全面从严治党的关键是全面依法依规治党，尤其是依靠党章党规管党治党，将党内法规体系纳入社会主义法治体系，从依法治国延伸到依法治党。这是全面推进依法治国作为一场广泛和深刻革命的主要表现之一。依法依规管党治党就是要将党的权力包括党内权力关进制度的笼子里，将党的全部工作纳入制度轨道。实际上，构建完整严谨的党内法治体系，就是要用党内法规打造制度的笼子，铺设党内权力运行的轨道，这是加快依法依规治党、实施全面从严治党的要求。如前所述，构建完整严谨的党内法治体系，重在将党内法治建设纳入全面推进依法治国总体战略，并与全面从严治党有机统一起来，同时与全面深化改革有机结合起来，逐步形成并不断巩固改革—法治—治党三位一体的局面和推进国家治理现代化的合力。这不仅对第一个百年全面建成小康社会具有重要现实意义，对于第二个百年全面实现党和国家治理体系和治理能力现代化，巩固和维护党的领导地位，保证党长期和全面执政，意义更为重大且深远。

中共十八届三中全会通过的《关于全面深化改革若干重大问题的决定》提出的改革的总体目标，不仅蕴含了改革的丰富内容，也明确了国家制度与国家治理深刻的内在联系，并将制度、法治、依法治国战略与国家治理现代化关联起来。实际上，这也意味着党内治理与党内法治的内在逻辑，党内治理体系首先是一个制度体系，完善党内治理体系首要的任务就是完善党内制度体系。所以，应当确立全面推进党和国家治理现代化的命题，并实现党内法治、国家法治与党和国家治理现代化有机统一。一方面，以党内民主带动国家民主；另一方面，以党内法治联动国家法治，由此形成党内治理与国家治理一体化的局面。党内治理与国家治理关联性的程度和一体化的形态直接关系到党的治理模式，这需要党内法规与国家法律的协调性、党内法治与国家法治的联动性。建议适时修改党的章程，在党的制度建设部分增加党内法规建设与党的治理的内容，强调党的制度建设与党内治理的关系。

党内法规建设已经引起法学界的关注，但对与国家法治体系相关联的党内法治体系的构建尚没有引起足够的重视，相关学科学者从不同角度探讨形成了不同观点。有学者从党内法规建设的角度提出三个体系，即由章程、准则、条例、规定、办法、规则等组成的比较完整的党内法规体系，中央和地方两级组织制定党内法规的格局，以及党内组织、行为、程序、监督等功能比较齐全的系统。[①] 也有学者从完备党内法制的角度主张构建五个体系：一是以章程为主体，以一系列的党内条例、规定、办法等共同构成的党内法规体系；二是以健全的党的代表大会、各种会议制度和程序规定等为基本要素的党内立法体系；三是以党性和党内法规教育为思想基础的党内守法体系；四是以党的各级组织和纪检机构为主体，以完善的处罚和申诉机制为组织保证的执法和保障体系；五是以全体党员和人民群众的民主监督及健康的批评与自我批评为可靠依托的监督体系。[②] 如果将党内治理与党内法治联系起来，应当着重构建四个体系：一是党内立规和法规体系；二是党内执规和法规实施体系；三是党规监督与审查体系；四是全党守规与法治观念体系。

加强党内法治建设，以党内法规制度体系为基础，构建完整统一的党内法治体系，既要改善党内法规制定体系，又要改进党内法规实施体制；既要重视党内法规制度体系建设，又要重视党内法规的实施和效力。换言之，加强党内法治建设，必须完善党内立规体制、党内法规体系、党内法规实施机制、党内法规实施保障机制等，形成科学立规、有效执规、严格督规、全党守规的党内法治格局，创制在党内依法依规治理的前提和基础上民主、科学、依法执政，从而推进国家法治和国家治理现代化的动态局面。概言之，构建并完善党内法治体系，科学立规是起点，目标是构建完善的党内法规体系，关键是完善党内立规体制；有效执规是重点，目标是确保党内法规的实效，关键是加强党内执规体制；严格督规是保

---

① 参见兰亚斌：《党内法规建设存在的问题及对策研究》，《理论学刊》2005 年第 11 期。

② 参见叶笃初、陈绪群：《试论完备的党内法制》，《江汉论坛》1996 年第 5 期。

障，目标是确保以党章为核心的党规制度体系的内在统一，关键是加强党章党规审查制度；全党守规是基点，目标是将各级党组织的活动和党员干部的行为纳入法规轨道，关键是法治信仰和法治思维。

二、党内法治体系建设的路径

（一）科学立规

科学立规应当以完善党内立规体制为先导。科学立规的起点是完善党内立规体制，完善以党的全国代表大会、中央委员会及政治局会议和相应组织、部门以及省级地方党的组织等构成的党内决策和立规体系，尤其应当重视党的全国代表大会和省级地方代表大会的党内法规制定权限问题，为完善党内法规体系、提高党内法规质量提供组织保障。科学立规是一个动态过程，既要重视党内法规制定工作，又要重视开展党内法规“改废”工作，将党内法规的“立改废”与党内法规的清理结合起来，以确保党内法规体系的生命力。科学立规的重点是完善党内法规体系，提高党内法规质量。无论是党内法规体系还是党内法规质量，都要求党内法规制定遵循科学、民主、法治原则。党内法规既应反映党内政治生活规律，尤其是党内权力治理规律以及党政关系规律，又要充分尊重和体现广大党员的意志和愿望，党内法规必须立足于这两者的统一。这就需要党内法规建设以法治为保障，通过法治保障党内法规建设的科学化、民主化。进一步完善党内法规制度体系，必须充分实践“宪法为上，党章为本”的根本理念，贯彻党规国法统一、党章统领党规的根本准则，按照党章确定的基本原则、要求和任务，依据党章和《党内法规制定条例》规定的原则和规范，严格执行党内法规制定权限制度和党内法规制定程序制度，根据党内法规制定规划，有计划、有步骤地推进党内法规制定工作，在初具形态的以党章为统帅，以准则、条例为主干的党内法规框架基础上，不断加强党内法规与国家立法的协调配合，避免两者脱节，防止以党内法规代替国家法律法规，并使党内法规与国家法律法规之间衔接无隙，基本形成内容比较全面、框架比较完整、与国家法律体系相协调、适应管党治党和国家治理需要的以党章为统领的党内法规制度体系。

科学立规必须整体布局、完整规划、系统推进，坚持“宪法为上，党章为本”的关联观念，从党的领导和党的工作、思想建设、组织建设、作风建设、反腐倡廉建设、民主集中制建设等六个方面布局党内法规制度体系[①]，尤其需要建立党内民主—法制的基础逻辑，实践“规范权力—党内民主—保障权利”的实践逻辑，确定党内法规建设的侧重点；强调党内权力制约、权利保障，形成“权力—权利”的平衡逻辑，包括“权力—责任”和“权利—义务”的对应逻辑。党内法规建设的侧重点之一是围绕党内民主建设做文章，重点是加强党员权利保障的法规建设，维护党员的知情权、参与权、表达权、监督权，将党内民主建立在党员权利有效实现的基础上；党内法规建设的侧重点之二是围绕党内权力秩序做文章，重点是加强党内组织体系的制度化，规范权力关系；党内法规建设的侧重点之三是围绕重大决策做文章，推进重大决策权限法规化、重大决策程序法规化、重大行政决策责任法规化[②]；党内法规建设的侧重点之四是围绕反腐倡廉做文章，加强党的纪律建设，健全党内问责和究责制度，完善党内执纪体制机制、方式方法。

（二）有效执规

有效执规应当以党内执规体制改革为先导。有效执规的重点是党内法规的实施。完善党内法规实施体制机制，包括党内权力规范和约束机制、党员权利行使和救济机制、党内监督制约机制、党内纪律制裁机

---

① 从完善党内法规体系和党内治理体系的需要出发，应尽快制定《中共地方委员会工作条例(试行)》《中共党组工作条例》《中共统战工作条例》《军队政治工作条例》《中共党内监督条例(试行)》《中共巡视工作条例》《中共纪检机关案件办理工作条例》等系列党内法规。

② 近几年来，不少地方出台法治建设地方指标体系，大都包括地方党委依法执政并将党委重大决策程序化纳入指标体系。比如，2011 年 7 月发布的《法治湖南建设纲要》规定：“研究制定党委重大决策程序规定，要把调查研究、征求意见、法律咨询和集体讨论决定作为党委重大决策的必经程序。各级党委要按照集体领导、民主集中、个别酝酿、会议决定的原则决定重大事项。……对涉及经济社会发展全局的重大事项，要广泛征求意见，充分进行协商和协调，对专业性、技术性较强的重大事项，要认真进行专家论证、技术咨询、决策评估；对同群众利益密切相关的重大事项，要实行公示、听证制度，扩大人民群众的参与度。”

制、党内执规执纪机制等，以保证党内法规的有效实施，确保党内法规的效力。党内执规体制改革应当侧重于如下几个方面：一是要将党内执规体制改革与党内治理体系和治理能力现代化要求结合起来，与党内决策、执行、监督体制的完善和发展相结合，构建决策科学、执行坚决、监督有力的权力运行体系，健全惩治和预防腐败体系。二是要将党内执规体制改革与国家执法体制建设结合起来，尤其是要与国家政权体系完善相结合。比如，需要确立纪委、监察与检察的关系，建立协调和衔接机制，防止党纪、政纪、法纪混同，避免党内执规取代行政监察和刑事执法。三是正确处理党的监督职能与人大监督职能的关系。比如，各级政法委员会对法院、检察院执法司法活动的监督，是党对政法工作领导的重要表现，但应当将党对执法的监督与人大内司委的工作结合起来，通过人大内司委实现党对司法的监督。[①]

（三）严格督规

加强党内法治体系建设，确保以党章为核心的党规体系有机统一并得到有效实施，需要完备的党规监督体系。关于党规监督的问题，在第八章专章进行论述，这里重点论述党规审查。

关于党内法规审查问题，有学者主张，为保障党内法规姓“法”，需要多重制度保障，其中一个重要保障就是将党内法规纳入国家统一的违宪、违法审查机制。从保障我国法制的统一、将我国建设成名副其实的社会主义法治国家的角度讲，也必须将党内法规纳入上述国家统一的违宪、违法审查机制。[②] 也有学者建议建立由党的较高层级的纪检委实施对各级地方和部门党组织及其领导人行为合党章性审查体制，作为我国

① 参见肖金明：《人民代表大会制度的政治效应》，《法学论坛》2014 年第 3 期。

② 参见姜明安：《论中国共产党党内法规的性质与作用》，《北京大学学报》（哲学社会科学版）2012 年第 3 期。

过渡性措施，在条件成熟时纳入国家宪法监督制度。[①] 如前所述，为保证党内法规的体系性，尤其是党内法规与国家法律的一致性，必须建立党内法规审查制度。《中国共产党党内法规制定条例》已经初步确立了党内法规审查制度，该条例规定，党内法规同宪法和法律不一致的，由中央责令改正或者予以撤销。[②] 以此为基础，建立一套完整的党内法规审查制度，包括提起审查的主体、负责审查的机构、实施审查的程序和处理方式等，对保持党内法规与国家法律的协调、维护宪法法律的权威无疑具有重大现实意义。健全和完善党内法规审查制度旨在维护党章和宪法法律的权威，如果这样的制度能够行之有效，或许会在实践中体现出它的替代价值，有效保障党内法规的“合章性”、合法性和合宪性。因此，建议完善党内法规审查制度，保证党内法规的体系性，尤其需要通过党内法规审查确保党内法规与国家法律的一致性。党内法规审查制度建设构成党的法治建设的有机组成部分。

（四）自觉守规

构建党内法治体系，必须促使党的各级组织和全体党员自觉守法，以法治观念、法治信仰、法治思维等构成的思想观念体系作为党内法治体系的基石。党内法治需要政治、组织和思想的保障。构建党内法治体系，不仅需要路线、方针、政策的引领，需要立规、执规体制机制的支撑，

---

① 童之伟教授认为，这种过渡性的做法可以获得以下三种制度效用：(1)切实纠正一部分公权力机构行使者发布的涉嫌违反宪法、违反法律的政策、决议、决定和指示，缓解建立国家层面的行之有效的宪法监督制度的压力；(2)积累进行合宪法性、合法律性审查的经验；(3)可用合党章性审查的经验作基础，在时机成熟时形成对行政法规及其以下位阶的法规范性文件的合法律性审查体制，然后有条件后再上一个台阶，将执政党的合党章性审查体制转换为国家可操作的宪法监督制度。完成这个建设过程需要很多年，也需要很多宪法专家为之工作。（参见童之伟：《政治体制改革应从党章而非宪法开始》，http://www.21ccom.net/articles/zgyj/xzmj/article_2011060937142.html，2013 年 12 月 7 日访问）

② 《中国共产党党内法规制定条例》第 28 条规定：“中央纪律检查委员会、中央各部门和省、自治区、直辖市党委发布的党内法规有下列情形之一的，由中央责令改正或者予以撤销：(一)同党章和党的理论、路线、方针、政策相抵触的；(二)同宪法和法律不一致的；(三)同中央党内法规相抵触的。”

还需要党内思想观念体系的保障。法治已经进入社会主义核心价值体系,法治观念必然成为执政党意识形态的重要内容。法治的观念应当包括通过法治促进民主、通过法治控制权力、通过法治保障权利、通过法治维护正义等基本理念,党内法规应当充分体现权力有限、程序公正、权利保障等价值观,全党应当树立党内法规意识和国家法律观念,养成学法尊法守法用法的习惯,党的各级组织、党员领导干部应当不断增强法治信仰和法治思维,不断提升依法办事、依规行事的能力,形成运用法治方式、法规手段解决问题的习惯。

第四章 党内法治历史发展

中国共产党自建党以来一直注重党的制度建设，其中包括党内法规建设，尤其是建立全国政权以来，党内法规建设成为党的制度建设的重要组成部分。特别是改革开放以来，党内法规建设在党的制度建设中具有越来越重要的地位，在党内法规建设基础上不断发展起来的党内法制—党内法治对推进党内治理制度化、规范化、程序化，对于坚持和改善党的领导、促进科学民主依法执政，发挥了不可替代的作用。党的十八大以来，围绕着全面建成小康社会的近期目标和全面实现国家治理现代化的长远目标，改革进入全面深化时期，法治进入全面推进时期，治党进入全面从严时期，全面深化改革、全面推进法治和全面从严治党交互叠加形成了党内法治建设的战略契机，开启了党内法治建设新的历史进程。

第一节 建党至中华人民共和国成立前党内法治的历史

从党的创建到中华人民共和国成立这一时期，中国共产党一直以革命党的身份与当时实际统治中国的政治力量斗争与合作，尚未取得整个国家的领导权。"法治"一词，从其创始至今都与国家密不可分，"法治"含义的简化版释义通常称为"依法治国"，"法治"中的"法"多指"国法"。当使用"法治"一词时，必然存在一个统一的主权国家已经成为无需赘言的前提。但是，对这一时期的中国共产党党内法治状况进行分析与评价，则更多需要从理论与价值层面去考虑问题，而不是单纯地看中国共产党是否遵守了当时的国家法律。以南昌起义为标志点，又可以将这一时期分为前后两个阶段。前一个阶段，中国共产党只是作为当时中国数个在野党中的一个，没有掌握实际统治权和暴力工具，而后一个阶段，中国共产党在其有效统治区域内，可以说已经具有了一个国家或政府的雏形。

一、党内法规建设基本情况

从党的第一次全国代表大会通过第一个纲领为起点，以党的二大通过的中国共产党第一个章程为重要标志，开始了党内法规建设的第一个时期。以党的六届六中全会分界，这一时期分为两个阶段：一是不存在"党内法规"概念的自发阶段；二是明确"党内法规"概念后的自觉阶段。

1921 年 7 月，党的一大通过《中国共产党第一个纲领》。这是一个兼具纲领和党章性质的文件，包括政治纲领和组织章程，其中的组织章程规定了组织原则、组织机构和党员发展等问题，是中国共产党党内法规建设的起点。党的二大通过了中国共产党第一个章程和《关于共产党的组织章程决议案》，二大党章强调党联系群众和严格组织纪律，以党员、组织、会议、纪律、经费和附则六章结构，对党内关系和党内事务作出了比较全面的规定，这是党的历史上最早的一部基础性法规。早期党内法规建设主要体现为党章建设。党的三大第一次修改党的章程，党的四大第二次修改党章，党的第五次代表大会没有修改党章，第三次党章修改是由党的五届中央政治局通过的，这也是唯一的不是由党的代表大会通过的党章。党的五届中央政治局修改和完善党的章程，规定了民主集中制原则，规定了专门性党内监督机构，使党的组织体系、领导体制、党的纪律等更加趋于完整。党的三大还通过了《中央执行委员组织法》，这被视为最早的除党章外的党内法规，从严格的意义上讲，党章以外的党内法规的源流由此起始。自党的三大以后，在党的章程建设的同时，党内法规建设也取得了重要进展，《教育宣传委员会组织法》《党内组织及宣传教育问题的议决案》《关于坚决清洗贪污腐化分子的通告》以及著名的“八七会议”上通过的《党的组织问题决议案》等，都是党内法规建设的重要体现。

党的六大党章是党内法治建设历史上的一个波折，其中出现的偏差促使中国共产党更加重视党内法规建设，形成了党内法规建设的自觉。1938 年 9 月 26 日，中共中央政治局专门成立了负责党规事务的中央规则起草委员会，随后在 10 月份召开的党的第六届中央委员会第六次会议上，毛泽东同志正式提出了“党规”的概念。毛泽东在全会上所作的《中国共产党在民族战争中的地位》的报告中谈到：“鉴于张国焘严重地破坏纪律的行为，必须重申党的纪律：（一）个人服从组织；（二）少数服从多数；（三）下级服从上级；（四）全党服从中央。”进而强调：“为此原故，从中央以至地方的领导机构，应制定一种党规，把它当作党的法纪之一部分。已经制定之后，就应不折不扣地实行起来，以统一各级领导机关的行动，并使之成为全党的规范。”①此次会议，刘少奇还作了《党规党法的报告》以教育党内同志。六届六中全会通过了中央委员会工作规则与纪律、各级党部工作规则与纪律、各级党委暂行组织机构等若干规定，以维护党的统一为核心，健全民主集中制，规定党内关系准则，重申党中央的最高地位和党的纪律。从某种意义上讲，这是第一次比较集中地制定党内具体法规，通过党内法规重整党的组织纪律和政治秩序，是党内法规建设历史上的一个新起点。中华人民共和国成立前一段时间，关于党内法规的认识已趋于成熟，1945 年党的七大通过的党章是这种成熟认识的集中表现。七大党章确认了毛泽东思想的指导地位，规定了群众路线、思想建党原则、民主集中制等内容。刘少奇作《关于修改党章的报告》指出：

① 中央档案馆编：《中共中央文件选集》第 11 册，中共中央党校出版社 1991 年版，第 652 页。

“党章，党的法规，不仅是要规定党的基本原则，而且要根据这些原则规定党的组织之实际行动的方法，规定党的组织形式与党的内部生活的规则。”①从党的七大到中华人民共和国成立前，党内法规建设已经围绕着党章形成了明晰的轮廓，涵盖了党的组织、宣传教育、党员和党的干部、党的纪律等诸多领域和重要制度，包括依据党章确立的向中央请示报告制度、定期召开党的各级代表大会制度以及党委制等。七大党章在党内法治建设历史上具有重要地位，制定党内法规以执行党章，也成为党内法治建设的一条基本经验。

这一时期大部分时间内，中国共产党都是以革命党、在野党的身份出现，长期处于秘密状态和战争环境，党在全国各地的各级党组织、党员的活动及相互联系受到很多限制，统一协调各级党组织、党员的行动是这一时期党面临的严峻现实问题。自中国共产党成立伊始，制定修改以党章为核心的党规成为党发展的重要举措，随着中国共产党的逐渐壮大，党规的作用日益凸显，逐步发展为党的制度的基本载体，成为规范各级党组织和全体党员行为及相互关系的基本依据。在这一时期，每逢重大的历史变革和革命形势的新变化，党的应对方略、指导方针和具体方法大多通过党内法规的形式固化下来，并通过刊行、通告、传达等各种方式及时准确地通知到全党上下，集中体现并有效贯彻了党的集体意志，满足了革命形势发展的需要，为革命斗争的胜利奠定了坚实的制度基础。但由于党自身建设经验的不足以及外部环境严酷，这一时期的党内法规存在形式不统一、稳定性欠缺、制度刚性差等问题，也为党内法治建设埋下隐患。

二、党内民主制度建设情况

党内民主是党内法治的前提和基础，也是党内治理的基本要求；党内法治是党内民主的体现和保障，也是党内治理的基本特征。与“国家民主—国家法治”关系同理，发扬党内民主，必须加强党内法治；只有加

---

① 《刘少奇选集》上卷，人民出版社 1981 年版，第 316 页。

强党内法治，才能保障和实现党内民主。只有在党内民主与法治相结合的基础上，才能保证党内治理的方向和质量。这一历史时期，是党内民主的建立与初步发展时期。在中国共产党一大筹备过程中，“由于当时党处于秘密状态，初创时期又缺乏统一的规章和严格的组织原则和制度，再加上各地区的政治环境不同，活动特点也不一样，所以各地确定和产生代表的方式也不一样，有的是召开党员会选举出代表，有的是以发起人为当然代表秘密前往，有的则由党组织负责人指定代表出席”[①]。由此可见，中国共产党一大代表的产生方式主要是民主方式，只不过由于当时的客观环境影响，有些地方才没有采用这一方式。而中国共产党第一次全国代表大会的全过程，都是充分民主的体现。

党的一大纲领规定党的领导原则采取“苏维埃管理制度”，虽然没有明确提出要实行民主集中制的原则，但已经蕴含了类似意思。从中共二大到中共四大，也仍然没有明确地把“民主集中制”原则写进党章，但从这几次大会通过的党章和党的决议案中可以看出，民主集中制始终是党的重要组织原则。在二大通过的《中国共产党加入第三国际决议案》明确指出，中国共产党“正式加入第三国际，完全承认第三国际所决议的加入条件二十一条”，而第三国际加入条件的第十三条就要求：“加入共产国际的党，应该是按照民主集中制的原则建立起来的”，这充分表明了中国共产党对民主集中制的确认和选择。但是在实践中，却是主要强调集中而忽视民主。党的二大以来，党的领导体制是委员制。委员制实行一人一票，符合民主制的要求，但由于委员经常流动，再加上党内民主意识不强，以至于在实际操作中，权力就过于集中在少数领导人的手中。正如蔡和森所批评的那样：“我们本是民主集中制。然八年以来，只有从下至上的民主。”[②]为了从制度上保证党的集体领导，1927 年中共五大第三次修改的党章中第一次明确提出“党部的指导原则为民主集中制”，“按

---

① 《中国共产党代表大会史》编写组：《中国共产党代表大会史》，新华出版社 2012 年版，第 35 页。

② 蔡和森：《蔡和森的十二篇文章》，人民出版社 1986 年版，第 105 页。

照民主集中制的原则在一定区域内建立这一区域内党的最高机关，管理这一区域内党的部分组织”。“各级党部最高的机关为：全体党员大会及代表大会。”“全体党员大会及各级代表大会选举各级委员会。委员会在大会闭会期间为该级党部最高权力机关，执行并指导党务及政策。”大会通过的《组织问题决议案》在党的历史上第一次明确提出了加强党的集体领导的原则，并指出：“中央应该强毅地实行集体的领导，从中央、省委至支部。”[①]与此同时，《中国共产党第三次修正章程决案》也规定：“党内一切争论问题，在未决定以前，得完全自由讨论之。”[②]大会取消了对委员长（总书记）职权的规定，第一次决定设立中央政治局常务委员会。历史表明，党的五大选举产生的中共中央领导机构已到了非常规范的程度，五大的中央委员会、中央政治局等领导机构也都是根据民主集中制的原则选举出来的。这使得“新的中央委员会集中了一切有能力的党的领袖人物”，“党现在已经建立了强有力的统一的集体领导”。[③] 此后，从六大到十九大的历次党代会通过的党章全都沿袭了中共五大的提法，始终坚持把民主集中制作为党的组织原则，并且对民主集中制的内涵不断地丰富和完善。1928 年党的六大通过的《政治决议案》强调要实行民主集中制，“实行真正的民主集中制；秘密条件下尽可能地保证党内的民主主义；实行集体讨论和集体决定主要问题；同时反对极端民主主义的倾向，因为这是可以破坏党的纪律，不负责任的态度可以因此而增加，而且损害党的指导机关的信仰”。在修改后的党章中提出了党的民主集中制的三条原则：“下级党部与高级党部由党员代表会议以及全国大会选举之；各级党部对选举自己的党员，应作定期的报告；下级党部一定要承认上

① 中央档案馆编：《中共中央文件选集》第 3 册，中共中央党校出版社 1983 年版，第 67 页。

② 中央档案馆编：《中共中央文件选集》第 3 册，中共中央党校出版社 1983 年版，第 132 页。

③ 罗易 1927 年 5 月 9 日在五大选出的中共中央委员会上发表的讲话，中共中央党史研究室第一研究部：《共产国际、联共（布）与中国革命档案资料丛书》第 5 辑，北京图书馆出版社 1998 年版，第 430 页。

级党部的决策，严守党纪，迅速且切实地执行共产国际执行委员会和党的指导机关之决议。”这些探索反映了我们党党内民主制度建设方面的最初成果。但是，由于党处于幼年时期，既面临严酷的战争环境，又受到共产国际的直接干预，使党内民主的一面无法得到充分发挥，而党内集中的一面却受到了过分的强调，再加上党的领导人陈独秀、博古、王明等的错误领导，压制了毛泽东等一些同志的正确意见，导致党内右倾机会主义和左倾冒险主义错误无法得到及时纠正，致使中国革命事业遭到了严重失败。

1935 年的遵义会议是在党经历了较长时间不正常的党内生活后，坚持民主集中制、发扬党内民主的一次重要实践，是中国共产党党内民主建设的历史转折，标志着党内民主生活开始走向正常化。1937 年 5 月，中国共产党全国代表会议（当时称“苏区党代表会议”）总结了党在实行民主集中制过程中的经验教训，提出要用民主与集体的领导取代命令主义与包办的领导，并确立了维护下级及地方组织的自主权和给予灵活机动权的原则。毛泽东在这次会议上所作的结论中首次明确使用了“党内民主”这一概念，并提出要“依靠实行党的民主集中制去发动全党的积极性”，强调“在新时期，集中制应该密切联系于民主制。用民主制的实行，发挥全党的积极性”。[①] 1938 年，毛泽东在党的六届六中全会上在总结党的历史经验和教训的基础上强调指出，全党积极性的发挥有赖于党内生活的民主化，但中国缺乏民主的传统而制约了党内民主的实践，因此，“必须在党内施行有关民主生活的教育，使党员懂得什么是民主生活，什么是民主制和集中制的关系，并如何实行民主集中制。这样做才能做到：一方面，确实扩大党内的民主生活；又一方面，不至于走到极端民主化，走到破坏纪律的自由放任主义”[②]。此次会议，既加强了党内民主的制度化，又强调了党内民主意识培育、民主教育的重要性，党内民主建设达到新高度。与此同时，由于中国共产党已经在革命根据地建立起民主

① 《毛泽东选集》第 1 卷，人民出版社 1991 年版，第 278 页。

② 《毛泽东选集》第 2 卷，人民出版社 1991 年版，第 529 页。

政权，党内民主与根据地民主高度关联，因此，党内民主已经不仅仅是中国共产党内部事务，而是有着重要的外在影响。

1945年召开的中国共产党第七次全国代表大会，是中国共产党党内民主建设史上的又一个里程碑。党的七大对党内民主建设的推动是全面的、根本的。七大本身是一次民主的大会，具有浓厚的民主气氛。七大通过的党章第一次明确规定："民主集中制，即是在民主基础上的集中和集中领导下的民主。"刘少奇在党的七大上所作的《关于修改党的章程的报告》中，对党内民主作了建党以来最为全面系统的阐述，包括民主集中制的内在精神和原则、政治生活形态、制度原则、目标及其限度，这不仅使民主集中制制度化，使党内民主理论有了新的突破，使党内民主有章可循地发展，同时也表明我们党已经充分认识和理解了发展党内民主的重要性。而且明确了党员是党内民主实现主体，成为党内民主发展的稳固而可靠的主导力量，标志着中国共产党党内民主建设进入了一个更加成熟的发展阶段。中共七大在党内民主建设上所取得的重大成就，标志着中国共产党对党内民主建设的探索达到了一个新的战略高度，使建党以来一直努力推进的党内民主终于有了完整的实现体系。党的七大后，党中央更加重视在党内建立和扩大正规的民主生活，并相继建立健全党委集体领导制、请示报告制等一系列的党内制度。

在抗日战争胜利前夕，中国共产党提出将民主作为跳出"历史周期率"的新路。毛泽东在回答黄炎培能否跳出历史周期率的问题时充满自信地说："我们已经找到新路，我们能跳出这周期率。这条新路，就是民主。"①这里的民主既包括"人民民主"，又包括"党内民主"。毛泽东清醒地认识到民主是使党走出历史周期率的有效工具。而党内民主则是国家民主、人民民主的前提条件和必然准备，中国共产党作为国家和人民事业的领导核心，始终代表人民的根本利益，如果缺失了党内民主的保障，民主这条新路必然走不通，这是对党内民主战略意义上的深刻认识。民主选举是党内民主的基础，各级党组织应当通过选举产生，尤其是党

① 黄炎培：《八十年来》，文史资料出版社1982年版，第529页。

的各级领导机关。但在革命战争年代，全面的民主选举制度难以实际推行，委派干部一直是战争年代重要的干部任命方式。1938 年党的六届六中全会以后，党内选举制度逐步规范化。在中华人民共和国成立前夕，中共中央于 1948 年 9 月作出了《关于召开党的各级代表大会和代表会议的决议》。《决议》下发后，各解放区相继召开党的代表会议，一些县和军队党组织还召开了代表大会。通过召开党的各级代表大会和代表会议选举和补选党的各级委员会，不仅健全了民主集中制，而且改变了过去主要靠委派制任命干部的状况，普遍建立起了更有群众基础的各级领导机关，为中华人民共和国建立后的民主选举作了预演。

三、党内监督制度建设情况

限制权力是法治的重要功能，党内法治必然需要对党内权力进行限制；维护秩序同样是法治的基本追求，党内法治首先需要维护党的纪律。而中国共产党党内权力的限制和组织纪律的维护主要通过党内监督来实现。列宁就认为："对于党员在政治舞台上的一举一动进行普遍的（真正普遍的）监督，就可以造成一种能起生物学上所谓'适者生存'的作用的自动机制。完全公开、选举制和普遍监督的'自然选择'作用，能保证每个活动家最后都'各得其所'，担负最适合他的能力的工作，亲身尝到自己的错误的一切后果，并在大家面前证明自己能够认识错误和避免错误。"①他在布尔什维克党建立初期就指出："党本身必须对它的负责人员执行党章的情况进行监督，而'监督'也不单单是在口头上加以责备，而是要在行动上加以纠正。"而且尖锐地表示："谁不善于要求和做到使自己的受托者完成他们对委托人所负的党的责任，谁就不配享有党员的称号。"②

中国共产党的一大党纲强调了对地方党组织的监督问题。《党纲》第 12 条特别指出："地方委员会的财务、活动和政策应受中央执行委员会

① 《列宁全集》第 6 卷，人民出版社 1987 年版，第 132 页。

② 《列宁全集》第 9 卷，人民出版社 1987 年版，第 292 页。

的监督。”[①]这是中国共产党第一次作出有关党内监督的规定。尽管这种认识还比较肤浅，仅仅是对俄共(布)经验的简单借鉴，对党组织和个人的监督和制约也较为笼统宽泛地体现为党的上级组织对下级组织、党组织对个人的要求和约束，且无具体的实施细则，但它却仍然说明中国共产党从成立之日起就认识到了党内监督的必要性和重要性。而党的第一部正式党章——二大党章，就党的纪律单独成章。二大党章第十五条还明确规定：“中央执行委员会得随时派员到各处召集各种形式的临时会议，此项会议应以中央特派员为主席。”[②]这可以说是中央巡视制度的雏形。第一次国共合作之后，共产党员数量迅速增加，而质量则有所下降，加之共产党员可以以个人身份加入国民党并担任党政军职务，一些投机分子乘机混入党内。有鉴于此，中共中央扩大会议于 1926 年 8 月 4 日发出《关于坚决清洗贪污腐化分子的通告》，这个通告是中国共产党历史上颁布的第一个关于反腐败的专门文件，第一次正式向全党提出了清除腐败分子、纯洁党员队伍的严肃任务，对防止党员官僚化、打击贪污腐败起了一定的监督作用。

1927 年 4 月，中国共产党第五次全国代表大会选举产生了党内维护和执行纪律的专门机关——中央监察委员会。而后党的五大委托中央政治局修改的党章首次增设了“监察委员会”一章，对监察委员会设立的目的和产生方式进行了规定。五大党章第 61 条规定：“为巩固党的一致及权威起见，在全国代表大会及省代表大会选举中央及省监察委员会。”第 62 条规定：“中央及省监察委员，不得以中央委员及省委委员兼任。”[③]这是党的历史上首次设立纪律检查机构，标志着我党纪律检查制度的初步创立，在中国共产党的建设历史上具有深远意义。五大党章还首次明

① 夏利彪编：《中国共产党党章及历次修正案文本汇编》，法律出版社 2016 年版，第 4 页。

② 夏利彪编：《中国共产党党章及历次修正案文本汇编》，法律出版社 2016 年版，第 7 页。

③ 夏利彪编：《中国共产党党章及历次修正案文本汇编》，法律出版社 2016 年版，第 28 页。

确规定了纪律处罚的方式，并将其分为两类：一是对于整个组织的处分。包括：(1)警告；(2)改组；(3)举行总的重新登记(解散组织)。二是对于党员个人的处分。包括：(1)警告；(2)在党内公开的警告；(3)临时取消其在党内的、国民党内的、国民政府内的及其他的工作；(4)留党察看；(5)开除党籍。这就改变了以前党章简单开除的办法，采取了区别对待的方式。但同时强调："对于违反党的纪律的行为，须经党的委员会，党员大会，或监察委员会，依合法手续审查之。"①这一重要规定有着非常的意义：一方面，它再次强调了监察委员会的职权——处分建议权；另一方面，要求作出纪律处分时要通过一定的组织程序和手续，这就有利于对党员和党员干部的处理采取慎重态度，也可以防止滥施纪律处分。有关政治纪律的规定，体现了党内监督中必须贯彻的民主集中制原则，体现了党力求把发扬党内民主、保障党员的民主权利和维护党的集中统一领导、严格执行党的纪律这两者结合起来的精神。1928 年党的六大将五大创立的监察委员会制度废除，设立中央审查委员会，审查委员会的职权是"监督各级党部之财政、会计及机关之工作"②。这种党内监督机构的变化，表明党内监督机制出现了一定程度的退化，同时也说明党尚处在幼年时期，党内监督的观念还不够深入牢固，对党内监督重要性的认识出现了反复，党内监督工作和监督机构设置还很不完善，党内监督机制还不成熟。

1931 年 11 月，中华苏维埃共和国临时中央政府在瑞金宣告成立，中国共产党获得了暂时的局部性执政地位，党内监督的重心从此就转到对贪污腐败的监督和廉政建设上来。我党历史上第一次大规模的反贪污反浪费斗争最先是从中央苏区开始的。以中央苏区的反腐打贪为开端，在中央的指示下，斗争迅速扩展到其他苏区。这样，一场以反贪污、反浪费、反受贿、反官僚主义、大倡廉洁之风为主要内容的廉政风暴在各苏区

---

① 夏利彪编：《中国共产党党章及历次修正案文本汇编》，法律出版社 2016 年版，第 29 页。

② 夏利彪编：《中国共产党党章及历次修正案文本汇编》，法律出版社 2016 年版，第 40 页。

迅速刮起了。从政权机构的设置上直接防治腐败，中华苏维埃共和国从中央到地方都设立了群众性的监察机构作为检举、揭发腐败的专门机构。中央苏区建立了与国家政治保卫局和革命军事委员会并行的工农检查委员会，下属省、县、区亦设同样机构。其他苏区也创设了与中央苏区类似的机构和制度，鄂豫皖苏区在1931年7月通过的《临时组织大纲》上规定，设立工农检察委员会，与苏维埃并行，其任务包括工厂检查、会计审核、苏维埃各种工作检查，发现"个人腐化官僚"或"整个苏维埃官僚腐化"，即报告有关方面予以处置。1933年12月15日，中华苏维埃共和国中央执行委员会发布了《关于惩治贪污浪费行为的训令》，其他苏区也出现了类似的反腐败法令。这些法律、条例及规定，是苏区在依法治理腐败上迈出的可喜的一步，是我党历史上的第一批反腐法令。

新的形势和环境下，六大确立的党内监督制度难以起到应有作用，使得中国共产党必须重新考虑加强党内监督工作。1933年9月，中央作出了《关于成立中央党务委员会及中央苏区省县监察委员会的决议》，决议指出："为了防止党内有违反党章，破坏党纪，不遵守党的决议及官僚腐化等情弊发生，在党的监察委员会未正式成立前，特设立中央党务委员会，各省县于最后召集的省县级党代表大会时选举省级的监察委员，成立省县监察委员会。"决议还规定了中央党务委员会及省县监察委员会职责是："以布尔什维克的精神，维持无产阶级政党的铁的纪律，正确的执行铁的纪律，保证党内思想和行动的一致，监视党章和党决议的实行，检查违反党的总路线的各种不正确的倾向与官僚主义及腐化现象等，并与之作无情的斗争。"①从上述规定可以看出，和监察委员会本质上不同的是，中央党务委员会及省县监察委员会的权力来源并非各级党的代表大会，而只是党委会监督下级的一个工作部门，在党委会领导下开展工作。中央党务委员会是中国共产党在建立革命政权的初始阶段，根据共产国际的指示，按照自己对党和苏维埃政权关系的认识而建立起来

① 中央档案馆编：《中共中央文件选集》第9册(1933)，中共中央党校出版社1989年版，第340页。

的党内监督机关。它与苏维埃政府的工农检察委员会分工负责，又根据实际需要在监察实践过程中密切配合。在实践中，各级党务（监察）委员会逐渐在党委会的领导下统一行使党内监督权。但这种监督机制使监察的开展主要依赖于领导人的智慧和品行，很难独立开展工作。因此，每当党委特别是党的主要领导人发生路线错误或重大决策失误时，党内监督就难以有效地发挥作用。

六大党章再次强调了巡视工作，根据六大决议的基本精神，1928 年 10 月中共中央专门制定了《巡视条例》。该条例初步解决了党内巡视工作的基本问题，如巡视员的条件及其人选的确定、巡视期限、巡视手段（方式）、巡视员的职责和任务。1930 年 9 月，中共扩大的六届三中全会通过的《组织问题决议案》进一步强调了巡视工作的“极端重要”，要求加紧下级党部的巡视工作，“中央对于地方，省委对于支部，经过巡视工作必须有直接的实际的了解和指导”①。为了进一步规范、完善党的巡视制度，1931 年 5 月 1 日，中共中央通过了《中央巡视条例》——1932 年中央组织局重新审查通过，就巡视员的条件、基本任务、工作方法、职权、教育和纪律等方面作出了具体规定。《中央巡视条例》的出台，是中共巡视制度发展完善进程中的重要标志。

1935 年 10 月至 1948 年 3 月将近 13 年时间，陕甘宁边区曾是中共中央所在地，是中国革命的中心。逐渐成为中国抗日战争中流砥柱的中国共产党，迫切需要正确实行党内民主生活和民主集中制，发挥党的干部和军队将领的积极性、创造性，使党的力量得到发展。然而，抗战初期在中国共产党内部也存在很多问题，突出地表现为两个：一是王明等人所犯的右倾错误。“在领导长江局工作期间，王明违反党的组织纪律，不经中共中央同意，擅自发表了一些包含错误观点的宣言、决议和文章，推行他的错误主张。”②此外，他还拒绝中央的正确指示，漠视批评，犯了党

---

① 中央档案馆编：《中共中央文件选集》第 6 册（1930），中共中央党校出版社 1989 年版，第 314 页。

② 陈至立：《中国共产党建设史》，上海人民出版社 1991 年版，第 313～314 页。

内的自由主义。王明的这些错误行为，严重地破坏了党内民主和党的团结，对党的革命事业产生了极坏的影响。二是张国焘分裂党以至最终叛党的错误行为。中国共产党对党内监督问题进行了反思，1938 年 9 月 29 日至 11 月 6 日召开的中共扩大的六届六中全会，便是这种反思的总结。党的六届六中全会通过的一些党内法规，就设立党内监察机构的具体条件和职能作出了明确规定，要求在各解放区党委之下设立监察委员会，同时对区党委以下的监察委员会的职权作出了明确规定。这些规定是对中国共产党党章的重要补充，把党章中有关纪律的要求和纪律检查工作的内容更加具体化了，从而把党的纪律建设和纪律检查工作向前推进了一步。1945 年 4 月在延安召开的中共第七次全国代表大会，总结了多年来党的建设的历史经验教训，发展了党内监督制度。在七大党章中把维护和执行党的纪律列入“总纲”，明确阐述了党的纪律的特征、要求及其重要性。在“党员”一章中明确地提出，把党员遵守党的纪律同遵守革命政府和革命组织的纪律统一起来。新的党章专门列了“奖励与处分”一章，强调了对党员进行奖励和处分是维护和执行纪律的重要方面。此外，党章第一次明确地规定了“惩前毖后，治病救人”的执行党纪正确的方针，取消了六大党章关于设立审查委员会的规定，单列了“党的监察机关”一章。该章规定：“中央及地方监察委员会的任务与职权，是决定或取消对党员的处分，受理党员的控诉。”关于监察机关的领导体制，该章规定：“党的各级监察委员会，在各该级的委员会领导下进行工作。”①这一系列变化说明，经过 20 多年的奋斗和探索，中国共产党党内纪律检查制度的建设有了新的发展。

四、党员权利与义务建设情况

权利与义务是法学的基本范畴，在 20 世纪 80 年代末 90 年代初，法学界对此有过激烈的争论，并形成了三种主流观点，即权利本位论、义务

① 夏利彪编：《中国共产党党章及历次修正案文本汇编》，法律出版社 2016 年版，第 56 页。

本位论、权利与义务的辩证相统一。至于党员权利与义务的关系似乎在《中国共产党党员权利保障条例》中已有明确的规定,即“坚持权利与义务相统一”。《条例》第 4 条规定,共产党党员地位一律平等,没有高低贵贱之分,既享有党章和党规规定的权利,也必须履行相应的义务,不存在任何特殊化的党员。这似乎揭示出,在党内党员权利和义务是相统一的,但必须指出的是,我们不能仅仅根据条文本身的字面含义,就推出权利与义务在数量上是相同的结论(当然,事实上也不是如此),其实条文的这种规定,本质是一种非对称性均衡,二者仍是义务为重。在党内法治理论下,党员权利本位论是很难被接受的观点,这与党员义务的政治性和先决性都是相矛盾的。因此,我们可以断定党员义务与权利的关系是义务本位论,即义务是第一性的。其实,单纯从政治组织角度分析,依然可以得出义务本位的论点,很简单的一个道理,如果一个政党对其成员规定享受权利作为第一位,我们很难想象这是什么政治组织,或者可以更直接地讲,这不是一个政治组织,而是“专制”的代名词。当然,中国共产党党员虽然向党组织履行义务,但其根本目标还是为全国人民争取权利。马克思主义认为,工人阶级革命根本目的不是为了无产阶级建立特权,而是为了争取在法律上平等的权利。而党员权利的赋予和保障,则是为了党组织的良性运行和党员主观能动性的发挥,其最终目的还是为了中国共产党目标的实现,就每个党员来说,还是为了党员义务的良好履行。

(一)党员权利

20 世纪初,中国的主要社会问题是封建主义和帝国主义的压迫,各阶级纷纷提出了救亡图存的主张,以毛泽东为代表的中国共产党人在谈到中国社会主要矛盾时指出,中国革命的对象有两个:一个是帝国主义,另一个是封建主义。与之相对应的革命任务,一是要通过民族革命争取民族独立和解放,另一个则是通过民主革命推翻封建统治,最终建立民主共和国。由于特殊的社会背景,构建严密的组织体系和严格的纪律是党构建组织体系时首先要考虑的问题,这也对党员权利和党员纪律的发展产生了重大影响。1921 年中国共产党建立,随后的中国共产党第二次全国代表大会制定了中国共产党历史上第一个党章。在党章的“党员”部分，规定了党员入党手续和入党条件，对党员权利并未作出明确规定。作为中国共产党历史上第一个党章，虽然在“党员”部分并未明确党员权利的概念，但在党章的第四章关于组织的规定中，明确规定中央执行委员会由全国代表大会选举产生，实际上是赋予了党的全国代表大会的代表选举权。更加值得一提的是，在党章关于纪律的规定中，明确表示党员对执委会的决议有异议可以向上级执委会提出，由上级执委会作出裁判。党章实际上引入了党员的异议权，以党员异议权监督执委会的执行权，这对于正确处理党员和党组织的关系以及发展党内民主都具有划时代的意义。

党的二大之后到党的七大之前，党章虽经历了几次修订，但都未对党员权利作出明确的规定。直到中共七大，党章才以党内根本大法的形式第一次明确规定了党员权利，概括起来可以归纳为以下四项：“第一，对于党的方针和政策，党员有权利在党内会议或者党内刊物上进行讨论。第二，党员有权在党内选举中被提名成为候选人，或者选举他人成为党内领导。第三，党员有权向本级或者上级党组织提出自己的意见或者建议。第四，党员有权对他认为不合格的党员在党内会议上进行批评。”①与之前二大的党章相比较，党员权利在内容的深度和广度以及权利主体的范围上，都有较大的进步。以党员的批评建议权和选举权为例，党的章程的修改赋予了党员批评建议权，相较于之前党员权利的规定，党员权利的内容得到进一步扩大。在修改的《党的组织机构》一章，明确党的各级机关都是由选举产生，并赋予党员调换候选人的权利。这实际上是对党员权利内容的丰富，选举权不限于投票的权利，也包括提名候选人的权利。此外，党员选举权的主体也由之前的党代会代表扩大为党内成员。七大党章关于党员权利的规定，是中国共产党关于党员权利理论的一次有益探索，也为之后的党员权利发展指明了方向，这对于中国共产党自身建设以及革命事业有着深远的影响。

---

① 中央档案馆编：《中共中央文件选集》第 12 册，中共中央党校出版社 1987 年版，第 56 页。

通过党的二大和七大对党章的修改不难发现，中国共产党对党员权利的认识滞后于党的纲领、组织制度、党委建设、纪律保障的发展。突出表现为党对于党员权利的认识比较模糊，党员权利的规定多散见于组织、会议等规定之中，如二大党章第 7 条规定："党的全国代表大会选举 5 人组成党的中央执行委员会，选举 3 人组成候补委员会，委员离职由候补委员补充。"①此规定虽未明确党员选举权的概念，但实质上就是对党员选举权的规定。与之相对的是党章中关于党员纪律的规定，无论是党的一大中国共产党第一个纲领还是二大《中国共产党章程》，都高度重视党的纪律建设，尤其是二大《中国共产党章程》不但把党的纪律作为专章单列出来，对于违反党章规定的党的纪律的党员都会被处以开除出党的处罚。中国共产党在创建初期，一直处于半合法状态，斗争形势严峻，为了谋发展求生存也是无可厚非之举。但第一次国内革命战争的失败以及左倾错误在党内蔓延，使党的工作陷入极其困难的境地。党的七大对党章的修改也包括对于纪律的规定，取消纪律章节改为"奖励与处分"。虽然党员权利义务关系与公民权利义务关系有所区别，党员义务具有优先性的特征，但过分强调党员义务而忽视党员权利，必然会阻碍党内民主建设。党的七大对于党员权利和党的纪律的修订，正是马克思主义中国化实践的产物。党的七大，不仅第一次在党章中规定了党员权利，还对实现党员主体地位设计了制度安排，使党员权利的实现成为可能。比如党的七大党章第 18 条规定："党的各级领导机关，凡是能够选举产生的，须由选举产生之。"②党内民主选举制度的设计，使得党员能够参与到党内事务中来，这对于党员积极行使党员权利，充分发表个人意见，保障党员在党内各项活动中居于主体地位具有重要的意义。

（二）党员义务

党员积极履行党员义务、自觉践行党员义务，充分发挥党员的主观

---

① 夏利彪编：《中国共产党党章及历次修正案文本汇编》，法律出版社 2016 年版，第 6 页。

② 夏利彪编：《中国共产党党章及历次修正案文本汇编》，法律出版社 2016 年版，第 50 页。

能动性，是党员保持先进性和纯洁性的关键，直接决定着党员的质量。党员义务与党的纪律存在很大交叉，因此，党的纪律在党内监督部分进行阐述，本部分重点缕析一下党章中党员义务的演进历史。党的一大纲领并没有明确规定党员义务，只是对党员的身份、担任党外的职务及保密内容作了义务性的规定。二大党章作出了一些义务性的规定，如入党的程序及缴纳党费的规定。另外二大虽没有明确规定民主集中制原则，却阐述了其基本思想，如党员对中央决议的服从，下级机关对上级机关的服从，少数服从多数等规定。党的三大党章第一次规定了新党员的候补期及与正式党员相同的义务。四大党章只是局部性的变动，如党费的缴纳比例，增加了党员离开居住地时必须经党部的许可。五大党章，民主集中制被正式写入其中，并要求党员严格遵守党的纪律。七大党章第一次明确提出了党员的权利与义务，分别规定了四项党员权利和义务，主要是学习的义务、遵守党纪的义务、为人民群众服务和先锋模范的义务，并将义务置于权利的前面，突出了义务的重要性。

第二节　中华人民共和国成立至改革开放前党内法治的历史

以成为全国性执政党为起点，以党的八大章程为主要标志，一直到党的十一届三中全会，为党内法治建设的第二时期。以党的八大党章及其失效为标志，这一时期也分为两个阶段：一是中华人民共和国成立初期到八大章程有效时段的常态阶段，二是各种运动导致八大章程失效后的退步阶段。第一个阶段，党内法治建设成果较为丰硕，党内民主愈发强调，党内监督步入正轨，党内法治整体状况有所提升。而第二个阶段，以党章为代表的党内法规失去应有效力，党内民主迅速弱化，党内监督形同虚设，党内法治遭到严重破坏。

一、党内法规建设基本情况

自1949年中国共产党成为全国性执政党后，适应全国执政的新的政治需要，执政党提出“党内要严，党外要宽”的治党理念，《关于成立中央及各级党的纪律检查委员会的决定》《中共中央纪律检查委员会工作细则》《关于整顿党的基层组织的决议》《关于开展反对官僚主义、反对命令主义、反对违法乱纪的指示》《关于增强党的团结的决议》以及《关于成立党的中央和地方监察委员会的决议》等，对通过党内法规规范党内组织、活动和秩序作出了积极探索。从总体上看，党的制度建设、党内法规建设与国家制度建设一样逐渐步入常规，制定党员标准，规定干部纪律，加强党内监督，以保持和维护执政党的良好政治状态。1956年9月，党的八大召开并通过了执政党的第一部党内根本大法即八大党章，确立了党的领导制度、组织制度，包括改进党的各级代表大会制度、改进中央和地方及上级和下级之间的关系、巩固集体领导和完善监督制度等。邓小平所作关于修改党章的报告集中阐述了群众路线、民主集中制、党的团结和统一、党员权利与义务等内容。历史地看，中华人民共和国成立后的党内法治建设与国家法治建设经历了同样的快速发展时段，“五四宪法”是这一时段国家法治的最高成就，而八大党章是这一时段党内法治的最高体现。

但是，在中华人民共和国成立初期党内制度建设、党内法规建设的短暂繁荣时段之后，党的制度建设尤其是党内法规建设失去了常态。尽管通过完善党的组织制度、党内监察制度以及全国组织工作会议、全国监察工作会议等途径严格落实党章要求，中共中央还批准试行农村、工业企业、商业企业基层工作条例以及党政干部“三大纪律八项注意”等，但总体上党的章程和党内法规遭到了很大程度的破坏，八大党章在制定后不久即失效，其命运如“五四宪法”一样，后被九大党章所取代，继而是十大党章和十一大党章，它们都成为党内法规建设退步的重要标志。如前所述，自建立全国政权以来，党的制度建设与国家制度建设风雨同舟，“五四宪法”和八大党章标志着这一时期党和国家制度建设的最高水平。

自“反右”运动开始，尤其是“文化大革命”期间，党的制度和国家法律制度同遭破坏，就像九大党章、十大党章反映了党内法治建设失常一样，“七五宪法”“七八宪法”也标志着国家法治建设处于非常状态。

这一时期，是中国共产党从革命党向执政党转型的关键时期，党与国家关系问题是中国共产党所面临的最紧迫、最重要的新课题。而中国共产党注意通过党规形式将探索党和国家关系的阶段性成果明确化、制度化无论对党的自身建设还是国家发展都有着极其重要的积极意义。当然，中国共产党通过党规规范党政关系的实践并非肇始于中华人民共和国成立后，早在1942年，中共中央就曾作出过《关于统一抗日根据地党的领导及调整各组织间关系的决定》，该决定在确立党的一元化领导的同时，强调了党政分开，党要带头守法的基本精神。① 中华人民共和国成立后，中国共产党的这一正确做法得以延续，相关党规无论从数量还是质量方面都有很大进步。更重要的是，这一领域的党规建设与国家法制建设同步推进，对社会主义法制发展产生了积极影响，稳固了党的执政地位，党内法治状况有所提升。但在八大之后，党内政治状况恶化，受党内左倾思潮、“文化大革命”极左思想的影响，九大党章对制定得较好的八大党章进行了重大修改，九大党章确定的指导思想和方针政策与八大党章前后矛盾，整体结构有较大调整，条文数量大为减少，甚至出现“林彪同志是毛泽东同志的亲密战友和接班人”这种临时性、非制度性规定，党章被修改得面目全非，基本丧失党章的应有功能。十大党章基本沿袭了九大党章的内容，十一大党章则呈现出两面性。这一时期的党章变化剧烈，前后矛盾，党规体系根本无法有效建立，对党内各种关系的有效调整造成严重影响。这一时期，党中央虽然为各种政治“运动”以党规的形式进行了制度背书，但从其内容上看，缺乏党规应有的规范性和体系性。

---

① 该《决定》指出：“政权系统（参议会及政府）是权力机关，他们的法令带有强制的性质。党委与政权系统的关系，必须明确规定。党委包办政权系统工作、党政不分的现象与政权系统中党员干部不遵守党委决定、违反党纪的行为，都必须纠正。……党的机关及党员应该成为执行参议会及政府法令的模范。党对参议会及政府工作的领导，只能经过自己的党员和党团，党委及党的机关无权直接命令参议会及政府机关。”

此类党规，多为原则性、政治性表述，执行者自由裁量的余地非常大，“人治”色彩浓厚。由于这些“运动”式党规恰恰是当时优先适用的党规，对之前已经建立的党规规范体系冲击很大，最终结果便是导致党规整体上丧失了应有的制度约束力，沦为政治斗争的工具。“文化大革命”时期，这一情况更加突出，包括党章在内的党规的制定、修改较为随意，出台的党规政治目的明显，与已经制定的党规缺乏必要的协调，党规体系十分混乱，已经难以起到应有的规范作用。

二、党内民主制度建设情况

中华人民共和国的成立，标志着党从革命党转变为执政党。能否继续推进党内民主建设，使党始终保持先进性的本色，始终获得广大人民群众的拥护和支持，是党能否长期执政的关键所在。因此，中国共产党更加重视党内民主的发展问题。1950 年 6 月 6 日，党的七届三中全会召开，这是中华人民共和国成立后召开的第一次中央全会。会上，毛泽东代表党中央提出了“不要四面出击”的战略策略方针，毛泽东具体指出，各界人民代表会议要放手发扬民主，广开言路，不要怕别人讲话。① 这就要求党员领导干部具备较强的民主意识，养成良好的民主工作作风，党内民主与国家民主密切关联。1951 年召开的第一次全国组织工作会议强调：“党委制、党的代表会议与代表大会制，党内批评和自我批评的制度，在党章上已有规定，中央在过去也有过决定和指示，这些都须在全国范围内付诸实施，不应再有保留和拖延”②，要“适当地扩大党内的民主，实际地而不只是形式地建立党的各级党委制、代表会议与代表大会制，并使它们加强工作”③。此次会议之后，开始了从 1951 年至 1954 年的整

---

① 参见中共中央党史研究室：《中国共产党历史》第 2 卷上册，中共党史出版社 2011 年版，第 63 页。

② 中共中央文献研究室编：《建国以来重要文献选编》第 1 册，中央文献出版社 1992 年版，第 170 页。

③ 中国人民解放军国防大学党史党建政工教研室编：《中共党史教学参考资料》第 19 册，国防大学出版社 1986 年版，第 270 页。

党运动，整党运动在理论上和思想上基本确立了这样的理念，即发展党内民主是发展国家民主的核心，是保持党的优良传统、改善党的作风、提高党的领导力的重要途径。[①]

1956年召开的八大对党内民主发展做出了重要贡献，是中国共产党在党内民主发展中取得重大成就的一次重要会议。第一，系统阐述了民主集中制原则，强调党必须采取有效的办法发扬党内民主。在这次会上通过的《中国共产党章程》在发展党内民主方面作了进一步规定："党必须采取有效的办法发扬党内民主，鼓励一切党员、党的基层组织和地方组织的积极性和创造性，加强上下级之间的生动活泼的联系"，"党的民主原则不能离开党的集中原则"[②]。第二，反对个人崇拜，强调集体领导。"任何政党和个人在自己的行动中都不会是没有缺点和错误的。中国共产党和她的党员必须经常用批评和自我批评的方法揭露和消除自己的缺点和错误，以教育自己和人民。"[③]第三，实行代表大会常任制，探讨了党的各级代表大会定期召开和充分发挥作用问题，强调要把党的民主生活提高到更高的水平。这对党内民主的发展而言不但是理论上的新认识，同时也是在实践中的进一步探索和发展。决定采取一项根本的改革，就是把党的全国的、省一级的和县一级的代表大会，都改作常任制。同时强调："代表大会常任制的最大好处，是使代表大会可以成为党的充分有效的最高决策机关和最高监督机关，它的效果，是几年开会一次和每次重新选举代表的原有制度所难达到的。按照新的制度，党的最重要的决定，都可以经过代表大会讨论。党的中央、省、县委员会每年必须向它报告工作，听取它的批评，答复它的询问。代表由于是常任的，要向选举他们的选举单位负责，就便于经常地集中下级组织的、党员群众的和

---

① 参见肖立辉：《中国共产党党内民主建设研究》，重庆出版社2006年版，第65～66页。

② 夏利彪编：《中国共产党党章及历次修正案文本汇编》，法律出版社2016年版，第144～145页。

③ 夏利彪编：《中国共产党党章及历次修正案文本汇编》，法律出版社2016年版，第145页。

人民群众的意见和经验，他们在代表大会会议上，就有了更大的代表性，而且在代表大会闭会期间，也可以按照适当的方式，监督党的机关的工作。因此，我们相信，这种改革，必然可以使党内民主得到重大的发展。”①第四，加强党内选举制度建设。八大通过的党章中关于党内选举的规定是：“党的选举必须能够充分表现选举人的意志。党的组织和选举人所提出的候选人名单，应当经过选举人的讨论。选举采用无记名投票的方式，并且必须切实保障选举人有批评、不选和调换每一个候选人的权利。”②会后，中共中央发布文件，就实行地方各级党代表大会常任制的问题作出具体部署。按照中央要求，除西藏之外的全国省级党代会和1500 个左右的县级党代会从这届起都实行常任制。遗憾的是，这一探索刚开始就中断了，直到 30 年之后的中共十三大才重新恢复。

1956 年中共八大之后到 1978 年十一届三中全会召开前，历时 22 年，党内民主发展几经曲折。在这期间，既有在“阶级斗争万能论”和“大民主”思维影响下对党内民主的探索失误，也有党在纠正错误中的正确探索和实践。1957 年的反右扩大化破坏了党内民主发展的外部压力机制。1957 年，为了清除党内存在的主观主义、官僚主义、宗派主义的不良思想和作风，根据八大的部署，中共中央决定在全党开展一场以正确处理人民内部矛盾为目的的整风运动。对于党自身的发展来说，整风的目的是为了教育党员干部、解决党内矛盾，从而造成党内民主、社会和谐的局面。即使是在反右运动已经扩大化的 1957 年，毛泽东仍然强调：我们的目标，是“要造成‘又有集中又有民主，又有纪律又有自由，又有统一意志又有个人心情舒畅、生动活泼，那样一种政治局面’”③。可见，中共中央发动整风运动的初衷是通过党内的批评和自我批评、党外的批评监督来改善党的思想作风和工作作风，推动党内民主与社会和谐，提高党的执政能力。随后在整风过程中出现了极少数的一些反党反社会主义的

① 《邓小平文选》第 1 卷，人民出版社 1994 年版，第 233 页。

② 夏利彪编：《中国共产党党章及历次修正案文本汇编》，法律出版社 2016 年版，第 151 页。

③ 《毛泽东文集》第 8 卷，人民出版社 1999 年版，第 293 页。

言论，从而造成党对阶级斗争的形势估计过于严重，并最终导致了反右运动的扩大化，此后在长达20多年的时间内，随着阶级斗争的不断升级，党内民主发展的外在压力机制逐步失灵。1959年的庐山会议和“反右倾”斗争极大地挫伤了党内民主的积极性。此后，党和国家的民主生活越发不正常，个人决定重大问题、个人崇拜、个人凌驾于组织之上等问题越来越严重，党内民主遭到了破坏。为了总结1958年“大跃进”和“人民公社化”运动以来的经验教训，1962年1月11日至2月7日，党中央在北京召开了由中央和省、地、县四级党委负责人以及重要厂矿企业和军队负责人构成的7000多人参加的扩大的中央工作会议，史称“七千人大会”。刘少奇代表中共中央向大会作了书面报告，毛泽东、邓小平都作了重要讲话。在中央领导人的报告和讲话中，都特别强调党内民主对于改善党的作风、加强党的领导具有极其重要的意义，并就如何增强党内民主的发展动力问题进行了许多有益的探索。在七千人大会期间，中国共产党不仅决心要发展党内民主，而且就如何增强党内民主发展的动力进行了可贵的探索。遗憾的是，七千人大会并没有从根本上否定党在指导思想上的左的错误，个人崇拜之风也没有得到完全清除①，在政治运动和阶级斗争的冲击下，这次短暂的探索又被迫中断了。“文化大革命”期间，由于坚持“无产阶级专政下继续革命”的错误理论指导，党中央虽然也曾经力图发展党内民主，但由于主体缺位、方法不当，其成效甚微。此后，在整个“文化大革命”期间，在阶级斗争理论指导下，接二连三的政治运动造成了对党内民主的极端破坏。1975年，邓小平在主持中央日常工作的时候对中央各项工作进行了整顿，试图通过整党释放党内民主的动力，但这短暂的探索尚未取得明显的成效就被“批邓、反击右倾翻案风”运动所中止。因此，直到“文化大革命”结束之前，党内民主始终没有获得足够的发展。1977年8月，中共十一大召开，华国锋代表党中央所作

---

① 林彪在会上的讲话就多次吹捧毛泽东，说“毛主席的优点是多方面的，不是一方面的”等等，而毛泽东在会前修改林彪的讲话稿时给予高度的评价，说“是一篇很好、很有分量的文章”。（参见薄一波:《若干重大决策与事件的回顾》下卷，中共中央党校出版社1993年版，第1045～1046页）

的政治报告中多次提到了“党内民主”，这是中共八大之后党的全国代表大会首次重提党内民主。十一大党章在第五章“党的基层组织”中也增加了第五款：“发扬党内民主，开展批评和自我批评，揭露和消除工作中的缺点和错误，同违法乱纪、贪污浪费、官僚主义以及其他一切不良倾向作斗争。”①当然，十一大党章虽然在党内民主发展上取得了一定进展，但并没有从根本上纠正九大、十大党章中的错误，没有从根本上摆脱党内民主名存实亡的严重危机。

三、党内监督制度建设情况

中华人民共和国成立的前 7 年，是中国共产党党内监督工作全面发展的 7 年。党的防治腐败的法律制度建设随着整党整风、“三反”运动、“新三反”运动的深入开展而发展健全起来。党的纪律检查机构是党内的监督部门，主要担负对党的各级组织及党员的监督职能。党的各级纪律检查机构的设立，是加强党的建设，督促党员廉洁奉公、全心全意为人民服务的组织保证。在我们党已成为全国执政党、各级民主政府已经建立的情况下，为了更好地执行党的政治路线和各项具体政策，保守国家和党的机密，加强党的纪律性和组织性，密切联系群众，克服官僚主义，保证党的一切决议的正确实施，1949 年 11 月，中共中央发出了《关于成立中央及各级党的纪律检查委员会的决定》，同时成立了以朱德为书记的中央纪律检查委员会。各中央局、分局、省委、区党委、市委、地委、县委均设立纪律检查委员会，并设置一定的工作机关，开展经常性的工作。至于县级以下基层党组织，1950 年中央纪委作出规定，设立党委的要设纪律检查委员会或纪律检查委员，党的总支和支部要设纪律检查委员。该决定规定了中央及各级党的纪律检查委员会的任务和职权：检查中央直属各部门及各级党组织、党的干部及党员违反党的纪律的行为；受理、审查并决定中央直属各部门、各级党的组织及党员违反纪律的处分，或

① 夏利彪编：《中国共产党党章及历次修正案文本汇编》，法律出版社 2016 年版，第 221 页。

取消其处分;在党内加强纪律教育,使党员干部严格地遵守党纪,执行党的决议和政府法令,以实现全党的统一与集中。1950 年 2 月,中共中央还批转了《中共中央纪律检查委员会工作细则》。1954 年 1 月,中共中央制定了《关于处分党的组织及党员的批准权限和手续的规定》,对纪律处分的程序、批准权限、取消处分等问题都作了具体规定。同月,中央纪委还制定了《中共中央纪律检查委员会关于处理控告、申诉案件的若干规定》,就党员或群众向党控告申诉案件的范围、原则、批准权限及结案手续等问题作了明确规定,以充分发挥群众对党员和党组织进行监督的积极性。上述两个《规定》的颁布,是党历史上在执行纪律和维护纪律工作中第一次作出的较系统的成文规定,对于正确开展纪律检查工作起了重要的作用。为了进一步规范纪律检查工作,1955 年 2 月,中央纪律检查委员会还颁布了《关于中央纪律检查委员会的组织机构和业务范围的规定》。各级党的纪检机构的设立、纪检条例的制定,使党内监督工作渐走上正轨。

1956 年 9 月,中国共产党第八次全国代表大会在北京召开。邓小平在党的八大上所作的《关于修改党的章程的报告》中强调,一切党员不管他们的功劳和职位如何,都必须遵守党纪国法。党必须经常注意进行反对主观主义、官僚主义和宗派主义的斗争,经常警戒脱离实际和脱离群众的危险。他指出,我们必须加强党和国家的监察工作,及时发现和纠正各种官僚主义现象,对于违法乱纪和其他严重地损害群众利益的分子,及时地给以应得的处分。邓小平还特别强调坚持民主集中制,坚持党的集体领导,反对个人崇拜和个人专断。党的八大后不久,邓小平在一次重要会议上指出,党要领导得好,就要不断地克服主观主义、官僚主义、宗派主义,就要受监督,就要扩大党和国家的民主生活。所谓监督,来自三个方面,第一是党的监督;第二是群众的监督;第三是民主党派和无党派人士的监督。有了这几方面的监督,我们就会谨慎一些,我们的消息就会灵通一些,我们的脑子就不会僵硬起来,看问题也会少一些片面性。[1] 党的八大还产生了中央监察委员会，党内监督制度得到加强。八大闭幕后召开的中共中央监委第一次全会，专门通过了《中央监察委员会工作细则》和《中央监察委员会关于处分党员的批准权限的具体规定》。同年年底，监察部也召开了第六次全国监察工作会议，会上对国家行政监察机关的体制作了专门的讨论。根据会议讨论的方案，县及不设区的市和市辖区人民委员会，在报请上一级人民委员会批准后，可以设立监察机关。这是从体制上加强国家行政监察机关及其工作的一项措施。当时党的监察委员会实行双重领导体制，不仅受同级党委会领导，还受上级监委会领导，除对一般党员实行监督外，可列席同级党委会并对党委会实行监督。1962 年 9 月，中共八届十中全会通过《关于加强党的监督机关的决定》，从四个方面加强了党的监察机关。党的八届十中全会后不久，中共中央监察委员会召开全会暨全国监察工作会议，对《中央监察委员会工作细则》进行了修改，对中监委的任务、办事机构、审理案件程序、工作方法等作出具体规定。

尽管党采取各种措施来加强监察机关建设，强化党内监督工作，但是从 1957 年开始，党和国家的监督制度不仅没有得到完善和加强，反而被削弱了。特别是整风运动开始后，为配合这一运动，中央监委召开了第二次全国党的监察工作会议，确定 1957 年党的监察工作的任务是贯彻八大精神，以增产节约运动和整风运动为中心开展工作。但随着反右派斗争的扩大化，监察部门也错误地处理了一批被错划为“右派”的党政干部。同时，监察机关自身也受到了错误批判，被指责为同党“闹独立”。1958 年 3 月召开的第三次全国党的监察工作会议强调党的监察组织必须在党委统一领导下，密切围绕党的政治任务和中心工作来安排自己的工作，使部门工作为党的政治任务和中心工作服务，并且在实现党的政治任务中，开展党的监察工作；强调各级监察机关必须坚决地服从各级党委的领导，严格遵守向党政领导请示报告的制度，依靠群众，走群众路线，这是做好监察工作的根本保证。这两次会议后，党的监察工作明显地削弱了。1959 年 4 月 28

① 参见杨永华主编：《中国共产党廉政法制史研究》，人民出版社 2005 年版，第 288 页。

日，二届人大一次会议根据国务院的提案作出了《关于撤销司法部、监察部的决议》。决议认为，监察部设立以来在维护国家纪律、监督国家行政机关工作人员方面做了不少工作，同时指出监察工作必须在各级党委的领导下，由国家机关负责，并且依靠人民群众才能做好，因此，监察部没有单独设立的必要，建议撤销监察部。行政监察归属于党中央监察委员会，地方各级行政监察机构也被撤销或并入各级党的监察机关。各级行政监察机关的撤销，使得行政监督成为国家政权结构中的一块空白，其原有职能归属到各级党的监察机构。但由于行政监察与党的监察的性质、范围、对象不同，党的监察机构也不可能完全包容行政监察的功能，因而导致了“管不了”和“管不好”的结果。各项权力向党委集中后，完善党内监督的重要性愈加凸显。但1957年反右斗争扩大化后，党内监督功能也日趋退化。1959年庐山会议之后，党内民主生活受到严重损害，党内监督形同虚设。“文化大革命”全面爆发之后，党的纪检监察工作受到极大破坏，林彪、江青一伙攻击党的监察委员会是“垃圾筒”“黑窝子”，大肆破坏党的监察委员会，诬陷、迫害党的监察机关的工作人员。1969年4月4日，在党的九大通过的《中国共产党章程》中，删掉了党的监察机关的条款，从中央到地方各级监察机构被撤，党的监察工作被迫停止，党内监督失去了正常进行的客观条件和根本保障。

四、党员权利与义务建设情况

（一）党员权利

中华人民共和国成立后，中国共产党面临着由革命党向执政党转型的历史任务。七届二中全会上，毛泽东要求全党党员在即将到来的革命胜利面前，要保持艰苦奋斗和不骄不躁的优良作风。这一时期的中国共产党党员不仅要面对资产阶级“糖衣炮弹”的诱惑，还要克制因革命成功后滋生的骄傲自满的心态。1952年中国共产党成立31周年的大会上，薄一波在报告中指出：“由于党员权利得不到保障，加之党员抛弃了批评与自我批评的优良作风，进而影响党内民主生活的开展，党内由此逐渐滋生出官僚主义和贪污腐败的现象。”①由此党的思想建设、组织建设、作风建设重新被提到日程中来，在此历史背景下召开的党的八大，对党章中规定的党员权利进一步进行了修改，由原来的四项权利增加为七项权利。增加的权利分别为：“第一，对党的工作提出建议，在工作中发挥创造性。第二，党员因自己的行为受到党组织的处分，可以要求参加整个过程。第三，党员对于党组织的决定必须无条件执行，但对于其中自己不理解的问题，可以向党组织提出自己的意见。”②在这一历史时期，党员权利的发展出现了新的特点。就新增的党员权利而言，第三项权利是对党员异议权的丰富。党员对党组织的决定必须无条件执行，反映了党员和党组织命令与服从的关系。但党员可以向党组织提出意见，又反映了党员权利对党内权力的否定，这种情况主要针对的是党内权力的滥用对党员权利的侵害，党员权利的规定更加注重兼顾原则性与灵活性。

1957 年的反右运动到 1976 年“文化大革命”结束，在这一历史时期，党内民主遭到践踏，党内生活处于严重混乱的状态，党员权利受到极大压制。无论是反右斗争扩大化还是“文化大革命”，突出表现是党员丧失了党内主体地位，以群众运动的形式开展党内斗争，党内弥漫着极端个人崇拜的风气，形成了一言堂和个人专断的局面。党员权利发展处于停滞状态。虽然在七千人大会上毛泽东带头作了批评与自我批评发言，他在会上强调：“民主集中制不仅是党内重要的组织原则，而且是国家政治生活必须贯彻的重要原则。”③此后的大规模群众运动使“民主集中制”成了一句口号，民主集中制并未得到真正的贯彻执行，“文化大革命”将党内个人专断的局面推到了顶峰。这一时期党员权利发展的特点主要表现为党内权力与党员权利的对抗，权利与权力的关系本末倒置，具体而言就是党内权力对党员权利的否定。为了巩固党内权力，党员的参与

① 薄一波：《若干重大决策与事件回顾》，人民出版社 1997 年版，第 152 页。

② 夏利彪编：《中国共产党党章及历次修正案文本汇编》，法律出版社 2016 年版，第 147 页。

③ 逄先知、金冲及主编：《毛泽东传（1949～1976）》（下），中央文献出版社 2003 年版，第 1159 页。

权、选举权、批评建议权、监督权被压制,党内由此走向个人专断的局面。

(二)党员义务

党的八大根据新情况和新要求,对原有党章作了适当的修改。关于党员义务由四项增至十项,主要内容有:第二项"维护党的团结,巩固党的统一";第四项"严格地遵守党章和国家的法律,遵守共产主义道路,一切党员不管他们的功劳和职位如何,都没有例外";第八项"实行批评和自我批评,揭露工作中的缺点和错误,并且努力加以克服和纠正,向党的领导机关直到党的中央委员会报告工作中的缺点和错误,同党内外一切危害党和人民的利益的现象进行斗争";第九项"对党忠诚老实,不隐瞒和歪曲事实真相";第十项"时刻警惕敌人的阴谋活动,保守党和国家的机密"。党的九大和党的十大是在我国国内情况非常混乱、党内政治生活严重不正常的状况下举行的。反映到党章上,关于党员义务规定,不仅没有发展反而大大地倒退了。关于党员义务,九大和十大党章删去了原有条款。与八大关于党员义务的十项规定相比较,无论在形式上还是内容上都大大地退步了。九大、十大党章降低了党员标准,把对党员的要求混同于普通群众,严重影响了党员队伍的质量。

第三节 改革开放后至十八大前党内法治的历史

以党的十一届三中全会为起点,以党的十二大党章为主要标志,历经党的十三大、十四大、十五大、十六大、十七大修改党章,为党内法治建设的第三个时期。以《中国共产党党内法规制定程序暂行条例》为主要标志,这一时期亦分为两个阶段:第一个阶段,党内法规快速恢复并有所增加,党内民主、党内监督和党员权利义务问题重新受到重视,是党内法治建设恢复重建阶段;第二个阶段,党内法规愈发受到重视,党内民主、党内监督、党员权利义务逐步规范,是党内法治建设逐步制度化、规范化、程序化阶段。

一、党内法规建设基本情况

1978年，邓小平发表“解放思想，实事求是，团结一致向前看”的重要讲话指出：“国要有国法，党要有党规党法。党章是最根本的党规党法。没有党规党法，国法就很难保障。”①党的十一届三中全会以后，执政党卓有成效地恢复和加强了党内法规建设，先后通过了《关于坚持“少宣传个人”的几个问题的指示》《关于高级干部生活待遇的若干规定》等一系列党内法规，尤其是1980年2月党的十一届五中全会通过的《关于党内政治生活的若干准则》，标志着党内法规恢复重建的重大成就。随着“思想建党、制度治党”观念的不断加强，通过1982年十二大党章建构起了党的制度建设的核心理念与基本框架，陆续出台了近百项党内法规和规范性文件，完善和发展了党员管理、组织建设、干部队伍建设、党的纪律、党组工作等方面的制度，标志着党内法规体系化的重大进展。

随着20世纪90年代初《中国共产党党内法规制定程序暂行条例》的出台，“党内法规”已经成为一个成熟的制度性概念，党内法规建设向着更加规范化、制度化、程序化迈进，党内法制局面逐步形成。这里需要特别提及1996年、2000年、2005年和2012年的四次党内法规汇编工作，汇编形成的《中国共产党党内法规选编》《中国共产党党内法规新编》等，辑录了改革开放以来不同时段比较重要的党内法规，党内法规的汇编工作在一定意义上标志着党内法规建设的规范化和体系化。② 从10多年的党内法规恢复重建到党内法规建设逐步制度化、规范化、程序化的30多年里，中央、中央各部门和省级地方党委根据党的建设和各项工作的需

---

① 《邓小平文选》第2卷，人民出版社1994年版，第147页。

② 比如，《中国共产党党内法规选编(2007～2012)》(法律出版社2013年版)收录了2007年10月至2012年11月中共中央和中央纪委、中央办公厅、中央组织部发布的部分现行有效的党内法规和规范性文件，共117件。其中，中央发布的58件，中央纪委发布的20件，中央组织部发布的39件。这次汇编收录的党内法规和规范性文件，按照党的建设总体布局分类，分为党章及相关法规制度、党的领导和党的工作、思想建设、组织建设、作风建设、反腐倡廉建设、党的机关工作七大类，体现了党内法规汇编对党内法规体系化的意义。

要制定了大量的党内法规，以党章为统帅，以《关于党内政治生活的若干准则》《中国共产党党员领导干部廉洁从政若干准则》为引领，以《中国共产党党员权利保障条例》《中国共产党全国代表大会和地方各级代表大会代表任期制暂行条例》《党政领导干部选拔任用工作条例》《中国共产党地方委员会工作条例（试行）》《中国共产党纪律处分条例》《中国共产党党内监督条例（试行）》《中国共产党巡视工作条例（试行）》等为基础，由不同层级、不同形式的党内法规以及相当数量的党内规范性文件形成了比较完整的党内法规制度体系，为党内法治建设奠定了良好的基础。尤其需要指出的是，该时期党内法规建设除了制度化、规范化、程序化以外，在内容上比较强调党员权利保障和党内权力监督制约，所以才有了党内法制—党内法治的连接。

二、党内民主制度建设情况

从党的三大将民主集中制写入党章以来，党的民主集中制一直是党的基本组织原则。但在党的发展历史上，为了强化党组织的统一和纪律，片面强调集中而忽视民主的情形时有发生，党内民主制度不健全是导致这一状况的重要原因。十一届三中全会之后，党内民主制度通过相关党内法规的修改与制定，逐步得到规范。可以说，十一届三中全会是党内民主发展史上的一个转折点。在这一时期，中国共产党深刻总结了民主被破坏的切肤之痛，认真吸取了“文化大革命”中肆意践踏民主的沉痛教训，更加认识到了重视党内民主的重大意义。邓小平强调实践是检验真理的唯一标准，指出要实事求是、解放思想。他认为“民主是解放思想的重要条件”，要建立一个有生机的政党，关键是要解放思想，而解放思想的前提是要有充分的民主。“在党内和人民内部的政治生活中，只能采取民主手段，不能采取压制、打击的手段。”[①]邓小平第一次明确提出了“没有民主就没有社会主义，就没有社会主义现代化”这个崭新的命题。在 1980 年 12 月的中共中央工作会议上，邓小平指出：“我们各种政

① 《邓小平文选》第 2 卷，人民出版社 1994 年版，第 144 页。

治制度和经济制度的改革，要坚定地、有步骤地继续进行。这些改革的总方向，都是为了发扬和保证党内民主，发扬和保证人民民主。”①20 世纪 80 年代中期，邓小平在谈到全党必须高度重视政治体制改革时曾经强调：“我们提出改革时，就包括政治体制改革。”②的确，在改革之初，废除领导职务终身制、实行党政分开等政治体制改革的目标就已经纳入了改革的总体规划当中，到了 20 世纪 80 年代中后期以后，推进城乡基层民主，扩大人民群众民主选举、民主决策、民主管理、民主监督的权利也成为当时政治改革的重要任务。经过 30 多年的政治体制改革，我国的人民民主取得了长足的进步，党内民主也在政治体制改革的过程中得到了发展。1987 年召开的十三大就是政治体制改革推动党内民主发展的范例，十三大报告用了很长的篇幅论述党内民主建设问题，并提出了“以党内民主推动人民民主”的重要举措，这正是政治体制改革推动的结果。

邓小平之后的各届党中央领导集体都非常重视党内民主问题。十四届四中全会通过的《中共中央关于加强党的建设几个重大问题的决定》对党内民主的认识则更为全面、科学、准确，提出必须进一步坚持和健全民主集中制。党的十五大规定政治体制改革的目标是发展社会主义民主政治和实行依法治国，建设社会主义法治国家。十五大修改通过的党章规定，党是根据自己的纲领和章程，按照民主集中制组织起来的统一整体，并列举了民主集中制的六条基本原则，具体地、全面地阐明了党的民主集中制，使其更具有可操作性。党的第十五届六中全会通过的《中共中央关于加强和改进党的作风的决定》强调，“坚持民主集中制原则，反对独断专行、软弱涣散”，把“充分发扬民主，维护集中统一”作为加强和改进党的作风建设的重要环节，强调指出发扬党内民主是党的事业兴旺发达的重要保证。十六大报告中又提出：“党内民主是党的生命，对人民民主具有重要的示范和带动作用。”第一次把党内民主置于党的生命的高度上来，并为党内民主的深入发展指明了方向。特别是党的十六

① 《邓小平文选》第 2 卷，人民出版社 1994 年版，第 372～373 页。

② 《邓小平文选》第 3 卷，人民出版社 1993 年版，第 176 页。

大报告提出的要以保障党员民主权利为基础，以完善党的代表大会制度和党的委员会制度为重点，从改革体制机制入手，建立健全充分反映党员和党组织意愿的党内民主制度的论述，在我们党的历史上第一次把党内民主提升到制度安排的高度，揭示了新时期党内民主建设的内在规律，指明了当前发展党内民主的基本方向，明确了主要任务。十六届三中全会上，中央政治局首次向中央全会报告工作，这是中央带头实行党内民主的重大进步，为全党扩大民主监督实践作出了表率，提供了自上而下的示范作用。

党内民主的前提之一是党员知情权的保障，党务公开是党内民主的必然要求。但是在中华人民共和国成立前，中国共产党始终处于特殊的残酷环境之下，把保守党的秘密作为一项基本原则是迫不得已的选择。中华人民共和国成立以后，中国共产党从革命党转变为执政党，党务工作的作用范围不再仅仅限于党内，党的很多事务都牵涉到国家治理，党内事务对党内外都有重要影响力。因此，党务公开不但必要，更是必需。但是在改革开放前，这一问题并未受到应有重视。直到 2004 年，党的十六届四中全会通过的《中共中央关于加强党的执政能力建设的决定》才正式规定，党内要“建立和完善党内情况通报制度、情况反映制度、重大决策征求意见制度，逐步推进党务公开，增强党的组织工作的透明度，使党员更好地了解和参与党内事务”，对党务公开作出了原则性要求，党的十七大更是将“实行党务公开”明确写入党的章程。中共中央颁布实施的《建立健全惩治和预防腐败体系 2008～2012 年工作规划》也明确提出了对党务公开工作的要求。这些都充分表明中央对党务公开工越来越重视，也表明推行党务公开制度有其现实必要性。

三、党内监督制度建设情况

党的十一届三中全会决定重建党的各级纪律检查委员会，全会强调,中央纪律检查委员会的“根本任务,就是维护党规党纪,切实搞好党风”①。1979年1月,中央纪律检查委员会召开第一次全体会议,对新时期党的纪检工作进行了全面部署。会议强调,党的纪检工作要坚持以下原则:一是严格区分,正确处理两类不同性质的矛盾;二是重证据,重调查研究,严禁逼供;三是对人的处理要慎重;四是坚持实事求是,有错必纠;五是敢于斗争,刚直不阿;六是坚持群众路线;七是坚持集体领导和个人分工相结合。会议通过了《中共中央纪律检查委员会工作任务、职权范围、机构设置的规定》。1980年1月,全国各地普遍设立了各级纪律检查委员会,为新时期党内监督打下了重要基础。党的十二大通过的党章规定,党的中央纪律检查委员会根据工作的需要,可以向中央一级党和国家机关派驻党的纪律检查组或纪律检查员,在中央纪委直接领导和所驻部门党组指导下进行工作。这是在新的形势下,对1962年中央印发的《关于加强党的监察机关的决定》中所确立的“派驻”形式的恢复与发展,并用党章形式肯定下来。

1981年6月,党的十一届六中全会通过了《关于建国以来党的若干历史问题的决议》。该决议指出,执政党的党风问题是关系到党的生死存亡的问题。各级党组织和全体党员干部必须深入群众,深入实际,谦虚谨慎,和群众同甘共苦,坚决克服官僚主义。必须正确运用批评和自我批评武器,克服离开党的正确原则的各种错误思想,根除派性,反对无政府主义和极端个人主义,纠正特殊化等不正之风。必须整顿党的组织,纯洁党的队伍,清除那些欺压人民的腐化变质分子。要保证党的领袖人物的活动处于党和人民的监督之下。为此,党中央采取多项措施,加大了纠正各种不正之风的力度。1983年10月,党的十二届二中全会召开,全会根据党的十二大精神,通过了《中共中央关于整党的决定》,用3年左右的时间,分期分批对党的作风和党的组织进行一次全面的整顿。1985年5月,党中央、国务院发出《关于严禁领导干部的子女、配偶经商

① 中共中央文献研究室编:《三中全会以来重要文献选编》(上),人民出版社1982版,第14页。

的决定》，开启了这一时期纪律党规大规模出台的序幕，十一届三中全会以后制定的党规，有关党的纪律的在数量上是最多的。而这些有关党的纪律的党内法规又可以分为三类：一类是约束所有党员的纪律性党内法规，如《中共中央纪律检查委员会关于共产党员违反社会主义道德党纪处分的若干规定（试行）》《中国共产党纪律处分条例》等；另一类是针对党政领导干部的纪律性党内法规，如《中共中央纪律检查委员会关于党政机关县（处）级以上干部违反廉洁自律"五条规定"行为的党纪处理办法》《中国共产党党员领导干部廉洁从政若干准则（试行）》等；还有一类是有关党纪监督检察体制机制建设的党内法规，如《党的纪律检查机关案件审理工作条例》《关于建立干部监督工作督查员制度的办法（试行）》等。其中，以后两类党内法规的数量最多，内容也更加具体、全面，体现出这一时期中国共产党对党员干部的纪律监督在逐渐增强，党内法规建设的重心已经转移到对党员领导干部的权力约束上来，其核心理念在于确保党的权力依法行使。

1989 年 6 月 23～24 日，党的十三届四中全会举行，全会把加强党的建设和惩治腐败作为当时党的四大重点工作之一。中共十三届四中全会以后，根据邓小平关于"我们这个党该抓了，不抓不行了"的意见，党的第三代中央领导集体采取了一系列重要措施来加强党的建设。1989 年 8 月 28 日，中共中央发出《关于加强党的建设的通知》，《通知》提出了认真做好清查和清理工作，纯洁党的组织，认真考察领导干部，加强领导班子建设等加强党的建设的一系列重要措施。1990 年 3 月，中共十三届六中全会通过的《中共中央关于加强党同人民群众联系的决定》指出，对各级领导机关和领导干部必须加强监督。所以，我们要建立和完善党内监督与党外监督、自上而下的监督与自下而上的监督相结合的制度。各级党组织和党的所有干部都要接受监督，领导层次和领导职位越高的越要自觉接受监督，绝不允许有特殊党员。① 《决定》同时指出：中纪委要会同中

---

① 参见中共中央文献研究室编：《十三大以来重要文献选编》（中），人民出版社 1991 年版，第 935 页。

央组织部拟定党内监督条例。要坚持和完善民主评议领导干部的制度。中央和各省、自治区、直辖市党委,可根据需要向各地、各部门派出巡视工作小组,授以必要的权力,对有关问题进行督促检查,直接向中央和省、区、市党委报告情况。此后,党内监督机制不断健全。同年5月25日,中共中央印发的《关于县以上党和国家机关党员领导干部民主生活会的若干规定》指出:“健全和坚持党员领导干部民主生活会制度,对于实现党的正确领导,保证党的路线、方针、政策和决议的正确贯彻执行,具有重要作用。要通过党员领导干部的民主生活会,加强党内监督和领导班子的思想、作风建设,提高依靠自身力量解决问题和矛盾的能力。”①1990年11月4日,中纪委发出《关于加强党风和廉政建设的意见》。《意见》指出:“党风和廉政建设是党的建设的重要组成部分,在整个社会主义建设事业中占有十分重要的地位。在执政和改革开放的条件下,全党同志能否继承和发扬党的优良传统和作风,保持艰苦奋斗和廉洁奉公的精神,关系到党和国家的前途和命运,关系到党的事业的兴衰成败。”

1992年10月12～18日,党的十四大在北京召开。十四大报告正式提出:“要结合新的实际,遵循党的基本路线,坚持党要管党和从严治党,加强和改进党的建设。”②1994年9月28日,中共十四届四中全会通过了《中共中央关党的建设几个重大问题的决定》。《决定》指出:“要继续抓好党的作风建设,把反腐败斗争深入持久地进行下去。要深刻认识执政党的党风是关系党的生死存亡的问题。要在党员领导干部廉洁自律、查处违法违纪案件、纠正不正之风等方面不断取得新的进展,逐步建立健全有效的监督约束机制,进一步发扬艰苦奋斗的优良传统,密切党同人民群众的联系。”③要加强和健全党内监督。“党内监督的实质是党从人

---

① 中共中央文献研究室编:《十三大以来重要文献选编》(中),人民出版社1991年版,第1111页。

② 《江泽民文选》第1卷,人民出版社2006年版,第245页。

③ 中共中央文献研究室编:《十四大以来重要文献选编》(中),人民出版社1997年版,第958页。

民利益出发,按照从严治党的要求进行自我约束和自我完善。"[①]此后,《党政领导干部选拔任用工作暂行条例》《关于对党和国家机关工作人员在国内交往中收受礼品实行登记制度的规定》《关于党政机关县(处)级以上领导干部收入申报的规定》《关于重申和建立党内监督五项制度的实施办法》《中国共产党党员领导干部廉洁从政若干准则(试行)》等一批相关党规陆续出台,党内监督制度建设迈出新的步伐。

1997年9月,党的十五大召开。十五大报告指出:"从严治党,是保持党的先进性和纯洁性,增强党的凝聚力和战斗力的保证。""各级党委要坚持党要管党的原则,把从严治党的方针贯彻到党的建设的各项工作中去,坚决改变党内存在的纪律松弛和软弱涣散的现象。"[②]2002年11月,党的十六大召开。大会认为,加强和改进党的建设,一定要坚持党要管党、从严治党的方针,进一步研究提高党的领导水平和执政水平、提高拒腐防变能力和抵御风险能力这两大历史性课题。2004年9月19日,中共十六届四中全会通过的《中共中央关加强党的执政能力建设的决定》指出:各级党委要把党风廉政建设和反腐败斗争作为提高党的执政能力、巩固党的执政地位的一项重大政治任务抓紧抓实。坚持标本兼治、综合治理,惩防并举、注重预防,抓紧建立健全与社会主义市场经济体制相适应的教育、制度、监督并重的惩治和预防腐败体系。加强廉政法制建设,真正形成用制度规范从政行为、按制度办事、靠制度管人的有效机制,保证领导干部廉洁从政。加强对权力运行的制约和监督,保证把人民赋予的权力用来为人民谋利益。拓宽和健全监督渠道,把权力运行置于有效的制约和监督之下。要建立和完善巡视制度,加强和改进对领导班子特别是主要领导干部的监督。建立健全领导干部个人重大事项报告制度、述职述廉制度、民主评议制度、谈话诫勉制度和经济责任审计制度,依法实行质询制、问责制、罢免制。加强对各级纪律检查机关的

---

① 中共中央文献研究室编:《十四大以来重要文献选编》(中),人民出版社1997年版,第964页。

② 《江泽民文选》第2卷,人民出版社2006版,第46、47页。

领导，改革和完善党的纪律检查体制，全面实行对派驻机构的统一管理。加强对党政主要领导干部的选配和管理、监督。① 党的十六大以后，党内监督制度建设取得重要进展，《中国共产党党内监督条例（试行）》《公开选拔党政领导干部工作暂行规定》《党政机关竞争上岗工作暂行规定》《党的地方委员会全体会议对下一级党委政府领导班子正职拟任人选和推荐人选表决办法》《党政领导干部辞职暂行规定》《关于党政领导干部辞职从事经营活动有关问题的意见》《中国共产党巡视工作条例（试行）》《中国共产党党员领导干部廉洁从政若干准则》等重要的党内监督党规陆续出台。

2007 年 10 月，党的十七大召开。十七大报告强调，全党同志一定要充分认识反腐败斗争的长期性、复杂性、艰巨性，把反腐倡廉建设放在更加突出的位置，旗帜鲜明地反对腐败。坚持标本兼治、综合治理、惩防并举、注重预防的方针，扎实推进惩治和预防腐败体系建设，在坚决惩治腐败的同时，更加注重治本，更加注重预防，更加注重制度建设，拓展从源头上防治腐败工作的领域。严格执行党的廉政建设责任制。坚持深化改革和创新体制，加强廉政文化建设，形成拒腐防变教育长效机制、反腐倡廉制度体系、权力运行监控机制，健全纪检监察派驻机构统一管理制度，完善巡视制度。报告同时强调，要完善制约机制和监督机制，保证人民赋予的权力始终用来为人民谋利益。确保权力正确行使，必须让权力在阳光下运行。落实党内监督条例，增强监督合力和实效。② 2009 年 9 月 18 日，党的十七届四中全会通过了《中共中央关加强和改进新形势下党的建设若干重大问题的决定》，《决定》要求健全权力运行制约和监督机制。以加强领导干部特别是主要领导干部监督为重点，建立健全决策权、执行权、监督权既相互制约又相互协调的权力结构和运行机制，推进权力运行程序化和公开透明。严格执行和不断完善领导干部述职述廉、

---

① 参见中共中央文献研究室编：《十六大以来重要文献选编》（中），人民出版社 2006 年版，第 276 页。

② 参见中共中央文献研究室编：《十七大以来重要文献选编》（上），人民出版社 2009 年版，第 38 页。

诫勉谈话、函询、质询、罢免或撤换等制度，地方党委常委会要把廉政勤政、选人用人等方面工作作为向全委会报告的重要内容。推行党政领导干部问责制、廉政承诺制、行政执法责任制。加强和改进巡视工作，健全巡视工作领导机制，选好配强巡视干部，完善巡视程序和方式，提高巡视成效。完善纪检监察机关派驻机构统一管理机制，健全对所驻部门领导班子及其成员监督的制度。完善党政主要领导干部和国有企业领导人员经济责任审计，加强对财政资金和重大投资项目的审计。坚持党内监督与党外监督、专门机关监督与群众监督相结合，发挥好舆论监督作用，增强监督合力。

四、党员权利义务建设情况

（一）党员权利

1980 年，十一届五中全会通过了《关于党内政治生活若干准则》，该《准则》一共 12 条，第 2 条要求坚持集体领导，反对个人专断，再次重申了民主集中制的组织原则。第 6 条要求发扬党内民主，正确对待不同意见则是对于历史经验的总结，为党内民主发展指明了方向。第 8 条规定要充分体现选举人的意志，则是对于党员选举权的确认。

“文化大革命”期间历次党章修改，有关党员权利的规定皆被废弃。表面上看，党员只履行特定义务而不享有特殊权利似乎更有利于为人民服务，但实际上党员权利的规定并非是党员区别于一般公民在法律上的特权，而是党员应当享有的党内民主权和平等权，因此，缺少了党员权利的规定和保障，党的权力与党的领导人的权力势必发生混同，党内民主与法治几为无源之水。十二大党章纠正了这一错误，恢复了有关党员权利的规定，同时，结合“文化大革命”期间党内政治生活规则遭到极大破坏的惨痛教训，在条文内容方面丰富了八大党章的相关内容。十二大党章还特别强调，党的任何一级组织直至中央都无权剥夺党员的民主权利。与八大党章相比，十二大党章在党员权利的规定方面新增加了第一项即党员的知情权，具体包括参加会议权、阅读文件权和接受教育培训权；在第四项中新增加了揭发检举权和要求罢免权，扩大了党员权利的范围;第五项中新增加了表决权,加大了党员对党内事务的参与范围和程度;第六项增加了允许其他党员为他作证和辩护的规定;第八项规定了党员享有请求帮助权。十二大党章在规定党员批评权时,强调要“有根据地批评”,这在一定程度上保障了被监督者不受“诬陷”的权利,较之八大党章的规定更为清晰、准确。其后十三大、十四大、十五大、十六大和十七大通过的《中国共产党章程》在党员权利规定方面,除了自十四大党章开始将党员第一项权利中的“接受党的培养和训练”改为“接受党的教育和培训”外,其他各项权利都沿用了十二大党章的规定。此外,1994年9月,党的十四届四中全会通过的《中共中央关于加强党的建设几个重大问题的决定》提出:“有些重要事情应该在党内先讨论,让党员早知道,要制定党员权利保障条例。明确党员正确行使权利的原则和保障党员行使权利的措施。”既深化了对党员权利的认识,也对党员权利的保障提出了更高的要求。

1995年制定《中国共产党党员权利保障条例(试行)》对党员权利进行细化与保障。它是党的历史上第一部保障党员权利方面的专门党规,为健全党内生活、保障党员权利的正常行使和不受侵犯,提供了有力的法律性依据和制度支撑。2002年的十六大报告进一步强调:“要以保障党员民主权利为基础,以完善党的代表大会制度和党的委员会制度为重点,从改革体制机制入手,建立健全充分反映党员和党组织意愿的党内民主制度。”前文已经提到,以保障党员权利为基础来建立健全党内民主制度,是一个很重要的思想,也是一个很重要的举措。与此同时,中共中央还印发了《中国共产党党内监督条例(试行)》。党内监督的重点内容之一就是考察党的各级领导机关和领导干部保障党员权利的情况。《条例》的第10条规定了党员在党内监督方面的五项权利。党员在党内监督方面的这五项权利,前四项均在党章中有所反映,第五项“参加党组织开展的评议党员领导干部活动,发表意见”的规定则进一步加强了党员对领导干部监督的责任。《条例》第35条至第39条规定了党的地方各级委员会委员和各级纪律检查委员会委员在党内监督中享有的权利,具体包括询问和质询的权利、提出罢免和撤换要求的权利,这是扩大委员监督权利的具体体现。2004年9月22日，中共中央印发《中国共产党党员权利保障条例》，这是在1995年颁布的《中国共产党党员权利保障条例(试行)》的基础上修订而成的，也是中国共产党保障党员权利、加强党的执政能力建设的重要举措。2007年十七大报告的第十二部分“以改革创新精神全面推进党的建设新的伟大工程”特别强调：“尊重党员主体地位，保障党员民主权利，推进党务公开，营造党内民主讨论环境。”将保障党员权利与尊重党员主体地位联系起来，是新时期在保障党员权利方面的一个闪光点。党的十七届四中全会进而明确提出：“以落实党员知情权、参与权、选举权、监督权为重点，进一步提高党员对党内事务的参与度，充分发挥党员在党内生活中的主体作用。”党员权利的制度明确与有效保障是发挥党员主体作用的根本保证，也是党内法治的基本要求。

(二)党员义务

改革开放以来，党章对于党员义务的规定日臻成熟。党的十二大通过的党章，所列举的党员义务和党员权利条款相同，都是8项，一直到党的十七大基本上沿用了这样的规定。值得注意的是，从党的十二大党章到十四大党章对于“为人民服务”宗旨的不断强化。党的十二大党章“党员义务”第一款规定：“认真学习马克思列宁主义、毛泽东思想，学习党的基本知识和党的路线、方针、政策和决议，学习科学、文化和业务”，仅在第二项规定中提及“党和人民的利益”；之后，党的十四大党章“党员义务”第一款内容增加了“努力提高为人民服务的本领”表述，凸显了“为人民服务”的宗旨意识。此后的党章中，关于党员义务的第一款规定，都沿用“努力提高为人民服务的本领”作为一切学习行为的出发点和落脚点。中国共产党向来把人民写在自己的旗帜上，正如习近平总书记所说的，“人民对美好生活的向往，就是我们的奋斗目标”。对照党的十八大党章中“党员义务”的规定，每一个力求做“合格党员”的同志，都必须在宗旨意识、工作作风、廉洁自律上摆问题、找差距、明方向，自我净化、自我完善、自我革新、自我提高，在联系群众、为人民服务的道路上，做到“吃苦在前，享受在后，克己奉公，多做贡献”。

第四节 十八大以来党内法治的历史

以改革开放以来党内法治建设为基础,以党的十八大党章为新的起点,以党的十八届六中全会为主要标志,开始了面向全面深化改革、全面推进依法治国、全面从严治党以及面向全面建成小康社会、全面实现国家治理现代化目标,尤其是全面从严治党、依规管党治党现实需要的党内法治新时期,亦即党内法治建设的第四个时期。①

一、党内法规清理基本完成

自党的十八大以来,党内法治建设进入快速发展时期。一方面,分两步展开和完成了党内法规和规范性文件的清理工作,为党内法规和法治建设奠定了基础。2013 年 8 月中共中央发布《关于废止和宣布失效一批党内法规和规范性文件的决定》,2014 年 11 月中共中央发布《关于再废止和宣布失效一批党内法规和规范性文件的决定》,两次共清理 1178 件,废止 322 件,宣布失效 369 件,二者共占 58.7%;继续有效的 487 件,其中 42 件需适时进行修改。② 另一方面,出台党内法规制定条例、备案审查条例和中央党内法规制定工作规划纲要等,进一步推进党内法规制度建设制度化、规范化、程序化。2013 年 5 月公布的《中国共产党党内法

---

① 党的十八大以来,党内法治建设步入快车道并取得了重大成效,包括成立专门机构、展开党内法规清理工作、出台党内"立法法"、编制党内法规制定工作规划纲要等。尤其需要强调的是,十八大后成立的中共中央办公厅法规局,承担党内法规、重大决策是否合乎法律的审查工作,与国务院法制办、全国人大法工委形成法治建设协调统一体制,这是中国共产党依法执政的重要体现。

② 首次展开的党内法规清理工作分两步进行:2013 年 8 月完成了清理工作的第一步。在 1978 年至 2012 年 6 月期间发布的 767 件中央党内法规和规范性文件中,废止 162 件,宣布失效 138 件,继续有效 467 件,其中 42 件将作出修改。2014 年 11 月完成了清理工作的第二步。在 1949 年至 1977 年间发布的 411 件中央党内法规和规范性文件中,废止 160 件,宣布失效 231 件,继续有效 20 件。

规制定条例》《中国共产党党内法规和规范性文件备案规定》，2013年11月发布的《中央党内法规制定工作五年规划纲要（2013～2017年）》，在推进科学民主依规立规方面迈出了坚实的一步，党内法规和法治建设的基础性工作有目的、有计划、有步骤地向前推进；更重要的是，党内法治建设纳入全面推进依法治国的战略体系，其价值意义、使命任务提高到了前所未有的高度。2014年11月，党的十八届四中全会《决定》“既要求党依据宪法法律治国理政，也要求党依据党内法规管党治党”，将党内法规体系纳入中国特色社会主义法治体系，这是全面推进依法治国的重大战略选择。2016年10月，党的十八届六中全会研究全面从严治党重大问题，为制度治党、依规治党作出重大部署。2016年12月，习近平总书记在就党内法规建设的重要批示中作出“坚持依法治国、制度治党、依规治党统筹推进、一体建设”的重要论断，这是继“依法治国、依法执政、依法行政共同推进，法治国家、法治政府、法治社会一体建设”之后对全面推进依法治国战略的进一步优化，对党内法治建设无疑提出了更加全面的要求。

二、党内法规修订加快推进

党的十八大以来，党内法治建设取得重大进展，出台了《廉洁自律准则》《新形势党内政治生活准则》《地方党委工作条例》《党组工作条例》《统战工作条例》《党内监督条例》《党内问责条例》《党内巡视条例》《纪律处分条例》等一批标志性、关键性、引领性的党内法规，截至2016年底，制定修订中央党内法规73部，超过现行170多部中央党内法规的40%，逐步形成了以党章为统领，以中央党内法规、中央部委党内法规、省级地方党内法规、副省级地方党内法规为基本层级，以党章为统帅，以党的组织法规制度、党的领导法规制度、党的自身建设法规制度、党的监督保障法规制度四大板块为主体，以党章为核心，以准则、条例、规定、规则、细则、办法、党内规范性文件为基本结构的三维“1＋4”党内法规制度框架体系。党内法规的生命在于实施，党内法规的实施与党的建设、党的领导、全面从严治党、依规管党治党有机结合，以党内法规实施推进党内政治生活制度化、规范化、程序化，将党的各项工作逐步纳入党内法规铺设的轨道，坚持有规可依、有规必依、执规必严、违规必究的党内法规建设指导方针，以党内监督问责、严格党内纪律预防和惩治腐败，依规推进党的反腐倡廉工作，将党的政治建设、思想建设、组织建设、作风建设、纪律建设与党的制度、党内法规和法治建设紧密结合起来，突出制度治党、依规治党的主线，将党内法治实践融入"四个全面"战略布局，进一步强化了全面从严治党与全面深化改革、全面依法治国的逻辑关系，为全面建成小康社会、全面实现国家治理现代化提供强劲动力、制度支撑以及政治、思想和组织保障。

三、十九大开启党内法治建设新篇章

2017 年 10 月，党的十九大胜利召开，习近平代表第十八届中央委员会向大会作了题为《决胜全面建成小康社会，夺取新时代中国特色社会主义伟大胜利》的报告。报告认为，过去五年，党的领导、人民当家作主、依法治国有机统一的制度建设全面加强，党的领导体制机制不断完善，党内民主更加广泛，中国特色社会主义法治体系日益完善，党的建设制度改革深入推进，党内法规制度体系不断完善。报告正式提出并系统阐释习近平新时代中国特色社会主义思想，明确全面依法治国总目标是建设中国特色社会主义法治体系、建设社会主义法治国家；明确中国特色社会主义最本质的特征是中国共产党领导，中国特色社会主义制度的最大优势是中国共产党领导，党是最高政治领导力量。报告着重强调坚持党对一切工作的领导，重申坚持全面依法治国，正式提出依法治国与依规治党有机统一。报告明确要求全面推进党的政治建设、思想建设、组织建设、作风建设、纪律建设，把制度建设贯穿其中，增强依法执政本领，加快形成覆盖党的领导和党的建设各方面的党内法规制度体系。

第五节 中国共产党党内法治建设的基本经验

在中国共产党近百年历史上，党内法治建设曾有过波折，但总体上未曾间断，从主要表现为组织纪律作风建设的党内法规建设，到逐渐发展为着眼于党的制度体系建设的党内法制建设，再到着力于将党的工作纳入法规轨道的党内法治建设的兴起，基本保持了以党章为主要连接点的党内法治的连续性和递进性。从最初的对中国特色社会主义的道路自信，到中国特色社会主义的理论自信，直至发展为现今包含中国特色社会主义制度自信、文化自信在内的“四个自信”，这四个自信全部建基于中国共产党领导的革命、建设和改革实践。对于党内法治我们也应建立起“四个自信”，即对党内法治道路的自信、对党内法治理论的自信、对党内法规制度的自信和对党内法治文化的自信，这四个自信同样源于党的治国理政的实践，源于党内法治的实践。回顾党的近百年历史，党内治理和法治实践既有经验也有教训，对正反两个方面的历史经验进行总结和深刻反思，具有重大现实意义和深远历史意义。

一、党内法规的历史是中国共产党历史的有机组成部分

党内法规的历史是中国共产党历史的有机组成部分，党规的发展进程与中国共产党的发展进程同步，但党内法规历史发展的基本脉络又存在一定的特殊性。中国共产党成立近百年，度过了从新民主主义革命到社会主义现代化建设和改革开放一系列不同的历史阶段，经历了从革命党到执政党的身份转变。如同法治国家的建立不可一蹴而就一样，党内法治建设也非一日之功。“一般认为，法治是内在于通过法律限制和控

制政治权力这一原则的。”①现代性的法治都意味着对公权力的限制和对私权利的保护，从这两个指标出发，对中国共产党党内法治历史发展进行考察，可以发现，在党的发展历程中，党内法治从无到有，从自发到自觉，持续发展，间有波折，基本呈现螺旋上升的态势。在不同的历史时期，党组织对党内法治建设有不同的需要，党内法治也表现出不一样的特征，而党内法治状况的好坏也对党的建设和党的领导造成了不同的影响。可以说，目前中国共产党对党内法治的理解和态度，是在不断的党内法治实践中形成的，是对党内法治历史正反两个方面经验的深刻总结和思想升华。

党内法规现象是历史的存在，全面总结党内法规现象变化发展的脉络和党内法规制度建设的历史经验，充分把握党内法规制度建设的规律和党内法规现象的发展趋势，是系统研究党内法治的必要一环。不断从历史经验中汲取智慧和营养，是中国共产党不断发展的力量之源。系统研究党内法规发展历史，对于客观认识和深入理解中国共产党党内法治发展状况无疑是十分必要的。党内法规是中国共产党的制度载体，具有针对性和现实性。不同历史时期的中国共产党，需要根据当时所处的历史阶段和社会条件、面临的外部形势和主要任务，结合党自身的发展状况和组织活动情况，制定和完善党内法规。同时，党内法规又是中国共产党历史发展的集中体现，具有历时性和继承性。党内法规发展史中的每一个经验教训都是宝贵财富，对如何完善现行党内法规同时展望未来都会产生重要影响。现行党内法规体系中的每一个组成部分都有其历史渊源，它是中国共产党历时近百年逐步建立起来的，它随着革命、建设、改革历史时期的变化和不同时期形势、任务的变化而变化。党内法规制度随势而变、与时俱进是保持其生命活力和成效的必然要求。可以说，党内法规建设状况，直接反映党内法治建设状况，党内法治的发展依托于党内法规的发展。全面了解和科学认识党内法规发展历史，是研究

---

① ［中国］夏勇、李林，［瑞士］丽狄娅·芭斯塔·弗莱纳主编：《法治与21世纪》，社会科学文献出版社2004年版，第3页。

党内法治发展历史的关键一环，以党内法规发展为主线，以党内民主、权力规范、党员权利与义务、党与国家关系为关键点系统梳理中国共产党近百年来党内法治建设历史，并从中找寻党内法治发展的基本经验，具有重要现实意义。

二、党内法治运行状态影响国家法治运行状态

中华人民共和国成立以后，中国共产党作为执政党已经成为国家权力运行中的核心力量，党对国家政权的领导表现在政治、思想、组织和制度等各方面，党内民主关系着国家民主，党内法治影响着党内法治。1954 年宪法由中共中央提出宪法草案初稿，“整个制宪过程充分体现了中国共产党领导的作用”①，而这样一部制定得比较好的宪法，同样因党内民主法治不完善而没有得到贯彻实施。实际上，党章和党内法治是宪法和国家法治的根基，它们是唇齿相依的关系，党章怎样宪法就怎样。由于党和国家指导思想出现问题，九大党章和十大党章以及 1975 年宪法和 1978 年宪法都相应地出现了问题。从“文化大革命”走出来，通过对国家治理不正常状态的反思，矫正了国家发展的航向。党的十一届三中全会和党的十二大为 1982 年宪法的出台奠定了坚实的政治基础、思想基础和理论基础，1997 年党的十五大报告首次提出“依法治国，建设社会主义法治国家”的治国基本方略，1999 年的宪法修正案便加入了“中华人民共和国实行依法治国，建设社会主义法治国家”的条款，2002 年十六大报告提出尊重和保障人权，2004 年“国家尊重和保障人权”条款被写入宪法。可以说，国家法治的每一次发展都是在党的法治理念和法制构想的指引下完成的。《中共中央关于加强党的执政能力建设的决定》中正式提出，依法执政是新的历史条件下党执政的一个基本方式，中国共产党要坚持依法执政、依法治国，然而，由于党内法治建设跟不上国家法治发展的步伐，使得国家宪法与法律层面上的法治革新，效果不如预期，这也从另一个方面证明了党内法治建设对国家法治建设的决定作用，凸显出党内法

① 张晋藩、曾宪义：《中国宪法史略》，北京出版社 1979 年版，第 251 页。

治的重要地位。显然,党中央已经深刻认识到这一问题,《中共中央关于全面推进依法治国若干重大问题的决定》在强调"把依法治国确定为党领导人民治理国家的基本方略,把依法执政确定为党治国理政的基本方式"的基础上,明确提出"形成完善的党内法规体系,坚持依法治国、依法执政、依法行政共同推进"的重要举措。

三、党内法规和法治建设的基本诉求是规范党内权力

"法治的最广义理解是一条延续了2000年、常常被磨细但从没有彻底磨断的线索:主权者、国家及其官员受法律限制。"①在现代民主国家,法治的基本要求便是国家官员"必须在限制性法律框架内行事"②。中国共产党作为执政党,推进优秀党员进入国家公权力机关履责行权,是实现执政的基本方式,是实现党的领导的基本保障。③ 党内法规和法治建设的基本诉求是规范党内权力。规范党的各级组织的权力,加强对党员领导干部所掌握公权力④的约束,是中国共产党党内法规建设和法治实践的重中之重。现行有效的中央一级的党内法规涉及规范党员领导干部选拔、组织和行为的占全部党内法规的大多数。从历史上看,无论是革命年代,还是建设、改革时期,干部制度一直是中国共产党制度建设的重点领域,党的十五大以来,党的干部选拔和监督制度逐步完善。党十八大以后,中央领导集体更加重视对党员领导干部权力的约束,中共中

---

① [美]布雷恩·塔玛纳哈:《论法治——历史、政治和理论》,李桂林译,武汉大学出版社2010年版,第147页。

② [美]布雷恩·塔玛纳哈:《论法治——历史、政治和理论》,李桂林译,武汉大学出版社2010年版,第148页。

③ 党的十三大报告指出:"党的领导是政治领导,即政治原则、政治方向、重大决策的领导和向国家政权机关推荐重要干部。"

④ 此处的"公权力"既包含一般意义上的国家公权力也包含党组织内部的公权力。中国共产党作为一个结构严密的组织体,其内部必然存在所谓的"社会公权力",但由于中国共产党是国家的执政党,党内权力与国家权力有着密切联系,甚至有学者认为,党组织的负责人直接掌握国家权力,党组织的内部行为就有直接的外部作用(参见周祖成:《政治法治化问题研究》,法律出版社2011年版,第215页)。党内权力与一般的社会公权力有着本质区别,此处将其统一纳入公权力的范畴进行探讨。

央政治局于2012年12月4日审议通过关于改进工作作风、密切联系群众的“八项规定”，习近平总书记明确要求把权力关进制度的笼子里，并提出“好干部20字标准”。2014年1月，中共中央颁布《党政领导干部选拔任用工作条例》。这一系列党内法规和政策措施的出台，为规范党内权力运行、约束党员干部的公权力提供了制度支撑。2018年的两部重要国家立法，制定《中华人民共和国监察法》，修改《中华人民共和国公务员法》，实现了党内法规与国家法律的有效衔接，形成了规范公权力的新的制度格局，与党内法规相衔接的国家立法终于出台。虽然国家监察体制改革还在进一步深化过程中，党内监督与国家监察制度尚需进一步完善、协调，但以《监察法》为代表的党和国家公权力监督制度体系建设已经步入法治轨道，党内法治与国家法治同步推进，为党内法治建设的未来指明了方向。

四、党内法治的关键举措是贯彻落实并完善民主集中制

民主集中制是中国共产党的根本组织制度和领导制度，早在党的五大上已经将民主集中制写入党的章程，但是在一个“一方面民主生活严重不足，另一方面无组织无纪律又特别突出”的国度里，如何理顺民主与集中的关系，一直是中国共产党制度建设中的重大问题。而在战争年代，外部的严酷环境更决定了集中的重要性。基于上述考虑，党内集中受到高度强调，党内民主在一定程度上受到影响，党内不同意见遭到不应有的压制，加之党内家长制作风严重，“一言堂”成为必然结果。全面抗战爆发后，此种情况得到一定缓解，毛泽东等第一代领导集体多次在讲话中强调坚持民主集中制、扩大党内民主的重要性，并制定了相关的党内法规以推进民主集中的制度化和规范化，但在民主与集中之间，集中依然占据首要地位。缺少了必要的民主基础，集中很难受到约束，甚至走向集中的反面。如果片面强调集中，那么每一个支部都可能出现独立的集中的核心，当中央的集中核心控制力减弱时，“上有政策，下有对策”的情形极易出现，分裂势力也有了可乘之机。党的十一届三中全会之后，党内民主的重要地位获得应有重视，党内民主的制度化和规范化

建设逐渐步入正轨，1980年《关于党内政治生活的若干准则》从坚持集体领导、维护党的集中统一、发扬党内民主、保障党员权利等12个方面，对党内民主集中制进行系统规范。党的十四大党章把原党章中“在民主的基础上实行高度的集中”改为“民主集中制是民主基础上的集中和集中指导下的民主相结合”，强调了党内民主的重要性。党的十七大进一步指出：“党内民主是增强党的创新活力、巩固党的团结统一的重要保证。要以扩大党内民主带动人民民主，以增进党内和谐促进社会和谐”，并提出“尊重党员地位，保障党员民主权利，推行党务公开，营造党内民主讨论环境”的重要思想。① 强化党内集中的目的在于增强党的凝聚力，提升中国共产党对国家的政治影响力和对国家的领导能力，而发展党内民主则“有利于扩大执政党权力的社会基础，有利于权力运行的规范化和程序化，并由此推动国家权力的规范化，扩大国家权力的社会基础”②。“民主制”保证党的意志产生的合法性和科学性，“集中制”保证党的意志贯彻实施的有效性。民主与集中都应遵循统一的党内法规有序运行，协调统一于党章为核心的党内法规上。

五、党内法治建设是新时代推进党和国家治理现代化的战略选择

中国共产党在早期就明确了“党内法规”的概念，形成了党的制度、党内法规建设的自觉，不断完善以党章为根本的党内法规规范体系，逐步形成了党的制度建设、法规建设等与党的组织建设、作风建设、纪律建设等一体两面的局面，通过党的制度、党内法规维护党的组织纪律、党的团结统一，从而保证了党的革命、建设和改革事业的发展。尽管执掌全国政权之前和之后党内法规建设都走过弯路，尤其是中华人民共和国成立后在经历了短暂的党内法规建设繁荣时段后不久，党的制度建设、党内法规建设遭到一定的挫折，但并没有造成党的制度建设上的完全断

---

① 参见柳建辉主编：《中国共产党制度创新史》，山东人民出版社2014年版，第452～454页。

② 周祖成：《政治法治化问题研究》，法律出版社2011年版，第215页。

裂,总体上仍然保持了党内制度的延续和连续性。自党的十一届三中全会以来,解放思想、改革开放极大地推动了国家民主法治事业的恢复重建和渐进发展,也极大地推动了党内法规、党内法制建设。尤其是随着法治国家战略实施的不断加快,遵循一般法治规律,突出党内法治特别逻辑,成为党内法治建设的主线,有力地推动了党内法治体系建设,逐步步入了通过党内法治推进党内治理的轨道,形成了党内法治建设联动国家法治、带动社会法治的新局面。加强党内法治建设,全面推进依法治国,已经成为推进国家治理现代化的战略选择和基本路径。

党的十八大确定法治是治国理政的基本方式,十八届三中、四中全会关于全面深化改革、全面推进依法治国的两个《决定》,以"法治中国"概念深化了法治的内涵,扩展了法治的外延,党内法规建设、法治社会建设成为中国特色社会主义法治体系建设的有机组成部分。党的十八届六中全会专题研究全面从严治党重大问题,通过党内法治建设推进全面深化改革、全面推进依法治国、全面从严治党的有机结合,面向全面建设小康社会以及全面实现国家治理现代化,扩展和提升了党内法治建设的视野和境界。在新时期,必须全面推进党内法治理论探索与实践创新,破解党内法治建设诸多重大问题,重构党内法治建设若干重大关系,构建完整的党内法治体系。这对于增强全面深化改革、全面推进依法治国、全面从严治党、全面建成小康社会以及全面实现国家治理现代化之间的逻辑关系,具有特别重大的现实意义和深远的历史意义。办好中国的事情,关键在党。作为法治中国建设的重要组成部分,中国共产党党内法治建设已经取得了重大成就,积累了宝贵经验,为新时代党内法治的稳步推进奠定了坚实基础。

第五章
党规制度体系

党的十八大以来，党中央全方位推进党规制度体系建设，取得历史性成就。各位阶、各领域、各层面、各环节的党规制度建设有序展开，形成了以党章为根本、若干配套党内法规为支撑、大量党内规范性文件为补充和配套的党规制度体系，有效推动了党的领导和党内生活科学化、规范化，体现了党中央全面依宪执政、依法执政、从严治党的坚定决心和科学部署，为贯彻落实新时代党的建设的总要求提供了可靠的制度保障。党规制度体系具有系统性、层次性、多维性和发展性的特征，对它的深入认识和研究，可以从形式和内容两个角度分别展开，形式上党规制度体系是由党章、其他党内法规、党内规范性文件等组成的有机整体，内容上党规制度体系则由党的组织法规制度、党的领导法规制度、党的自身建设法规制度以及党的监督保障法规制度等四个板块构成。党规制度在现有基础上进一步优化，更好地发挥作用，需要积极推动党规制度的体系化建设。

■ 第一节 党规制度体系概述

中华人民共和国成立以来，以“中发”“中办发”“厅字”三类形式印发的中央文件超过23000件，其中有140余件属于中央党规。[①] 其他类别的党内法规、党内规范性文件更是不胜枚举。这些数目繁多的党规制度之间有着怎样的内在关联，如何从形式、内容等多种角度认识和把握党规制度，党规制度体系化建设对党的领导和建设有着怎样的意义，这些问题都要以认识党规制度体系为起点。

一、党规制度体系的概念

治国必先治党，治党务必从严，从严必依法度。党的十八大以来，以习近平同志为核心的党中央坚持思想建党和制度建党紧密结合，重视发挥法规制度的基础性、保障性作用，强调“必须坚持依法治国与制度治党、依规治党统筹推进、一体建设”，制定出台或修订了一大批标志性、关键性、引领性的党内法规，不断扎紧制度笼子，夯实依规治党的制度基础，推动党规制度建设取得了新进展、新成效。已经建成以及未来将要制定或者修订的党规制度并非各行其是、互不关联，它们应当形成有共同的内在价值、内在秩序和内在逻辑的统一体系，覆盖至党的领导和党的建设的各个方面，这就是党规制度体系。按照中共中央印发的《关于加强党规制度建设的意见》的表述，党规制度体系，就是以党章为根本，以民主集中制为核心，以准则、条例等中央党内法规为骨干，由各领域、各层级党规制度组成的有机统一整体。

二、党规制度体系的特征

（一）系统性

系统性是被广泛运用于社会科学领域，特别是法律制度建设领域的方法，它强调目标事物之间的关系和关联。“一个表现出一贯性和统一性的法律体系，远比依赖于无法综览的、互不相属的，甚至互相矛盾的、杂乱无章的零散规范群更能保证法律的确定性和可预测性。”[②]系统建构

① 参见宋功德：《党规之治》，法律出版社2015年版，第257页。

② 梁迎修：《方法论视野中的法律体系与体系思维》，《政法论坛》2008年第1期。

是我国社会主义法律体系完善的基本经验和重要途径，符合体量庞大的制度建设的现实之需，可以为党规制度建设提供借鉴。系统性方法是认识、研究、建设党规制度的基本立场。

（二）层次性

实践中，与系统性视角一脉相承但更具操作性的方法是在整体认识相关事物的前提下对其进行结构化解构。对党规制度体系进行结构化观察的基本结果就是其层次性。这种层次性是指不同类型的党规制度在纵向维度上存在着效力位阶的差异；少数基础性、主干性党内法规往往需要相关配套性党规制度予以细化，使之更具有可操作性和适应性，这样也会在相关党规制度的局部领域呈现出发散式的宝塔状、有层次的形式结构。

（三）多维性

“横看成岭侧成峰，远近高低各不同。”多维性是指从不同角度观察，党规制度体系呈现出不同的面貌。静态地看，党规制度体系是（应当是）以相关法规为经线，以党的领导活动内容和范围为纬线构成的层次分明、要素齐全的系统。动态地看，党规制度体系是（应当是）内容科学、程序严密、运行有效的有机统一体，包括实体性规范、程序性规范、保障性规范、承接性规范，也包括党规制度制定、党规制度执行、党规制度监督、党规制度遵守等一系列动态过程。纵向地看，党规制度体系是以党章为根本，以准则、条例等中央法规为主干，以规则、规定、办法、细则为枝丫，由高到低、由抽象到具体的制度体系。横向地看，党规制度体系可以包括四大板块：党的组织法规制度、党的领导法规制度、党的自身建设法规制度和党的监督保障法规制度。

（四）发展性

党规制度体系并非建成后一成不变的客观存在，它处于不断的发展变化之中，这些变化的动力来自于党对党规制度建设规律认识的深化，来自于党的组织立规能力水平的提升，来自于党的领导和建设面临的形势任务发生变化等各种因素。党规制度体系的发展可以体现为立规理念、立规价值的变化，立规技术、立规能力的变化，立规程序、立规形式的变化以及从不完善走向完善的变化等不同方面。因此，应当用发展的、变化的、动态的眼光看待党规制度体系的建设。

三、党规制度的分类

党规制度分类与党规分类的标准和依据具有高度契合性，但二者分类的目的有所不同，党规分类主要是为了更好地理解认识党规本身，党规制度分类主要是从制度建设的角度认识和把握党规体系。党规制度种类繁多，根据不同的标准，可以分为不同的种类。

（一）根据是否以成文可以将党规制度分为成文党规制度和不成文党规制度

成文党规制度是指经有党规制定权的党组织制定或认可，并以规范的文字形式表现的党规，又可以称为“制定党规”。成文党规制度因其以显而易见的规范形式表现，具有明确的指引性、约束性，易于为人们认识、了解、遵守，其最高形态是党的章程。

党规通常以成文的形式表现，但也可以以不成文形式表现。在十八届中央纪委第五次全会上，习近平总书记对此有详细的论述：“纪律是成文的规矩，一些未明文列入纪律的规矩是不成文的纪律；纪律是刚性的规矩，一些未明文列入纪律的规矩是自我约束的纪律。党内很多规矩是我们党在长期实践中形成的优良传统和工作惯例，经过实践检验、约定俗称、行之有效，反映了我们党对一些问题的深刻思考和科学总结，需要全党长期坚持并自觉遵循。”党的十八届四中全会《决定》指出“党的纪律是党内规矩”，也就是说，从范畴角度，“党的规矩”外延比“党的纪律”更大。纪律是刚性的规矩，有些优良传统和工作惯例是不成文的、相对柔性的规矩，同样需要遵守。

（二）根据党规的制定主体、规范性程度和效力层次成文党规可分为党内法规、党内规范性文件

党内法规是党的中央组织以及中央纪律检查委员会、中央各部门和省、自治区、直辖市党委制定的规范党组织工作、活动和党员行为的党内规章制度的总称，属于党内立法的范畴。根据《中国共产党党内法规制

定条例》，党内法规包括党章、准则、条例、规则、规定、办法和细则。其中党章是最根本的党内法规，是制定其他党内法规的基础和依据。

党内规范性文件，是指中央纪律检查委员会、中央各部门和省、自治区、直辖市党委在履行职责过程中形成的具有普遍约束力、可以反复适用的决议、决定、意见、通知等文件，包括贯彻执行中央决策部署、指导推动经济社会发展、涉及人民群众切身利益、加强和改进党的建设等方面的重要文件，如中共中央办公厅、国务院办公厅印发的《关于禁止自行制作和使用地方旗、徽的通知》、中共德州市委印发的《德州市领导干部问责办法》等。

(三)根据党规的制定主体和效力范围可将党规制度分为中央党规制度、部门党规制度和地方党规制度

中央党规包括党的章程和党中央制定的党规，如中共中央制定的《中国共产党纪律处分条例》。中央纪委和中央各部门制定的党规是部门党规，如中共中央纪律检查委员会制定的《中国共产党纪律检查机关案件检查工作条例》。中央党规的效力范围及于全国。

省(自治区、直辖市)及以下的党委制定的党规是地方党规，如中共山东省委制定的《中共山东省委贯彻〈中国共产党党组工作条例(试行)〉细则》、中共岳阳市委制定的《关于进一步激励干部想事干事成事的暂行办法》等。地方党规的效力范围限于相应的地方行政区域。

(四)根据党规制度主要内容的不同可将党规制度分为实体党规制度和程序党规制度

法学意义上，有实体法与程序法之分，实体法是直接规定权利义务关系的法律，程序法则是规定保障权利义务关系得以实现的方式方法的法律。长期以来，实体法在国家立法中占据主导地位，但是在实体法的运行过程中，人们逐渐意识到，如果没有程序法的规约和保障，实体法难以达到调整权利义务关系的目的。从这个意义上讲，程序法是保证实体法顺利实施的保障，同时也具有独立的价值。国家立法中越来越重视实体法与程序法的分类。党规制度建设要保证党内“良法之治”，必须切实推进实体法与程序法的分类，并着力发展党内程序法规制度。

不过，实体法与程序法是理论上的一种分类，在立法和党规制度实践中，实体与程序并非泾渭分明，非此即彼，实体与程序规范经常结合而行，或者交织在一部立法或党规制度中。有些程序性党规是作为实体党规的补充存在的，如《关于对违反〈党政领导干部选拔任用工作暂行条例〉行为的处理规定》《〈中国共产党党员领导干部廉洁从政若干准则（试行）〉实施办法》等，这些程序性党规一般都是实体性法规的追加说明，是在实体党规实施过程中遇到难以解决的问题时，中央或相关部门作出的执行性的规定或答复。还有些党规同时包含实体性规定和程序性规定，如《中国共产党党员权利保障条例》，在明确规定党员权利之后，专章规定权利的保障和责任追究的程序。

（五）根据党规制度的印发主体可将党规制度分为党组织印发的党规制度和党政联合印发的党规制度

党规制度首先是党的中央组织和地方组织管党治党的规则体系，因此党规制度通常是由党的组织制定的，根据《中国共产党党内法规制定条例》规定，党的中央组织、中央纪律检查委员会、中央各部门和省、自治区、直辖市党委都可以在各自职权范围内制定党内法规。

中国共产党作为执政党，不仅要进行党内治理，规范党组织和党员，更要全面领导各项事业建设、发展，党规制度的内容也必然涉及社会的方方面面。除了党的各级组织印发的党规以外，在我国，党政联合行文、发文的模式也在实践中广泛适用。2012 年 4 月中共中央办公厅、国务院办公厅联合印发的《党政机关公文处理工作条例》本身就是以党政联合行文的典型形式。该条例规定："同级党政机关、党政机关与其他同级机关必要时可以联合行文。属于党委、政府各自职权范围内的工作，不得联合行文。党委、政府的部门依据职权可以相互行文。部门内设机构除办公厅（室）外不得对外正式行文。"该规定确认和肯定了党政联合行文、发文的工作方式，同时也从主体、权限层面提出了规范要求。

（六）根据党规制度的具体内容可将党规制度分为党的组织法规制度、党的领导法规制度、党的自身建设法规制度、党的监督保障法规制度

1. 党的组织法规制度。如《中国共产党地方委员会工作条例（试行）》《中国共产党地方组织选举工作条例》《中国共产党基层组织选举暂行条例》等。

2.党的领导法规制度。如《中共中央关于地方党委向国家机关推荐领导干部的若干规定》《关于进一步加强党管人才工作的意见》《中共中央关于深化党和国家机构改革的决定》等。

3.党的自身建设法规制度。如《关于党内政治生活的若干准则》《中国共产党党员权利保障条例》《党员领导干部廉洁从政若干准则》《中国共产党党内法规制定条例》等。

4.党的监督保障法规制度。如《中国共产党党内监督条例(试行)》《中国共产党巡视工作条例(试行)》《中国共产党纪律处分条例》等。

四、党规制度体系的功能

党规制度是建党管党治党的制度载体,具有管根本、管方向、管长远的特点,党规制度的完备程度,是政党政治是否文明、是否成熟、是否高效的重要指标。具体而言,党规制度体系至少具有以下三方面功能。

(一)党规制度体系是社会主义法治建设的必要一环

全面推进依法治国要形成五个体系:完备的法律规范体系、高效的法治实施体系、严密的法治监督体系、有力的法治保障体系和完善的党规制度体系。党规既是管党治党的重要依据,也是建设社会主义法治国家的有力保障。党的十九大报告在“全面增强执政本领”部分指出,我们党要增强依法执政本领,加快形成覆盖党的领导和党的建设各方面的党规制度体系,加强和改善对国家政权机关的领导。十八大以来,中央对一系列党内重要法规的制定完善是党的政治建设、思想建设、组织建设、作风建设、纪律建设和反腐败斗争在制度层面的进一步落实,十九大又通过修订党章固化了近些年来党的建设的诸多成果。至此,坚持依规治党,坚持用法治思维法治方式推进全面从严治党成为推动社会主义法治建设的重要引领性力量。

(二)党规制度体系是推进国家治理体系和治理能力现代化的重要保障

改革开放初期,邓小平同志在《党和国家领导制度的改革》中,曾论述过法规制度对党的建设的重大作用。习近平总书记传承了邓小平同志关于党的制度建设的思想。2014 年，习近平总书记在省部级主要领导干部学习贯彻十八届三中全会精神全面深化改革专题研讨班上提出要“为党和国家事业发展、为人民幸福安康、为社会和谐稳定、为国家长治久安提供一套更完备、更稳定、更管用的制度体系”，国家治理能力就是运用国家制度管理社会各方面事务的能力，包括改革发展稳定、内政外交国防、治党治国治军等各个方面。相对于依政策治党执政、依个别领导人的意志治党执政，依规治党更具有根本性、全局性、稳定性、长期性作用，更容易将党的治理方式与国家依法治理的方式相结合、相促进，真正实现治理能力、治理体系的现代化，实现依法执政、依法治国、依法行政共同推进，法治国家、法治政府、法治社会一体建设。

（三）党规制度体系是深化全面从严治党的制度载体

改革开放以来，中国共产党持续制定了一批重要的党内法规和党内规范性文件，构建了具有中国特色的党规制度体系框架。这些党规的相继出台，有力地推动了党规制度建设。但同时也应当看到，党规制度体系尚未健全完善，还有一些重大的党规有待制定和修订。只有继续加强党规制度体系建设，才能确保到建党 100 周年时，建成内容科学、程序严密、配套完备、运行有效的党规制度体系，才能将党的领导和党的建设全面纳入科学化、规范化、制度化轨道，全面实现从严治党的目标。

第二节　党规制度形式体系

党规制度的形式，也可以借鉴法的渊源理论将其称为党规制度渊源，整个体系大致呈现出“金字塔”式的结构，自上而下分别为党章、党章以外其他党内法规、党内规范性文件以及其他形式的党规制度，其中较为特别并值得单独论述的是党政联合制发的文件和地方党规制度。这些制度之间有着内在的关联，应当形成一个有机联系、互相支撑的统一体系。

一、党内法规

根据《中国共产党党内法规制定条例》，党内法规的名称为党章、准则、条例、规则、规定、办法、细则。党内法规的内容应当用条款形式表述，不同于一般不用条款形式表述的决议、决定、意见、通知等规范性文件。这是关于党内法规名称形式和内容形式最具权威性的依据。

（一）党章

党章是《中国共产党章程》的简称。正如宪法是国家的总章程一样，《中国共产党章程》是中国共产党的总章程和立党之本，是党内各种关系和组织活动的基本规范，也是其他党内法规制定的根据，是党内的根本法。党章由党的全国代表大会制定、修改和发布。

1.党章的地位

第一，党章是党的最根本的纲领性文件。党章是由中国共产党的全国代表大会通过的，是全党意志的集中体现。党内法规包含很多种类，但“党章是最根本的党规党法”①，具有最高权威，其他党内法规都是它的延伸或补充，必须服从或从属于党章，不能与党章相抵触。从这个意义上讲，在党内法规体系里，我们可以将党章称为“母法”，将其他党内法规称为“子法”。恩格斯曾将党的章程称为党的“共同法律”，并指出：“组织条例第五节第一条规定，‘每一个支部均有权根据当地条件和本国法律的特点制订自己的地方性章程和条例’，但是，此种章程和条例的内容，不得与共同章程和条例有任何抵触。”②

第二，党章是建党原理和理念的集中体现。中国共产党的立党宗旨、党的建设和活动的各项原则凝结在党章中，集中反映了党的发展规律和党的性质。这些原则从党的组织制度、党员权利义务、党内组织关系、党的纪律等各个角度反映了党在政治、思想、组织等方面不断成熟的主张，它们来源于党的生活，为党章所确立后又指导和规范党的生活。

① 《邓小平文选》第2卷，人民出版社1994年版，第147页。

② 《马克思恩格斯全集》第18卷，人民出版社1964年版，第79页。

第三，党章是党的组织和党员的行为总规范。党的性质、宗旨、纲领、组织原则和指导思想最终会外化为党的组织和党员的行为，通过党的组织和党员的行动来实现。因此党的组织和党员的行为应当受到规范，党章就是党的组织和党员行为的总规范。党章中有些内容宏观地规定了党的组织和党员的行动方向，如“党的最终目标，是实现共产主义社会”；也有些内容具体地规定了党的组织和党员的行为方式和程序，如党的各级代表大会的代表和委员会的产生、党员的权利和义务等。

2.党章的主要内容

党的二大制定的党章是党成立后制定的第一部党章，也是第一部党内法规。现行党章也称为“十九大党章”，是 2017 年 10 月党的十九大根据形势和任务发展变化对十八大党章进行修改而形成的。现行党章对党的性质、宗旨、路线和纲领、指导思想和奋斗目标、组织原则和组织机构、党员义务和权利以及党的纪律等作出根本规定。党章在结构上分为两大部分：总纲和具体条文。

总纲的内容包括：规定了中国共产党的性质、最终奋斗目标、党的指导思想、党的宗旨，规定了党的基本纲领和基本路线，坚持和发展中国特色社会主义道路、理论、制度以及其他各项要求。

现行党章的具体条文部分分 11 章，共 55 条。具体内容包括：

(1)党员和干部。党员是党的肌体的细胞，党员是否先进、纯洁直接决定着党的生命力的强弱。党的干部是党的事业的骨干，是人民的公仆。党章分别以专章形式规定了党员和干部，包括党员的基本条件、先锋队性质、义务与权利，发展党员的程序，党的干部的选拔、培养、教育等内容。

(2)党的组织。民主集中制是党的根本组织制度和领导制度，党章确定了民主集中制的六项基本原则，并规定了党的代表大会制度这个基本组织制度和一些具体制度。党的组织分为中央组织、地方组织和基层组织，此外在中央和地方国家机关、人民团体、经济组织、文化组织和其他非党组织的领导机关中，可以成立党组。

(3)党的纪律和纪律检查机关。党的纪律是党的各级组织和全体党员必须遵守的行为规则，是维护党的团结统一、完成党的任务的保证。党组织必须严格执行和维护党的纪律，党员必须自觉接受党的纪律的约束。党章分别规定了纪律处分的类别、程序和纪律检查机关。

(4)党团关系。中国共产主义青年团是中国共产党领导的先进青年的群众组织，是广大青年在实践中学习中国特色社会主义和共产主义的学校，是党的助手和后备军。党章阐明了共青团的性质、定位，并明确了党团关系。

(5)党的标志。党徽党旗是党的象征和标志。党的各级组织和全体党员都要维护党徽党旗的尊严，要按照规定制作和使用党徽党旗。中国共产党的党徽为镰刀和锤头组成的图案，党旗为旗面缀有金黄色党徽图案的红旗。

(二)准则

准则是对全党政治生活、组织生活和全体党员行为作出基本规定的党内法规。准则由党的中央委员会全体会议或中央政治局会议审议批准，以中共中央名义发布。

1.准则的特点

准则作为党内法规的一类重要表现形式，是党章的具体化，具有以下特点：

第一，基础性。准则是党内法规中的基础性法规，包含两层含义：一是指准则规定的是党内最具基础性的原则、理念和方向问题，对条例、规则、规定、办法和细则等具有指导意义；二是指准则只能由党的中央组织制定，适用范围及于全党，包括党的各级各类组织和全体党员，为党的组织和党员一体遵行，在准则所确立的理念和规则面前，没有例外和特权。

第二，正向性。正向性是指准则不同于一般的规范和纪律，规范和纪律通常是行为红线和行为的负面清单，划出行为的边界，以及违反规范后要承担的后果；而准则的定位是对党的组织和党员的高标准要求，指向的是立德向善，是理想信念的外化，也是执政党面向全社会的政治承诺和道德宣誓。

第三，实现方式主要是自律。准则是党的组织和党员，尤其是党员领导干部自律层面的一种内化的道德标准，是党的组织、党员观念和行动的高线，因此主要依靠党员自觉、自律，不断提高政治修养和执政能力来实现，通常不直接设计违反准则的惩罚性机制。

第四，效力位阶仅次于党章。党内法规是一个内容丰富、形式广泛的庞大体系，不同形式的法规之间效力不尽相同，由此形成了党内法规效力等级。准则由党的中央组织制定，属于中央党内法规，基于其基础性、宏观性在党内法规中居于较高效力层次，仅次于党章，高于条例、规则、规定、办法、细则等其他党内法规。

2. 现行准则

目前，党内法规中现行有效的准则有三部。

第一，《关于党内政治生活的若干准则》。1980 年 2 月 29 日，党的十一届五中全会正式通过《关于党内政治生活的若干准则》，该准则是在经过“文化大革命”的冲击，党的组织、党员的党性观念、党的优良传统和作风都遭受了严重破坏的时代背景下，为恢复党的优良传统和作风，增强党的凝聚力、战斗力，使党内政治生活逐步走上正轨而制定的。

该准则只有 12 条，但它的内容广泛丰富，既总结了几十年党内政治生活正反两方面的经验教训，也针对当时的实际状况补充了新的内容，提出了体现时代特征的党的建设的任务和要求，对于解决党的建设中各项重要问题具有重要的理论和实践意义。

《关于党内政治生活的若干准则》的主要内容包括：

(1)坚持党的政治路线和思想路线；

(2)坚持集体领导，反对个人专断；

(3)维护党的集中统一，严格遵守党的纪律；

(4)坚持党性，根绝派性；

(5)要讲真话，言行一致；

(6)发扬党内民主，正确对待不同意见；

(7)保障党员的权利不受侵犯；

(8)选举要充分体现选举人的意志；

(9)同错误倾向和坏人坏事作斗争；

(10)正确对待犯错误的同志；

(11)接受党和群众的监督，不准搞特权；

(12)努力学习，做到又红又专。

第二，《中国共产党廉洁自律准则》。2015 年 10 月，中共中央印发《中国共产党廉洁自律准则》，自 2016 年 1 月 1 日起实施，2010 年 1 月 18 日发布实施的《中国共产党领导干部廉洁从政若干准则》同时废止。

该准则共 8 条，包括导语、党员廉洁自律规范和党员领导干部廉洁自律规范三部分，结构简明，内容简约。该准则在导语部分强调，中国共产党全体党员和各级党员领导干部必须坚定共产主义理想和中国特色社会主义信念，必须坚持全心全意为人民服务根本宗旨，必须继承发扬党的优良传统和作风，必须自觉培养高尚道德情操，努力弘扬中华民族传统美德，廉洁自律，接受监督，永葆党的先进性和纯洁性。在党员廉洁自律方面，规定了四项内容：(1)坚持公私分明，先公后私，克己奉公；(2)坚持崇廉拒腐，清白做人，干净做事；(3)坚持尚俭戒奢，艰苦朴素，勤俭节约；(4)坚持吃苦在前，享受在后，甘于奉献。在党员领导干部廉洁自律方面，也规定了四项内容：(1)廉洁从政，自觉保持人民公仆本色；(2)廉洁用权，自觉维护人民根本利益；(3)廉洁修身，自觉提升思想道德境界；(4)廉洁齐家，自觉带头树立良好家风。

现行《中国共产党廉洁自律准则》是党执政以来第一部坚持正面倡导、面向全体党员的党内廉洁自律规范。它在主体上适用于全体党员，不仅限于党员领导干部；在规范领域上涵盖了“廉洁从政”“廉洁用权”“廉洁修身”和“廉洁齐家”四个方面，不限于“廉洁从政”，具有全面性。该准则重申了党的理想信念宗旨、优良传统作风，展现了共产党人的高尚道德追求，是一条既面向全体党员又突出关键少数的高线。

第三，《关于新形势下党内政治生活的若干准则》。2016 年 10 月 27 日，中国共产党第十八届中央委员会第六次全体会议通过《关于新形势下党内政治生活的若干准则》，对新形势下党内政治生活提出了明确的要求，作出了具体规定，并围绕党内政治生活，给党的建设各个方面的工作以明确定位，对于在新形势下推进全面从严治党具有重要的指导意义。

《准则》内容共三大板块、12 个部分。第一板块是序言，阐述党内政治生活的重大作用和历史经验、存在的突出问题、面临的形势任务以及新形势下加强和规范党内政治生活的重要性、紧迫性，提出加强和规范党内政治生活的目标要求；第二板块是主体部分，从 12 个方面对加强和规范党内政治生活提出明确要求，作出具体规定；第三板块是结束语，主要为提出要求，即加强组织领导和督促检查，高级干部带头示范，确保各项任务落到实处。

（三）条例

条例是对党的某一领域重要关系或者某一方面重要工作作出全面规定的党内法规。条例由党的中央组织制定，以中共中央名义发布。

1. 条例的特点

第一，专门性。条例具有专门性，指向党的某一重要关系或某一方面的重要工作。内容涉及党内工作机制、党的组织建设、党的队伍建设、党的纪律及处分等多个方面。

第二，规范性。条例具有规范性，是指条例以法的规范的形式表现，无论一部条例的整体结构上，还是在条例中的核心内容上，都更加接近于国家立法的形式。整体上，条例通常采用章、节、条、款、项、目等与国家立法近似的结构形式。在内容上，条例主要规定党的组织和党员的行为边界，以及违反规定的否定性后果，与立法中“行为模式＋法律后果”的法律规范结构相同。

第三，效力位阶居中。条例由党的中央组织制定，属于中央党内法规，其效力位阶居中是指在党内法规体系中，其效力低于党章和准则，但高于规则、规定、办法、细则等其他党内法规，居于党内法规效力“金字塔”的中部，起着承上启下的作用。

2. 现行条例

目前党内法规中的条例有 20 余件，内容涉及党的建设的若干领域。主要包括：

(1)有关党内工作机制的条例，如《中国共产党党内法规制定条例》《党政机关公文处理工作条例》等。

(2)有关党的组织建设的条例。如《中国共产党党组工作条例》《中国共产党统一战线工作条例(试行)》《中国共产党地方委员会工作条例》《中国共产党党和国家机关基层组织工作条例》等。

(3)有关党的队伍建设的条例,如《中国共产党党员权利保障条例》《党政领导干部选拔任用工作条例》《干部教育培训工作条例》等。

(4)有关党的纪律及处分的条例,如《中国共产党纪律处分条例》《中国共产党党内监督条例》《党政机关厉行节约反对浪费条例》和《中国共产党巡视工作条例》等。

(5)其他。除上述方面以外,还有些条例规范着党的建设的重要领域,如反腐倡廉领域的《党政机关厉行节约反对浪费条例》等。

(四)规则、规定、办法、细则

规则、规定、办法、细则是对党的某一方面重要工作或者事项作出具体规定的党内法规。

1.规则、规定、办法、细则的特点

第一,专门性。规则、规定、办法、细则在内容上关注党的某一方面的重要工作或事项,在细致化程度上较为具体,操作性强。如直接针对中国共产党纪律检查机关案件监督管理工作、针对领导干部能上能下、针对党内法规和规范性文件备案、针对地方党委委员和纪委委员开展党内询问和质询办法等具体工作。

第二,制定主体多元,数量较多。规则、规定、办法、细则在制定主体上呈现出多元性,中央纪律检查委员会、中央各部门和省、自治区、直辖市党委均可制定。

第三,效力位阶低于党章、准则和条例。规则、规定、办法、细则在党内法规体系的效力位阶排序中处于基础层次,低于党章、准则和条例。规则、规定、办法、细则的制定要以党章为依据,不能与准则、条例相抵触。

2.现行主要的规则、规定、办法、细则

(1)规则。规则既是党章、准则、条例的具体化,又在较为具体的规则、规定、办法、细则这四类党内法规中居于首要地位。从内容上看,规则是规范党的领导机关的议事程序和工作方法的党内法规，常见的有议事规则、工作规则等。

目前，我国现行有效的党内法规中全党层面的规则数量不多，比较典型的如《中国共产党纪律检查机关案件监督管理工作规则（试行）》和《中国共产党党委（党组）理论学习中心组学习规则》等。在地方层面，地方党组织的党内规则主要体现为议事规则，如《重庆市区县（自治县、市）党委、政府领导集体决策重大问题议事规则（试行）》。

（2）规定。规定是调整党内生活中的一般性问题或者某一方面工作的党内法规，规范的范围和对象比较集中，措施和要求比较具体，如《地方党政领导干部安全生产责任制规定》《推进领导干部能上能下若干规定（试行）》《严格军队党员领导干部纪律约束的若干规定》等。

（3）办法。办法是对贯彻执行条例、规定或者进行某项具体工作的方法、步骤和措施作出规定的党内法规，具有较强的程序性、针对性和可操作性，如《中国共产党党内法规和规范性文件备案规定》《市县党委书记履行干部选拔任用工作职责离任检查办法（试行）》等。

（4）细则。细则是为保证条例、规定正确实施而制定的配套规范，是对条例、规定中有关内容的含义、界限、程序、责任的细化、具体化，具有很强的操作性和附属性，不得同上位党内法规相抵触，也不得超越上位党内法规的框架创制新的规范，如《中国共产党发展党员工作细则》《〈中国共产党纪律检查机关案件检查工作条例〉实施细则》等。

二、党内规范性文件

党内法规是规范性最强的党规，相当于党内立法，但并非党规的全部，党内法规之外还有数量繁多、形式多样的党内规范性文件，既是党规体系的重要组成部分，也是重要的党规渊源。

（一）党内规范性文件的概念和特点

1. 党内规范性文件的概念

“规范性文件”是法律中经常出现但又不局限于法律领域的概念，它主要是指具有规范性（即规定权利和义务）的、适用于不特定对象的各种文件。

在国家法律之外的领域,“规范性文件”主要被用来指对某一群体具有纪律约束力的文件。根据《中国共产党党内法规和规范性文件》的规定,党内规范性文件是指中央纪律检查委员会、中央各部门和省、自治区、直辖市党委在履行职责过程中形成的具有普遍约束力、可以反复适用的决议、决定、意见、通知等文件,包括贯彻执行中央决策部署、指导推动经济社会发展、涉及人民群众切身利益、加强和改进党的建设等方面的重要文件。从这种界定上看,党内规范性文件与党内法规最直观的区别即文件的表现形式或者说是名称。党内法规以党章、准则、条例、规则、规定、办法、细则表现,而党内规范性文件则以决议、决定、意见、通知等形式表现。

2.党内规范性文件的特点

第一,普遍约束力。党内规范性文件的普遍约束力是指其针对对象的不特定性,即文件不是针对特定人或者特定事,而是针对具有普遍意义的问题或为解决具有普遍意义的事项制定或发布的,对一定范围的社会主体具有普遍适用和约束的效力,要求一定范围的社会主体一体遵行。

第二,反复适用性。党内规范性文件的反复适用性是指在该文件的有效期内,可以反复适用于受该文件约束的对象,这也是规范性文件与非规范性文件的实质差异所在。这里的“反复适用”,强调的是对所要调整的广泛的、不特定的对象在一定时期内的适用性,并且适用的次数不止一次,而是反复多次,同类情况同类处理。

第三,规范性。党内规范性文件的规范性是指文件内容涉及所调整对象的权利义务,文件为所约束的主体提供行为标准、模式和框架。基于这种规范性,文件对所约束的对象可以发挥指引作用、评价作用、预测作用和强制作用。指引作用是指可以指引相关主体为或者不为某种行为,评价作用是指可以对相关主体的行为的合规性及其程度起到判断和衡量的作用,预测作用是指相关主体可以根据文件的规定估计行为的法律后果,强制作用是指可以运用强制力制裁、惩罚违规行为。

从以上特点可知,并不是党的组织制定、发布的所有文件都是规范性文件，只有党内法规以外、同时具备上述特点的文件才是党内规范性文件。有些文件，如涉及人事调整、领导讲话、情况通报、工作总结、会议活动通知等文件，由于不具有对党的组织或党员行为的普遍约束力、直接规范性或者不具有反复适用性，不属于党内规范性文件。①

3.党内规范性文件的主要形式

(1)决议。决议是关于经会议讨论通过的重要决策事项的文件。如《中国共产党第十八次全国代表大会决议》《中共河北省纪委八届六次全会决议》等。

(2)决定。决定是对重要事项或重大行动作出安排的文件。如《中共中央关于全面深化改革若干重大问题的决定》、《中共中央关于全面推进依法治国若干重大问题的决定》等。

(3)意见。意见是对某一重要问题提出设想、建议和安排的文件。如《中共中央关于在全党深入开展党的群众路线教育实践活动的意见》《中共山东省委关于培育和践行社会主义核心价值观的实施意见》等。

(4)通知。通知是用于发布决定或措施，或转发上级机关、同级机关和不相隶属机关的公文，或批转下级机关的公文，或要求下级机关办理某些事项以及任免或聘用干部等的文件。如《中共中央组织部关于加强特殊一线岗位人才医疗保健工作的通知》等。

(二)党政"联发"式党规

1.现象与意义

在我国，党政联合行文、发文的模式在实践中广泛适用，并成为一类值得关注的特别党规形式。2012 年 4 月 6 日中共中央办公厅、国务院办公厅联合印发的《党政机关公文处理工作条例》本身就是党政联合行文的典型形式。该条例第 17 条规定："同级党政机关、党政机关与其他同级

① 根据《中国共产党党内法规和规范性文件备案规定》，下列文件不属于备案范围：(1)人事调整、内部机构设置、表彰决定方面的文件；(2)请示、报告、会议活动通知、会议纪要、领导讲话、情况通报、工作要点、工作总结；(3)机关内部工作制度和工作方案；(4)其他不具有普遍约束力、不可反复适用的文件。该规定从一个侧面对党内规范性文件作了排除性规定。

机关必要时可以联合行文。属于党委、政府各自职权范围内的工作,不得联合行文。党委、政府的部门依据职权可以相互行文。部门内设机构除办公厅(室)外不得对外正式行文。"该规定确认和肯定了党政联合行文、发文的工作方式,同时也从主体、权限层面提出了规范要求。

按照《党政机关公文处理工作条例》的界定,党政机关公文是党政机关实施领导、履行职能、处理公务的具有特定效力和规范体式的文书,是传达贯彻党和国家的方针政策,公布法规和规章,指导、布置和商洽工作,请示和答复问题,报告、通报和交流情况等的重要工具。从实践中看,党政联合行文涉及的事务多为国家或地方在一定时期、一定领域的重要政策部署,具有高度的权威性和指导意义,通常会深刻影响执政党及其组织、政府及其部门权力的行使,广泛影响社会主体的权利义务,直接影响相关领域具体制度的设计或调整。在我国现行的领导体制和管理体制下,党的领导、党的主张通常需要通过权力机关转化为国家法律或与行政机关联合形成决策,这本身是执掌政权的一种重要方式,也是党政联合发文的内在机理。从这个意义上讲,社会的各个领域、各项事业发展无不在党的领导之下、党的事业之内。《中国共产党党内法规制定条例》将党内法规界定为"规范党组织的工作、活动和党员行为的党内规章制度",对于党政联合发文而言,作为制定主体的党组织对于文件的意义有三:一是在现行体制下为政府工作提供权威性方面的助力,表现执政党和政府对相关问题的高度关注,从而引起更广泛的重视和关注;二是在现行体制下整合党政关系,为行政工作消减或者消除执行中的阻力,从而形成党政合力;三是直接对党组织、党员领导干部发力,提出要求,规范党组织、党员的行为。从这三个方面来讲,党政联合发文并未超出"党内"的范围,同样属于"规范党组织的工作、活动和党员行为的党内规章制度"。至于文件同时带有政府文件的色彩,主要通过政府工作推进和实施,则是另一个方面的问题,只能说明此类文件具有党内规范与政府规范的双重属性。

2. 主要类别

从发文主体上看,党政有多种联合的模式。

(1)中共中央与国务院联合。如仅2016年以来,中共中央、国务院就印发了《关于进一步加强城市规划建设管理工作的若干意见》《关于全面振兴东北地区等老工业基地的若干意见》《关于深化国有企业改革的指导意见》以及《关于落实发展新理念,加快农业现代化,实现全面小康目标的若干意见》等多份重要文件,为相关领域各项事业的发展作出了重要指引。

(2)中共中央办公厅与国务院办公厅联合。如《健全落实社会治安综合治理领导责任制规定》《深化农村改革综合性实施方案》《关于完善审计制度若干重大问题的框架意见》以及《关于全面推进政务公开工作的意见》等。

(3)中共中央部门与国务院部门联合。如中宣部、中央文明办、广电总局等联合印发《全国环境宣传教育工作纲要(2016～2020)》,国家安监总局、中宣部教育部等联合印发《关于加强全社会安全生产宣传教育工作的意见》,中组部、中宣部、司法部、人社部联合印发《关于完善国家工作人员学法用法制度的意见》等。

(4)地方党委与地方政府、地方党委办公厅(室)与地方政府办公厅(室)或者地方党组织与政府部门联合。如上海市委、市政府联合印发《关于全面深化新时代教师队伍建设改革的实施意见》,山东省委、省政府联合印发《山东省法治政府建设实施纲要(2016～2020)》,烟台市委组织部、宣传部、老干部局、民政局、财政局等联合印发《关于进一步加强老年文化建设的实施意见》等。

三、地方党规制度

习近平总书记明确指出,依法治国的根基在基层。我们党是根据自己的纲领和章程,按照民主集中制组织起来的统一整体,全面推进依法治国、依规治党,既要强化法治建设的顶层设计,也需要同样重视地方法治的创新与实践。地方党规制度是党规制度体系的有机、必要组成部门,也是党内法治的重要建设领域。

（一）地方党规制度的概念

《中国共产党党内法规制定条例》规定，中央纪律检查委员会、中央各部门和省、自治区、直辖市党委就其职权范围内有关事项制定党内法规。这是地方党内法规制定权的直接依据。省、自治区、直辖市党委有权制定地方党内法规，但地方党规制度不限于党内法规，还包括党内规范性文件以及以其他形式表现的党的各项制度，其制定主体可以及于所有的地方党组织。因此，地方党规制度是指中国共产党的各级各类地方组织根据法定职权和法定程序制定的党内法规、党内规范性文件及其他制度的总称。

（二）地方党内法规的特点

1. 地方性。地方性党规制度的“地方性”内涵有三：一是党的地方组织根据自身工作需要，就自己职权范围内的有关事项作出规定，不必以中央党规的制定为前提；二是地方性党规制度的适用范围限于相应的地方，不能适用于其他地区和全国；三是地方性党内法规的效力及于相应的地方，并低于全国性的党规制度。

2. 从属性。地方性党规制度的“从属性”是指地方党规制度创设的空间受到中央党内法规及相应的上级党组织制定的党内法规的制约，在效力位阶排序中，地方党规制度效力低于中央党内法规，并不得同中央纪律检查委员会、中央各部门制定的党内法规相抵触，否则将由中央责令改正或者予以撤销。这是保证党规制度体系协调统一的基本制度安排。

3. 执行性。地方党规制度的“执行性”是指一些地方党规制度制定的目的是执行和细化上位阶党内法规或党内规范性文件的规定，与被执行的党规形成有机的体系，促进上位阶党规的执行和实施。如为贯彻落实《中国共产党党务公开条例》的规定，中共河北省委印发《河北省党务公开实施细则（试行）》。

4. 创新性。地方党规制度的“创新性”是指一些地方性党规制度并非落实或执行上位阶党内法规的规定，而是地方党组织在工作实践中发挥能动性，结合本地实际创造性地进行制度设计的结果，其内容也具有创设性。同国家法律制度一样，许多较为成熟有效的党规制度最初都是从地方创新开始，积累相当的制度建设经验后适用于全国。

（三）地方党内法规建设的意义

1.发挥地方积极性。中国共产党是一个统一的政治组织，地方党委包括立规活动在内的各项活动都要维护党中央的权威和集中统一领导。在这一前提下，地方党组织可以根据地方治理实践的需要创设新的制度，这对于发挥中央地方两个积极性，构建良好的政治生态，增强党内政治生活的能动性具有重要的意义。

2.推动先行先试。十八届三中全会通过的《中共中央关于全面深化改革若干重大问题的决定》强调："必须加强顶层设计和摸着石头过河相结合，整体推进和重点突破相促进。"摸着石头过河，是富有中国特色、符合中国国情的改革方法。摸着石头过河就是摸规律，从实践中获得真知。摸着石头过河和加强顶层设计是辩证统一的。推进局部的阶段性改革开放要在加强顶层设计的前提下进行，加强顶层设计要在推进局部的阶段性改革开放的基础上来谋划。从地方先行先试实践为开端，由点到线，由线到面不断积累经验形成共识，直至在国家层面逐渐完善和推广，是我国改革开放40年来各项事业发展的一条宝贵经验，也可以为党规制度建设提供借鉴。

3.促进中央党规执行。中国共产党领导一个国情复杂多样、发展程度参差不齐的发展中大国，中央层面的制度建设通常只能选取具有高度适应性的最大公约数，这便难以关照到各地方的具体需求和在保持整体统一下的个性化需求。通过地方性党规制度建设将宏观、原则的中央党规加以细化、具体化，使其更加适应各地区的现实状况，更加易于实践操作，客观上会促进中央党规的执行，维护中央的权威。比如"八项规定"发布后，全国31个省区市结合本地实际，全部制定了贯彻落实办法。比如，浙江省出台了"六项禁令"，贵州省出台了"十项规定"，西藏自治区出台了"约法十章"。这些配套法规制度的出台，确保了"八项规定"精神在本地区落地生根。

（四）地方党规制度建设状况

根据中共中央办公厅法规局的统计，截至2017年底，全党有2400余部党内法规，其中中央党内法规170多部，部委党内法规200多部，地方党内法规2000余部。[①] 如果加上各级各类党内规范性文件，将是一个非常庞大的数字。从数量上看，地方党内法规构成了党内法规“金字塔”体系中宽大的“底座”，但从地方党内法规相关理论和实践来看，相应的理论支撑、制度保障远未跟进，地方党规制度之间也不像中央党内法规那样开始建立顶层设计，制度间不协调、不统一、不衔接、碎片化等问题依然存在。

2017年6月，中共中央印发《关于加强党规制度建设的意见》，这是一部为了全面从严治党、依规治党而制定的法规。《意见》要求，中央纪委、中央各部门和各省区市党委要按照党中央决策部署，统筹谋划、积极推进本系统本地区党规制度建设。探索赋予副省级城市和省会城市党委在基层党建、作风建设等方面的党内法规制定权。同年，为进一步完善党规制度体系，党中央决定在改革开放的前沿阵地深圳等7个城市开展党内法规制定试点工作，要求重点围绕基层党建、作风建设方面探索制定党内法规。这是党中央首次将党内法规制定权下放至副省级城市和省会城市党委。2018年，深圳史上首批党内法规正式出台实施。《中国共产党深圳市街道工作委员会工作规则(试行)》《中国共产党深圳市社区委员会工作规则(试行)》《深圳市社会组织党的建设工作规定(试行)》《党支部书记履行党建工作职责考核办法(试行)》《建立健全纠正“四风”长效机制规定(试行)》等5部党内法规，集中聚焦基层党建和作风建设，成为试点城市中出台法规数量最多的城市，也是基层党建领域法规覆盖最全面、体系最完整的城市。

第三节 党规制度内容体系

从党规制度内容角度看，党规制度体系是由“1+4”制度板块组成

---

① 参见周悦丽:《以地方为视角的党内法规体系建设研究》,《北京行政学院学报》2018年第4期。

的，即党规制度体系根据规范对象的不同，呈现出各有侧重的逻辑结构："1"是党章，对党的领导、党的自身建设、党的组织结构、党员义务权利等作出基本规定，也是其他党规制度的基本指针；"4"即《中共中央关于加强党内法规制度建设的意见》所指的"按照'规范主体、规范行为、规范监督'相统筹相协调原则"形成的党的组织法规制度、党的领导法规制度、党的自身建设法规制度、党的监督保障法规制度等4大制度板块。这些法规制度相互协调，支撑党规制度体系大厦，织成党规制度网络，也搭建起党规基本制度的内容框架。

一、党的组织法规制度

党的组织法规制度规范党的各级各类组织的产生和职责，旨在夯实管党治党、治国理政的组织制度基础，其重点和要旨是从主体上解决各级各类党组织的产生、职责和运行问题。从党章相关规定和目前的党规制度建设的情况来看，党的组织法规制度主要包括党的民主集中制、党的代表大会制度、党的组织生活制度、党的选举制度和党内议事规则等。

（一）民主集中制

中国共产党是根据自己的纲领和章程，按照民主集中制组织起来的统一整体。民主集中制既是党的根本组织原则，也是马克思主义认识论和群众路线在党的生活和组织建设中的实践运用。民主集中制，简要地说，就是坚持民主基础上的集中和集中指导下的民主相结合。民主集中制的民主，就是党组织和全体党员的意愿、主张能充分表达和发挥；民主集中制的集中，就是全党意志、智慧的凝聚和行动的一致。民主集中制是马克思主义政党的根本组织原则和组织制度，是党内政治生活正常开展的重要制度保障，是党赖以生存和发展的最基本的制度保证，也是党的最大的制度优势。

结合党章和相关党内法规的规定，在党的政治生活和党的建设中坚持民主集中制，要遵守以下六项基本原则：

1. 党员个人服从党的组织，少数服从多数，下级组织服从上级组织，全党服从党的全国代表大会和中央委员会。

2.党的各级领导机关，除它们派出的代表机关和在非党组织中的党组外，都由选举产生。

3.党的最高领导机关，是党的全国代表大会和它所产生的中央委员会。党的地方各级领导机关，是党的地方各级代表大会和它们所产生的委员会。党的各级委员会向同级的代表大会负责并报告工作。

4.党的上级组织要经常听取下级组织和党员群众的意见，及时解决他们提出的问题。党的下级组织既要向上级组织请示和报告工作，也要独立负责解决自己职责范围内的问题。上下级组织之间要互通情报、互相支持和互相监督。党的各级组织要使党员对党内事务有更多的了解和参与。

5.党的各级委员会实行集体领导和个人分工负责相结合的制度。凡属重大问题都要按照集体领导、民主集中、个别酝酿、会议决定的原则，由党的委员会集体讨论，作出决定；委员会成员要根据集体的决定和分工，切实履行自己的职责。

6.党禁止任何形式的个人崇拜。要保证党的领导人的活动处于党和人民的监督之下，同时维护一切代表党和人民利益的领导人的威信。

（二）党的代表大会制度

各级党的代表大会制度，是依据党章规定，由各级党组织选举代表出席，共同讨论决定党的重大问题，选举党的领导机关的会议，包括党的全国代表大会，党的省、自治区、直辖市的代表大会，设区的市和自治州的代表大会，县（旗）、自治县、不设区的市和市辖区的代表大会，党的基层代表大会。党的代表大会制度是党的民主集中制的重要组成部分，是党内最根本的政治制度，坚持和完善党的代表大会制度对于实行民主的、科学的决策，增强党的生机与活力，巩固党的执政地位，实现党的执政使命，具有十分重要的意义。党的代表大会制度在党的制度体系中的重要地位和作用，是由党的章程规定的。十九大党章规定，党的最高领导机关，是党的全国代表大会和它所产生的中央委员会。党的地方各级领导机关，是党的地方各级代表大会和它们所产生的委员会。党的各级委员会向同级的代表大会负责并报告工作。十九大党章对党的全国代表大会和党的地方各级代表大会的职权分别作出明确规定。根据党章规定,《关于党内政治生活的若干准则》和《中国共产党地方组织选举工作条例》《中国共产党基层组织选举工作暂行条例》等党内法规,分别就定期召开党的代表大会,做好党的各级委员会按期换届选举工作等作出具体规定。

(三)党的组织机构制度

党章在第三、四、五章分别规定了党的组织机构制度,包括党的中央组织、地方组织和基层组织。其中,党的中央组织包括党的全国代表大会、党的中央委员会、中央政治局、中央政治局常务委员会、中央书记处、中央军事委员会等。党的地方组织包括党的地方各级代表大会、党的地方各级委员会及其常务委员会、党的地区委员会和相当于地区委员会的组织。党的基层组织是指在企业、农村、机关、学校、科研院所、街道社区、社会组织、人民解放军连队和其他基层单位成立的基层组织,如基层委员会、总支部委员会、支部委员会等。

与党的组织机构制度相对应的党规制度主要有《中国共产党工作机关条例》《中国共产党农村基层组织工作条例》《关于加强街道党的建设工作的意见》《中共中央组织部关于在深化国有企业改革中党组织设置和领导关系有关问题的通知》《中国共产党普通高等学校基层组织工作条例》《中国共产党党和国家机关基层组织工作条例》等。

(四)党的组织生活制度

党的组织生活是党的生活的重要内容,是党组织对党员进行教育、管理、监督的重要形式,它主要依托党支部、党小组开展活动。党章及有关党规制度规定,每个党员,不论职务高低,都必须编入党的一个支部、小组或其他特定组织,参加党的组织生活,接受党内外群众的监督。党员领导干部还必须参加党委、党组的民主生活会。不允许有任何不参加党的组织生活、不接受党内外群众监督的特殊党员。党的组织生活要坚持政治性和原则性,唯此才能保持党组织和党员的正确政治方向,才能使党组织真正具有凝聚力和战斗力。党的组织生活的基本内容通常是对党员进行党的知识教育,学习马克思主义基本理论和党的方针政策及有关业务知识,传达中央和上级党组织的文件指示，开展批评与自我批评，处理违纪党员和不合格党员以及开展适合党员特点的各种形式的活动等。党的组织生活的主要形式包括“三会一课”（支部党员大会、党支部委员会、党小组会和党课）制度、民主生活会和组织生活会制度、谈心谈话制度、民主评议党员制度、请示报告制度等。与党的组织机构制度相对应的党规制度主要有《关于新形势下党内政治生活的若干准则》《中国共产党地方委员会工作条例》《县以上党和国家机关党员领导干部民主生活会若干规定》《关于开展党的群众路线教育实践活动的指导意见》等。

（五）党的选举制度

党的选举制度是由党章和有关文件规定的选举产生党的各级代表大会代表和党的各级领导机关的制度，包括党内进行选举时必须遵循的原则、程序、方法和其他规定。根据党章和相关党内法规的规定，党内选举要充分体现选举人的意志；选举采用无记名投票的方式；候选人名单要由党组织和选举人充分酝酿讨论，按照多数选举人的意见确定，而不能由少数人决定；可以直接采用候选人数多于应选人数的差额选举办法进行正式选举，也可以先采用差额选举办法进行预选，产生候选人名单，然后进行正式选举；选举人有了解候选人情况、要求改变候选人、不选任何一个候选人和另选他人的权利；任何组织和个人不得以任何方式强迫选举人选举或不选举某个人；党的地方各级代表大会和基层代表大会的选举，如果发生违反党章的情况，上一级党的委员会在调查核实后，应作出选举无效和采取相应措施的决定，并报再上一级党的委员会审查批准，正式宣布执行；党内选举的方式主要有直接选举、间接选举、差额选举、等额选举和预选等；选举程序上，主要包括选举单位的划分、候选人酝酿提名、产生候选人、介绍候选人情况、规定投票方式和当选计票方法、进行选举、公布选举结果和确定当选人等。这些规定，对于贯彻党的民主集中制，保障党员的民主权利，加强各级领导班子建设，提高党的战斗力，具有十分重要的意义。与党的组织机构制度相对应的党规制度主要有《中国共产党基层组织选举工作暂行条例》《中国共产党地方组织选举工作条例》等。

二、党的领导法规制度

党的领导法规制度规范党的领导和执政活动，为党发挥总揽全局、协调各方领导核心作用提供制度保证，其重点和要旨是从行为上对外解决党的领导和执政活动问题。我国宪法规定，中国共产党领导是中国特色社会主义最本质的特征。党章规定，党的领导是中国特色社会主义的一项重要政治原则。党章序言列举强调了党的若干重要领导工作，包括领导人民发展社会主义市场经济，发展社会主义民主政治，发展社会主义先进文化，构建社会主义和谐社会，建设社会主义生态文明，领导人民武装力量，发展壮大爱国统一战线，领导社会主义青年团等。

党的领导法规制度有两项突出的特点：第一，党的领导法规制度在内容上涉及广泛。该特点源于中国共产党的地位和使命，“党领导一切”是党的领导法规制度建设的基本指针。第二，党的领导法规制度在形式上有两种表现：一是纯粹的党规制度，即党的中央或地方组织根据制定权限制定的党内法规或者党内规范性文件；二是党政联合发文的形式。[①]换句话说，党政联合发文的制度模式主要适用于党的领导法规制度板块。这里有一个基本的认识问题，即是否只有纯粹关涉党的自身建设且无涉外部社会治理领域的文件才能称为“党内”法规或“党内”规范性文件？我们认为，无论从党的领导地位、执政地位的现实角度讲，还是从《中国共产党党内法规制定条例》中对“党内法规”界定的规范分析角度讲，都不能得出“党内法规”仅限于党组织的自身建设相关事务的结论。在我国现行的领导体制和管理体制下，党的领导、党的主张通常需要通过权力机关转化为国家法律或与行政机关联合形成决策，这本身是执掌政权的一种重要方式，也是党政联合发文的内在机理。从这个意义上讲，社会的各个领域、各项事业发展无不在党的领导之下、党的事业之内。

---

① 除了“党政”以外，也可能有党与行政机关以外的其他公权力组织联合发文，但实践中为数不多，为方便论述，主要采用“党政联合发文”的表述。

结合党章和相关党规制度，党的领导法规制度主要包括以下几类：

（一）党的干部制度

"为政之要，莫先于用人。"执政党对干部进行管理，是政党区别于其他组织的基本特征之一。"党管干部"，即由中国共产党领导干部工作，对干部工作实行统一决策，对各级各类干部实行分级分类管理，是我国政治体制的重要组成部分，也是我国干部管理的根本原则。几十年来，这一原则在保证党对国家和社会生活的领导，促进革命、建设和改革事业的发展方面，发挥了重要的作用。

有学者或实务工作部门将党政领导干部选拔工作党规制度、地方党委向国家机关推荐领导干部党规制度等归类于党的组织建设规范，我们认为，这种分类方式并不科学，这些制度的实质是通过党对于领导干部的选拔、任免和管理实现党对各项事业的全面领导，例如《党政领导干部选拔任用工作条例》在其适用范围方面规定："本条例适用于选拔任用中共中央、全国人大常委会、国务院、全国政协、中央纪律检查委员会的工作部门或者机关内设机构的领导成员，最高人民法院、最高人民检察院的领导成员（不含正职）和内设机构的领导成员；县级以上地方各级党委、人大常委会、政府、政协、纪委、人民法院、人民检察院及其工作部门或者机关内设机构的领导成员；上列工作部门的内设机构的领导成员。县级以上党委、政府直属事业单位和工会、共青团、妇联等人民团体的领导成员的选拔任用，参照本条例执行。选拔任用非中共党员领导干部，参照本条例执行。选拔任用处级以上非领导职务，参照本条例执行。"由此可以看出，党对干部尤其是领导干部的管理不限于党员干部，相应地，中央组织部和国家人事部门联合发布的有关公务员录用、奖惩、调任、处分等规定，中央组织部和最高人民法院、最高人民检察院联合发布的有关选拔出任法官、检察官任职人选的办法，也都不限于党的工作机关，这是对国家机关、国家各项事业进行领导的典型方式，在类别上应当归属于党的领导法规制度板块。

（二）党的人才制度

"党管人才"是人才工作的重要原则，也是党的领导的具体表现方式。随着人类社会的发展，人口、环境与经济增长之间的矛盾日益尖锐，依靠消耗自然资源、物质资源的传统发展模式已难以为继，人才资源已替代自然资源、物质资源成为最重要的战略性资源，人才成为我国经济社会发展的第一资源。而要抓好"第一资源"，必须加强党对人才工作的领导，把人才工作摆上重要位置，整合各方面力量做好人才的培养、吸引、使用工作。因此坚持党管人才原则、加强党管人才工作，是全面建设小康社会、推进我国现代化建设、实现中华民族伟大复兴中国梦的重要保证。

党管人才党规制度建设的重点是解决"管什么"和"如何管"的问题。关于第一点，党管人才的重点是管宏观、管政策、管协调、管服务。管宏观主要是坚持人才发展的正确方向，加强科学理论指导，制定人才发展规划，始终把实施人才强国战略作为根本任务加以推进；管政策是指统筹重大人才政策制定，有针对性地解决人才发展中的重大问题，改革人才工作体制机制，营造有利于人才辈出、人尽其才、才尽其用的制度环境；管协调是指通过加强各方面的统筹协调，形成推进人才工作和人才队伍建设的整体合力；管服务是指关心爱护人才，为各类人才干事创业、实现价值提供良好服务。关于第二点，党管人才的主要方式是完善人才领导体制和工作格局。《关于进一步加强党管人才工作的意见》要求"县级以上地方党委建立人才工作领导小组"，并根据分工负责、齐抓共管的原则对领导小组的成员配置作出规定，促进建立"党委统一领导，组织部门牵头抓总，有关部门各司其职、密切配合，社会力量广泛参与"的人才工作格局，这种领导机构和工作格局的目标就是更好地发挥党委（党组）在人才工作中的核心领导作用，保证党的人才政策全面贯彻落实。

（三）党对重大工作、重点领域的领导制度

党和国家事业发展涉及的工作千头万绪，加强党的全面领导，发挥好党总揽全局、协调各方的作用，不是空洞的、抽象的，需要一整套制度安排。其中，建立健全党对重大工作、重要领域的领导是一个事关全局的环节。结合目前党规制度建设和实践状况，我们认为，党对重大工作、重点领域的领导制度主要体现为三大类：

1.党对改革发展的宏观领导制度。党中央历来重视对涉及全局重大工作的集中统一领导。在革命、建设、改革的不同历史时期，曾为诸多重大工作专门设立过决策、议事、协调机构，发挥了重要作用，成为党加强集中统一领导、推动重大工作落实的一条基本经验。党的十八大以来，为适应统筹推进“五位一体”总体布局、协调推进“四个全面”战略布局的需要，在党中央已设立的决策议事协调机构基础上，新成立了中央全面深化改革领导小组、中央国家安全委员会、中央网络安全和信息化领导小组、中央军民融合发展委员会等机构，进一步加强党的集中统一领导，推动相关重要领域工作取得重大进展。党的十九届三中全会通过《中共中央关于深化党和国家机构改革的决定》，提出深化党和国家机构改革要以加强党的全面领导为统领，形成总揽全局、协调各方的党的领导体系，完善保证党的全面领导的制度安排，改进党的领导方式和执政方式，提高党把方向、谋大局、定政策、促改革的能力和定力。《决定》把完善坚持党的全面领导的制度作为这次深化党和国家机构改革的首要制度安排，相应提出“建立健全党对重大工作的领导体制机制”“强化党的组织在同级组织中的领导地位”“更好发挥党的职能部门作用”“统筹设置党政机构”“推进党的纪律检查体制和国家监察体制改革”等五个方面改革要求，其中“建立健全党对重大工作的领导体制机制”列在首位。

2.党对重点领域的中观领导制度。新时代坚持和加强党的领导，必须明确党的领导是具体的而不是抽象的，它立足于现实的经济社会生活，也贯穿于实践工作的各环节各方面。从这个意义上讲，党的领导是普遍性与具体性的有机结合。普遍性是指党要总揽全局、协调各方，在工作中把握方向，谋划大局，促进发展；具体性是指党的领导方式方法既要立足时代背景，回应时代命题，也要与具体行业、领域的工作规律相结合，着眼并助力于具体业务工作的改进与提升，将党的领导嵌入到经济社会各领域的治理体系中，在这个过程中更好地发挥党的领导作用，促进和保障党和国家大政方针的有效贯彻以及支持和保障经济社会的发展。因此，党在一定历史时期、一定社会背景下，会以党规制度形式关照一些特别的社会领域，加强对相关领域的领导，这类制度主要以党政联合发文的形式呈现。当然，党政联合发文的适用无须也不可能覆盖所有的社会治理领域，已经建成的社会主义法律体系能够提供基本的社会治理制度资源，形成基本的治理秩序。这类制度通常聚焦于特定历史时期、特定社会领域中最为重大、群众最为关切、矛盾最为突出的改革发展事项，为各类突出问题的解决或重点工作的推进确立基本原则、明确组织领导以及提供指导性意见，典型的如《法治政府建设实施纲要（2015～2020）》《中共中央、国务院关于深入推进城市执法体制改革，改进城市管理工作的指导意见》等，在这些指导意见中明确党组织的组织、领导、保障职责。

3.党关于领导干部责任制的具体制度。党的领导活动的主体是党组织和党员，尤其是党员领导干部。党组织的领导职责通常通过党对改革发展的宏观领导、党对重点领域的中观领导来体现和实现，而党员领导干部领导作用主要体现为责任制。党的十八大以来，针对以往在领导、管理体制中权责不清晰、不统一、不平衡等状况，党和国家先后在环境保护、安全生产、社会治安综合治理等各重点领域建立起"党政同责，一岗双责，失职追责"的制度。其中，"党政同责"是指中央和地方各级党委和政府实行党政同管、同抓、同责。"一岗双责"中"一岗"是指相关人员职务所对应的岗位，"双责"就是相关人员不仅要对所在岗位承担的具体工作负责，还要对所在岗位和部门相应的其他事项负责。"一岗双责"要求既要抓好本人分管的具体工作，又要以同等的注意力和责任心抓好所处或分管部门的党务或行政工作，做到同研究、同规划、同布置、同检查、同考核、同问责。"失职追责"是指工作人员对本职工作不认真负责，未依照规定履行自己的职责，致使单位或服务对象造成损失，要承担相应的党政责任。

根据《中共中央关于加强党内法规制度建设的意见》要求，党的领导法规制度板块要有10多部条例。未来完善党的领导法规，要在坚持党对一切工作的领导这一核心原则前提下，完善党的领导体制机制，改进领导方式，提高执政本领，不断增强党的政治领导力、思想引领力、群众组织力、社会号召力，把党总揽全局、协调各方落到实处。重点制定中国共产党重大事项请示报告条例，党中央领导全面深化改革工作、经济工作、法治工作等方面的规定，中国共产党农村工作条例、宣传工作条例、组织工作条例、政法工作条例、机构编制工作条例、群团工作条例、外事工作条例、人才工作条例等党内法规；修订《中国共产党统一战线工作条例（试行）》《中国人民解放军政治工作条例》等党内法规。

三、党的自身建设法规制度

党的自身建设法规制度规范党的思想建设、组织建设、作风建设和反复倡廉建设等自身建设活动，着力提高党的建设科学化、现代化水平，其重点和要旨是从行为上对内解决党的思想建设、组织建设、作风建设、反腐倡廉建设等问题。

（一）党务公开制度

“党务公开”的“党务”涵盖党的领导和执政活动、党的自身建设两个方面，这两个方面一内一外，共同构成了党务的全口径范围；“公开”包括在党内公开和向社会公开两个层面。这是由执政党属性决定的，区别于政务公开仅指对外公开。因此，党务公开就是指党的组织将其实施党的领导活动、加强党的建设工作的有关事务，按规定在党内或者向党外公开。

党中央历来重视党务公开工作，近年来先后印发了《关于建立党委新闻发言人制度的意见》《关于党的基层组织实行党务公开的意见》《关于建立健全信息发布和政策解读机制的意见》等文件来推进这项工作。中央纪委、中组部还联合印发了《关于开展县委权力公开透明运行试点工作的意见》。中央到地方各级党委部门和单位也通过不同形式推进党务公开，让党员和公众了解党务运行的状况，许多省市也进行了积极探索，出台了党务公开方面的地方性专门文件。2017 年底，在整合和提升既有制度的基础上，《中国共产党党务公开条例（试行）》公布，是党的十九大之后党中央制定出台的首部条例。《条例》的制定出台，为做好党务公开工作提供了基本遵循，标志着党务公开工作全面走上制度化、规范化、程序化轨道。《条例》系统地明确了党务公开的主体、内容、范围、程序、方式等具体制度。

（二）廉洁自律制度

在革命、建设和改革开放的各个历史时期，中国共产党始终以马克思主义为指导，将马克思列宁主义的建党学说不断自觉运用于指导党的自身建设伟大实践，共产党的组织和党员要始终保持廉洁自律就是其中重要的内容之一。党的十八大以来，党中央站在党要管党和全面从严治党的战略高度，对加强党员干部廉洁自律提出了一系列新要求，《中国共产党廉洁自律准则》《党政机关厉行节约反对浪费条例》以及中央政治局《关于改进工作作风、密切联系群众的八项规定》等一系列党规制度就是这一类制度的代表，为党内实行自律有遵循、他律有依据提供了强有力的制度保障，也鲜明地体现了马克思主义建党理论与实践创新的时代成果。

（三）党的立规制度

建设好、管理好一个有460多万个党组织、近9000万名党员的执政党，离开法规制度是不可能的。一个政党内部规章制度的完备程度，是其发展成熟与否的重要标志之一。党内法规是党内规章制度的高级形态，党内法规建设是党的制度建设的核心环节。中华人民共和国成立以来特别是改革开放以来，我们党制定发布了一批重要党内法规，形成了在世界各国政党中具有鲜明特点的党规制度体系框架，为推进党的建设和党的工作提供了有力的制度保障。近年来，党中央在党内立规体制机制方面作了许多制度安排，主要包括：

1. 党内法规制定制度。2013年中央首次发布《中国共产党党内法规制定条例》，被称为“党内立法法”，迈出用制度约束权力的重要一步。条例以党内法规制定的科学化、民主化、法治化为价值指引，对中国共产党党内法规的制定权限、制定原则、规划与计划、起草、审批与发布、适用与解释、备案、清理与评估等作出了明确规定。

2. 党内法规和规范性文件备案审查制度。与《中国共产党党内法规制定条例》同时发布的，还有《中国共产党党内法规和规范性文件备案规定》，建立了正式和规范意义上的党内法规备案机制，它与国家的法规规章备案机制一样，主要是解决法律的统一性和立法监督问题。该规定对党内法规和规范性文件备案的原则、范围、期限、审查、通报等提出了具体要求，有利于解决一些党规制度质量低，“红头文件”打架，甚至存在与国法、党纪相冲突和损害群众利益等问题。

3.党内法规和规范性文件清理制度。中华人民共和国成立后的60多年，党内法规缺乏清理机制。相当程度上存在不适应、不协调、不衔接、不一致等问题，有损于党规制度的严肃性和权威性，有碍于党规制度的贯彻执行，也不利于党规制度建设的顺利推进。2012年开始，党中央开始部署了党内法规集中清理活动，并于2013年发布《关于废止和宣布失效一批党内法规和规范性文件的决定》，据此清理废止了300多件党内法规和规范性文件，净化和优化了党规制度体系，也为未来的党规清理工作提供了经验借鉴。

4.党内法规规划制度。2013年，《中央党内法规制定工作五年规划纲要(2013～2017年)》发布，对其后五年中央党内法规制定工作进行了统筹安排。这是党的历史上第一次编制党内法规制定工作五年规划，是加强党的制度建设的战略工程，将为进一步加强党规制度体系建设进行顶层设计，注入新的动力。2018年初，中央又印发《中央党内法规制定工作第二个五年规划(2018～2022年)》，着眼于到建党100周年时形成比较完善的党规制度体系，就未来五年党规制度建设提出了指导思想、目标要求、重点项目和落实要求，是推进新时代党规制度建设的重要指导性文件。该规划特别强调要将十九大党章修正案的新规定和新要求加以细化、具体化，坚持问题导向，直面党的领导和建设中的实际问题和薄弱环节有针对性地加强党规制度建设，坚持党内法规和规范性文件相得益彰，坚持党内法规同国家法律衔接协调。两件《规划》的出台，标志着党内法规规划制度的确立，也为党规制度体系建设的科学性、规范性提供了制度保障。

(四)党建具体工作制度

除了上述几类制度以外，党的自身建设还有若干具体领域已经建立起制度规范，典型的如党校工作制度、党委(党组)理论学习中心组学习制度、发展党员制度、党费收缴使用和管理制度等，在党的自身建设方面大致形成了有规可依的局面。

1.党校工作制度。党校事业是党的事业的重要组成部分。重视发挥党校作用是党的优良传统和政治优势，是提高党的执政能力、执政水平的重要保证。2008年10月，中共中央发布《中国共产党党校工作条例》，将中国共产党党校定位为在党委直接领导下，培养党员领导干部和理论干部的学校，是党委的重要部门，是培训轮训党员领导干部的主渠道，是党的哲学社会科学研究机构，明确了党校在干部培训中的“主渠道”“重要阵地”和“熔炉”作用，为党校的各项工作的开展指明了方向。《条例》对党校的设置和领导体制、班次和学历、教学工作、科学研究工作、学员管理、队伍建设、机关党的工作、行政管理、后勤服务、经费保障以及执行与监督等问题作出了具体的规定，推进了党校工作的科学化、规范化和制度化。

2.党委（党组）理论学习中心组学习制度。坚持强化党委（党组）理论学习，是建设学习型、服务型、创新型马克思主义政党，提高党的执政能力和领导水平的重要途径，是中国共产党一个独特的政治优势。2017年1月，中共中央办公厅印发《中国共产党党委（党组）理论学习中心组学习规则》，是深化全面从严治党、坚持思想建党与制度建党相结合的重要举措。《规则》以党章为根本遵循，明确党委（党组）理论学习中心组学习以政治学习为根本，以掌握和运用马克思主义立场、观点、方法为目的，坚持围绕中心、服务大局、知行合一、学以致用、问题导向、注重实效、依规管理、从严治学等基本原则，并对党委（党组）理论学习中心组学习的性质定位原则、内容形式要求、组织管理考核等方面作出明确规定。

3.发展党员制度。党员是党的肌体的细胞和党的活动的主体。党员队伍建设是党的建设基础工程。随着改革开放和社会主义市场经济深入发展，面对世情、国情、党情发生深刻变化的新形势，管党治党任务更加艰巨，对党员队伍建设提出了许多新课题新挑战。2013年2月，中共中央办公厅印发《关于加强新形势下发展党员和党员管理工作的意见》，对严格发展党员程序，提高发展党员质量等提出明确要求。2014年

5月,中共中央办公厅修订印发《中国共产党发展党员工作细则(试行)》,呈现出从政策指引到党内法规制定的立规逻辑,也加强了发展党员工作的规范化、制度化,是做好新形势下发展党员工作的重要遵循。《细则》以党章为纲领,坚持党章规定的党员标准,始终把政治标准放在首位,注重思想入党;体现发展党员从严要求,对入党积极分子、发展对象、预备党员严格教育、严格管理、严格考察;突出问题导向,针对在流动人员中发展党员等新情况、新问题作出明确规定;强化党组织责任,严肃工作纪律,切实发挥党组织把关作用。

4.党费收缴使用和管理制度。按照党章规定向党组织缴纳党费,是共产党员必须具备的起码条件,是党员对党组织应尽的义务。党费收缴、使用和管理,是党的基层组织建设和党员队伍建设中的一项重要工作。2008年,中央组织部发布《关于中国共产党党费收缴、使用和管理的规定》,强调和体现了党员应当自觉、按时、足额缴纳党费的基本要求,明确了党费收缴、使用和管理的基本制度,尤其体现了对农民党员、学生党员以及经济困难党员的特别关照,促进了党费收支的规范化。

根据《中共中央关于加强党内法规制度建设的意见》要求,党的自身建设法规制度板块要有10多部条例,目前在党校工作、党政机关厉行节约反对浪费等方面出台了4部条例,未来应当在坚持党要管党、全面从严治党原则前提下,以党的政治建设为统领,全面推进党的政治建设、思想建设、组织建设、作风建设、纪律建设,把制度建设贯穿其中,深入推进反腐败斗争,不断提高党的建设质量,增强党的建设工作的科学性和有效性。重点制定加强党的政治建设方面的法规制度、党员教育管理工作条例、公务员职务与职级并行规定、党委(党组)落实全面从严治党主体责任规定等党内法规。

四、党的监督保障法规制度

党的监督保障法规制度规范对党组织工作、活动和党员行为的监督、考核、奖惩、保障等,确保行使好党和人民赋予的权力,其重点和要旨是从监督保障上解决党内监督、问责、党纪处分、党员权利保障、党的机关运行保障等问题。

（一）党内监督制度

党内监督是中国共产党各级组织和广大党员依据党章和国家法律，对党员和党员干部特别是各级领导干部的公务活动进行的监督，主要包括党组织的监督和党员互相间的监督。党的十八届六中全会一项重要成果就是修订了《中国共产党党内监督条例（试行）》，力图通过制度建设彰显政治决心，破解党内监督难题。《条例》规定了党内监督的若干具体制度，主要包括：

1.集体领导和分工负责制度。集体领导是党的领导的最高原则之一，是党的民主集中制在党的领导活动中的具体运用。该制度要求，凡属政策方针性的大事，凡属全局性的问题，凡属重要干部的推荐、任免和奖惩，都要按照集体领导、民主集中、个别酝酿、会议决定的原则，由党的委员会集体讨论作出决定。党的委员会成员根据集体的决定和分工，切实履行自己的职责；同时要关心全局工作，积极参与集体领导。党的各级领导班子主要负责人应当带头执行民主集中制，支持领导班子成员在职责范围内独立负责地开展工作。领导班子成员要互相信任，互相支持，维护和增强领导班子的团结。因此，集体领导和个人分工负责，二者是相联系、相统一的，不可分割，不可偏废。

2.重要情况通报和报告制度。知情是监督的重要前提，设立重要情况通报和报告制度的目的就是为了使监督者知情，这是一项体现了保障党内和广大人民群众知情权的制度。这项制度由四个方面的具体制度组成：一是党组织向下级党组织和全体党员以及社会通报工作的制度；二是各级党委、纪委向各自的党的代表大会代表通报有关情况的制度；三是下级党组织向上级党组织报告和请示的制度；四是党员干部个人向组织报告个人重大事项的制度。

3.述职述廉制度。领导干部述职述廉制度是实施党内监督的一种自律机制，也是将党组织严格监督与党员干部认真自律结合起来的一种有效形式。述职述廉制度包括两个重要的方面：一是各级党委常委会报告领导班子的工作，尤其是廉政情况问题；二是各级领导班子成员个人向党组织和党员及群众报告工作情况，尤其是遵守廉洁自律情况问题。处理好两个方面的问题是保证党组织领导班子及其成员自觉接受监督的关键环节。

4. 民主生活会制度。民主生活会是党员和干部交流思想，开展批评和自我批评的重要方式。通过民主生活会，可以促进同志间的团结以及党的廉政建设，防止腐败和避免腐败现象发生，进一步促进工作。《中国共产党党内监督条例》关于民主生活会的规定包括：民主生活会主题的确定、领导班子主要负责人的责任。民主生活会的有关情况通报制度、党员对本人所提意见和建议处理结果的知情权，以及上级党组织对下级党组织领导班子民主生活会的指导和监督制度。

5. 信访处理制度。受理信访举报是党内监督和群众监督相结合的重要方式。《党内监督条例》设置信访制度的目的，就是要求党的各级党委和纪委重视和认真处理人民群众信访举报，及早发现，及早报告，及早处置；对社会反映突出、人民群众评价较差的领导干部有关情况，及时核实、报告；对重要的兼职事项，集体研究，认真处理，用制度保证人民群众检举控告的严重违纪违法行为得到及时处理。这项制度的逻辑，也是把广大党员的监督和人民群众的监督转化为党组织的监督，保证广大党员和群众的来信来访能够启动党内监督程序。

6. 巡视制度。巡视制度是指中央和省（区、市）党委按照有关规定，通过建立专门机构，开展巡行视察，对下级党组织和领导干部进行监督的制度，是党内监督的重要方式，是加强对地方党委领导集体尤其是主要负责人进行监督的重要手段。

党的十八大以来，党中央高度重视巡视工作，多次对加强和改进巡视工作提出要求。2017 年，党中央在总结巡视工作经验的基础上，对《中国共产党巡视工作条例（试行）》进行了修订，成为巡视制度的基础性文件。《条例》对于巡视机构和人员、巡视范围和内容、巡视工作方式和权限、巡视工作程序、巡视纪律与责任等作出了具体规定。

7. 谈话和诫勉制度。领导干部谈话和诫勉制度是指各级党委、纪委领导班子成员和党委组织部门负责人不定期地与党委工作部门、直属机构、派出机关，以及相当于这一级别的党组（党委）和下级党组织领导集体主要负责人谈话，主要了解执行党的路线方针政策、坚持民主集中制、实施党内监督的情况，以及领导成员廉政勤政的情况，并提出建议和要求。《党内监督条例》对日常谈话、任职谈话和诫勉谈话这三种监督形式的目的、适用范围、主要方式作了具体的规范。

8.询问和质询制度。询问和质询制度是一项比较新的党内监督制度，也是发展党内民主、加强党内监督的一项重要措施和制度安排。《党内监督条例》规定，党的地方各级委员会委员、党的地方各级纪律检查委员会委员，分别有权对党的委员会全体会议、纪律检查委员会全体会议决议、决定执行中存在的问题提出询问或质询。对质询中发现的问题，有关党组织应当及时研究处理。

（二）问责和纪律处分制度

党内问责是指党的各级组织及党员尤其是党员领导干部在行使党内权力和公共权力的过程中，由于故意或者过失，不履行或者不正确履行党的执政宗旨和法定职责，而影响执政秩序和执政效果，损害党员和公众的合法权益，给党和国家造成不良后果和负面影响的行为，依照程序受到执政党内部相应责任追究的制度。问责制对于加强党的先进性建设，提高党的执政能力，规范行使公共权力，强化领导干部责任，促进党政机关反腐倡廉发挥着重要的作用。党的纪律处分是党的组织对于违反党纪的党员根据其错误性质和情节的轻重，按照党章和有关党内法规的规定作出的处罚，是对违纪党员采取的必要的教育手段和组织手段。问责制度和党的纪律处分制度同属党的监督保障制度板块，实践中也通常有着逻辑上的关联性，但二者在主体、对象、形式、程序等制度要素上有明显差异。第一，在主体上，对党政领导干部实行问责，按照干部管理权限进行，问责的主体一般是党委、政府或者政府的工作部门；而给予党纪处分的实施主体一般是纪律检查机关。第二，在对象上，问责的对象是领导干部；而纪律处分的对象范围则广得多，包括所有的党员。第三，在形式上，问责机制的主要方式有责令公开道歉、停职检查、引咎辞职、责令辞职、免职等；而纪律处分的形式主要有党内警告、党内严重警告、撤销党内职务、留党察看、开除党籍等，对党组织的纪律处分还可以有改组和解散。第四，在程序上，问责要先由纪律检查机关或组织部门根据权限进行调查，对需要问责的，按照干部管理权限向问责机关提出问责建议，问责决定机关根据问责建议作出问责决定，然后由组织人事部门办理相关事宜或者由问责决定机关责成有关部门办理相关事宜，而纪律处分则是纪律检察机关按照特定的法定程序完成。

(三)党员权利保障制度

党内民主是党的生命。保障党员权利是发展党内民主、健全党内民主生活、加强党的执政能力建设的现实需要，对于发挥党员的积极性、主动性、创造性，提高党的创造力、凝聚力和战斗力具有重要意义。2016年，中共中央在以往《中国共产党党员权利保障条例(试行)》的基础上，修订并颁布《中国共产党党员权利保障条例》，成为党员权利保障的基本党规制度。《党员权利保障条例》明确了党员权利保障的原则和内容体系。

1.党员权利保障的原则。党员权利保障要坚持四项原则：第一，权利受保障原则。党员享有党章规定的各项权利必须受到尊重和保护，党的任何一级组织、任何党员都无权剥夺。第二，平等原则。在党的纪律面前人人平等，不允许任何党员享有特权。第三，权利与义务相统一原则。党员应当正确行使党章规定的各项权利，并在宪法和法律的范围内活动，同时必须履行党章规定的义务，不得侵犯其他党员的权利。第四，侵权追责原则。对任何侵犯党员权利的行为，都应当予以追究；情节严重的，必须给予党纪处分。

2.党员权利内容体系。党员权利体系是《党员权利保障条例》的主体内容。主要包括：

(1)参加会议权、阅读文件权、接受教育和培训权。党员参加的有关会议的范围包括党小组会、支部大会、党员大会以及与其担任的党内职务和代表资格相应的会议，有权阅读的党内文件是按照规定可以阅读的党内文件，并明确规定党员有权提出接受教育和培训的要求。

(2)建议和倡议权。党员有权以口头或者书面方式对本地区、本部门、本单位的党组织、上级党组织直至中央的各方面的工作提出建议和倡议。

(3)批评权、揭发检举权、罢免或撤换要求权。党员有权行使批评权,行使向组织负责地揭发、检举违法违纪事实的权利,行使要求党组织处分违法违纪党员的权利,行使对不称职的党员领导干部提出罢免或者撤换的权利。

(4)表决权、选举权和被选举权。党员有权在党组织讨论决定问题时,按照规定参加表决;表决时可以表示赞成、不赞成或者弃权;每个正式党员都享有选举权和被选举权(受留党察看处分的党员除外);参加选举的党员有权了解候选人情况,要求改变候选人,不选任何一个候选人和另选他人;党员有权经过规定程序成为候选人和当选。

(5)申辩、作证和辩护权。在党组织讨论决定对党员的党纪处分或作出鉴定时,本人有权参加和进行申辩,其他党员可以为他作证和辩护;申辩、作证和辩护必须实事求是。

根据《中共中央关于加强党内法规制度建设的意见》要求,党的监督保障法规制度板块要有 10 多部条例,目前在党内监督、巡视、问责、党纪处分、党员权利保障等方面出台了多部条例,未来应当在坚持“规范主体、规范行为、规范监督”相统筹相协调原则的前提下,切实加强对党组织和党员干部的监督、奖惩、保障,建立健全相关法规制度,形成有权必有责、有责要担当、用权受监督、失责必追究的激励约束机制,确保行使好党和人民赋予的权力。重点制定纪律检查机关监督执纪工作规则、党内关怀帮扶办法、组织处理办法等党内法规;修订《中国共产党党员权利保障条例》《中国共产党纪律处分条例》《中国共产党问责条例》等党内法规。修订完善信息、督查、机要保密工作等方面的法规制度。

第四节 党规制度体系化建设

推进依法治国,总目标是建设中国特色社会主义法治体系,建设社会主义法治国家，为此要形成五大体系，即完备的法律规范体系、高效的法治实施体系、严密的法治监督体系、有力的法治保障体系和完善的党内法规体系。以五大体系为支撑的社会主义法治体系，尤其是党内法规体系，大大拓展了原有的社会主义法律体系的内涵，是一个全新的概念，不仅明确阐述了党规与社会主义法治体系之间的关系，将党内法规纳入社会主义法治体系，也是对中国特色社会主义法治理论的新发展和社会主义法治理论的新突破。我国的党内法规建设有了初步实践，但与完成“完善的党内法规体系”的建设目标之间仍有距离，需要在深刻把握党规制度体系化的意义的基础上，明确体系化的目标和体系化的具体路径。

一、党规制度体系化的意义

(一)党规制度体系化是党在革命、执政过程中积累的基本经验

党规制度体系建设是近年来的党建热点、学术热点，但它并不是新晋概念。早在 1938 年 10 月，党的六届六中全会上，毛泽东提出：“为了使党内关系走上正轨，除了重申四项政治纪律(个人服从组织，少数服从多数，下级服从上级，全党服从中央)之外还要制定较为详细的党内法规，以统一各级领导机关的行动。”[①]在中共七大上刘少奇也指出：“党章，党的法规不仅是要规定党的基本原则，而且要根据这些原则规定党的组织之实际行动的方案，规定党的组织形式与党的内部生活的规则。”[②]党规制度体系建设是执政党自上而下的制度变革，目的是不断实事求是地解决党规各项制度建设中出现的问题，按照规则从严治党，因而党规制度体系化建设具有重要的实践意义。

(二)党规制度体系化是提高党的建设规范化、制度化、科学化水平的需要

制度建设具有根本性、全局性、稳定性和长期性的特征，是执政党建设总体布局中的重要一环。党规制度体系是中国共产党在制度建设层

---

① 《毛泽东选集》第 2 卷，人民出版社 1991 年版，第 528 页。

② 《刘少奇选集》上卷，人民出版社 1981 年版，第 316 页。

面贯彻"全面从严治党"的重要抓手和关键依据。以法治思维和法治方式抓党风建设、抓反腐败,关键在于建立常态化的改进作风制度、创新反腐体制机制。因此,党规制度建设就成为执政党建设的总抓手和切入点。党规制度建设是一个体系和工程,它不仅自身有其体系框架、主要内容、程序结构、运行机制、配套措施等,而且与党的思想、组织、作风、反腐倡廉建设等密切相连。推进党的建设科学化、制度化和规范化,关键在于形成一套从严治党的系统制度和机制。实现党规制度建设科学化、系统化和权威性,实质就是整个党的建设制度化、规范化和程序化。

(三)党规制度体系化是实现党规与国法有效协调衔接的需要

中国共产党是拥有近9000万党员并长期执政的大党,党员队伍整体素质的高低、先进与否决定着执政党的前途,影响着社会主义事业的兴衰成败。所以,十八大以来党的历次中央全会都强调党要管党、从严治党,党员干部要率先守法,还要遵守党规。遵守党规和遵守国家法律之间是一种相互补充、相辅相成的关系,只有按照党纪党规以更高标准严格要求自己,才有可能在复杂的利益诱惑面前坚定信念,拒腐防变。十八届四中全会《决定》提出,对违反党规党纪的行为必须严肃处理,对苗头型倾向问题必须抓早抓小,防止违纪走向违法。将党规制度体系纳入社会主义法治体系实现了党规体系与国家法律的紧密衔接,有利于树立党规的严肃性和权威性,有利于构筑严密的反腐网络,有利于打造一支过硬的执政队伍。

二、党规制度体系化的目标

一方面,为了更好地发挥党规在科学调整党内关系、严肃党的纪律、完善党内治理的作用,党规制度的体系化建设应当确立明确的目标作为指引和方向;另一方面,党规制度体系化建设的目标反过来也可以作为评判党规建设水平的重要标准。党规制度体系化的目标包括:

(一)内容充实完备

党规调整党内关系,内容应当与党内关系的范围有匹配性,按照依宪执政、从严治党的要求,党内关系都要有相应的党规予以调整。党内关系的不同性质决定了相应的党规的不同性质，调整同类党内关系的党规就构成了一个相对独立的党规部门。党规制度体系内容充实完备就是要注意党规对党内关系的全覆盖。以党章体例中的十二个部分（即总纲、党员、党的组织制度、党的中央组织、党的地方组织、党的基层组织、党的干部、党的纪律、党的纪律检查机关、党组、党和共产主义青年团的关系、党徽党旗）为基础，整合其中同类型的党内关系，并参照国家法律体系中关于部门法的分类。我们认为，党规制度的主要部门可以分为：党章部门、组织法规部门、纪律法规部门、党员和党的干部法规部门以及其他法规部门。党规制度的建设要针对以上各部门协调发展精准发力，不能偏废。当然，完备的党规制度体系，其内容上也一定应当适应党在新的历史时期领导中国社会发展和进步的要求，根据时代需要进行不断的调整和适应，呈现与时俱进、重点突出的特征。比如随着时代的发展，对于党内民主的要求越来越高，党在一个时期制定的党规就要适应和反映这种新变化，具体而言，党员权利的保障和发展、党内民主的具体制度尤其是程序制度就应当有比较充分的体现。

（二）层次合理有序

同法律体系一样，党规制度体系应当具有科学的内在结构，成为一个有机协调的统一体。但实践中党规制度体系的科学结构并非天然形成和一蹴而就的，需要周密的规划设计和一个长期的建设过程。党规制度体系是由众多法规部门组成的统一整体，科学的党规制度体系必然要具有科学的内在结构。这种内在结构表现在几个方面：首先，党规部门齐全。党规制度体系内的主要党规部门应当是齐全的，这样整个体系才丰富、饱满，没有重大遗漏。其次，党规部门划分合理。各个党规部门由于调整党内关系的不同，应当有合理的分工和划分，这样可以使各个部门之间互相协调、衔接和补充，不至于相互矛盾和冲突。再次，层次结构合理。党规制度制定主体各不相同，不同的党规制定主体所制定的党规在调整党内关系时呈现出效力上的层次性。这种层次性反映到党规制度体系上就是党规的效力层次。这些不同效力层次的党规制度在结构上是科学合理和有序的，才能够更好地发挥党规体系的规范作用。

（三）形式规范明确

形式上规范明确是党规制度体系科学性与统一性的要求，也是党规制度体系易于为党内各主体所掌握、领会和遵守的需要。党规制度体系作为一个整体，必须具有规范的表现形式。主要体现在：首先，党规制度名称应当规范明确，党规制度名称能够准确传达党规的效力层级、制定主体和调整内容。其次，表述应当规范明确，党规制度的表述用语要准确、明确。党规制度制定的目的是为了得到执行和遵守，如果表述上存在模糊和歧义，则容易导致理解和认识上的不确定，从而导致党规的遵守和实施不力，损害党规的权威。再次，党规制度的格式应当规范明确。成文党规都有相对固定的格式要求，如通过或公布日期、生效日期、制定主体等都应当成为成文党规的必备格式要素，符合统一的形式规范要求。

（四）价值公平正义

党规制度是党内用制度和规则来进行党内行为调整的制度系统，但党规不是为规范而规范，其生命力和权威性根源于其内在价值。作为规范政党治理行为的党规制度，价值上应当是公平正义的。这要求党规制度的制定、执行、实施、完善和救济都要体现出公平正义的价值追求。党的十八届四中全会《决定》指出：公正是法治的生命线。能否体现和维护公平正义，是判断“良法”与否的根本标准。中国共产党是中国社会的核心力量，党规制度体系应当反映出社会、国家所共同遵循和认同的价值追求，党规作为社会主义法治体系的重要组成部分，亦应当坚持并捍卫公平正义的价值。党规制度的公平正义内含着两项具体原则：一是程序公正。党规制度的制定是一种政党组织行为，党规制定程序的设置决定了党规制定的效果。程序公正意味着程序的平等参与和公开，应当保证党员参与到党规的制定过程中来，受到同等的对待，享有平等表达意见建议的机会，表达的意见受到尊重和合理对待。二是以人为本。党员是政党的活力所在，党员在政党内的权利首先体现在党规的具体规定中，党的各项制度，包括纪律检查、干部使用、党内民主制度等都要尊重党员权利。党规制度的制定要以党内民主作为基础，反映党内民主的基本要求。通过党规建设的过程，动员广大党员参与，充分赢得党员的认同，不仅能够提高党的凝聚力和战斗力，也能为党规制度权威的树立打下坚实的基础。

三、党规制度体系化的路径

（一）推进科学规划

法律体系完善中有一条行之有效的基本经验就是做好立法规划，并将其作为一定时期或一定范围立法工作的实在指南，这条经验同样可以为党规制度体系化建设所借鉴。建党至中华人民共和国成立之初，党在理性设计一个完整、完善的党规制度体系方面着力不多，在较长时间里，党规制度制定的逻辑是集中解决一些重点、难点和关键点上的党组织工作、活动和党员行为的规范化问题，各党规之间的分工协作关系、逻辑结构关系并不明显。因而中华人民共和国成立以来，中央、中纪委、中央部门及省（自治区、直辖市）党委虽制定了一大批党规，但是由于长期没有整体规划，缺乏顶层设计，致使党规存在“碎片化”现象：有些领域缺少必要的基础主干性的法规，有的领域虽有基础主干性法规，却缺少配套性法规，还有些领域的法规存在着相互重复甚至相互冲突的情形。尽管经过近年来的法规清理，这些问题得到部分解决，正在减少，但是如果要从根本上解决这些问题，必须推出党规制定规划或纲要，特别是中央党内法规制定规划，以促进党规制度体系规范化。

（二）夯实内容框架

党规制度体系化要以搭建起党规制度体系框架作为前提，要首先建立党规制度体系的“四梁八柱”。党规制度的建设要同国家法律体系一样，形成一个纵横交织、逻辑严密的规则体系，可以从逻辑层次、横向维度和纵向维度三个角度界定。

1. 逻辑层次。按照《中央党内法规制定工作五年规划纲要（2013～2017年）》的逻辑层次，党规制度体系框架至少包括三个方面的形式和内容：一是根本制度，主要是指党的民主集中制。二是基本制度，即在内容上起基础性、支撑性作用的制度体系，主要是解决党的建设和党的工作中突出问题的制度安排，体现对于干部群众的关切回应。三是具体制度，即在根本制度和基本制度指导下，将党的领导和党的建设的各项原则制度加以细化，形成在实践中易于操作的微观制度，主要是基础主干党规的实施办法和细则，体现党规的匹配性、操作性、实用性。

2. 横向维度。横向维度的党规制度主要反映党规在规范内容上的领域差异，大致可以划分为七个部分，即党的领导和工作方面的党规、党的思想建设方面的党规、党的组织建设方面的党规、党的作风建设方面的党规、党的民主集中制建设方面的党规以及党在军队建设方面的党规制度。《中央党内法规制定工作第二个五年规划（2018～2022年）》则将上述整合为四个方面，即党的组织法规、党的领导法规、党的自身建设法规和党的监督保障法规。

3. 纵向维度。纵向维度的党规制度可以有两种理解。

第一种理解主要反映党规在效力位阶上的差异。根据《中国共产党党内法规制定条例》，党内法规的效力位阶可分为四个层次：第一层次是党章，党章在党内法规中具有最高效力，其他任何党内法规都不得同党章相抵触；第二层次是准则，准则在党内法规体系中效力仅次于党章；第三层次是条例，效力低于准则；第四层次是规则、规定、办法、细则，效力在准则以下。此外，党内规范性文件通常来讲，效力低于党内法规。

纵向维度的党规制度的第二种理解是将党内法规分为中央党规制度和地方党规制度。

（三）规范立规活动

规范党规制度的"立、改、废、释"等活动是推进党规制度体系化的重要环节。其中要特别重视四个方面的建设：一是明确立规体制，即党规制度制定权限的分配和厘定。中国共产党是按照民主集中制组织起来的统一整体，党规的制定应当具有"一元性"，即制定党规制度都要在中央统一领导下进行。二是坚持开门立规。《中国共产党党内法规制定条例》明确规定，起草党内法规应当深入调查研究，全面掌握实际情况，认真总结历史经验和新的实践经验，充分了解各级党组织和广大党员的意见和建议。必要时，调查研究可以吸收相关专家学者参加或者委托专门机构开展。党内法规草案形成后，应当广泛征求意见，必要时在全党范围内征求意见。征求意见时应当注意听取党代表大会代表和有关专家学者的意见，与群众切身利益密切相关的党内法规草案应当充分听取群众意见。三是建立健全党规的审议审核机制。要有效提高党规质量，保证党规制度的协调性和统一性，关键就是要提高党规的审议审核水平。党规制度制定部门可以借鉴国家立法的有益经验，建立党规制度制定的“三读”审议审核程序，分阶段、分目标地落实审议任务。四是公开发布党规制度。相当长时间里，由于缺乏对党规制度公开性的制度要求，部分党规制度并不公开，这不仅造成了党规制度实施过程中的种种不便，也影响了党规制度体系的合法性基础。《中国共产党党内法规制定条例》要求党内法规经批准后一般应当公开公布，确立了党规公开发布的法定基础，其精神实质是把党内法规制定的过程看成是科学分析和充分论证的过程，是汇聚党智和征询民意的重要途径，从而提高党内法规制定质量和贯彻执行力度。党规制度公开发布是实现党务公开、推进党内民主的必要条件，同时也是提升党规制度知晓率、促进党规贯彻实施的现实选择，更是加强党内监督，及时化解党规之间、党规与国法之间冲突的有效措施。

（四）加强清理汇编

党执政60余年，党中央及地方组织制定了大量党内法规和规范性文件，但由于缺乏清理机制，随着世情、国情、党情的深刻变化，不同时期出台的“老中青少”党规制度并存，十分庞杂。有的党内法规和规范性文件滞后于实践的发展和形势任务的需要，有的存在同党章和党的理论路线方针政策不一致、同宪法和法律不一致的情况，有的相互之间交叉重复、互相掣肘、冲突打架。这些问题的存在，有损于党规制度的严肃性和权威性，有碍于党规制度的贯彻执行。因此，集中清理解决党内法规中的“四不”问题，全面摸清党规制度家底，对有效维护党规制度协调统一，加快构建党规制度体系，具有重要的基础性作用。

《中国共产党党内法规制定条例》规定，党内法规制定机关应当适时对党内法规进行清理，并根据清理情况及时对党内法规作出修改、废止等相应处理。2012～2014年的两年间，中央办公厅等50多个部门对中华人民共和国成立以来出台的2.3万多件中央文件进行了全面筛查。经过清理，1178件中央党内法规和规范性文件中，322件被废止，369件被宣布失效，二者共占58.7%；继续有效的只有487件，其中42件需适时进行修改。通过清理，废止了一些过时失效的党规制度，摸清了中央党规制度的家底，有力维护了党规制度的协调统一，有利于党规制度的遵守和执行，也将为下一步党规制度建设提供方向、重点和着力点。清理和汇编是党内法规完善的范畴，通过清理和汇编，使重要党规形成自洽体系。

（五）完善监督制度

要完善党规制度体系，关键是要建立科学和完善的党内法规和规范性文件备案审查机制，加强对党规制度自身正当性的监督。2013年，《中国共产党党内法规制定条例》和《中国共产党党内法规和规范性文件备案规定》公开发布。这两部党内法规的制定和发布，对于推进党的建设制度化、规范化、程序化，提高党科学执政、民主执政、依法执政水平，具有十分重要的意义。根据《条例》和《规定》的规定，党建立起了正式和规范意义上的“党内法规备案机制”。作为党内法规备案机制，与国家的法规规章备案机制一样，从法规备案机制本身的功能来看，主要是要解决法律的统一性和立法监督问题。《规定》要求，应当备案的党内法规和规范性文件自发布之日起30日内由制定机关报送中央备案，联合发布的党内法规和规范性文件由主办机关报送中央备案。审查内容包括该党内法规是否同党章和党的理论、路线、方针、政策相抵触，是否同宪法和法律不一致，是否同上位党内法规和规范性文件相抵触，是否与其他同位党内法规和规范性文件对同一事项的规定相冲突。规定的内容是否明显不当，是否符合制定权限和程序等。如果该党内法规确实存在上述情况，中央办公厅法规工作机构经批准可以建议制定机关自行纠正，制定机关应当在30日内作出处理并反馈处理情况，逾期不作出处理的，中央办公厅提出予以纠正或者撤销的建议，报请中央决定。该法规将以往的党内法规事前审查制度与备案制度合二为一，并确立了党内法规审查的基本原则。

（六）促进党规国法协调衔接

国家法律和党规制度在中国社会中的并存是中国法治建设的一个

明显特色。法律是国家对社会内在规则的把握，从国家层面维护社会主义法治，保护人民民主的实现，体现的是依法治国的理念。党规制度是中国共产党对中国社会内在的规则的把握，从执政党的层面维护社会主义法治，保护党内民主，体现依法执政和依法治党的理念。国法与党规既有联系，也有区别。重要党规往往引领国家法律的制定，国家法律往往在重大方面体现党规的价值要求。同为社会主义法治体系的重要组成部分，党规体系化的建设必须高度重视与国法的协调衔接，二者形成法治合力。党规与国法的协调、衔接，至少应当包含三个层面：第一，党规与国法在基本精神和原则上的契合。现代法治之下的国家法有着公平、普遍、正当程序、权利保障等共识性的精神内核，党规虽然未必完全与之一致，但基本精神和原则应当是契合的。党规制度同样需要全体党员知悉，需要获得普遍的遵从，需要坚持正当程序，这是制度文明在国家法律和党规建设中的共同体现。第二，党规和国法在基本制度上的对接。国家通过以宪法为引领的法律体系确立起一系列基本制度，如人民代表大会制度、民族区域自治制度、多党合作的政治协商制度等。执政党在宪法框架下执政，也要以这些基本制度为载体，党内制度建设必然与国家制度发生密切的关联。因而党规应当与国家法律特别是基本法律相互协调衔接，不断理顺执政和国家治理的关系。除此之外，有一些规范依法治国与依法执政交叉重合性事务的党规也可以在条件成熟时择机转化为国家法律，完成党规与国法的衔接。第三，党规和国法之间冲突的消解。两类规则的共同治理过程中，规则间的冲突在所难免，国家法律与党规之间也会在一定时期存有或多或少的冲突，这就需要尽可能避免二者发生冲突，并消除既有的冲突，保证党在宪法法律范围内执政，保证党规与宪法法律的协调统一。《宪法》第 5 条规定："一切国家机关和武装力量、各政党和各社会团体、各企事业组织都必须遵守宪法和法律。"党章也规定，"党必须在宪法和法律范围内活动"，该原则既是执政党对于执政经验的深刻总结，也是对党规和国法关系的基本界定，更是避免和消解二者冲突的基本原则。

第六章
党规制定

2012 年，中共中央印发《中国共产党党内法规制定条例》，并指出："(条例)是加强党的制度建设的重要基础性党内法规，对于规范党内法规制定工作，推进党的建设制度化、规范化、程序化，提高党的科学执政、民主执政、依法执政水平，具有十分重要的意义。"《条例》确立了党规制定体制，对党规制定权及其配置、党规制定程序、党规制定协调等内容进行了规定，为党规制定实践提供了基本依据，也构成党规理论研究的重要样本，在中国共产党党内法规以及党内法治建设历史上具有里程碑意义。

■ 第一节 党规制定概述

党规制定是产生党内法规和党内规范性文件的基本机制，党规制定的很多原理与国家立法原理近似，但又有诸多不同。明确党规制定的含义与特征，强调党规制定的意义，概括党规制定的基本原则，是规范党规制定活动的现实需要。

一、党规制定的概念与特征

(一)党规制定的概念

“党规”有广义和狭义两种理解,广义上的“党规”包括党内法规和党内规范性文件,狭义上的“党规”仅指党内法规。相应地,“党规制定”也有广义和狭义之分。狭义上的“党规制定”是指享有党规制定权的党的中央和地方组织在其权限范围内依照规定的程序,制定或变动用以规范党组织的工作、活动和党员行为的党内法规的活动及其结果。广义上的“党规制定”则是指党的中央和地方各级各类组织在其职权范围内制定用以规范党组织的工作、活动和党员行为的党内法规和党内规范性文件的活动及其结果。

从理论上讲,党的组织无论是中央组织还是地方各级组织制定的用以规范党组织工作、活动和党员行为的规范性文件,并且该规范性文件具备了一般规则属性的活动,都属于党规制定活动。考虑到党在2012年制定实施的《中国共产党党内法规制定条例》第2条在界定“党内法规”含义时明确将党内法规制定权也即党规制定权只授予党的中央组织以及中央纪律检查委员会、中央各部门和省、自治区、直辖市党委等,加之党规制定活动的规范化和制度化仍处于探索和建构阶段,尚未完全成熟,因此,本章在使用“党规制定”这一术语时主要是指狭义上的。但是,在论述党规制定的特征、必要性、与国家立法的关系以及党规制定的协调等问题时,则在广义上使用这一术语。

(二)党规制定的特征

第一,党规制定是由党的组织实施并主要对党务关系和治理事务产生规范效力的专门活动。党规制定主要是党的组织实施的针对党务关系或治理事务的一种专门活动,目的在于生成或者变动能够对其自身的组织和活动及其成员产生约束和调整效力的内部规范,党规调整对象的双方或至少一方应当是党的组织或党员。从活动的具体样态上来看,党规制定又包括制定、认可、修改、解释、备案、废止、清理和评估等具体活动。

第二，党规制定是能够对国家治理产生直接或间接影响的立规活动。作为执政党，党的组织及其各项活动与国家治理有着直接的关系，而用以产生党内法规和规范性文件的党规制定活动也会通过对党的活动的调整，从而直接或间接地影响到国家治理。“就此而言，在中国特色民主政治体制下，中国共产党的党规是党治国理政的重要依据，是坚持依法执政的重要遵循，是中国特色社会主义法治规范的重要形态。”[①]因此，党规制定不同于一般的组织或团体的立规，具有鲜明的外向性，是一项能够对国家治理过程和效果产生直接或间接影响的立规活动。

第三，党规制定是一项依规定的职权和程序而进行的活动。党规制定是特定的党组织在其职权范围内，依据规定的程序实施的专门活动。“依规定的职权”包括两层含义：一是职权的主体是党内法规所明确规定的，即某个或某级党组织能否进行党规制定应该有明确的党内法规依据。二是不同的党组织的权限范围是不同的，各党组织只能在自己权限范围内制定相应的党内法规或党内规范性文件。“依规定的程序”则是指党规制定不是随意进行的，而是应按照《中国共产党党内法规制定条例》和其他相关规定所预先设置的环节和步骤依次进行。

第四，党规制定的一个主要结果是产生相应的党内法规和党内规范性文件。党规制定的目的是要为规范和调整党组织的工作、活动和党员行为提供明确而系统的规范。党规制定的结果是各种规范性党内文件，并且会根据立规主体和所调整的对象或事项的不同而被赋予不同的名称。根据《中国共产党党内法规制定条例》规定，党内法规的名称主要包括党章、准则、条例、规则、规定、办法和细则。党组织制定的其他规范性文件统称为“党内规范性文件”。

二、党规制定的必要性

（一）党规制定是党自身制度建设的基本方式与内容

党的制度建设是党自身建设的关键一环，是衡量党的建设的一项重

① 宋功德：《党规之治》，法律出版社 2015 年版，第 30 页。

要指标,也是党的其他方面建设的基本保障。改革开放以来,党开始以全新的视角来思考国家治理能力和治理体系问题,并逐渐认识到制度建设在建设和改革中的根本性、全局性、长期性意义。党的制度建设的直接目的在于增强党的组织、活动以及党员行为的规范性,而规范并非凭空生成的,除了党内惯例是在长期的革命和建设实践中自发形成的之外,更多的规范需要通过有意识地制定也即党规制定的方式予以提供。从动态的角度看,党规制定活动本身也是党的制度建设的具体表现或内容。因此,为了更好地推动党的制度建设,就必须认真做好党规制定工作。

(二)党规制定可以为全面推进党的建设这一新的伟大工程提供制度保障

党的建设被称为“新的伟大工程”,党规制定可以视为这一新的伟大工程的立基之道。在党的十七大前有学者就对党的建设布局作了总结,认为“党的建设新的伟大工程,要以先进性建设为主线(核心),以执政能力建设为重点,以思想建设、组织建设、作风建设、制度建设为基础(保障)”①。党的十八大报告指出:“我们党担负着团结带领人民全面建成小康社会、推进社会主义现代化、实现中华民族伟大复兴的重任。党坚强有力,党同人民保持血肉联系,国家就繁荣稳定,人民就幸福安康。形势的发展、事业的开拓、人民的期待,都要求我们以改革创新精神全面推进党的建设新的伟大工程,全面提高党的建设科学化水平。”党的建设具有十分重要的意义,关系到国家和民族的未来。

党的建设无论涉及哪一方面或何种内容,都离不开制度的保障,而党规制定可以为其提供所需要的制度。在推进党的建设这一新的伟大工程过程中,党规制定不仅作为党的制度建设的一部分,是党的制度建设的基本方式和借助,也是党的思想建设、组织建设、作风建设等各方面建设所需要的制度的基本来源机制。甚至可以说,党规制定科学性、民主性和系统性从根本上影响着党的建设,影响到这一新的伟大工程的稳

① 商志晓:《党的建设深化发展的几个问题》,《中国党政干部论坛》2007年第6期。

固程度，必须加以重视。

（三）党规制定是党领导国家法治建设的必然选择

党规是中国特色社会主义法治体系的重要组成部分。长期的建设和发展实践已经证明，把党的领导贯彻到依法治国的全过程和各领域，是我国法治建设的一条基本经验。正如宋功德指出的那样："坚持党的领导，走中国特色社会主义法治道路，建设包含党规在内的中国特色社会主义法治体系，这是我国法治建设的一个重要特色，明显区别于西方法治。将党规确定为中国特色社会主义法治体系的重要组成部分，是与党的领导地位、社会主义法治属性和中国基本国情相符合的。"①党规制定一方面是充实中国特色社会主义法治体系的基本要求，另一方面也是更好地改善和加强党领导国家法治建设的必然选择。党要实现对国家法治建设更好的领导，首先应该加强自身的制度建设和其他方面的建设，以增强党对依法治国的领导力和掌控力。而党规制定不仅有助于党加强自身建设，而且在开展党规制定过程中还能够不断积累立规经验或技能，为更好地领导法治建设尤其是国家立法奠定基础。

（四）党规制定是党依法执政以实现执政目标的根本要求

党的领导是社会主义现代化建设的根本保证，也是实现中华民族伟大复兴中国梦的根本保证。中国特色社会主义最本质的特征和最大优势是中国共产党领导，坚持和完善党的领导，是党和国家的根本所在、命脉所在。党领导实现中华民族伟大复兴的中国梦，实现执政兴国，就要适应改革开放和社会主义现代化建设的要求，坚持科学执政、民主执政、依法执政，不断加强和改善党的领导。科学执政、民主执政和依法执政是党对执政方式的基本选择，也是对执政行为的自我约束。实现执政的科学化和民主化，必须使民主执政过程和科学执政过程法律化和制度化。执政的科学化和民主化是确保执政方向和行为保持正确的条件，但执政的科学化和民主化离不开法律和制度的保障。

依法执政所需要的"法"主要有两种形式：国家法律和党内法规。相

---

①　宋功德：《党规之治》，法律出版社 2015 年版，第 66 页。

较而言，党依法执政所依据的国家法律体系已较为完善，而党内法规和制度仍然存在很多不足，党内法规的健全程度及其体系化仍有待加强。“鉴于此，抓紧完善党的领导和执政方面的党规，进一步改善党的领导体制和执政方式，是实行依法执政的迫切需要。今后一段时期，党规制度建设的一个重要任务就是围绕更好发挥党总揽全局、协调各方的领导核心作用，按照党的领导主要是政治、思想和组织领导的原则，抓紧制定和完善地方党委工作制度……以及军队政治工作方面的党规等，为党依法执政提供系统完备的党规制度保证。”①

三、党规制定的基本原则

党规制定的基本原则是指在制定党内法规或党内规范性文件时所应遵循的基本原则。《中国共产党党内法规制定条例》明确规定了制定党内法规所应当遵循的八项原则，这些原则适用于所有的党规制定活动。

（一）从党的事业发展需要和党的建设实际出发

按照历史唯物主义的观点，社会存在决定社会意识，社会意识反作用于社会存在。无论是国家立法还是党规制定活动，都是主体根据其对客观存在的社会发展规律和社会交往关系等认知的基础上，作出有意识干预的行为。这种干预行为不应当背离客观存在的社会发展规律和社会交往关系。党规制定也应该是在遵循党的事业发展和建设规律基础上进行的，党规制定应当更好地满足党的事业发展需要，从党的建设实际出发来提供所需要的各类党内法规和党内规范性文件。

（二）以党章为根本依据，贯彻党的理论、路线、方针和政策

党内的规定、决定、规章制度等一系列行为规范，从效力来讲存在一定的层次性。党章在党内法规和规范体系中处于最高层次，党章可以视为党内宪法，是最根本的党内法规，统领党内其他法规和规范性文件，是制定其他党内法规的基础和依据。我们党在长期的革命和建设实践中，不断发展马克思主义，形成了与中国国情和发展需要相适应的理论体系

---

① 宋功德：《党规之治》，法律出版社 2015 年版，第 86～87 页。

和发展路线，制定实施了符合中国国情的发展方针和政策，这些理论、路线、方针和政策的科学性和有效性是被实践证明了的，也是党规制定所应重视和遵循的。

（三）遵守党必须在宪法和法律范围内活动的规定

1982年，党的十二大上将党必须在宪法和法律范围内活动的原则写入党章，首次清晰地厘定了党规与国法的关系。2012年12月4日，习近平总书记在首都各界纪念现行宪法公布施行30周年大会上的讲话中指出："党领导人民制定宪法和法律，党领导人民执行宪法和法律，党自身必须在宪法和法律范围内活动，真正做到党领导立法、保证执法、带头守法。"党规制定是党的活动的基本类型之一，当然也应当遵循党在宪法和法律范围内活动的规定这一基本原则。

遵循党必须在宪法和法律范围内活动的规定原则反映在党规制定活动中，就是党规制定所调整的关系、所规定的内容和所调整的方式，都不能与宪法和法律所规定的基本原则和理念相抵触，不能与宪法和法律规定的内容相冲突。例如，《立法法》第8条规定了11个方面的法律保留事项，这些事项只能由全国人大及其常委会制定法律，不能制定行政法规、地方性法规或规章等，党内法规和党内规范性文件同样也不能对这些问题作出规定。

（四）符合科学执政、民主执政、依法执政的要求

2004年9月，党的十六届四中全会作出《中共中央关于加强党的执政能力建设的决定》，将民主执政与科学执政、依法执政一起确立为中国共产党执政的基本方式，科学、民主和依法也被视为中国共产党执政所遵循的三项基本原则。其中，科学执政，就是结合中国实际不断探索和遵循共产党执政规律、社会主义建设规律、人类社会发展规律，以科学的思想、制度和方法领导中国特色社会主义事业。民主执政，就是坚持为人民执政、靠人民执政，发展中国特色社会主义民主政治，推进社会主义民主政治的制度化、规范化、程序化，以民主的制度、民主的形式、民主的手段支持和保证人民当家作主。依法执政，就是党要紧紧抓住制度建设这个带有根本性、全局性、稳定性、长期性的重要环节，坚持依法治国，领导立法，带头守法，保证执法，不断推进国家经济、政治、文化、社会生活的法制化、规范化，从制度上、法律上保证党的路线、方针、政策的贯彻实施，使这种制度和法律不因领导人的改变而改变，不因领导人的看法和注意力的改变而改变。依法执政与科学执政、民主执政之间是辩证统一的，科学执政是基本前提，民主执政是本质所在，依法执政是基本途径。党规制定是为了更好地保障党的执政必然要求，因此党规制定也应该符合党的科学执政、民主执政和依法执政的基本要求。

（五）有利于推进党的建设制度化、规范化和程序化

党的建设无论涉及哪个领域，要想取得稳定而持久的效果，显然都离不开党内法规制度建设。党的建设制度体系的构筑和改进在很多方面都离不开党规制定，这是党规制定之于党的建设的重要意义。对于党规制定而言，相关活动及其结果应当有利于推进或更好地保障党的建设的制度化和规范化。党的建设在某种意义上讲，是在保持党的政治先进性基础上，更好地规范党执政权力的行使。对执政权力的规范则离不开程序性的规则。因此，党规制定应当将有利于推进党的建设制度化、规范化和程序化作为其应遵循的基本原则之一。

（六）坚持民主集中制，充分发扬党内民主，维护党的集中统一

民主集中制是无产阶级政党、社会主义国家机关和人民团体的根本的组织原则，是在民主基础上的集中和集中指导下的民主相结合的制度。民主集中制规定了领导和群众、上级和下级、部分和整体、组织和个人的正确关系。民主集中制的完整内涵在党章中有明确的规定，即党员个人服从党的组织，少数服从多数，下级组织服从上级组织，全党各个组织和全体党员服从党的全国代表大会和中央委员会；党的各级领导机关，除它们派出的代表机关和在非党组织中的党组外，都由选举产生；党的最高领导机关是党的全国代表大会和它所产生的中央委员会，党的地方各级领导机关是党的地方各级代表大会和它们所产生的委员会，党的各级委员会向同级的代表大会负责并报告工作；党的上级组织要经常听取下级组织和党员群众的意见，及时解决他们提出的问题；党的下级组织既要向上级组织请示和报告工作，又要独立负责地解决自己职责范围内的问题；上下级组织之间要互通情报，互相支持和互相监督；党的各级组织要按规定实行党务公开，使党员对党内事务有更多的了解和参与；党的各级委员会实行集体领导和个人分工负责相结合的制度；党禁止任何形式的个人崇拜。

党的十九大报告中再次强调指出："完善和落实民主集中制的各项制度，坚持民主基础上的集中和集中指导下的民主相结合，既充分发扬民主，又善于集中统一。"因此，党规制定要按照民主集中制要求，充分发扬党内民主，维护党的集中统一。这一原则要求将民主集中制原则贯穿党规制定的活动过程与文本内容之中。因此，一方面党规制定要通过党内法规和规范体系的建构，切实推动民主集中制具体化和程序化；另一方面在党规制定过程中也应该贯彻民主集中制原则。

（七）维护党内法规制度体系的统一性和权威性

党内法规应当是一个数量庞大、层次明晰、内容完整、内外协调的制度体系。党规制定所承担的使命不仅仅是制定或改进某一部党内法规或党内规范性文件，而是要通过一次次党规制定活动不断地构筑一个统一的并具有权威的党内法规制度体系，夯实党的领导和执政的制度基础。近年来，党愈来愈重视加强党内法规制度建设，加快推进党内法规制度体系的建立和完善。《中央党内法规制定工作五年规划纲要（2013～2017年）》中明确提出，党规建设的基本目标是：基础主干党内法规更加健全；实践急需的党内法规及时出台；配套党内法规更加完备；各项党内法规之间协调统一。

党规制定要求以更好地实现党内法规制度体系的科学性、完备性和有效性为追求或任务，注重维护党内法规制度体系的统一性和权威性。党内法规制度体系的统一性主要是指体系的内在协调性和一致性，不应当出现不同党的法规之间的相互冲突，尤其要以党章为根本依据，注重党内法规制度体系的内在完备、分工协调。党内法规制度体系的权威性主要是从党规制定结果的效力角度而言的，要求确保党规制定所输出的党内法规或党内规范性文件应该有足够的约束和调整效力。

(八)注重简明实用,防止繁琐重复

党规制定的直接目的是为了满足党在治国理政和自身建设中所需要的党内法规或党内规范性文件等各项规则和制度,结果则是要提供简明实用的规则和制度,这就要求党规制定不能搞形式主义,不能摆样子、走过场,也不能制定一些繁琐重复的规范性文件,使得实践中各级党组织和党员难以清晰地理解掌握,也就无法将之用于各项活动或有关行为当中。《中央党内法规制定工作五年规划纲要(2013～2017年)》在这一方面的要求是“严谨规范,有效管用”,即党规制定要按照于法周延、于事简便的原则,提高党内法规制定水平,做到内容翔实、措施管用,逻辑严密、表述准确,文字精练、格式规范,具有针对性、指导性和可操作性。

■ 第二节 党规制定权

从一般意义上讲,党的任何组织都可以制定规范性的党内文件,以规范组织活动和成员行为,但这并不意味着党的任何组织都享有党规制定权。权力法定原则不仅是一项国家法治原则,也应该是党内法治建设所应遵循的一项基本原则。党规制定权是一项基本的党内治理权,应当依规授予和行使。当前,授予党的组织以党规制定权的党内法规依据主要是《中国共产党章程》和《中国共产党党内法规制定条例》,而党规制定体制也正是依据这两个党内法规文件所建构起来的。

一、党规制定权的含义与特征

(一)党规制定权的含义

党规制定所产生的法规或规范性文件之所以具有约束力,其直接原因是从事党规制定活动的组织依规享有规定的党规制定权。从学理上讲,党规制定权是创制党内法规或党内规范性文件的权力。不过,考虑到党规制定权的重要性以及《中国共产党党内法规制定条例》的规定,我

们在狭义上使用“党规制定”这一概念，仅将从事与党章、准则、条例、规则、规定、办法和细则有关的党规制定活动所对应的权力称为“党规制定权”。这种意义上的党规制定权也可称为党“内立法权”。

据此，党规制定权也称“党内立法权”，是指依照党章和《党内法规制定条例》等党内法规之规定，从事与党内法规的制定、认可、解释、评估和废止等相关的活动，并能够产生相应法定效力的一种公权力。

（二）党规制定权的特征

作为中国共产党进行自我建设和治理以及更好地领导国家建设和治理的一项重要权力，党规制定权具有自身的特征。

第一，党规制定权的行使主体是特定的党的组织。党内法规作用或调整的对象主要是党务关系，即党组织的工作、活动和党员行为所形成的关系，因此党规制定首先是一项党的内部活动，党规制定权也只能由党的组织而非其他国家机关或社会组织来行使。根据《中国共产党党内法规制定条例》第 2 条和第 3 条之规定，享有党规制定权的主体主要有四类：党的中央组织、中央纪律检查委员会、中央各部门党委、省（自治区、直辖市）党委。根据该条例附则中第 34 条的规定，中央军事委员会及其总政治部依照本条例的基本精神制定军队党内法规。据此，中央军事委员会及其总政治部也享有党规制定权。根据规定，不同的党规制定权主体应当在其职权范围内制定有关党内法规。

第二，党规制定权是党的组织权力体系中非常重要的一种权力。党的组织系统要想保持正常的运转，必须借助一套系统的运行机制，包括组织、人员和制度等，与组织系统运行相关的还应当有一套运转有效、衔接良好的权力体系。洛克认为：“立法权是指享有权利来指导如何运用国家的力量以保障这个社会及其成员的权力。”①其实，这一界定同样可以用来阐述党规制定权，将党规制定权视为享有权力来指导如何运用党的组织的力量来保障党的组织及其成员的权利。在党的组织的权力体系中，决策权、立规权、执行权、组织人事权、监督权、对外宣传与联络权

① ［英］洛克：《政府论》下篇，叶启芳、瞿菊农译，商务印书馆 2011 年版，第91 页。

等是非常重要的权力类型。党规制定权是党的组织权力体系中非常重要的一种权力,其主要功能是通过规则输出和改进来确保党的组织系统有序运转并实现组织目标。

第三,党规制定权是用来制定或变动党内法规的权力。党规制定权是一项综合性的权力,包括多项具体的权能。与国家立法权相类似,狭义上的党规制定权仅是指党规制定的创制活动,也即主要是指创制权能。实际上,党规制定权不限于创制新的规则这样一项权能,还包括认可、修改、补充、解释、评估、废止和清理等权能。换言之,党内法规的认可、修改、补充、解释、评估、废止和清理等活动都属于党规制定活动,都是党规制定权运行的表现。如果我们将创制新的党内规则的活动称为"党内法规的制定",那么有关党内规则的认可、修改、补充、解释、评估、废止和清理等活动可称之为"党内法规的变动",包括规则属性、内容、形式和存在样态等方面的变动。因此,党规制定权可以视为一种制定或变动党内法规的综合性的权力。

第四,党规制定权兼具内向性和外向性两种属性。党规制定权是党的组织系统内部的一项重要权力,其首要功能是为了满足保障组织系统有效运转所需要的规则。政党属于一个政治性的社团,而社团的章程和规定指向的是其自身的行为和成员的行为。党的组织所制定的规则也不例外,主要调整或适用对象是党的组织、活动和党员行为,也即党规制定权首先具有内向性。但是,这里的"党规制定"专是指作为我国执政党的中国共产党的党规制定,如前文指出的那样,党规制定是能够对国家治理产生直接或间接影响的立规活动,因此,党规制定权也就不可避免地具有外向性,党规制定权的行使及其结果会对国家和社会的发展和治理产生直接或间接的影响。这是作为执政党的党规制定权不同于一般的社会团体或组织所享有的立规权的根本区别。

二、党规制定体制

(一)党规制定体制的含义

党规制定体制是指由党规制定权主体制度、党规制定权的划分制度和党规制定权的行使制度组成的制度体系。党规制定权的主体是多元的,而且不同的主体因其职权范围不同,所享有的党规制定权的权限也不同。同时,不同的党规制定权主体所制定的党内法规之间的关系也遵循相应的规定。这一有关党规制定权配置的制度与国家立法权配置体制或国家立法体制有相似之处,两者所指向的内容和反映的问题大致是相同的,也即有关规则制定的权力如何在不同的主体间分配以及如何行使。

(二)关于党规制定体制的思考

党规制定体制的完善程度对于党规制定和党内法治建设有着直接的影响。无论如何评价现行的党规制定体制,总有一些基本的问题需要从理论上作进一步的思考和探讨。在此,我们只就这样两个问题展开思考和分析:一是比照国家立法体制,该如何概括现行的党规制定体制;二是地方党委是否应当被赋予以及应当在多大范围内赋予党规制定权。

就第一个问题而言,国家立法体制是一国立法制度最重要的组成部分,由于国情等不同,各国立法体制存在很大的差别。“综观当今世界立法体制,主要有单一的立法体制、复合的立法体制、制衡的立法体制,还有若干特殊的立法体制。”①对于我国的立法体制,学者们也有不同的看法,郭道晖教授概括为“一元性与多位阶、多系”的立法体制。② 戚渊教授概括为“一元性两级”立法体制,并认为其中的“一元性”表明我国立法权的“源权”在全国人大及其常委会,其他一切可以立法的主体的立法权均来自全国人大及其常委会,由这样的立法权结构所产生的法律体系,构成了我国的一元化法律体制,是法制统一的基础。“两级”应是指中央与地方的立法权所构成的两级立法权及其关系。而且,“我国现行的立法体制也可归入一元性的立法体制,不过它是单一制国家的一元性立法体制”③。受到我国政体形式和结构形式的影响,我国的立法体制采取的实

① 周旺生:《立法学》,法律出版社 2010 年版,第 147 页。

② 参见郭道晖:《当代中国立法体制》,中国民主法制出版社 1998 年版,第 178 页。

③ 参见戚渊:《论立法权》,中国法制出版社 2002 年版,第 31～33 页。

际上是一种一元性基础上的两级、多层次的立法体制。

据此，我们在概括中国共产党的党规制定体制时，首先应该清楚党的组织形式和组织原则。根据《中国共产党章程》，党是根据自己的纲领和章程，按照民主集中制组织起来的统一整体。党的最高领导机关是党的全国代表大会和它所产生的中央委员会，全党各个组织和全体党员应当服从党的全国代表大会和中央委员会。在全国代表大会闭会期间，中央委员会执行全国代表大会的决议，领导党的全部工作，对外代表中国共产党。可见，党的组织形式和组织制度与国家的政体形式和组织原则具有相同之处：皆有最高权力或领导机关，都遵循民主集中制原则。这使得党的立法体制与国家立法体制在基础框架设计上遵循着同样的逻辑，“一元性”也即权源皆来自最高的权力或领导机关是一致的。

国家立法体制与党的立规体制也有不同之处。我国在处理中央和地方立法关系时遵循中央统一领导下，充分发挥地方主动性和积极性的原则，地方立法是多层次的而且有一定的自主空间，尤其是特别行政区和民族区域自治地方都有程度不同的自主立法权。政党属于政治性结社，虽然中国共产党在组织体系上也包括地方组织和基层组织，但它更加强调全国统一性和一体性，以统一的指导思想，在中央的统一领导下，更好地贯彻和实现党的宗旨、路线和奋斗目标等。基于这样的逻辑，《中国共产党党内法规制定条例》第 6 条规定，制定党内法规在中央统一领导下进行，中央办公厅承担党内法规制定的统筹协调工作。在此基础上，党的中央组织制定中央党内法规，并享有专属立规事项的党规制定权。中央纪律检查委员会、中央各部门和省级地方党委就其职权范围内有关事项制定党内法规，体现相应的层次性。这种多层次性是在高度维护中央一元性基础上的多层次性。因此，党规制定体制可以被概括为“高度一元的多层次性”立规体制。

对于第二个问题，《中国共产党党内法规制定条例》只是规定了省级地方党委可就其职权范围内的有关事项制定党内法规，省级以下党的地方组织和党的基层组织不享有党内法规制定权。我们认为，这一规定是有道理的。国家立法可以分层级，一个原因是国家事务可以分为国家层面事务和地方层面事务，而无论是国家层面还是地方层面又是由若干层次的部门所构成，授予中央和地方两级不同部门以立法权，有助于更好地发挥地方和相关部门的主动性和积极性，实现良好的治理。政党则不同，如前所述，政党必须强调全国一体性，从这个意义上说，地方党委都是中共中央的延伸和扩展，形式上的中央和地方分级并不代表党的组织在中央和地方两个层面存在两套权力系统。基于此，党规制定权的划分和配置不同于国家立法权的划分和配置。国家立法可以分为中央和地方两级并有多个层次，但是党规制定必须集中统一，充分尊重并保障中央的绝对权威，从这个意义上讲，原则上党中央有权制定、发布所有党内法规，统一在全国各级党组织实施。

然而，考虑到党的地方组织系统的庞大性，以及承担的领导地方治理事务的复杂性，《中国共产党党内法规制定条例》赋予了省级地方党委以党内法规制定权是必要的。但是授权地方省级党委制定地方党内法规是有条件的，即不能违反党章和中央党内法规，不能违反党的路线、方针、政策，否则无效。而且这种地方党内法规仅限于省级党委不能再往下延伸授权。不过，省级以下地方党委和党的基层组织虽然不享有党内法规制定权，但可以在与党内法规不抵触的情况下，为执行上级党组织的指示和同级党代表大会的决议，以及更好地领导本地方或所在基层组织的具体工作，可以制定党内规范性文件。

三、党规制定权的主体

党规制定权是由相应的党的组织来行使的，依照规定享有党规制定权的主体被称为“党规制定权主体”，也可称为“党规制定主体”。党规制定权的主体是由党内法规确定的，而非任意设定的，而且不同的党规制定权主体的权限也是不同的。

（一）党的中央组织

党的组织体系分为中央组织、地方组织和基层组织三个层次。党的中央组织是党的首脑机关，党的地方组织是党的地方领导机关，党的基层组织是党在社会基层单位中设置的党组织。这三个层次的组织机构各有其职责，但又相互联系，并且存在一种上下级、领导和被领导的关系。“党的中央组织”是一个具有特定指称范围的专有名词，但其具体所包括的组织机构范围需要进一步明确。根据《中国共产党章程》第三章之规定，党的全国代表大会、党的全国代表会议、党的中央委员会、党的中央政治局、党的中央政治局常务委员会、中央委员会总书记和党的中央军事委员会这七个党的组织属于党的中央组织是非常明确的，需要探讨的是党的中央纪律检查委员会是否属于党的中央组织。

一种观点认为，党的中央纪律检查委员会属于党的中央组织。例如，国家行政学院出版社 2012 年出版的《党员干部党章学习读本》认为：“党的中央组织，包括党的全国代表大会和它产生的中央委员会、中央纪律检查委员会、党的中央军事委员会以及由党的中央委员会选举产生的中央政治局、中央政治局常委会。”①另一种观点认为，党的中央纪律检查委员会不属于党的中央组织，而是一个承担党内执纪监督功能的中央部门。我们认可后一种观点，将党的中央纪律检查委员会定位为一个承担党内执纪监督功能的特殊的中央部门机构，而不属于党的中央组织的范畴。理由如下：

《中国共产党章程》第三章是关于“党的中央组织”的规定，该章规定了党的全国代表大会、党的全国代表会议、党的中央委员会、党的中央政治局、中央政治局常务委员会、中央委员会总书记和党的中央军事委员会这七个党的中央组织各自的组成、职权以及相互之间的关系等内容，并未在该章中对党的中央纪律检查委员会设置专门的条文加以规定，只是在规定党的全国代表大会和党的全国代表会议的职权时涉及党的中央纪律检查委员会，那反映的是党的中央纪律检查委员会与这两个党的中央组织的关系。有关党的中央纪律检查委员会的规定，主要存在于第八章“党的纪律检查机关”之中，由此可以说明党的中央纪律检查委员会并不属于党的中央组织的范畴。基于此，在《中国共产党党内法规制定

① 本书编写组:《党员干部党章学习读本》，国家行政学院出版社 2012 年版，第 227～228 页。

条例》的第 2 条和第 3 条中，将党的中央组织与党的中央纪律检查委员会作为两类不同的党规制定权主体进行规定。

党的中央组织的立法权限与其在党的组织系统中的地位是相称的。党的全国代表大会是党的最高权力机关，由全体党员通过直接或间接的方式选举出来的代表组成，代表全体党员的共同意志，决定党的重大事项（包括重大的基础性的党内立法事项），对党和国家发展的大政方针提出建议。在党的全国代表大会职权中，有一项重要的党内立法职能即修改党的章程，这也是党的全国代表大会专属的党内立法权。党的全国代表会议是由中央委员会在两次党的全国代表大会之间，根据工作需要所召集的代表会议，讨论和决定需要及时解决的重大问题。根据党章的规定，党的中央委员会在党的全国代表大会闭会期间执行全国代表大会的决议，领导党的全部工作，对外代表中国共产党；中央政治局和它的常务委员会在中央委员会全体会议闭会期间行使中央委员会的职权。军队中党的组织体制和机构由中央军事委员会作出规定。

对于党的中央组织具体的党规制定权，《中国共产党党内法规制定条例》第 3 条作了明确的规定。据此，党的中央组织制定的党内法规称为“中央党内法规”。其规定事项包括：(1)党的性质和宗旨、路线和纲领、指导思想和奋斗目标；(2)党的各级组织的产生、组成和职权；(3)党员义务和权利方面的基本制度；(4)党的各方面工作的基本制度；(5)涉及党的重大问题的事项；(6)其他应当由中央党内法规规定的事项。

(二)中央纪律检查委员会

党的中央纪律检查委员会是承担党内执纪监督功能的特殊的中央部门机构，也是《中国共产党党内法规制定条例》中规定的第二类党规制定权主体。根据《中国共产党章程》，党的中央纪律检查委员会在党的中央委员会领导下进行工作。其主要的任务为：维护党的章程和其他党内法规，检查党的路线、方针、政策和决议的执行情况，协助党的委员会加强党风建设和组织协调反腐败工作。党章关于中央纪律检查委员会任务的规定也是对其职权范围的规定，中央纪律检查委员会应当在此职权范围内行使其党规制定权。

党的中央纪律检查委员会党规制定权的行使应当注意两点：

一是中央纪律检查委员会只能就其职权范围内有关事项制定党内法规，而且只能针对党的纪律检查工作或相关事项作出具体的规定。在党内法规的名称方面，中央纪律检查委员会制定的党内法规，只能称为规则、规定、办法或细则，而不能称党章、准则或者条例。

二是中央纪律检查委员会的党规制定权受相应的监督机制约束，监督机制主要有备案审查机制、责令改正和撤销机制。备案审查机制是指中央纪律检查委员会制定的党内法规应当自发布之日起 30 日内报送中央备案，由中央办公厅对报送备案的党内法规进行审查，审查的内容主要是看所制定的党内法规是否同党章和党的理论、路线、方针、政策相抵触，是否同宪法和法律不一致，是否同中央党内法规相抵触等。责令改正和撤销机制是指如果中央纪律检查委员会发布的党内法规存在同党章和党的理论、路线、方针、政策相抵触，或者同宪法和法律不一致，或者同中央党内法规相抵触情形的，中央有权责令其改正或者予以撤销。

（三）党中央各部门

党的中央各部门党委是享有党规制定权的第三类主体，也是一个集合主体，由若干个具体的党的中央部门所组成。对于"党的中央各部门"的理解，需要注意的是，党在组织建设和治国理政过程中会根据需要对党的中央部门机构进行调整，不同时期"党的中央各部门"的范围可能会有所不同。就当前来看，"党的中央各部门"作为一个专有概念，它具体包括的部门机构有：中共中央纪律检查委员会机关、中共中央办公厅、中共中央组织部、中共中央宣传部、中共中央统战部、中共中央对外联络部、中共中央政法委员会机关、中共中央政策研究室、中共中央工作办公室、中共中央对外宣传办公室、中共中央财经领导小组办公室、中共中央外事工作领导小组办公室、中共中央编制委员会办公室、中共中央直属机关工作委员会和中共中央国家机关工作委员会等。

根据《中国共产党党内法规制定条例》之规定，党的中央各部门只能在各自的职权范围内行使党规制定权，就其职权范围内的有关事项制定党内法规。中央各部门行使党规制定权时也只能对党的某一方面重要工作或事项作出规定，所制定的党内法规只能称为规则、规定、办法或细则。中央各部门党规制定权的行使与中央纪律检查委员会行使党规制定权一样，都要受到备案审查、责令改正和撤销等监督机制的约束。

（四）省、自治区、直辖市党委

省、自治区、直辖市党委，也可简称“省级地方党委”，是《中国共产党党内法规制定条例》所规定的党规制定权主体中唯一的党的地方组织。与党的中央组织和党中央各部门这两类主体一样，省级地方党委作为党规制定权主体也是一个集合主体，由 32 个具体的省级地方党委（包括 23 个省、5 个自治区和 4 个直辖市的党委）所构成。《中国共产党章程》并没有就省级地方党委的职权作出专门规定，而只是对党的地方各级委员会的任务和职权作了概括性的规定。党章第 26 条规定，党的地方各级委员会在代表大会闭会期间执行上级党组织的指示和同级党代表大会的决议，领导本地方的工作，定期向上级党的委员会报告工作。这可以视为关于省级地方党委职权范围的直接依据。

根据《中国共产党党内法规制定条例》，省、自治区、直辖市党委只能在各自的职权范围内行使党规制定权，就其职权范围内的有关事项制定党内法规。省、自治区、直辖市党委行使党规制定权时也只能对党的某一方面重要工作或事项作出规定，所制定的党内法规只能称为规则、规定、办法或细则。省、自治区、直辖市党委党规制定权的行使与中央纪律检查委员会和中央各部门行使党规制定权一样，都要受到备案审查、责令改正和撤销等监督机制的约束。

（五）中央军事委员会及其总政治部

中央军事委员会及其总政治部可以视为一类特殊的党规制定主体。这里所称的“中央军事委员会”是指中国共产党中央军事委员会。需要注意的是，我国《立法法》第 103 条规定了中央军事委员会根据宪法和法律制定军事法规，该条中的“中央军事委员会”是指中华人民共和国中央军事委员会。党领导军队这是一项基本的原则，军队党组织的治理能力的提升及各项活动也都离不开相应的党内法规，因此有必要赋予中央军事委员会及其总政治部以党规制定权。

第三节 党规制定程序

党规制定程序是党规制定活动必须遵守的一整套步骤和方法，实质上是一系列程序性规则。围绕作为党规制定成果的“党内法规”的成型及完善过程，可以将党规制定划分为三个基本的阶段：党规制定准备阶段、党规制定确立阶段和党规制定完善阶段。在《中国共产党党内法规制定条例》中，规划和计划、起草等属于党规制定准备阶段，审批和发布属于党内法规确立阶段，解释、清理和评估等则属于党规制定的完善阶段。党规制定主体应当严格按照党内法规所规定的程序从事立规活动，切实提高党规制定的科学性和民主性。

一、党规制定程序概述

（一）党规制定程序的含义

党规制定应当遵循已规定的或者已形成惯例的步骤、环节和方法，以此来更好地制定或输出合理有效的党内法规或党内规范性文件。一般而言，任何党的组织在进行党规制定时都应当遵循已定的程序，这是党规制定科学化、民主化和合法化的基本要求。

党规制定程序是指享有党内立法权的党的组织，在从事党内立法活动时所应遵循的已定的步骤和方法。当然，不享有党内立法权的党的组织在从事党规制定活动时也应当遵循相应的程序，尤其应当参照党内立法活动已定的步骤和方法。

（二）党规制定程序的特征

第一，党规制定程序主要是一套有关党规制定活动开展步骤和方法的规则。“程序”从字面上理解具有步骤、环节、阶段和方法等意思，实际上它最终要体现为一系列具体的规则。党规制定程序对于党规制定如何开展、遵循怎样的步骤和方法、每个步骤中不同的主体应当从事哪些行为、立规各环节或步骤之间该如何衔接，以及每个步骤和整个立规过程所应遵循的期限等，都设定了明确的要求，供党规制定主体参照遵守。

第二，党规制定程序直接约束的是党规制定权主体的立规活动。党规制定程序作为一套程序性规则，主要作用或约束的对象是党规制定权主体。《中国共产党党内法规制定条例》规定的党规制定权主体有党的中央组织、中央纪律检查委员会、中央各部门和省级地方党委，党规制定程序主要是针对这些主体的立规活动的规范和约束。这些党规制定权主体涵盖了党的主要领导组织，而这些领导组织的职权和行为有很多，立规权及立规行为只是其中的一项。党规制定程序规则调整和规范的也只是党规制定主体的立规权及其立规行为，对于党规制定权主体的其他行为则没有约束效力。

第三，党规制定程序针对不同的阶段具有不同的规则要求。党规制定程序是由功能不同、相互衔接的若干步骤或环节所构成的统一整体，尽管最终的指向是要完成预定的党内法规的制定或变动，但每个立规环节所遵循的规则是不同的。例如，在党规制定的准备阶段，规划和计划是非常重要的一个步骤和环节，在编制中央党内法规制定五年规划时，应当广泛征求意见后拟定，经中央书记处办公会议讨论，报中央审定。在党内法规确立阶段，党内法规的起草是第一步，根据规定，起草党内法规应当深入调查研究，而且在党内法规草案形成后也应当广泛征求意见。

(三)党规制定程序的意义

第一，党规制定程序的首要功能是保障党规制定活动顺利开展，有助于增强党规制定活动的规范性，提高党规制定的工作效率。党规制定主体创制和变动党规的目的，是为了更好地适应党的自身治理和治国理政的需要。党规制定程序为党规制定活动如何开展设置了相应的行为规则和时限规则等，确保党规制定每个步骤的有序进行以及各个步骤的有序衔接。

第二，党规制定程序还有助于维护党内法规体系的统一性和权威性。法制统一原则既是国家法的一个基本原则，也是党内法规的一个基本原则。维护党内法规体系的统一性和权威性，应当自党规制定阶段就应该予以重视。党规制定程序具有法定性，也即党规制定活动应当按照已经规定好的程序性规则开展，这就要求各类党规制定主体在行使立规权时应当严格按照《中国共产党党内法规制定条例》及相关党内法规所确立的顺序、步骤、方式、时间和方法等进行，以保证党内法规体系的统一性和协调性。

第三，党规制定程序有利于保证党规制定活动的科学化和民主化。党内法规应当在坚持党的宗旨、路线和纲领、指导思想和奋斗目标等前提下，尽可能地体现全体党员或最广大党员的共同意志，只有这样才能在其后的实践中更好地全面遵守和执行。要准确地反映全体党员或最广大党员的意志，党规制定权主体就应当遵循法定的步骤，以法定的方式在规定的期限内广泛地听取全体党员的意见，并以法定的方式将广大党员的意见融入党规制定的过程和内容之中。党规制定程序中设计了完整的立规程序规则，并在多个环节都规定了应广泛征求意见，这些都有利于保证党立规活动的科学化和民主化。

二、党规制定准备阶段

（一）党规制定准备阶段概述

党规制定准备是党规制定活动的先期程序，是为正式的立规活动准备材料或创造条件的过程。从事党规制定准备工作的主体既可以是党规制定主体以及党规制定权享有者，也可以是党规制定主体所委托的机构或人员等不享有党规制定权的主体，还可以是那些既不享有党规制定权也不曾被委托的机构或人员。

党规制定准备的任务，是根据轻重缓急原则确定应将哪些事项纳入党内法规调整的范畴，并确定开展相应党规制定的进度安排，在此基础上为正式列入党规制定计划的事项拟定初步的文件资料，包括立规草案和有关说明材料等。

（二）规划与计划

党规制定与国家立法一样，都是一项有意识的活动，都是为了回应党内或国家治理的需要。制定党规的需要并非临时产生的，而是一种客观的并且可以预测的需求。规划与计划是党规制定主体在其职权范围内，在对党内治理立规需求的预测基础上，根据党内治理事项本身的轻重缓急而拟定立规内容及其次序方案的活动。其中，规划注重一种相对长远或期限较长些的立规安排（如五年规划），而计划一般适用于较短期的安排，经常是指年度立规计划。

规划和计划制度的主要功能是将党内治理事项有序地纳入立规的范畴，在科学预测和论证基础上提高党规制定的科学性。对于规划和计划的功能和意义，我们在此可以援引立法学者有关立法规划和计划的论述予以阐述："无论是立法规划还是立法计划，都是立法主体在一定时期内的工作或日程安排。其目的都是保证立法工作能够有组织、有计划、按步骤地进行，从而使立法工作更加科学化与系统化。有了立法规划，能使我国的立法工作突出重点，保障立法更好地为社会经济发展服务；可以避免立法工作中出现重复、分散或遗漏立法的现象，减少不必要的立法活动；有助于各有关部门之间的协调和有准备地参加立法活动，克服立法工作中的草率现象，提高我国法治建设过程中的立法质量。"①党规的规划和计划也发挥着类似的功能。《中国共产党党内法规制定条例》第二章共五个条文对党规制定的规划和计划作出了专门规定。

（三）起草

作为党规制定活动　个必经的、非常重要的环节，起草是党规制定正式进入确立阶段的关键，而且起草质量也在很大程度上影响着最终的党内法规的质量。党内法规案草案的拟定是直接表现党规制定主体的立规目的、实现其立规思想和原则的最主要活动之一，通过草案的起草可以为党的组织活动或党员行为设定相应的义务和权利，从而为调整有关党内治理事务或党务关系提供准则。为了保障党规起草工作的顺利有效开展以及法规草案的质量，《中国共产党党内法规制定条例》设专章规定了党规起草的主体和具体要求。

---

① 汪全胜：《制度设计与立法公正》，山东人民出版社2005年版，第181页。

就起草主体而言,中央党内法规按照其内容一般由中央纪律检查委员会、中央各部门起草,综合性党内法规由中央办公厅协调中央纪律检查委员会、中央有关部门起草或者成立专门起草小组起草。中央纪律检查委员会、中央各部门和省级地方党委制定党内法规时,由其自行组织起草。

党内法规草案在内容上一般应当包括名称、制定目的和依据、适用范围、具体规范、解释机关和施行日期等,并且应当保证党内法规方向正确、内容明确、逻辑严谨、具有可操作性,在语言表述上应当准确、规范和简洁。根据规定,在起草党内法规时,还应当遵守以下规定:(1)起草主体应深入调查研究,全面掌握时机情况,认真总结历史经验和新的实践经验,充分了解各级党组织和广大党员的意见和建议。必要时,调查研究可以吸收相关专家学者参加或者委托专门机构开展。(2)起草党内法规的部门和单位应当就涉及其他部门和单位工作范围的事项,同有关部门和单位协商一致。经协商未能取得一致意见的,应当在报送党内法规草案时对有关情况作出说明。(3)应当与现行党内法规相衔接。对同一事项,如果需要作出与现行党内法规不一致的规定,应当在草案中作出废止或者如何适用现行党内法规的规定,并在报送草案时说明情况和理由。

党内法规起草完成也即党内法规草案形成后,还应当广泛征求意见。征求意见的范围根据党内法规的具体内容确定,必要时在全党范围内征求意见。征求意见时应当注意听取党代表大会代表和有关专家学者的意见。与群众切身利益密切相关的党内法规草案,应当充分听取群众意见。起草部门和单位在向审议批准机关报送党内法规草案时,还应当同时报送草案制定说明。制定说明应当包括制定党内法规的必要性、主要内容、征求意见情况、同有关部门和单位协商情况等。

三、党规制定确立阶段

(一)党规制定确立阶段概述

党规制定确立阶段,也是狭义上所称的“党规制定程序”,是指从党内法规草案到正式的党内法规阶段，这是党规制定的核心和关键阶段。对于一部党内法规的制定而言，立规准备阶段和立规确立阶段是两个必须经过的阶段，这两个阶段前后衔接，协同完成最终的党规制定任务。

考虑到党内法规的特殊性及对党规制定效率的要求等因素，《中国共产党党内法规制定条例》关于立规确立阶段的规定较为简单，只有四个条文的内容，而且这一阶段只规定了审批和发布两个环节的规则或要求。

（二）审批

审批环节是党规制定程序中最为重要和关键的一步，因为党内法规草案能否获得最终的通过，主要取决于审批机关的审核结果。关于党规的审批，我们应当掌握的主要有两个问题：审批的主体和审核的内容。

根据《中国共产党党内法规制定条例》第22条的规定，党内法规的审批按照下列职权进行：

（1）涉及党的中央组织、中央纪律检查委员会产生、组成和职权的党内法规，以及涉及党的重大问题的党内法规，由党的全国代表大会审议批准。

（2）涉及党的地方组织和基层组织产生、组成和职权的党内法规，涉及党员义务和权利方面基本制度的党内法规，以及涉及党的各方面工作基本制度的党内法规，由党的中央委员会全体会议、中央政治局会议或者中央政治局常务委员会会议审议批准。

（3）应当由中央发布的其他党内法规，根据情况由中央政治局常务委员会会议审议批准，或者按规定程序报送批准。

（4）中央纪律检查委员会、中央各部门发布的党内法规，由中央纪律检查委员会、中央各部门审议批准。

（5）省、自治区、直辖市党委发布的党内法规，由省、自治区、直辖市党委审议批准。

审议批准机关依其职权收到党内法规草案后，交由其所属负责法规工作的机构进行审核，根据《中国共产党党内法规制定条例》第21条的规定，相关机构主要审核的内容包括以下几个方面：（1）是否同党章和党的理论、路线、方针、政策相抵触;(2)是否同宪法和法律不一致;(3)是否同上位党内法规相抵触;(4)是否与其他同位党内法规对同一事项的规定相冲突;(5)是否就涉及的重大政策措施与相关部门和单位协商;(6)是否符合制定权限和程序。如果经过审核认为党内法规草案存在问题,审核机构经批准可以向起草部门和单位提出修改意见;如果起草部门和单位不采纳修改意见,审核机构可以向审议批准机关提出修改、缓办或者退回的建议。

(三)发布

除非有特殊原因,党内法规草案在得到审议批准机关的审核批准通过之后,都应当及时地予以公布。《中国共产党党内法规制定条例》第23条第2款规定:“党内法规经批准后一般应当公开发布。”该款规定中使用了“一般”这一词语,表明党规制定程序中采取公开为原则、不公开为例外的原则。

对于党内法规的公开性问题,有学者作过专门的分析,“一则,党规公开的范围有两种:一种是有限公开,即特定党规只向其所涉的党组织和党员公开,凡是被纳入调整范围、其权益有可能受到直接影响的党组织和党员,都有权知悉该党规的内容规定,而与其无关的其他党组织和党员可以不必知晓;另一种是全面公开,即特定党规出台后,应当在党报党刊等媒体上公开发布,人所共知。二则,党规公开的时间也有两种:一种是即时公开,即党规印发之日即为公开发布之时;另一种是适时公开,即先按党规密级高低在党内一定范围发布,待解密后先在党内公开,然后才在党报党刊上刊发向全社会公开。”①本书赞同上述关于党内法规公开的论述,同时也认为公开作为党规制定程序必要环节,应当逐渐贯彻到每一部党内法规的创制和变动程序之中,不公开则无法规。

对于负责公开的主体和要求,根据规定,经审议批准的党内法规草案,由负责法规工作的机构核文后按规定程序报请发布。党内法规一般采用中共中央文件、中共中央办公厅文件、中央纪律检查委员会文件、中

---

① 宋功德:《党规之治》,法律出版社2015年版,第57页。

央各部门文件和省级地方党委文件、党委办公厅文件的形式予以发布。对于实际工作迫切需要但还不够成熟的党内法规,可以先试行,在实践中完善后再重新发布。

四、党规制定完善阶段

(一)党规制定完善阶段概述

完整的党规制定程序还包括党规制定的完善阶段。党规制定并非一劳永逸,某一部党内法规的公布与生效,只标志着党规制定中一个主要阶段的任务的完成,标志着相关领域或有关事务有了较为具体的党内法规的调整,但并不意味着该领域或事务所对应的党规制定工作的最终完结,党规制定应当随着党内治理的需要不断地加以完善。

党规制定完善阶段的主要功能是提升党内法规的质量及法规体系的协调性,为党内治理及党领导国家治理提供更为科学有效的党内法规依据。党规制定的完善包括若干种机制,也就包含着若干种完善程序,而且不同的完善机制和程序之间基本是互不依存、相互独立的。就国家立法而言,立法完善阶段存在的主要机制和程序有法律修改、法律补充、法律解释、法律废止、法律清理、法律汇编和法典编纂等。此外,立法后评估既是法律完善阶段一个具有独立存在价值的程序,也与其他完善机制有密切联系,是启动法律修改、补充、解释或废止等程序的依据性机制。党规制定遵循着与国家立法相同的原理,适用着相同的完善机制和完善程序。

《中国共产党党内法规制定条例》关于党规制定完善程序的规定主要在第五章“适用与解释”、第六章“备案、清理与评估”和第七章“附则”之中,并且主要对党规制定的解释、清理、修改、废止和评估作出了规定。上述三章还规定了作为适用原则的效力位阶原则,作为监督机制的备案审查机制、责令改正机制和撤销机制等。

(二)解释

解释是指党规制定主体对其所制定的党内法规的内容,包括其所使用的概念、条款等的含义作进一步阐明的专门立规活动。需要指出的是，作为党规制定完善机制的解释，不同于党规制定适用过程中的解释，后者是针对具体情形或事务的适用性解释。解释的一个基本原因是党规制定主体理性的局限，难以充分预见到党内治理事务或关系的方方面面，而语言又具有概括性和抽象性，需要针对新的情况或情形，由党规制定主体对有关条文、概念或原则的含义作进一步的阐明。

《中国共产党党内法规制定条例》第 29 条对党规解释的主体和效力问题进行了规定：中央党内法规解释工作，由其规定的解释机关负责，在《中国共产党党内法规制定条例》施行前发布的中央党内法规，未明确规定解释机关的，由中央办公厅请示中央后承办。中央纪律检查委员会、中央各部门和省级地方党委制定的党内法规由其自行解释。党内法规的解释同党内法规具有同等效力。

至于党规解释的程序，《中国共产党党内法规制定条例》中并没有作专门的规定。我们认为，党规解释是一项独立的专门立规活动，其程序应当参照党规制定的创制程序，包括将党规解释纳入党规制定的规划和计划、有权解释主体起草解释草案，以及提请规定的机关进行审议批准并按规定进行发布等。党规解释过程中应当根据情况和需要广泛征求意见，尤其是直接适用机构和直接相关的党员的意见。

（三）修改与废止

党内治理事务和关系有些是相对稳定的，有些是随着党的政策的调整或者治国理政的发展需要而发生变化的，党内法规要想及时有效地对党内治理事务或关系实现调整或规范，就需要不断地自我改进和完善。党规的修改与废止是党内法规自我改进和完善的两项最主要的机制。党规修改是指党规制定主体对于已经颁行实施的党内法规根据需要予以删减、替代或增加等的专门立规活动。党规废止是指党规制定主体基于党的政策调整或治理需要或党内法规体系协调的需要，对已经生效实施的党内法规文件的效力宣布予以终止，使该部党内法规文件永远失去效力的专门立规活动。

党规的修改应该采取明示的方式，遵循严格的修改程序。一般而言，党规的修改程序与党规的创制程序相同，均应经过列入规划和计划、起草、审议和发布等法定环节。党规的废止也应该采取明示的方式，程序相对简单一些。根据《中国共产党党内法规制定条例》的规定，党规的修改和废止应当根据党内法规的清理活动来实施，即根据党内法规情况来作出修改还是废止的处理。党内法规的修改和废止的程序适用该条例关于党内法规创制程序的规定，例外的是党章的修改程序及要求适用《中国共产党章程》的有关规定。

（四）清理

党内法规不仅要追求科学性和实效性，还应该注重体系的协调性。党规的清理是保证党内法规体系协调性的一项重要机制。党规的清理与国家立法中的法律清理的功能相类似。在国家立法活动中，法律清理是改进法律体系协调性的一项重要立法完善机制。具体而言，法律清理“是指立法主体在其职权范围内，根据经济社会发展的情况，依照一定的程序对一定时期或一定领域内的规范性法律文件进行集群性收集、整理、分析和审查，确定其是否继续有效或需要加以修改、补充或者废止的活动”[①]。可见，在国家立法活动中法律清理与法律修改、补充或废止等专门立法活动是相互关联的。党规制定活动中党内法规的清理既是一项专门的立法活动，也是启动党内法规修改、补充或废止等活动的重要依据或前置性活动。

《中国共产党党内法规制定条例》中只有一个条文对党规制定的清埋机制作出了规定，即第 31 条规定：“党内法规制定机关应当适时对党内法规进行清理，并根据清理情况及时对相关党内法规作出修改、废止等相应处理。”

（五）评估

党规评估对应着国家立法的立法后评估，后者是指“在法律法规制定出来以后，由立法部门、执法部门及社会公众、专家学者等，采用社会调查、定量分析、成本与效益计算等多种方式，对法律法规在实施中的效

---

① 杨临宏：《立法法：原理与制度》，云南大学出版社 2011 年版，第 153 页。

果进行分析评价，针对法律法规自身的缺陷及时加以矫正和修缮”[①]。立法后评估的主要目的是“检验立法在实施过程中所产生的社会与经济效益，检验立法中各项制度和程序规定是否合理、可行，发现其在实施过程中存在的主要问题，从而对现行立法作出全面的、科学的评价，对以后法律的立、改、废提供可靠依据，提高立法质量”[②]。与之相类似，党规评估是指党内法规发布并施行一段时期后，对党内法规的实施情况包括取得的效果、存在的问题等，运用科学的方法进行考察和分析，以此作为改进党内法规质量的决策依据。

《中国共产党党内法规制定条例》第 32 条规定：“党内法规制定机关、起草部门和单位可以根据职权对党内法规执行情况、实施效果开展评估。”据此，党规的评估主体主要有两类：党内法规的制定机关、党内法规的起草部门和单位。党规评估的主要内容是党内法规的执行情况和实施效果。至于党规评估的程序，该条例中并没有作出规定，需要今后制定专门的党内法规。还应注意的是，虽然该条例中未作规定，党规评估也应当作为党规制定和完善、各种机制实施或程序启动的重要决策依据，也即在启动党规解释、修改、废止和清理等党规制定完善程序时，应当预先进行党规评估，以评估的结论作为参考再进行相应的完善活动。

第四节 党规制定协调

从某种意义上讲，党规制度体系的内外协调程度决定着党规体系的质量，也影响着党内法治建设的水平和发展的进程。因此，借助科学合理的党规制定协调机制来更好地实现党规制度体系的内部协调和外部协调，非常必要和重要。

---

① 高勇：《法规质量评估，走向地方立法前台》，《人民之声报》2006 年 7 月 13 日。

② 汪全胜等：《立法后评估研究》，人民出版社 2012 年版，第 18 页。

一、党规制定协调的意义

操申斌在分析党内法规制度执行不力的原因时认为，从立法视角看主要表现在四个方面：党内法规建设相对缺乏一个总体规划，前瞻性不强；部分党内法规制定得比较粗疏，立法质量不高；党内法规体系不完全配套，程序性法规偏少；党内立法冲突较为明显，协调性不强。[①] 这四个方面的原因都多少与党规制定协调有关，也可以说，都是由于党规制定协调不力所致。因此，党规制定协调对于党内法规质量的保障、党内法规制度的实施以及党内法规制度体系化都有着重要的意义。

第一，党规制定协调是保障党规制定文本质量的基本要求。党规制定质量高低对于党内法规功能的实现程度非常重要，党规制定的质量如何首先反映在所发布的立规文本之中。从形式上看，党规制定文本在名称、体例和结构等形式上是否符合规定和立规惯例，是评价党规制定质量最直接的指标。在文本内容上，党规制定所使用的概念的准确性、语言表述的清晰性、调整的完整性和可行性等，是衡量党规制定质量的实体性指标。无论是在形式上还是内容上，党规制定都应当符合基本的立规原理、立规惯例和立规规定。这些工作有些在立规准备阶段完成，如党规制定的起草环节，有些则是在审议阶段需要注意的。

第二，党规制定协调是确保党内法规制度体系内在一致性的要求。在国家法律体系中，法制统一是一项基本的法治原则。同理，党内法规制度体系也应当遵循党内法制统一原则，只有这样才能真正维护党内法规的权威性和严肃性。党内法制统一原则有四项基本要求：(1)党章的效力最高，任何党内法规都不得与党章的规定相抵触；(2)下位的党内法规不得与上位的党内法规相抵触；(3)同一效力位阶的党内法规之间也不得相冲突；(4)党内规范性文件不得违反党内法规的规定。这就要求党规制定不仅要保证其文本本身的逻辑性和协调性，还应当使所立之规与既有的党内法规及其体系相融合、相一致，确保所发布之党内法规不

① 参见操申斌：《党内法规制度执行不力的立法探源》，《理论探讨》2011 年第 2 期。

与党章和上位的党内法规相抵触,与同一效力位阶的其他党内法规的相关规定不存在冲突之处。可以说,党内法规制度体系的内在一致性或协调性,是衡量党内法规制度体系完善程度的核心指标,党规制定协调首先要确保的也是党内法规制度体系的内部协调。

第三,党规制定协调是确保党内法规符合宪法和法律规定的要求。党内法规应当符合宪法和法律的相关规定,而不能与之相冲突。无论是《中国共产党章程》总纲中所规定的“党必须在宪法和法律的范围内活动”,还是《中国共产党党内法规制定条例》中所规定“制定党内法规应当遵守党必须在宪法和法律范围内活动”的原则,都鲜明地体现了党内法规与宪法和法律的关系。党的十八届四中全会通过的《中共中央关于全面推进依法治国若干重大问题的决定》中也明确提出了要注重党内法规同国家法律的衔接和协调。显然,党规制定协调承担着确保党内法规符合宪法和法律规定的任务。

第四,党规制定协调是党内法规更好地满足党的自身治理和党领导国家治理需要的要求。党规制定的意义不仅在于要完成党内法规的创制和变动等活动本身,最终目的是要为党的自身治理和党领导国家治理提供科学有效的党内法规制度和规则。党的自身治理和党领导国家治理的需要是随着时代的发展和形势的变化等不断改变的,这就需要党规制定应当与时俱进、及时调整,以更好地适应和满足这两个层面治理的需要。这种意义上的协调也可称之为“现实性协调”。从党的十八大以来党规制定实践来看,无论是《中国共产党廉洁自律准则》(2015 年),还是《中国共产党党内监督条例》(2016 年)和《中国共产党纪律处分条例》(2018 年),这些基础主干性党内法规确实是围绕如何重构良好的政治生态而展开的,显然有着非常强烈的现实针对性或回应性。之所以如此,是因为与国家立法一样,党规制定一旦放弃了与时代发展同步的追求,便会被时代和社会所抛弃,成为一种无价值的存在,甚至会走向反面,制约或妨碍党的自身治理和党领导国家治理目标的实现。

二、党规制定的协调机制

（一）党规制定内部协调

党规制定内部协调主要是指党规制定应当保证所创制的党内法规文本内容的一致性，以及与既有的党内法规制度体系的融洽性。党规制定内部协调主要是对党内法规文本质量或品质的一种要求，也是党内法规制度体系化基础性保障。党规制定内部协调包含两层含义：一是党规制定文本内部要协调一致，不能存在逻辑不清、自相矛盾及违背基本立法技术规范等情形；二是党规制定结果应当能够与已经施行的其他党内法规及党内法规体系相融合、相配套，不存在相抵触或相冲突之处。具体而言，党规制定内部协调要求：

（1）党规制定的语言表述要符合语言表述技术规范，不能存在语病或同一概念所指代的对象前后不一致等现象。

（2）党规制定所设置的党内法规规范的逻辑结构要完整。与法律规范相类似，一个结构完整的党规规范，能够清晰地表现其逻辑结构——条件假设、行为模式和法规后果三个要素有机结合。其中，条件假设部分表述的是规范的适用条件、规范的时间和空间等内容，行为模式部分主要规定党务关系主体有权为或应当不为某种行为，法规后果部分主要规定有关主体行为合规的肯定性后果和违反规定所应承担的责任后果。

（3）党规制定的规则与原则之间要协调，党规制定所设置的规则不能与在同一文本中所设定的基本原则相冲突。在党内法规文本中，大部分条文都属于规则，少部分则属于原则，而规则和原则之间存在着密切的关系。“规则的具体、细致、精准与原则的抽象、概括、弹性之间是互补的，成千上万的规则其实是对民主集中制原则、党内民主原则、公开公平公正原则、职权法定原则、程序正当原则、权力制约原则、权力监督原则与权利救济原则等若干原则的细化，原则据此起到统率规则体系、贯通规则架构、弥补规则空缺结构等重要作用。”①

---

① 宋功德：《党规之治》，法律出版社 2015 年版，第 271 页。

(4)党规制定的名称、体例和结构等要符合技术规范和有关规定。在党内法规的名称上,《中国共产党党内法规制定条例》明确规定中央纪律检查委员会、中央各部门和省级地方党委制定的党内法规只能使用规则、规定、办法和细则,而不能使用党章、准则和条例,而且不同的名称对应的调整事项或领域有所不同,不能混用或乱用。在立规体例上,一般应有总则、分则和附则之分,当然分则并非要出现"分则"的字样而是对应着属于分则的内容。在形式结构上,党内法规的表述一般使用编、章、条、款、项、目的结构单位加以排列。

(5)所立党规与既有的党规不相抵触。这主要是基于党内法制统一和协调原则而提出的要求。这既包括党内法规、规范性文件不能与党章相抵触,也包括所立党规不能与其上位阶的党规相抵触。

(6)党规制定过程中应做到工作协调有序。党规制定过程中为了保证党规制定各个步骤或环节的有序进行,党规制定主体及具体工作机构或人员需要通过某些方式或机制协调工作、推进党规制定按照预定的计划和规定的程序开展和完成,这种党规制定过程中的工作协调也可以视为党规制定内部协调内容的一部分。

(二)党规制定外部协调

党规制定外部协调是指党内法规应当同宪法和法律保持一致,同党的理论、路线、方针、政策相一致,以更好地满足党的自身治理和党领导国家治理需要为其最终目标。党内法规不是一个封闭的规范性文件,党内法规体系也不是一个封闭的规范性文件体系。

对于党规制定外部协调的要求,在《中央党内法规制定工作五年规划纲要(2013～2017年)》中的"基本要求"有着具体的论述。在该规划纲要中所载明的做好党内法规制定工作所应遵循的基本要求中,至少有三项要求可以视为对党规制定外部协调的具体要求。

(1)围绕中心,服务大局。这是对党规制定应当同党的理论、路线、方针、政策相一致,并认真加以贯彻落实的要求。用上述规划纲要中的话表述便是制定党内法规应当"认真贯彻党的基本理论、基本路线、基本纲领、基本经验、基本要求,自觉服务于中国特色社会主义事业总体布局，服务于党的建设新的伟大工程，从制度上确保党的理论和路线方针政策的贯彻落实，充分发挥党内法规在促进全局工作中的重要作用”。

(2)宪法为上。这是党规制定应当与宪法和法律相一致的要求。党规制定应当以宪法为遵循，保证党内法规体现宪法和法律的精神和要求，保证党内法规制度体系与中国特色社会主义法律体系内在统一，确保各级党组织和党员在宪法和法律范围内活动，认真履行党内的各项职责和义务。

(3)改革创新，与时俱进。这是对党规制定应当与党的治理和国家治理的需要、时代发展需要相适宜的要求。具体而言，党规制定应当在总结吸收正反两方面历史经验的基础上，研究新情况，解决新问题，总结新经验，尊重基层首创精神，借鉴国外政党有益做法，注重把实践中的成功经验和规律性认识上升为党内法规，及时修改同实践要求不相适应的党内法规，使党内法规始终随着实践的发展、时代的进步不断向前推进。

第七章
党规实施

党规实施是党规运行的重要环节，其重要性是不言而喻的，它既是党规制定的逻辑要求，也是实现党内法治的基本路径。但是，相对于党规实施生动且复杂的实践，党规实施的基本理论还很不成熟，人们对党规实施的含义、特征、主体、内容、方式等基本问题的认识还不够系统和深入，导致在党规实施领域理论对实践的回应性不够，引领和推动作用更是未能显现。深入推进依规管党治党、全面从严治党伟大工程，需要对党规实施的基本理论进行探讨，以便更好地认识、把握党规实施的一般规律，进而指导党规实施的生动实践。

■ 第一节 党规实施概述

党规与国法构成中国特色社会主义法治的两大规范系统，党规实施与国法实施的逻辑既有共性，也有差异。深化对党规实施的理论认识，需要以党规实施的特别逻辑为基本考量，借鉴国法实施的一般原理，对党规实施的含义和特征、党规实施的分类、党规实施的意义、党规实施与国法实施的关系以及党规实施的保障措施等进行探讨。

一、党规实施的理论界定

国法的生命在于实施，国法的权威也在于实施。同样，党规的生命在于实施，党规的权威也在于实施，党规的价值和效力只有通过实施才能得以实现。党规实施既是依规管党治党、全面从严治党的应有之义，也是实现党规价值效力、维护党规自身权威的必然要求。加强党规制度建设，实现依规管党治党，除了加强党规制定、实现“有规可依”外，还应当注重和加强党规实施，确保“有规必施”。《关于加强党内法规制度建设的意见》就明确指出，加强党内法规制度建设，必须坚持党规制定和党规实施并重，高效的党内法规制度实施体系与完善的党内法规制度体系和有力的党内法规制度建设保障体系共同构成党内法规制度建设的重要指标。“党规制度属于治党执政公器，闲置制度、制度浪费比私人物品浪费更加不可原谅、更加令人不安，因为不同制度之间充满竞争，党规不行势必为‘潜规则’大行其道提供可乘之机。”[①]可见，依规管党治党、全面从严治党，维护党规的严肃性、权威性和实效性，提高党的执政能力和水平，必须注重和加强党规实施。

何为党规实施？不同人有不同的理解。综合来看，党规实施有广义、中义和狭义之分。广义的党规实施是指党规运行的整个过程。中义的党规实施包括党规的监督实施、党内法规的解释、违规责任及其制裁等。狭义的党规实施与党规制定和党规监督相并列，是指党的各级组织和全体党员通过一定的形式将党规精神、原则和规则予以实现的活动。

对于“党规实施”的概念，本书采用狭义说。作为一类特殊的公共规范，党规运行包括党规制定、党规实施、党规监督等三个基本环节，从党规制定到党规实施再到党规监督，是党规运行的基本逻辑。从逻辑顺序上来看，党规实施是党规运行的中间环节，上连党规制定，下接党规监督。一方面，只有通过党规实施，党规才能从规范的可能（应该）转化为现实（真实），党规的应然效力才能变为实然的影响力。这是因为：“如果

① 宋功德：《党规之治》，法律出版社2015年版，第6页。

法的规定不能在人们和他们组织的活动中、在社会关系中得到实现的话，那么就什么都不是。”①另一方面，党规实施又是党规监督的重要内容，如果党规实施本身存在合法性或合理性问题，便会成为党规监督的对象。作为党规运行的一个环节，应当注意党规实施与党规制定、党规监督的区别。一方面，党规实施与党规制定是两类性质不同的行为，理应分开认识。另一方面，尽管党规实施与党规监督在行为形式上比较类似，但二者在主体权限、程序依据、责任要求等方面却存在较大差异。在党规运行的逻辑链条上，党规制定是为党的各级组织和全体党员定章立制，党规实施是将所定之章、所立之制予以实现，党规监督则是对党规制定和党规实施行为的监督。

对于“党规实施”的概念，可以作如下理解：

第一，党规实施的主体包括党的各级组织及其组成部门和全体党员尤其是党员领导干部。其中，党的各级组织及其组成部门实施党规的方式包括自觉遵守党规和在法定职权范围内执行党规。前者即党规遵守，后者即党规执行。全体党员尤其党员领导干部实施党规的方式主要是自觉遵守党规，即党规遵守。需要说明的是，党规实施主体、党规制定主体、党规监督主体三者在范围上具有一定的重合性，即有些主体既是党规制定主体，也是党规实施主体，还是党规监督的主体。例如，党的中央委员会和纪律检查委员会既是党规制定的主体，又是党规实施的主体，还是党规监督的主体。

第二，党规实施的客体包括党章、其他党内法规和党内规范性文件。党规体系是一个由不同效力位阶的党内法规构成的规范系统。根据《中国共产党党内法规制定条例》和《中国共产党党内法规和规范性文件备

---

① ［苏］雅维茨：《法的一般理论：哲学和社会问题》，朱景文译，辽宁人民出版社1986年版，第170页。

案审查规定》的有关规定，党规包括党章、其他党内法规和党内规范性文件。① 党规实施首先是党章实施，党章实施是党规实施的最高形式，党规实施从根本上来说是对党章的实施。从党规运行的实践来看，党规实施更多的是对其他党内法规的实施。这是因为，其他党内法规构成党规体系的主体部分。除此之外，党规实施还包括对党内规范性文件的实施。

第三，党规实施的内容包括党规规则和党规原则。从法理学上讲，法律规范包括法律规则和法律原则，法律规则是法律原则的体现，法律原则是法律规则的根本；法律规范的实施首先是法律规则的实施，根本是法律原则的实施。同理，从党规学上讲，党规规范包括党规规则和党规原则，党规规则是党规原则的具体展开，党规原则是党规规则的根本，是党规规则的灵魂和统领。党规实施的内容首先是党规规则，但是党内关系多种多样，党内关系的实践更为复杂多元。在党规规则缺位或者党规规则不能很好地调整党内关系的情形下，党规原则就将发挥作用。另外，由于党规原则是党规规则的根本。因此从根本意义上来说，党规规则的实施也是党规原则的实施。

第四，党规实施的方式包括党规遵守和党规执行。党规遵守是指党的各级组织和全体党员在党内生活中自觉与党规的规定和要求以及党规的原则和精神保持一致的行为。党规执行是指有权的党的各级组织及其部门将党规的规定和要求在党内予以贯彻落实，将其适用到具体的人或者事的活动。

---

① 党章是最根本的党内法规，是制定其他党内法规的基础和依据。其他党内法规是党的中央组织以及中央纪律检查委员会、中央各部门和省、自治区、直辖市党委制定的规范党组织的工作、活动和党员行为的党内规章制度的总称。党内规范性文件是指中央纪律检查委员会、中央各部门和省、自治区、直辖市党委在履行职责过程中形成的具有普遍约束力、可以反复适用的决议、决定、意见、通知等文件，包括贯彻执行中央决策部署、指导推动经济社会发展、涉及人民群众切身利益、加强和改进党的建设等方面的重要文件。（参见《中国共产党党内法规制定条例》第 2 条和《中国共产党党内法规和规范性文件备案审查规定》第 2 条）

二、党规实施的特征

党规实施具有如下特征：

第一，党规实施的政治性。党规实施的政治性是由如下两方面的因素所决定的：一方面，党规实施的政治性是由政党的政治性所决定的。政党是一定阶级、阶层为了共同利益，为夺取或控制政权或影响政治权力的运作而由其先进分子建立起来的，具有一定组织形式和纪律的政治组织，政治性是政党的本质特征。党规是政党意志的规范表达，党规实施是将党规所集中体现的政党意志予以实现的活动，党规实施因而体现出明显的政治性特征。另一方面，党规实施的政治性是由党规实施保障措施的政治性所决定的。就像国法实施以国家强制力作保障一样，党规实施以党的纪律的强制性作保障，而党的纪律具有明显的政治性特征。因此，党规实施保障措施的政治性使得党规实施也具有明显的政治性特征。

第二，党规实施的目的性。作为党的制度建设的重要内容，党规实施是在特定目的支配下的具体实践活动。党规实施的目的可以分为直接目的和最终目的。党规实施的直接目的是贯彻和落实党规的价值和效力，调整党内关系，规范党内生活，实现党内关系的有序化和党内生活的规范化。党规实施的最终目的则是为了实现党内治理体系和治理能力现代化，提高党的执政能力和执政水平。

第三，党规实施的内部性。任何规范系统都有其特定的效力范围。作为调整党内关系的规范系统，党规也有其特定的效力范围。一般来说，党规的效力范围仅及于党内，即仅对党的各级组织和全体党员产生约束力，而不能对其他主体产生约束力。此即党规实施的内部性。但是需要特别说明的是，从实施效果上来看，党规实施又具有很强的外部效应。这是因为：一方面，党的领导地位和执政地位决定了党规实施必然会影响其他主体的行为选择。另一方面，党规实施能够推动并带动国法实施。例如，党的各级组织和全体党员特别是党员领导干部通过带头遵守党规，能够对其他主体遵守国法起到模范作用。另外，在党政联合发文的情况下①，党规不仅适用于党的各级组织和全体党员，也适用于各级国家机关和非党员的公务员，从而使得党规会间接对其他主体产生约束力，体现出明显的外部性特征。

第四，党规实施的严格性。党规实施的严格性是相对于国法实施而言的。就约束对象而言，国法的约束对象是公民、法人和其他组织，党规的约束对象是党的各级组织和全体党员。相对于公民、法人和其他组织等一般主体而言，党的各级组织和全体党员是一类特殊的主体，其特殊性集中体现在共产党的“先锋队”和共产党员的“先锋战士”性质上，这种特殊性就决定了党规对党的各级组织和全体党员的要求要严于国法对公民、法人和其他组织的要求。“党规严于国法”是党规作为党内治理规范的显著特点。相应地，相对于国法实施，党规实施也具有相对的严格性。党规实施严于国法实施，意味着符合党规的行为一般是符合国法的，而符合国法的行为未必是符合党规的。

第五，党规实施的优先性。党规实施的优先性也是相对于国法实施而言的。“把纪律挺在法律前面”是党规实施和国法实施的基本逻辑关系。一方面，从特殊到一般是任何行为规范实施的基本顺序。党规是针对党的各级组织和全体党员的特殊行为规范，就党规与国法发挥效力的优先顺序来讲，党规发挥效力的顺序显然要先于国法。另一方面，从严到宽是任何规范运行的逻辑要求。相对于国法对一般公民、法人和其他组织的要求来讲，党规是一种特殊规范，它对党的各级组织和全体党员的要求更为严格，在党规实施和国法实施的优先顺序上，党规实施也应当在先。

① 实践中，中共中央与国务院、中共中央办公厅与国务院办公厅、中共中央部门与国务院部门、地方党委和地方政府、地方党务办公厅（室）与地方政府办公厅（室）等联合发文的现象广泛存在，比如《关于实行党风廉政建设责任制的规定》《党政机关厉行节约反对浪费条例》《关于党政机关厉行节约制止奢侈浪费行为的若干规定》等就属于党政联合下发的党规。

三、党规实施的分类

类型化是深入认识、理解党规实施的重要工具。根据不同的标准，可以将党规实施作如下分类：

第一，根据实施主体不同，可以将党规实施分为党组织实施党规和党员实施党规。党组织实施党规主要是指党的各级组织及其工作部门对党规的实施。党组织及其工作部门实施党规又可进一步分为通过自觉遵守实施党规和通过行使权力实施党规。前者即党规遵守，后者即党规执行。党员实施党规包括党员干部实施党规和普通党员实施党规。党员干部实施党规又可分为通过主动遵守实施党规和作为党的各级组织及其工作部门的工作人员实施党规。前者属于党规遵守，后者属于党规执行。普通党员实施党规方式主要是自觉遵守，即党规遵守。

第二，根据实施方式不同，可以将党规实施分为党规遵守和党规执行。党规遵守是党的各级组织和全体党员自觉与党规的规定和要求保持一致。党规遵守的情况最能够反映党规实施的实际效果，如果党规获得普遍遵守，党规实施的效果就好；反之，党规实施的效果则处于较低水准。党规执行是指党组织及其工作部门依照党规管理党内事务的活动。依规管党治党、全面从严治党，除了依靠党的各级组织和全体党员自觉遵守党规外，还有赖于党的各级组织及其工作部门依照职权执行党规。

第三，根据实施客体的效力位阶不同，可以将党规实施分为党章实施、其他党内法规实施和党内规范性文件实施。党规是以党章为核心、由其他党内法规和党内规范性文件构成的规范体系，按照效力等级，可以分为党章、其他党内法规和党内规范性文件。相应地，党规实施可以分为党章实施、其他党内法规实施和党内规范性文件实施。顾名思义，党章实施就是对党章的原则、规定和要求的实施。党规之治的根本是党章之治，党章实施是党规实施的“根本”，是党规实施的最高形式。其他党内法规实施是指对除了党章之外的其他党内法规的实施，它是党规实施的“基础部分”。党内规范性文件实施是指对有关部门发布的具有普遍约束力、可以反复适用的决议、决定、意见、通知等文件的实施，它是党规实施的“重要内容”。

第四，根据实施对象的规范功能不同，可以将党规实施分为普通党规实施和党纪实施。普通党规是调整党内生活诸领域的规范总称，其功能侧重于指引、预测和评价。党纪则是为了维护普通党规的贯彻和落实，保证党的路线、方针、政策、决议贯彻执行的特殊党规，其功能侧重于教育和强制。普通党规实施是指对除了党纪之外的党规的实施，它是党规实施的“主体部分”；党纪实施是指党的纪律的实施，它是党规实施的“特殊形态”。就二者关系而言，党纪实施既是党规实施的重要内容，也是普通党规实施的重要保障。

第五，根据实施行为的性质不同，可以将党规实施分为合法实施和违法实施。合法实施是指实施主体通过实施符合党规的行为对党规的实施。违法实施是指实施主体通过实施违反党规规定和要求的行为对党规的实施。合法实施是党规所允许的实施方式，是党规实施的常态；违法实施是党规所不允许的实施方式，是党规实施的“例外”。

四、党规实施的意义

党规实施的重要性是不言而喻的，它既是党规制定、实现党规效力的逻辑要求，有利于促进党规制度体系的完善，又是提高党的执政能力和水平、实现党内法治的基本路径。

第一，党规实施是实现党规的效力的逻辑要求。党规实施是连接党规效力与党内生活的基本桥梁，离开党规实施，党规效力就无法实现。如果说党规制定是赋予党规效力的活动，党规实施则是将党规的抽象行为模式转化为党组织和党员的具体行动的活动，是将党规效力由应然转变为实然的基本途径。依规管党治党、全面从严治党除了加强党规制定外，还应当注重并加强党规实施。诚如博登海默所言：“如果包含在法律规定部分中的‘应当是这样’的内容仍停留在纸上，而不影响人的行为，那么法律只是一种神话，而非现实。”①

第二，党规实施有利于促进党规制度体系的完善。党规制度体系建设不可能一蹴而就，党规制度体系的完善除了通过提高党规制定的科学化水平这一途径外，还应当甚至主要应在党规实施的过程中予以实现。一方面，实践是检验真理的唯一标准，“实施党规、用规矩，是一个让党规重返实践接受检验，并推动实践作出适应性调整的过程”②，党规制定所确立的理念、原则和制度也只有在党规调整党内关系的实践中被检验，从而实现自我发展。另一方面，党内关系多元生动，党规制度也应当与时俱进，党规制度体系需要随着党内关系实践的发展变化而不断更新和调适。事实上，党规制定与党内关系实践之间总有一定的“距离”，它们之间总是处在相互调适之中。党规制度体系的完善是一个在调整党内关系实践中不断建构、解构、再建构的螺旋式上升过程，党规制度体系在这一过程中得以完善。例如，党章自中国共产党第二次全国代表大会颁行以来，之后几乎每次党代会都会根据实践发展的需要对党章予以修改，党章也因此不断发展与完善。党章的完善过程集中体现了党规制度体系发展和完善的实践性，说明了党规实施对促进党规制度体系完善的重要意义。

第三，党规实施是提高党的执政能力和水平的法治路径。解决中国的问题，关键在党，关键在党的执政能力和执政水平。历史地看，提高党的执政能力和执政水平关键在于党内治理的法治化水平，党内治理的法治化水平高，党的执政能力和执政水平就高；党内治理的法治化水平低，党的执政能力和执政水平就相对较低。作为制度建党的重要内容，党规实施的最终目的就是通过党规实施规范党内生活，优化党内秩序，推进党内治理的法治化水平，进而提高党的执政能力和执政水平。

---

① [美]博登海默：《法理学——法哲学及其方法》，邓正来等译，华夏出版社1987年版，第232页。

② 宋功德：《党规之治》，法律出版社2015年版，第349页。

五、党规实施的保障措施

党规实施是党规效力由应然变为实然的基本方式。然而，“天下之事，不难于立法，而难于法之必行”，因此党规实施需要完善的配套措施作保障。整体而言，党规实施需要如下保障措施：

第一，党规实施需要完善的党规制度体系。党规实施的效果与党规制定水平紧密关联，科学的党规制度体系是党规实施取得实效的基本前提。党规制定水平高，党规实施效果就好；反之，党规制定水平不高，党规实施的效果必然会受到影响。因此，良好的党规实施效果离不开完善的党规制度体系。那么，完善的党规制度体系有哪些指标？我们认为，完善的党规制度体系至少应当包括如下四项标准：一是内容科学；二是程序严密；三是配套完备；四是协调统一。符合上述标准的党规制度体系将有助于党规实施取得良好的效果。

第二，党规实施需要全体党员党规意识的普遍提高。如果说完善的党规制度体系为党规实施提供了基本前提，全体党员党规意识的普遍提高则是党规实施取得实效的关键。毫无疑问，党规实施需要全体党员具有较高的党规意识，需要全体党员将党规“内化于心，外化于行”，树立对党规的信仰和敬畏，维护党规的严肃性和权威性。

第三，党规实施加强对党规的学习和宣传。“知者行之始，行者知之成”，全体党员党规意识的普遍提高与加强党规的学习和宣传是一体两面。不论是党规遵守还是党规执行，其基本前提是学规知规，只有学规知规才能将党规的规定和要求内化为自觉行动。学习党规首先要学习党章，学习党章所确立的基本价值理念和准则，全面理解党的纲领，牢记党的宗旨，牢记党员义务和权利。其次是学习其他党规，尤其是学习《中国共产党廉洁自律准则》《中国共产党纪律处分条例》《中国共产党问责条例》等重要的党规。另外，党规实施离不开对党规的宣传。为此，应当充分利用共产党员网、手机报、电视栏目、微信易信和远程教育平台等，突出宣传党章，大力宣传《中国共产党廉洁自律准则》《中国共产党纪律处分条例》《中国共产党问责条例》等，引导广大党员做党章党规党纪的自觉尊崇者和模范遵守者，形成党规学习和宣传的常态化、制度化和实效化机制。

第四，党规实施需要建立健全科学的奖惩机制。党规制定的应然要求并不可能在所有情况下都转变为党员和党组织的实然行动，良好的党规实施需要动力机制和压力机制的合力作用。党规实施的动力机制主要来自于广大党员对党规的自觉认同和守规的激励机制，党规实施的压力机制则主要来自于违规特别是违纪所要承担的不利后果，即违规惩戒机制。正如有学者所言："党规确立的制度预期的实现，固然离不开党员觉悟去自觉遵从，但完全指望觉悟是靠不住的，还得建立相应的实施保证机制。这主要包括软硬两手。一手是党内激励机制，通过给予精神和物质奖励等方式保证鼓励性、倡导性规范得以实施；另一手是监督惩戒机制，通过严明党的纪律约束来保证义务性、禁止性规范得以遵从。"①因此，为了使党的各级组织和全体党员的实然行动与党规的应然要求保持一致，增强党规实施的实效，应当建立科学的奖惩机制，对模范遵守党规的党员进行奖励，树立正面典型；对违规党员进行严格惩戒。例如，《中国共产党地方委员会工作条例》第 28 条规定，上级党委应当定期对下一级党委常委会及其成员履行职责情况进行考核，建立健全奖惩机制。

六、党规实施与国法实施的关系

"依法治国和依规治党有机统一"是发展中国特色社会主义法治的重要内容。《中共中央关于全面推进依法治国若干重大问题的决定》就明确指出，党内法规既是管党治党的重要依据，也是建设社会主义法治国家的有力保障。全面推进依法治国，必须努力形成国家法律法规和党内法规制度相辅相成、相互促进、相互保障的格局。不论是在党规遵守环节，还是在党规执行环节，都应当加强党规实施与国法实施的协调和衔接，只有这样才能保障党规实施与国法实施形成合力。党规实施与国法实施的基本关系如下。

---

① 宋功德：《党规之治》，法律出版社 2015 年版，第 14 页。

第一,党规实施需要国法实施。作为一类特殊的公共规范,党规并非孤立存在的,而是需要其他公共规范的滋养。党规实施也是如此,也需要其他公共规范实施的滋养。就此而言,党规实施需要国法实施作为支撑。一方面,党规实施直接作用于党的各级组织和全体党员在党内生活中的行为,而党的各级组织和全体党员还是国法的调整对象,其行为更多地依靠国法予以规范和调整。因此,党规实施离不开国法实施,离开国法实施,党规实施也失去外围保障。另一方面,国法实施的先进经验应当成为党规实施的重要借鉴。

第二,党规实施带动国法实施。一方面,从形式上来看,作为一个拥有几千万党员的执政党的良善治理,本身就是对国法实施(国家法治)的重要保障。另一方面,从实质上来看,中国共产党特殊的地位决定了法治中国建设的关键在于党规制度体系的法治化水平,进而在一定程度上取决于党规实施的水平。另外,党规实施还可以在一定程度上为国法实施提供“示范”,从而带动国法实施。例如,全体党员模范带头遵纪守法,将大大助推在全社会形成遵法、学法、用法、不违法的良好氛围,推动全社会形成“办事依法,遇事找法,解决问题用法,化解矛盾靠法”的法治氛围,进而推动国家法治向前进步。

第二节 党规遵守

遵守党规而且是严格遵守党规是党内法治的一个必备条件。加强党规实施,实现依规管党治党、全面从严治党,有赖于党的各级组织和全体党员自觉遵守党规。党规遵守的情况最能够反映党规实施的实际效果,如果党规获得普遍遵守,党规实施的效果就好;反之,党规实施的效果则处于较低水准。

一、党规遵守的理论界定

党规遵守也称为“遵守党规”或者“守规”，是指党员自觉履行党规规定的义务、依法行使党规赋予的权利，以及党组织自觉履行党规规定的义务、依法行使职权履行职责，自觉与党规的规定和要求保持一致的活动。从法社会学上讲，公共规范之实效的首要保障必须是它能够为社会所接受，而强制性的制裁只能作为辅助性的保障手段。因而，党规遵守是党规实施的最基本方式，党规效力的实现主要依赖于党的各级组织和全体党员对党规的普遍认同和自觉遵守。同时，党规遵守构成党规执行和党规监督的重要基础。没有党规执行（尤其是党纪执行）和党规监督，党规遵守将会因失去强制性的保障而变得软弱；而没有党规遵守的党规执行和党规监督，则会因失去社会基础而成为“空中楼阁”。

理解党规遵守，可以从主体、客体和内容三个方面着手。

首先，党规遵守的主体包括党员和党组织。党员遵守党规是指全体党员按照党规进行活动，行使党员权利，履行党员义务。党组织遵守党规包括职权行为遵守党规和事实行为遵守党规。职权行为遵守党规是指党的各级组织在行使职权时，能够遵守党规规定的权限和程序，依规行使职权、履职尽责，包括依规决策、依规执行、依规监督、依规问责等。例如，根据《地方委员会工作条例》第 4 条的规定，党的地方委员会应当“坚持在宪法和法律范围内活动，依据党章和其他党内法规履职尽责”开展工作。又如，根据《党政机关厉行节约反对浪费条例》第 4 条的规定，党政机关厉行节约反对浪费应当“坚持依法依规，遵守国家法律法规和党内法规制度的相关规定，严格按程序办事”。实践中，党组织不仅仅以权力主体的身份出现，还会以非权力主体的身份出现。在以非权力主体身份出现时，党组织也应当自觉与党规的规定和要求保持一致，此即事实行为遵守党规。换言之，所谓“事实行为遵守党规”是指党组织在非行使权力的情况下自觉与党规的规定和要求保持一致的活动。

其次，党规遵守的客体包括党章、其他党内法规和党内规范性文件。党规是一个规范系统，按照效力位阶由高到低，可以分为党章、其他党内法规和党内规范性文件。[①] 党规遵守首先是党章遵守，党规遵守从根本上来说是对党章的遵守。党章是党规的根本，党规遵守根本上是对党章的遵守。党章是党的总章程，集中规定了党的性质和宗旨、党的理论和路线方针政策、党的重要主张和制度、党员权利和义务、党的制度和各级党组织的行为规范等内容，是最根本的党规，是党组织和全体党员必须遵守的根本行为规范，是管党治党的基本遵循。不论是党员遵守党规还是党组织遵守党规，在根本上都是对党章的遵守。从党内生活的实际来看，党规遵守更多的是对其他党内法规的遵守，这是因为，普通党内法规构成党规体系的主体部分。党纪是一类特殊的党规，是党组织和全体党员的底线要求。党规遵守的关键是对党纪的遵守，党的各级组织和全体党员应当严格执行和维护党的纪律，自觉接受党的纪律的约束。除此之外，党规遵守还包括对党内规范性文件的遵守。

最后，党规遵守的内容包括党规规则和党规原则。从法理学上讲，法律规范包括法律规则和法律原则，法律规则是法律原则的体现，法律原则是法律规则的根本；法律规范的实施首先是法律规则的实施，根本是法律原则的实施。同理，从党规学上讲，党规规范包括党规规则和党规原则，党规规则是党规原则的具体展开，党规原则是党规规则的根本，是党规规则的灵魂和统领。党规遵守的内容首先是党规规则，但是党内关系多种多样，党内关系的实践更为复杂多元，在党规规则缺位或者党规规则不能很好地调整党内关系的情形下，党规原则就将发挥作用。因此从根本意义上来说，党规规则的遵守也是党规原则的遵守。

---

① 根据《党内法规制定条例》第 2 条和《党内法规和规范性文件备案审查规定》第 2 条的规定，党章是最根本的党内法规，是制定其他党内法规的基础和依据。党内法规是党的中央组织以及中央纪律检查委员会、中央各部门和省、自治区、直辖市党委制定的规范党组织的工作、活动和党员行为的党内规章制度的总称。规范性文件是指中央纪律检查委员会、中央各部门和省、自治区、直辖市党委在履行职责过程中形成的具有普遍约束力、可以反复适用的决议、决定、意见、通知等文件，包括贯彻执行中央决策部署、指导推动经济社会发展、涉及人民群众切身利益、加强和改进党的建设等方面的重要文件。

二、党规遵守的特征

党规遵守是党规实施的基本方式之一，它除了具有党规实施的一般特征外，还具有如下特征：

第一，党规遵守具有自觉性。党规遵守指党的各级组织和全体党员自觉履行党规义务（职责）、行使党规权利（权力），自觉与党规的要求保持一致，自觉性是党规遵守的首要特征。党规之所以能够获得自觉遵守，一方面是民主集中制的要求。民主集中制内涵丰富，根据党章规定，其最基本的含义就是“党员个人服从党的组织，少数服从多数，下级组织服从上级组织，全党各个组织和全体党员服从党的全国代表大会和中央委员会”，因此在党内民主基础上的“拥护”“服从”“贯彻实施”等是党内关系的基本特征，从而党的各级组织和全体党员也就应当自觉遵守集中体现党组织意志的党规。另一方面源于全体党员对党规的自觉认同。例如，这从入党誓词中可见一斑。入党誓词中就包含“拥护党的纲领，遵守党的章程，履行党员义务，执行党的决定，严守党的纪律，保守党的秘密，对党忠诚”的内容。可见，党规之所以能够获得自觉遵守源于广大党员对党规的自觉认同，习近平总书记在第十八届中央纪律检查委员会第二次全体会议上指出：“不论担任何种职务、从事何种工作，首先要明白自己是一名在党的旗帜下宣过誓的共产党员，要用入党誓词约束自己。”

第二，党规遵守具有普遍性。依据宪法法律治国理政、依据党章党规管党治党是我国执政党活动的基本准则。党规是党内生活的基本依据，其效力及于党的各级组织及其工作部门和全体党员。作为管党治党的制度体系，党规是党的统一意志的集中体现，是党的各级组织和全体党员的基本行为准则，应当得到党的各级组织和全体党员的普遍遵守。此即党规遵守的普遍性。需要说明的是，我们不能机械地理解党规遵守的普遍性，不能将党规遵守的普遍性理解为所有党规均是“无所不包”的。就整个党规来讲，其遵守具有普遍性，这当无异议。就党章而言，其遵守也具有普遍性，这也无异议。但是，就某一个具体的党规（党章除外）而言，其适用范围和调整对象则是特定的，而不能“普遍性”地适用于所有党的组织和全体党员。也就是说,党规遵守的普遍性要与党规适用范围和调整对象的特定性联系在一起加以理解。

第三,党规遵守具有平等性。党内平等是党内民主的逻辑要求,党内平等的重要内容就是党规遵守的平等。党规遵守的平等性要求党的各级组织和全体党员平等地享有权利、承担义务,任何组织和个人均不得凌驾于党规之上、均不得有超越党规的特权,党规应当得到一体遵守、没有例外,党的各级组织和全体党员都必须自觉与党规的规定和要求保持一致。

三、党规遵守对不同主体的要求

党规遵守的主体包括党组织和党员,而党员又可分为普通党员和党员领导干部。对于不同类型的主体,党规遵守的要求也有所差异。

(一)全体党员自觉遵守党规

党规是党在民主集中制基础上全体党员意志的规范表达,“拥护党的纲领,遵守党的章程,履行党员义务,执行党的决定,严守党的纪律”是每一个预备党员入党宣誓的重要内容,“贯彻执行党的基本路线和各项方针、政策”“自觉遵守党的纪律”也是党章规定的党员的基本义务。全体党员应当在内心中自觉认同党规,在行动上自觉遵守党规。从形式上来看,党规遵守的主体包括党的各级组织和全体党员;但从根本上来说,党组织遵守党规最终也是依赖于党员特别是党员领导干部自觉遵守党规,党规约束的最终对象是全体党员。因此,全体党员应当自觉遵守党规。

(二)党员领导干部模范遵守党规

“厉行法治,当然也要治事治民,但重点是治官治权,因为为官掌权者容易以言代法、以权压法、徇私枉法,不作为、乱作为,这向来是法治的大敌。”[①]党员领导干部是党的事业的骨干,依规管党治党、从严治党的关键在于抓住党员领导干部这一关键少数。在党规遵守方面,对党员领导

① 宋功德:《党规之治》,法律出版社 2015 年版,第 67 页。

干部也有更为严格的要求，凡是党规规定党员必须做到的，党员领导干部要首先做到；凡是党规规定党员不能做的，党员领导干部都要带头不做。党员领导干部应当以身作则，自觉按照党规的要求行使权力（权利）、履行职责（义务），成为党规遵守的模范者和带头人。在实定法层面，不少党规对党员领导干部在党规遵守方面提出了更高的要求。例如，党员领导干部应当“模范”履行党章规定的党员的各项义务。又如，党的各级领导干部应“模范”遵守和“严格”执行党员权利保障方面的规定。再如，党的领导干部应当强化自我约束，经常对照党章检查自己的言行。“模范”“坚决”“严格”等字眼说明党员领导干部在党规遵守方面应当肩负起更高的责任。

（三）党组织严格遵守党规

党是根据自己的纲领和章程，按照民主集中制组织起来的统一整体，组织制度是党运行的基本制度。党组织在行使权力、履行职责过程中，必须严格遵守党规的各项规定和要求。党组织严格遵守党规与依规履职尽责是一体两面，党组织严格遵守党规意味着党组织严格遵照法定权限和法定程序行使职权、履行职责①，同时，党组织严格依规履职尽责也就要求党组织严格遵守党规。

---

① 党章对党的中央组织、党的地方组织和党的基层组织的权限和行使职权的程序作了原则规定。在权限方面，有关全国性的重大政策问题，只有党中央有权作出决定，各部门、各地方的党组织可以向中央提出建议，但不得擅自作出决定和对外发表主张。在行使职权的程序方面，党的各级委员会实行集体领导和个人分工负责相结合的制度。党组织讨论决定问题，必须执行少数服从多数的原则。凡属重大问题都要按照集体领导、民主集中、个别酝酿、会议决定的原则，由党的委员会集体讨论，作出决定；委员会成员要根据集体的决定和分工，切实履行自己的职责（参见党章第 10 条第 5 项、第 15 条第 1 款、第 16 条第 1 款）。其他党规也对党组织依规行使职权作了规定。例如，党的地方委员会工作必须坚持在宪法和法律范围内活动，依据党章和其他党内法规尽职履责，党的地方委员会及其常委会议事决策应当坚持集体领导、民主集中、个别酝酿、会议决定，实行科学决策、民主决策、依法决策（参见《中国共产党地方委员会工作条例》第 4、20 条）。

第三节
党规执行

党规执行是指党组织及其工作部门依照党规规定的权限和程序管理党内事务的活动。好的制度离不开铁的执行，加强党内法治实践，除了需要党规遵守外，还应当注重党规执行。依规管党治党、全面从严治党，除了依靠党的各级组织和全体党员自觉遵守党规外，还有赖于党的各级组织及其工作部门依照职权执行党规。

一、党规执行的理论界定

党规执行是党规实施的重要形式，它是指有权主体依照法定权限和程序适用党规处理党内事务的活动。依规管党治党、全面从严治党，除了依赖广大党员自觉遵守党规外，还有赖于党的各级组织及其工作部门对党规的贯彻执行，即有赖于党的各级组织及其工作部门依职权将党规的抽象规定和要求运用到党内生活的具体实践中。需要说明的是，党纪执行也是党规执行的重要内容，但由于党纪执行的特殊性，本章设专节对党纪执行进行讨论，故本节所称“党规执行”主要是指对党纪之外的党规的执行。当然，党规执行的基本原理也适用于党纪执行。

对于“党规执行”的概念，可作如下理解：

第一，党规执行的主体是党的各级组织，党员和其他组织不能成为党规执行的主体。对此，需要作如下三点说明：其一，普通党员贯彻执行党规，属于党规遵守的范畴，而不属于党规执行的范畴。其二，以组织体存在的党的各级组织及其工作部门，并不能直接行使职权，党员领导干部才是党规的具体执行者，其地位类似于行政执法中的公务员。但是，作为党规具体执行“主体”的党员干部并不能称为“党规执行主体”，因为其不具备党规执行的权能。其三，在党政联合发文的情况下，国家机关会事实上执行党规，但并不能说国家机关是党规执行的主体。

第二，党规执行是党的各级组织行使党内权力的行为。笼统地说，党规执行主体是党的各级组织，但并不是说在所有情况下党的各级组织都是党规执行主体，而只有在行使党内权力的情况下，它们才能成为党规执行的主体；在非行使党内权力的情况下，它们就不是党规执行的主体。例如，党的组织为办公需要的采购行为就是一种非权力行为，此种情况下的党组织就不是党规执行的主体。

第三，党规执行是将党规运用到党内生活中的具体人或者事的活动。这里的“人”包括党员个人尤其是党员领导干部。相比而言，“事”的范围则非常广泛。根据党的建设实践，党内具体的“事”包括但不限于如下几个方面：(1)党的领导和党的工作建设方面，具体包括党委工作、党组工作、党领导地方法治建设、意识形态工作、统一战线工作等。(2)党的思想建设方面，具体包括党员干部理论学习、党员党性教育和分析、党员干部道德建设等。(3)党的组织建设方面，具体包括干部宏观管理、选拔任用、考核评价、职务任期、干部问责、队伍建设、党管人才等。(4)党的作风建设方面，具体包括直接联系群众、厉行节约、反对浪费、领导干部待遇、作风建设惩戒等。(5)党的反腐倡廉建设方面，具体包括权力运行制约与监督、预防腐败、查办腐败案件、纪律处分和党员申诉、处理检举、控告、纪检监察等。(6)民主集中制建设方面，具体包括党员权利保障、党内选举、党委议事决策、党员干部民主生活会、党内基层民主、党委督促检查等。(7)党的队伍建设方面。(8)其他方面。

二、党规执行的特征

党规执行是党规实施的方式之一，除了具有党规实施的一般特征外，还具有如下特征。

第一，党规执行的从属性。党规执行从属于党规制定，党规执行活动必须有党规作依据，没有党规依据便无党规执行。一方面，党规执行主体的权限来自于党规的规定，党规执行主体必须在法定职权范围内、依照法定程序行使权力，而不能超越或者违反党规规定的权限和程序。另一方面，党规执行全程受党规的监控，而不能凌驾于党规之上，如果党规执行行为违反党规的规定，党规执行主体应当承担相应的责任。

第二，党规执行的单方性。党内关系的重要特征就是民主集中制基础上的“命令—服从”模式，即个人服从党的组织，下级组织服从上级组织，全党各个组织和全体党员服从党的全国代表大会和中央委员会。这就决定了党组织的意志、上级党组织的意志具有优位性，必须得到党员和下级党组织的拥护和服从。与双方合意的行为不同，党规执行是党规执行主体将党的意志予以实现的活动，具有明显的单方意志性的特点。当然，党规执行的单方性并不是说党规执行主体可以忽视党规执行相对人的意志，相反，党规执行主体在党规执行过程中应当充分听取相对人的意见建议和陈述申辩。

第三，党规执行的强制性。党规执行是党规执行主体依规行使权力的活动，它以党内强制力为实施后盾和实现保障。从制度上来看，根据《中国共产党章程》《中国共产党党内监督条例》《中国共产党地方委员会工作条例》《党政机关厉行节约反对浪费条例》等党规的规定，党规执行的强制性表现如下：其一，党员对党的决议和政策如有不同意见，可以声明保留，也可以把自己的意见向党的上级组织直至中央提出，但前提是必须坚决执行。其二，党的下级组织必须坚决执行上级组织的决定。下级组织如果认为上级组织的决定不符合本地区、本部门的实际情况，可以请求改变；如果上级组织坚持原决定，下级组织必须执行。其三，个人对集体作出的决定必须坚决执行，有不同意见的可以保留，也可以向上级党组织报告。其四，党员、党组织对处理决定不服的，可以向作出处理决定的党组织直至党中央申诉，但申诉期间，不影响处理决定的执行。

三、党规执行的分类

类型化是深入理解党规执行行为的重要工具。相对于行政执法行为的细化、分化和类型化程度，党规执行行为的类型化程度还很不够。为深入认识党规执行行为，需要进一步提升党规执行行为的类型化程度和水平。根据不同的标准，可以对党规执行行为作如下分类。

第一，根据党规执行行为的启动主体不同，可以将党规执行分为依职权的党规执行和应申请的党规执行。依职权的党规执行是指党规执行主体根据其职权而无需相对方的申请就能主动实施的行为。应申请的党规执行是指党规执行主体只有根据相对方的申请才能实施的执规行为。绝大多数党规执行行为属于依职权的党规执行,但有些党规执行行为需要相对方的申请才能启动,属于应申请的党规执行。例如,根据《中国共产党党员权利保障条例》第 13 条第 1 款的规定,党员在政治、工作、学习等方面遇到重要问题需要党组织帮助解决的,有权向本人所在党组织、上级党组织直至中央提出请求。此种情形下,党组织因党员的请求而执行相关党规的行为就属于应申请的党规执行。

第二,根据党规执行行为对相对方是否有利,可以将党规执行分为授益性党规执行和负担性党规执行。授益性党规执行主要表现为党规执行主体为相对方增加某种权利或者赋予某种资格,如授予“先进党员”“先进党组织”等荣誉称号。负担性党规执行是指党规执行主体为相对方设定某种义务或者剥夺某种资格,如责令纠正错误、给予通报批评等。

第三,根据党规执行行为指向的对象不同,可以将党规执行分为对人的执行、对组织的执行和对事的执行。对人的执行是指针对党员的党规执行,对组织的执行是指针对党的各级组织及其工作部门的党规执行,对事的党规执行是指针对党的宣传、统战、政法、反腐倡廉等具体工作的党规执行。

第四,根据所执行党规的性质不同,可以将党规执行分为党章及准则类党规的执行、组织工作类党规的执行和监督执纪问责类党规的执行。党章及准则类党规的执行主要包括对《中国共产党章程》《关于党内政治生活的若干准则》《中国共产党廉洁自律准则》等党规的执行。组织工作类党规的执行主要包括对《党政领导干部选拔任用工作条例》《中国共产党地方委员会工作条例》《中国共产党党和国家机关基层组织工作条例》《中国共产党农村基层组织工作条例》《中国共产党党组工作条例(试行)》等党规的执行。监督执纪问责类党规的执行主要包括对《中国共产党党内监督条例(试行)》《中国共产党巡视工作条例》《中国共产党纪律处分条例》《中国共产党党员权利保障条例》《党政机关厉行节约反对浪费条例》《关于实行党风廉政建设责任制的规定》《关于实行党政领导干部问责的暂行规定》等党规的执行。

第五，根据党的具体工作领域不同，可以将党规执行分为宣传工作类党规的执行、教育工作类党规的执行、组织工作类党规的执行、纪律检查工作类党规的执行、群众工作类党规的执行、统一战线工作类党规的执行、政法工作类党规的执行以及军事工作类党规的执行。上述相应领域的党规执行在各级党委负主体责任的前提下，由各级党委的相应部门负责执行。

根据其他标准，还可以对党规执行作出其他分类。例如，根据党规执行是否需要经过上级批准，可将党规执行分为独立的党规执行和需经批准的党规执行。所谓独立的党规执行是指有权主体可以作出最终决定而不需要经过上级的批准。所谓需经批准的党规执行是指有权主体作出决定后，需要经过上级组织（部门）的批准。根据《党政领导干部选拔任用工作条例》第35条的规定，选拔任用党政领导干部，应当按照干部管理权限由党委（党组）集体讨论作出任免决定。对拟破格提拔的人选在讨论决定前，必须报经上级组织（人事）部门同意。前者即是独立的党规执行，后者即是需经批准的党规执行。

四、党规执行的主体

党规执行主体是以自己的名义行使法定职权并能够承担相应责任的党的组织及其工作部门。根据党章及有关党内法规的规定，党规执行主体主要有党的各级组织、各级党委、各级党委工作部门和派出机关以及党组和国家工作部门党委。

（一）党的各级组织

党的事业要依靠党的各级组织来完成，党的路线、方针、政策需依靠党的各级组织来落实，党规也要依靠党的各级组织来执行。根据党章第三章的规定，党的组织包括党的中央组织、党的地方组织、党的基层组织等三级组织。[①] 党的各级组织进行党的建设、推进党的各项工作的重要方式就是执行党规，具体来说就是执行宣传、教育、组织、纪律检查、群众、统一战线等领域的党规。因此，党的各级组织均是党规执行的主体。在党的三级组织当中，党的基层组织数量最为广泛，是党在社会基层组织中的战斗堡垒，是党的全部工作和战斗力的基础，是最为广泛的党规执行主体。

（二）各级党委

“党委”，即党的各级委员会的简称，是党规执行的重要主体。党委包括党的中央委员会和党的地方各级委员会。对于党的中央委员会的党规执行主体地位，首先，党的中央委员会本身是党规执行主体，在党的全国代表大会闭会期间，执行全国代表大会的决议，执行全国代表大会及其自身通过的党规。其次，中央政治局和它的常务委员会也是党规执行的主体，在中央委员会全体会议闭会期间，行使中央委员会的职权，执行有关党规。

对于党的地方委员会的党规执行主体地位，首先，党的地方委员会本身是党规执行主体，在地方各级代表大会闭会期间，执行上级党组织的指示和同级党的代表大会的决议、决定，制定贯彻执行党中央和上级党组织决策部署以及同级党代表大会决议、决定的重大措施。其次，党的地方各级委员会的常务委员会是党规执行主体，在委员会全体会议闭会期间，行使委员会职权，负责组织实施党的地方委员会通过全会作出的决策，组织实施上级党组织决策部署和全会决议、决定。

（三）各级党委工作部门和派出机关

各级党委的工作部门是某一类党规的具体执行主体。党组织的工作部门主要有办公厅（室）、组织部、宣传部、统战部、纪委、政法委、国家机关工作委员会以及对外联络部等。上述部门在各自的权限范围内执行相应的党规。例如，在干部选拔领域，党委（党组）及其组织（人事）部

① 党的中央组织是指党在全国层面设立的组织；党的地方组织是党在省、自治区、直辖市，设区的市和自治州，县（旗）、自治县、不设区的市和市辖区设立的组织；党的基层组织是党在企业、农村、机关、学校、科研院所、街道社区、社会组织、人民解放军连队和其他基层单位设立的组织。

门按照干部管理权限履行选拔任用党政领导干部职责，严格执行《党政领导干部选拔任用工作条例》。又如，在党风廉政建设领域，领导班子、领导干部违反规定，需要查明事实、追究责任的，由有关机关或者部门按照职责和权限调查处理。其中需要追究党纪政纪责任的，由纪检监察机关按照党纪政纪案件的调查处理程序办理；需要给予组织处理的，由组织人事部门或者由负责调查的纪检监察机关会同组织人事部门，按照有关权限和程序办理。

派出机关在其权限范围内是党规执行主体，负责执行职责范围的党规。例如，党的地区委员会和相当于地区委员会的组织，是省、自治区委员会在几个县、自治县、市范围内派出的代表机关。它根据省、自治区委员会的授权，领导本地区的工作。而领导本地区工作的重要方式就是执行职责范围内的党规。

（四）党组和国家工作部门党委

党组是党在中央和地方国家机关、人民团体、经济组织、文化组织、社会组织和其他组织领导机关中设立的领导机构，在本单位发挥领导核心作用。根据党章第46条和《党组工作条例（试行）》第2、3、9条的规定，在中央和地方国家机关、人民团体、经济组织、文化组织和其他非党组织的领导机关中，可以成立党组。党组的任务有很多，其中就包括负责贯彻执行党的路线、方针、政策，依据党章和其他党内法规开展工作，落实党组管党治党责任；执行党中央和上级党组织的指示和决定，坚决维护党中央权威，确保中央政令畅通。可见，党组是重要的党规执行主体。

国家工作部门党委，是指根据党章规定，党在对下属单位实行集中统一领导的国家工作部门中设立的领导机构，在本部门、本系统发挥领导核心作用。国家工作部门党委，是党组性质的党委，由上级党组织直接批准设立，不同于由选举产生的党的地方委员会和基层委员会。国家工作部门党委除履行党组相关职责外，还领导本部门机关和直属单位党组织的工作，领导或者指导本系统党组织的工作，讨论决定下属单位工作规划部署、机构设置、干部队伍管理、党风廉政建设等重要事项，从而成为党规的执行主体。

五、党规执行的方式

党规执行方式是党规执行权行使的基本载体,党规执行权只有通过一定的党规执行方式才能实现。党规执行的方式多种多样,但从类型化、模式化的角度来看,党规执行方式散见于具体党规之中,其制度化、规范化、程序化程度并不高。从制度上来看,党规执行的方式大致包括教育、谈话、检查、调查、审批、责令、通报、嘉奖、处理等。①

(一)教育

党内法规中的“教育”主要有三种含义:一是指党内法规的宣传教育;二是指“两学一做”等专题教育;三是指对违反党规党纪的党员进行批评教育。此处作为党规执行方式的“教育”是指第二种含义上的教育。

作为党规执行的重要方式,教育的目的在于通过学习党规,将党规的精神、原则和规定内化于心,外化于行。历史地看,中国共产党的发展历史,就是一部不断自我教育的历史,中国共产党就是一个勇于和善于通过党内经常性教育实现全党在认识和行动上统一的政党。自成立之日起,中国共产党就把对党员的经常性教育作为党的建设的基本方式。中共一大通过的党纲中就明确规定:“超过十人的应设财务委员、组织委员和宣传委员各一人。”其中,“组织委员和宣传委员”就担负着党员教育宣传工作。根据现行党章的规定,党的各级纪律检查委员会的主要任务之一就是维护党的章程和其他党内法规,对党员进行遵守纪律的教育。《中国共产党党和国家机关基层组织工作条例》第 14 条也规定,机关基层党组织应当按照建设学习型党组织的要求,建立健全让党员经常受教育、永葆先进性的长效机制,做到经常性教育与集中培训相结合。

(二)谈话

谈话是党组织尽职履责的重要方式,是实现思想建党与制度治党相

---

① 需要说明的是,为贯彻执行上位阶的党规,有权的党的组织往往会通过制定党内法规和党内规范性文件的方式贯彻落实上位阶党规,对于此种类型的党规行为,应当属于党规制定的范畴。

统一的重要手段。谈话制度在党内的应用范围非常广泛，其具体形式主要包括任职谈话、提醒谈话和诫勉谈话等。根据党章的有关规定，党的各级纪律检查委员会的职责之一就是对党的组织和党员领导干部履行职责、行使权力进行监督，受理处置党员群众检举举报，开展谈话提醒、约谈函询。2008 年中央办公厅转发的《中央组织部关于进一步加强和改进领导班子思想政治建设的意见》对党内谈话制度作了集中规定，指出要"坚持和完善谈心谈话制度"，强调了党内谈话制度在领导班子思想政治建设中的作用。关于任职谈话，党政领导干部在任职之前，党组织都要对拟任人选进行任职谈话。《党政领导干部选拔任用工作条例》第 29 条规定，考察地方党政领导班子成员拟任人选，应当在一定范围内进行个别谈话和征求意见。关于提醒谈话，1998 年中共中央印发的《中国共产党党和国家机关基层组织工作条例》规定："对于群众意见较大的党员干部，要及时谈话提醒。"关于诫勉谈话，2005 年中央办公厅印发的《关于对党员领导干部进行诫勉谈话和函询的暂行办法》对诫勉谈话制度作了具体规定。

（三）检查

检查是指有权主体对被检查对象在党内政治生活开展、厉行节约反对浪费、党风廉政建设责任制落实等方面工作完成情况进行查问、验看、考核的党规执行方式。《党政机关厉行节约反对浪费条例》第 5 条规定，中共中央办公厅、国务院办公厅负责统筹协调、指导检查全国党政机关厉行节约反对浪费工作。地方各级党委办公厅（室）、政府办公厅（室）负责指导检查本地区党政机关厉行节约反对浪费工作。检查过程中，如果发现问题，往往伴随着调查、处理。

（四）调查

调查是有权主体对涉嫌违法违纪的党员和党组织搜集证据、核实情况的重要途径和方式。《中国共产党地方组织选举工作条例》第 41 条规定，党的地方各级代表大会的选举，如果发生违反党章的情况，上一级党的委员会在调查核实后，应作出选举无效和采取相应措施的决定，并报再上一级党的委员会审查批准，正式宣布执行。

（五）审批

审批是指有权主体对特定事项经审查作出准予或者不准予的党规执行方式。审批行为一般发生在上下级党组织之间，往往是上级党组织对下级党组织某一决定的审批。《中国共产党章程》第 9 条规定，劝党员退党，应当经支部大会讨论决定，并报上级党组织批准。如被劝告退党党员坚持不退，应当提交支部大会讨论，决定把他除名，并报上级党组织批准。党员如果没有正当理由，连续 6 个月不参加党的组织生活，或不交纳党费，或不做党所分配的工作，就被认为是自行脱党。支部大会应当决定把这样的党员除名，并报上级党组织批准。第 11 条规定，党的地方各级代表大会和基层代表大会的选举，如果发生违反党章的情况，上一级党的委员会在调查核实后，应作出选举无效和采取相应措施的决定，并报再上一级党的委员会审查批准，正式宣布执行。当然，审批也适用于党组织与党员之间。例如，《中国共产党地方委员会工作条例》第 12 条规定，常委会委员代表党委的讲话和报告，署名发表或者出版同工作有关的文章、著作、言论，应当事先经过常委会审定或者党委书记批准。

（六）责令

责令是有权主体针对违法违纪等问题要求特定党组织或者党员为或不为一定行为的命令。《中国共产党党员权利保障条例》第 34 条规定，对于有侵犯党员权利行为的党员，其所在党组织或者上级党组织可以采取责令停止侵权行为、责令赔礼道歉、责令作出检查等方式给予处理。

（七）通报

通报是指党组织将有关情况通过一定形式告知一定范围内的党组织或者党员。通报主要在两种情况下使用：一是通报情况，二是通报批评。此处所指“通报”是第一种意义上的通报。《中国共产党党内监督条例》第 41 条规定，党组织对监督中发现的问题应当做到条条要整改、件件有着落。整改结果应当及时报告上级党组织，必要时可以向下级党组织和党员通报，并向社会公开。《中国共产党党员权利保障条例》第 17 条规定，党的代表大会、代表会议和党的委员会全体会议以及其他重要会议召开后，党组织要按照规定将会议内容和精神向党员传达、通报。党组织作出的决议、决定,按照规定及时向党员通报。《关于实行党风廉政建设责任制的规定》第 11 条规定,党委(党组)应当将检查考核情况在适当范围内通报。对检查考核中发现的问题,要及时研究解决,督促整改落实。

(八)嘉奖

嘉奖是对表现优秀的党组织或党员通过授予荣誉称号等方式给予的表彰或者奖励。《中国共产党党和国家机关基层组织工作条例》第 15 条规定(深入开展"创先争优"活动)、第 17 条规定(做好党员服务工作,建立健全党内激励、关怀、帮扶机制)、第 34 条规定(关心和爱护机关党务工作人员,充分调动和发挥他们工作的积极性、主动性、创造性,及时发现、表彰和宣传他们中的先进典型)等,都涉及党内嘉奖问题。《中国共产党农村基层组织工作条例》第 26 条也规定,坚持和完善民主评议党员制度。对优秀党员,要进行表彰;对不合格党员,要依照有关规定,分别采取教育帮助、限期改正、劝其退党、党内除名等方式进行严肃处置。

(九)处理

处理是指有权主体对违法违纪的党组织或者党员作出的不利处分。根据处理对象不同,可以将处理分为对普通党员的处理、对党员领导干部的处理和对党组织的处理。对普通党员的处理方式主要包括批评教育、通报批评、诫勉谈话、责令作出检查、纪律处分等。对党员领导干部的处理包括通报、诫勉、组织调整或者组织处理、纪律处分,其中诫勉既包括谈话诫勉也包括书面诫勉,组织调整或组织处理包括停职检查、调整职务、责令辞职、降职、免职等。对党组织的处理方式包括检查、通报、改组。

六、党规执行的原则

(一)合规性原则

合规性原则是党规执行的首要原则,它是指党规执行主体必须在党规规定的权限范围内并按照党规规定的程序执行党规。合规性原则有如下基本要求:

一是主体合规，即只有具备执行党规资格的主体才能行使党规执行权、执行党规，不具备执行党规资格的主体则不能执行党规。在实践中，具备党规执行资格的主体包括各级党委、各级党委工作部门、党组和国家工作部门党委等。除此之外，其他主体一般不具备党规执行资格。

二是权限合规，即党规执行主体必须在权限范围内执行党规。不论是党的各级组织，还是各级党委及其工作部门，其执规权限都是法定的。例如，根据《中国共产党章程》的规定，全国性的重大政策问题，只有党中央有权作出决定，各部门、各地方的党组织可以向中央提出建议，但不得擅自作出决定，个人对外发表主张。党员个人代表党组织发表重要主张，如果超出党组织已有决定的范围，必须提交所在的党组织讨论决定，或向上级党组织请示。任何党员不论职务高低，都不能个人决定重大问题；如遇紧急情况，必须由个人作出决定时，事后要迅速向党组织报告。再如，根据《中国共产党地方委员会工作条例》第 12 条的规定，党的地方委员会应当建立职责清单制度，明确常委会及其成员职责，并在一定范围内公开。第 25 条第 2 款进一步规定，常委会委员可以根据工作需要，在其职责范围内主持召开议事协调会议，研究解决有关问题，但不得超越权限作出决策。

三是内容合规，即党规执行所涉及的权利、义务以及对这些权利、义务的影响或处理，均应符合党章和党规的规定，它是党规执行合法有效的内容要件。

四是程序合规，即党规执行主体必须按照党规规定的程序执行党规。党规执行主体执行党规，必须按照党章党规规定的程序进行，而不得违反程序，任意作出某种党规执行行为。诸多党规对党规执行的程序进行了规定。例如，《中国共产党地方委员会工作条例》第 20 条规定，党的地方委员会及其常委会议事决策应当坚持集体领导、民主集中、个别酝酿、会议决定，实行科学决策、民主决策、依法决策。再如，根据《党政机关厉行节约反对浪费条例》第 4 条的规定，党政机关厉行节约反对浪费，应当坚持依法依规，遵守国家法律法规和党内法规制度的相关规定，严格按程序办事。

(二)合理性原则

合理性原则是指党规执行主体的执规行为要合乎情理,其裁量权的行使应恰如其分。该原则主要是针对党规执行主体的裁量权而言的。如同裁量权对于行政执法不可或缺一样,裁量权也是党规执行所不可或缺的。一般来说,合理性原则有三项要求:

一是党规执行行为必须符合党规制定的目的,凡是与党规制定的精神和原则相背离的执规行为都是不合理的。

二是党规执行行为必须建立在正当考虑的基础上,即合理考虑相关因素,而不应当考虑不相关因素。例如,根据《党政领导干部选拔任用工作条例》第 32 条的规定,在对党政领导职务拟任人选进行考察时,考察组必须坚持原则,公道正派,深入细致,如实反映考察情况和意见。

三是党规执行行为的内容合乎情理,即符合客观规律和一般常理。

(三)程序性原则

依照党规规定的程序行使党规执行权是依规管党治党的基本要求,党规执行应当特别强调程序性原则。所谓党规执行的程序是指党规执行所必须遵守的顺序、时限和步骤的总称。任何权力都容易被滥用,而防止权力滥用的重要途径就是对其进行严格的程序控制。党规执行权也容易被滥用,故也需要对其设置严格的程序。不同的党规执行行为所遵守的程序也不尽相同。为保障党规执行权的规范化行使,诸多党规对党规执行程序作了规定。例如,根据《中国共产党章程》的有关规定,凡属重大问题都要按照集体领导、民主集中、个别酝酿、会议决定的原则,由党的委员会集体讨论,作出决定。党组织讨论决定问题,必须执行少数服从多数的原则。决定重要问题,要进行表决。对于少数人的不同意见,应当认真考虑。如对重要问题发生争论,双方人数接近,除了在紧急情况下必须按多数人的意见执行外,应当暂缓作出决定,进一步调查研究,交换意见,下次再表决;在特殊情况下,也可以将争论情况向上级组织报告,请求裁决。再如,根据《中国共产党党政领导干部选拔任用条例》的规定,党委(党组)及其组织(人事)部门在行使干部管理权限的时候,应当遵循动议、民主推荐、考察、讨论决定、任职等环节。考察党政领导职务拟任人选，应当经过“制定考察工作方案→沟通征求意见→发布干部考察报告→广泛深入了解被考察对象的情况→作出评价→反馈考察情况、交换意见→汇报、报告”程序。还如，根据《中国共产党地方组织选举工作条例》的规定，党的地方各级代表大会的选举，如果发生违反党章的情况，上一级党的委员会在调查核实后，应作出选举无效和采取相应措施的决定，并报再上一级党的委员会审查批准，正式宣布执行。如此等等。这些程序都是党规执行所必须遵守的。但从制度建设层面而言，党规执行的程序并不完善，对某一党规执行的程序进行专门规定的党规并不多见。

比较来看，党内问责（实为通过问责执行党规）和纪律处分（实为通过纪律处分执行党规）的程序建设相对完善。通过处分执行党规，即党纪执行，将在下一节专门进行讨论。下面以问责为例，对党规执行的程序进行论述。

党内问责是对党员尤其是党员领导干部进行监督的重要手段。为促进党内问责的规范化、增强问责决定的权威性，2009 年中共中央办公厅、国务院办公厅联合印发《关于实行党政领导干部问责的暂行规定》，专章规定了“问责程序”。2016 年中共中央政治局审议通过《中国共产党问责条例》。根据《关于实行党政领导干部问责暂行规定》《中国共产党问责条例》的有关规定，对党政领导干部进行问责，需要遵循如下基本程序：

1. 提出问责建议。对于不同方式发现的线索，分别由纪律检查部门和组织人事部门提出问责建议。具体来说，对因检举、控告、处理重大事故事件、查办案件、审计或者其他方式发现的线索，纪检监察机关按照权限和程序向问责决定机关提出问责建议；对在干部监督工作中发现的线索，组织人事部门按照权限和程序向问责决定机关提出问责建议。纪检监察机关、组织人事部门提出问责建议，应当同时向问责决定机关提供有关事实材料和情况说明，以及需要提供的其他材料。

2. 听取陈述、申辩。任何党员在受到不利处分前，均享有陈述、申辩的权利。问责决定机关在作出问责决定前，应当听取被问责的党政领导干部的陈述和申辩，并且记录在案，对其合理意见，应当予以采纳。

3.问责决定。对于事实清楚、不需要进行问责调查的，问责决定机关可以根据纪检监察机关或者组织人事部门提出的问责建议直接作出问责决定。需要问责的，问责决定机关按照干部管理权限对党政领导干部问责决定，应当经领导班子集体讨论决定。对党政领导干部实行问责，应当制作党政领导干部问责决定书，并载明问责事实、问责依据、问责方式、批准机关、生效时间、当事人的申诉期限及受理机关等。作出责令公开道歉决定的，还应当写明公开道歉的方式、范围等。

4.告知与救济。党政领导干部问责决定书应当送达被问责的党政领导干部本人及其所在单位。被问责的党政领导干部对问责决定不服的，可以自接到党政领导干部问责决定书之日起 15 日内，向问责决定机关提出书面申诉。问责决定机关接到书面申诉后，应当在 30 日内作出申诉处理决定。申诉处理决定应当以书面形式告知申诉人及其所在单位。需要注意的是，被问责的党政领导干部申诉期间，不停止问责决定的执行。

第四节 党纪执行

党纪执行既是党规实施的重要内容和形式，又是党规实施的重要保障和支撑。在党规实施的诸方式中，党纪执行属于党规执行范畴，但相对于其他党规执行，党纪执行的制度化、规范化、程序化水平较高，也具有不同于其他党规执行的一些特征。

一、党纪执行的理论界定

党的纪律是党的各级组织和全体党员必须遵守的行为规则，是维护党的团结统一、完成党的任务的保证。党组织必须严格执行和维护党的纪律，党员必须自觉接受党的纪律的约束。除了党章的原则性规定外，党的纪律集中规定在《中国共产党纪律处分条例》(以下简称《纪律处分条例》)中,包括政治纪律、宣传纪律、组织纪律、工作纪律、生活纪律等。遵守党规是党的各级组织和全体党员的基本义务,也是党规实施的基本常态,绝大多数情况下党员和党组织都能够自觉遵守党规,尤其是能够与党纪的要求保持一致。但党员行使权利、履行义务以及党组织行使职权过程中违反党纪的情形也难以避免。在党员和党组织违反党的纪律的情况下,有权主体就会启动党纪执行程序,通过执行党纪教育和惩罚违纪的党组织和党员,以规范党内行为、维护以党章为核心的党规的健康运行。

所谓党纪执行,是指为维护党内法规的有效实施,教育广大党员和各级党组织遵纪守法,有权主体依照法定职权、原则和程序对违反党纪应受党纪追究的党员和党组织作出处理的活动。作为党规实施的重要环节,党纪执行是管党治党、从严治党的关键所在。党纪执行与纪律处分是一体两面,党纪执行是纪律处分的过程,纪律处分是党纪执行的结果。党纪执行的结果往往是对违纪党员和党组织进行纪律处分,而对违纪党员和党组织进行纪律处分的过程就是党纪执行的过程。

对于"党纪执行"的概念,可作如下理解:

第一,党纪执行是党规执行的特殊形态。党的纪律是党内的"底线性"规则,是一类特殊的党规,有学者将其称为党内的"刑法"。因此,党纪执行也不同于一般的党规执行,是党规执行的特殊形态。

第二,党纪执行是对违反党纪的党员和党组织的一种制裁。对违纪党员的纪律处分主要有警告、撤职、留党察看、开除党籍,对违纪党组织的纪律处分主要有改组、解散等。上述纪律处分方式均具有强烈的制裁性。

第三,党纪执行的主体是特定的。根据党章和《纪律处分条例》的有关规定,党纪执行的主体包括一般主体和专门主体。一般主体是指党的各级组织,专门主体是指党的各级纪律检查委员会。

第四,党纪执行具有明确的目的性。党纪执行的直接目的在于对违纪党员和党组织进行惩戒和教育。党纪执行的最终目的在于保证党的路线、方针、政策、决议的贯彻执行，实现党内生活的秩序化和法治化。

相比其他党规执行，党纪执行的制度建设尤其是程序制度建设相对健全完善。党章设专章对党纪执行的原则、方式、程序等作了概括性规定，为党纪执行提供了基本遵循。为维护党章和其他党内法规，严肃党的纪律，教育广大党员和各级党组织遵纪守法，2018 年中共中央修订了《纪律处分条例》。《纪律处分条例》分为总则和分则两部分。总则部分对纪律处分的指导思想、原则和适用范围、违纪与纪律处分、纪律处分运用规则、对违法犯罪党员的纪律处分等内容进行了规定。分则部分则对违反政治纪律的行为、违反组织纪律行为、违反廉洁自律规定的行为、违反群众纪律行为、违反工作纪律行为、违反生活纪律行为进行了详细规定。目前的党规体系并没有与《纪律处分条例》相配套的专门“程序法”，加之《纪律处分条例》的程序性条款比较少，关于违纪惩戒程序的规定仅存在于党章的原则性规定中。

二、党纪执行的方式

（一）对党员的纪律处分方式

根据党章第 39 条和《纪律处分条例》第 8 条的规定，对党员的纪律处分方式主要有警告、严重警告、撤销党内职务、留党察看和开除党籍。《纪律处分条例》第 10～14 条对上述处分方式的具体适用作了详细规定，现分述如下：

1. 警告和严重警告。对于警告和严重警告的纪律处分，需要作如下两点说明：第一，一般来说，警告和严重警告是对情节较轻的违纪行为给予的纪律处分。《纪律处分条例》多个条款用“情节较轻”作为警告或者严重警告的适用前提。例如，《纪律处分条例》第 57 条第 4 款规定：“未经组织批准参加其他集会、游行、示威等活动，情节较轻的，给予警告或者严重警告处分。”有些条款虽然未明确规定“情节较轻”作为警告和严重警告的适用条件，但通过规定“情节较重”作为给予撤销党内职务、留党察看等其他处分的条件，间接说明了“情节较轻”作为警告和严重警告的适用条件。例如，《纪律处分条例》第 54 条规定：“不按照有关规定向组织请示、报告重大事项，情节较重的，给予警告或者严重警告处分；情节严重的，给予撤销党内职务或者留党察看处分。”第二，对于党员受到警告处分一年内、受到严重警告处分一年半内，不得在党内提升职务和向党外组织推荐担任高于其原任职务的党外职务。

2.撤销党内职务。撤销党内职务处分是指撤销受处分党员由党内选举或者组织任命的党内职务。对于撤销党内职务的纪律处分，需要作如下三点说明：第一，对于在党内担任两个以上职务的，党组织在作处分决定时，应当明确是撤销其一切职务还是一个或者几个职务。如果决定撤销其某个职务，必须撤销其担任的最高职务。如果决定撤销其两个以上职务，则必须从其担任的最高职务开始依次撤销。对于在党外组织担任职务的，应当建议党外组织依照规定作出相应处理。第二，对于应当受到撤销党内职务处分，但是本人没有担任党内职务的，应当给予其严重警告处分。同时，在党外组织担任职务的，应当建议党外组织撤销其党外职务。第三，党员受到撤销党内职务处分，或者应当给予撤销党内职务处分，但由于没有党内职务而给予严重警告处分的，两年内不得在党内担任和向党外组织推荐担任与其原任职务相当或者高于其原任职务的职务。

3.留党察看。留党察看处分分为留党察看一年和留党察看两年。对于受到留党察看处分一年的党员，期满后仍不符合恢复党员权利条件的，应当延长一年留党察看期限。留党察看最长不超过两年。对于留党察看的纪律处分，需要作如下三点说明：第一，党员受留党察看处分期间，没有表决权、选举权和被选举权。留党察看期间确有悔改表现的，期满后恢复其党员权利；坚持不改或者又发现其他应当受到党纪处分的违纪行为的，应当开除党籍。第二，党员受到留党察看处分，其党内职务自然撤销。对于担任党外职务的，应当建议党外组织撤销其党外职务。第三，受到留党察看处分的党员，恢复党员权利后二年内，不得在党内担任和向党外组织推荐担任与其原任职务相当或者高于其原任职务的职务。

4.开除党籍。开除党籍是党内的最高处分。党的各级组织在决定或批准开除党员党籍的时候，应当全面研究有关的材料和意见，采取十分慎重的态度。对于受到开除党籍处分的党员，五年内不得重新入党，也不得推荐担任与其原任职职务相当或者高于其原任职务的党外职务。另有规定不准重新入党的,依照规定。对于严重触犯刑律的党员必须开除党籍。另外,对于党的各级代表大会的代表受到留党察看以上(含留党察看)处分的,党组织应当终止其代表资格。

(二)对党组织的纪律处分方式

根据党章第42条和《纪律处分条例》第9条的规定,对于违反党的纪律的党组织,上级党组织应当责令其作出检查或者进行通报批评。对于严重违反党的纪律、本身又不能纠正的党组织,上一级党的委员会在查明核实后,根据情节严重的程度,可以予以改组或者解散。

1.改组。根据《纪律处分条例》第15条的规定,对于受到改组处理的党组织领导机构成员,除应当受到撤销党内职务以上(含撤销党内职务)处分的外,均自然免职。

2.解散。根据《纪律处分条例》第16条的规定,对于受到解散处理的党组织中的党员,应当逐个审查。其中,符合党员条件的,应当重新登记,并参加新的组织过党的生活;不符合党员条件的,应当对其进行教育、限期改正,经教育仍无转变的,予以劝退或者除名;有违纪行为的,依照规定予以追究。

三、党纪执行的原则

所谓党纪执行的原则,是指贯穿在党纪执行的全过程、对党纪执行产生重要影响、为执纪主体所必须遵守的观念体系。党章对党纪执行的原则作了原则性规定,在此基础上,《纪律处分条例》第4条对党纪执行的原则作了细化规定。根据党章和《纪律处分条例》的有关规定,党纪执行应当遵循如下几项原则。

(一)党要管党,从严治党

党要管党、从严治党是中国共产党在长期的革命、建设和改革实践中总结的一条基本经验,党纪执行必须坚持党要管党、从严治党的原则。该原则要求:第一,在党纪执行过程中必须将党纪作为管党治党的重器,加强对党的各级组织和全体党员的教育、管理和监督,通过党纪确保党的路线、方针、政策在全党范围内得以贯彻执行。第二，在党纪执行过程中应当把纪律挺在前面，注重抓早抓小，坚持“有责必问，问之必严”。

（二）党纪面前一律平等

党内平等是党内民主的应有之义和逻辑要求。党内平等是指全体党员的资格和机会的平等，它主要体现为“党规”面前一律平等，尤其是“党纪”面前一律平等。该原则要求：第一，反对党内特权。任何党组织和党员均不允许有超越党规的特权，一切违反党纪的行为依照规定应当给予纪律处理或者处分的，都必须予以追究。第二，一视同仁。对于违纪的党组织和党员同等对待、公正地执行党纪，特别是对于违反党纪的普通党员和党员干部，应当一视同仁，不得因职务差别而给予区别对待。

（三）以事实为依据，以党规为准绳

党纪执行必须坚持“以事实为依据，以党规为准绳”的原则。该原则要求对党组织和党员的处分决定应当实事求是地查清事实，以事实为依据，以党章、其他党内法规为准绳，准确认定违纪性质，按照错误性质和情节轻重给予纪律处分。

（四）民主集中制

民主集中制既是党的根本组织原则，也是群众路线在党的生活中的运用，党纪执行也应当坚持民主集中的原则。一方面，党纪处分决定应当按照规定程序经党组织集体讨论决定，不允许任何个人或者少数人擅自决定和批准。另一方面，上级党组织对违犯党纪的党组织和党员作出的处理决定，下级党组织必须执行。

（五）惩罚与教育相结合

惩罚与教育相结合是国家法律制裁的重要原则，不论是行政处罚还是刑事处罚都应当坚持惩罚与教育相结合的原则。党纪执行也应当遵循惩罚与教育相结合的原则。对于违纪的党组织和党员，惩罚只是手段，治病救人才是目的；不能为惩罚而惩罚，能用教育手段达到目的，就不宜用惩罚手段。例如，党组织对违反党的纪律的党员，应当本着惩前毖后、治病救人的精神，按照错误性质和情节轻重，给以批评教育直至纪律处分。又如，处理违犯党纪的党组织和党员，应当实行惩戒与教育相结合，做到宽严相济，对于党员违犯党纪应当给予警告或者严重警告处分，但是具有从轻或减轻情节的，可以给予批评教育或者组织处理，免于党纪处分。

（六）过罚相当

过罚相当是指对违纪党员和党组织的处分应当与其所违反的纪律和担负责任的种类以及违纪事实、情节、危害后果、社会影响等相适应。一方面，在党纪执行过程中，应当以所违反的党纪类型为基本参照，在区分直接责任、主要责任和重要责任等责任类型的基础上，对违纪党员给予相应的纪律处分。例如，党组织领导机构集体作出违犯党纪的决定或者实施其他违犯党纪的行为，对过失违纪的成员，按照各自在集体违纪中所起的作用和应负的责任分别给予处分。另一方面，对违纪党员和党组织进行纪律处分时，除了考虑违纪事实外，还应当考虑违纪的情节、危害后果、社会影响等因素，使处分结果与违纪情况相当。

（七）与其他处理措施相衔接

在实践中，党员往往以多重身份出现，如公民、公务员等，因而也往往会触犯多重规范，承担多重责任。作为众多违规处理措施中的一种，党纪执行（党纪处分）必须与其他处理措施相衔接。一是与组织处理等相衔接。根据《中国共产党问责条例》的规定，组织处理是指对失职失责、情节较重，不适宜担任现职的党的领导干部，根据情况采取的停职检查、调整职务、责令辞职、降职、免职等措施。除此之外，党内处理措施还包括批评教育、通报批评、诫勉谈话等。在党纪执行过程中，纪律处分应当与上述处理措施相衔接。例如，根据《地方委员会工作条例》第29条的规定，对于违反本条例的，根据情节轻重，给予批评教育、责令作出检查、诫勉谈话、通报批评或者调离岗位、责令辞职、免职、降职等处理；应当追究党纪责任的，依照《纪律处分条例》等有关规定给予纪律处分。二是与国法责任相衔接。党规与国法相辅相成，但二者功能各有侧重，在党纪执行过程中，应当注重党纪责任与国法责任的相互衔接，既不得以国法责任代替违纪责任，也不得以违纪责任代替国法责任。

四、党纪执行的程序

党纪执行的程序是指党纪执行主体在执行党纪过程中所遵循的方式、步骤、时限和顺序所构成的一个连续过程。根据《中国共产党章程》《党内监督条例》《纪律处分条例》《党员权利保障条例》的有关规定，党纪执行一般应当遵循如下程序：

1.调查。凡向党组织检举党员或者下级党组织严重违纪违法问题以及党员控告侵害自己合法权益行为的，党组织应当按照有关规定及时调查处理。党员署真实姓名检举的，应当视情况将处理结果告知该党员，听取其意见。各级纪律检查委员会发现同级党的委员会委员有违犯党的纪律的行为，可以先进行初步核实，如果需要立案检查的，应当报同级党的委员会批准，涉及常务委员的，经报告同级党的委员会后报上一级纪律检查委员会批准。

2.听取意见。党组织对党员作出处分决定所依据的事实材料和处分决定必须同本人见面，听取本人说明情况和申辩。对于党员的申辩及其他党员为其所作的证明和辩护，有关党组织要认真听取、如实记录，并进一步核实，采纳其合理意见；不予采纳的，要向本人说明理由。

3.决定。对于不同违纪主体，党章分别规定了不同的决定程序。(1)对党员的纪律处分，必须经过支部大会讨论决定，报党的基层委员会批准；如果涉及的问题比较重要或复杂，或给党员以开除党籍的处分，应分不同情况，报县级或县级以上党的纪律检查委员会审查批准。在特殊情况下，县级和县级以上各级党的委员会和纪律检查委员会有权直接决定给党员以纪律处分。(2)对违纪中央和地方党委委员、候补委员给予撤销党内职务、留党察看或开除党籍的处分，必须由本人所在的委员会全体会议三分之二以上的多数决定。在特殊情况下，可以先由中央政治局和地方各级委员会常务委员会作出处理决定，待召开委员会全体会议时予以追认。对地方各级委员会委员和候补委员的上述处分，必须经过上级党的委员会批准。(3)对严重触犯刑律的中央委员会委员、候补委员，由中央政治局决定开除其党籍；严重触犯刑律的地方各级委员会委员、候补委员，由同级委员会常务委员会决定开除其党籍。(4)对于严重违犯党的纪律、本身又不能纠正的党组织，上一级党的委员会在查明核实后，应根据情节严重的程度，作出进行改组或予以解散的决定，并报再上一级党的委员会审查批准，正式宣布执行。

4.报告。各级纪律检查委员会要把处理重要或复杂案件中的问题和处理结果，向同级党的委员会报告，党的地方各级纪律检查委员会和基层纪律检查委员会要同时向上级纪律检查委员会报告。

5.宣布。党纪处分决定作出后，应当在1个月内向受处分党员所在党的基层组织中的全体党员及其本人宣布，并按照干部管理权限和组织关系将处分决定材料归入受处分者档案。对于受到撤销党内职务以上(含撤销党内职务)处分的，还应当在1个月内办理职务、工资等相应变更手续；涉及撤销或者调整其党外职务的，应当建议党外组织及时撤销或者调整其党外职务。

6.反馈。执行党纪处分决定的机关或者受处分党员所在单位，应当在6个月内将处分决定的执行情况向作出或者批准处分决定的机关报告。

7.救济。党员对于党组织给予本人的处分、鉴定、审查结论或者其他处理不服的，有权向本人所在党组织、上级党组织直至中央提出申诉；党员认为党组织给予其他党员的处分、鉴定、审查结论或者其他处理不当的，有权逐级向党组织直至中央提出意见。对于党员的申诉，有关党组织要按照规定进行复议、复查，不得扣压。上级党组织认为必要时，可以直接或者指定有关党组织进行复议、复查。经复议、复查或者审查决定，对于全部或者部分纠正的案件，重新作出的决定应当在一定范围内宣布。对于处理正确而本人拒不接受的，给予批评教育；对于无正当理由反复申诉的，有关党组织应当正式通知本人不再受理并在适当范围内宣布。党员对于党组织给予其他党员的处分、鉴定、审查结论或者其他处理提出的意见，有关党组织应认真研究处理。

第八章
党规监督

“治国必先治党，治党务必从严，从严必依法度。”党规系依规治党的重要制度遵循，党规能否得到有效实施关乎依规治党目标能否达成。党规监督是增强党规执行力，促党规由“纸上之法”成“行动之法”的必然要求，是增进党规权威的重要手段，也是提升党的执政合法性、实现党内法治的重要保障。党规监督与党规实施、党内监督、党的监督等存在关联，又有所不同。党规监督聚焦党规制定与实施，既强调通过监督推动党规发挥实效，又坚持问题导向，承担着发现党规制定与实施中存在问题的重要功能，构成党规制定、实施、反馈、调整这一党规闭环式制度建设系统的重要一环。建立健全党规监督制度，需要着力解决“谁来监督”“监督什么”“如何监督”等问题。党规监督的主体呈现多元性特征，其性质也因此不同，有的兼具权力、责任属性，有的同时具有权利、义务属性，有的仅具权利属性。党规监督的对象不同，监督方式也有差异。对党规制定情况的监督包括合章性审查、备案审查，对党规实施情况的监督主要通过督查、巡视巡察、检举控告、申诉等方式进行。党章党规和宪法法律分别是依规治党和依法治国的制度载体。推动党规监督与法律监督协同发力，将助力党和国家监督体系建设，为全面提升依规治党和依法治国水平提供有力支撑。

第一节 党规监督概述

党规监督是增进党规自身合法性水平的有效机制，是提升党规执行力的重要保障，是确保党规得到有效实施的主要支撑。厘清党规监督的概念、特征系党规监督研究的起点和基础。党规监督与党规实施、党内监督、党的监督和法律监督等密切关联，具有规范性、系统性、独立性、严格性等特征，其核心在于对党内权力行为施以监督，力促党规制定权、实施权规范运行。

一、党规监督的概念

从理论层面来看，党规监督研究是党内法治理论的重要组成部分，学界已开始关注党规监督这一范畴，并提出要建立党规监督体系，健全党规监督机制，强化党规制度执行督查，形成严密的党规监督体系等。[①]就实践层面而言，党规监督系党规建设的基本环节。《中央党内法规制定工作五年规划纲要（2013～2017 年）》提出，要健全党内法规监督检查机制，明确监督执行的责任部门，完善监督检查方式，加大监督检查力度，以提高党内法规执行力。中共中央 2017 年印发的《关于加强党内法规制度建设的意见》将党的监督保障法规制度确立为党内法规制度体系的重要组成部分，提出要“完善党的监督保障法规制度，切实规范对党组织工作、活动和党员行为的监督、考核、奖惩、保障等”，要“强化监督检查，将党内法规制度实施情况作为各级党委督促检查、巡视巡察的重要

---

① 参见张晓燕：《关于党内法规制定实施体系建设的思考和建议》，《理论学刊》2017 年第 3 期；姜明安：《论党内法规在依法治国中的作用》，《中共中央党校学报》2017 年第 2 期；陆宇峰：《依规治党与依法治国相统一的原理和要求》，《当代世界与社会主义》2017 年第 1 期；肖金明：《论党内法治体系的基本构成》，《中共中央党校学报》2016 年第 6 期。

内容，对重要党内法规制度实施情况开展定期督查、专项督查”。[①] 各地党规工作机构、纪律检查机关也对党规制度建设以及《关于新形势下党内政治生活的若干准则》《中国共产党党内监督条例》《中国共产党纪律处分条例》《中国共产党问责条例》《中国共产党巡视工作条例》等重要党规的贯彻执行等进行了全面督查或专项督查，有力推动了党规的制定和实施。

对“党规监督”的概念，可以分别作狭义、中义和广义的理解。狭义的党规监督是指党规监督专门机构对党规制定和实施情况所进行的监督。目前，党内法规尚未明确规定专门的党规监督机构。未来，党章等党内法规一旦明确专门的党规监督机构，该机构所开展的监督活动即属于狭义的党规监督。中义的党规监督是指党组织和党员对党规制定和实施情况所进行的监督。在此种意义上，党规监督和党内监督具有高度的同质性，党规监督属于党内监督的内容之一。广义的党规监督是指党内外组织和党员、非党员对党规制定、实施情况所进行的监督。本书采用广义的“党规监督”概念。

要厘清“党规监督”这一概念，还需要将其与相关概念加以比较。

（一）党规监督与党规实施

党规监督与党规实施存在密切关联：一方面，党规实施情况系党规监督的重要内容，党规监督的核心即是监督党规遵守和执行情况；另一方面，在某些情况下，党规实施也在事实上承担着党规监督的部分功能，党规得到实施的同时，也完成了监督党组织、党员遵守和执行党规的任务。一般讲来，党规监督与党规实施的主要关联点在执规执纪和党内问责。

党规监督与执规执纪密不可分。执规执纪是党的纪律检查机关执行党规党纪的重要方式；党规监督则重点关注党规制定和实施的情况。党规监督以发现党规制定和实施方面存在的问题为重点，执规执纪则着

---

① 《中共中央印发〈关于加强党内法规制度建设的意见〉》，《人民日报》2017 年 6 月 26 日。

力于处理党员干部以及党的组织、工作部门的具体违规违纪问题。党规监督的范围要广于执规执纪的适用范围。党规监督则可以依托巡视巡察、民主生活会等制度实现。从主体上来看，执规执纪专属于党的纪律检查机关，其他党组织、党员均无法行使执规执纪权；而党规监督则可以由各级党组织、党员实施，并没有特定的资质资格要求。譬如，任何党员均可以通过反映党员领导干部的违纪违法等违反党规的行为开展党规监督，而只有党的纪律检查机关方可对涉嫌违纪违法的党员领导干部进行执规执纪。

党规监督与党内问责具有一定的联系。在某些情况下，党规监督是党内问责的前提，党内问责是党规监督的后果。譬如，在对党员领导干部的党规监督中，有些监督即会产生问责的后果。根据《推进领导干部能上能下若干规定（试行）》，干部存在不遵守政治纪律、政治规矩等问题，经组织提醒、教育或者函询、诫勉仍不改正者，将被给予调整职务的处理。党组织依据上述规定对党员领导干部进行提醒、教育、函询以及诫勉即体现了对党员领导干部遵守党规情况的监督，调整职务则属于党内问责的一种表现形态。党规监督与党内问责的区别主要表现在：第一，党规监督的主体广泛，既包括党组织，也包括非党组织和群众；党内问责的主体则是党组织或者代表党组织的有关负责人。第二，相较党内问责，党规监督的范围更为广泛。党内问责的对象主要是党员领导干部，党规监督的对象则不仅局限于党员领导干部，还包括一般党员。第三，党规监督所产生的后果有多种形态，问责只是其中之一。

（二）党规监督与党内监督

党规监督与党内监督在党内具有高度的同质性，党规监督是党内监督的主体内容，党规监督是党内监督的法治表达。根据《中国共产党党内监督条例》，党内监督的重要任务即是监督党组织、党员遵守党章党规情况，确保党章党规党纪得到有效执行。党规监督和党内监督的同质化水平与党规建设的水平息息相关。党规内容越具体，党规体系越完备，党规之间越协调，党规监督和党内监督的同质化程度越高。就二者的差异而言，主要表现为如下三个方面：第一，监督主体不同。党内监督的主体主要是党的各级组织和党员；党规监督的主体则不限于党内，包括了其他政党及其成员、非党组织和群众。《中国共产党党内监督条例》虽然规定了党外监督的内容，但是“党外监督”仍是与“党内监督”相并列的一个概念；党规监督的主体则可以突破党内的限制。第二，监督范围不同。党内监督的范围包含了党规监督，但并不局限于党规监督，还包括非属党规监督的内容，譬如作为非党规的党的路线、方针、政策的执行情况等。第三，监督依据不同。党规监督的依据是党规。党内监督的依据则更加广泛，主要涉及三个方面：一是宪法法律。国家的宪法法律对包括党员、党组织在内的一切公民、社会组织均有法律效力，党的各级组织和党员必须遵守。二是党章、党规、党纪等党内正式的规章制度，如《中国共产党章程》《关于新形势下党内政治生活的若干准则》《中国共产党廉洁自律准则》《中国共产党纪律处分条例》《中国共产党党内监督条例》等。党内正式规章制度是专门规范党员和党的各级组织的制度规则，所有党员和各级党组织均应遵守。三是党内非正式制度。党在革命、建设和执政实践中形成的、尚未纳入党规等正式制度的政治传统、政治惯例、政治纪律和政治规矩等是党内重要的非正式制度，也是党内监督的重要依据。

（三）党规监督与党的监督

党规监督和党的监督存在关联，又不尽一致。党规监督和党的监督的主体、范围均有不同。党规监督的主体是党员、各级党组织以及其他政党及其成员、非党组织和群众，党的监督的主体则一般是各级党组织。党规监督的范围是党员和各级党组织，党的监督主要是指“对国家政权的监督，这是坚持党对国家政权领导的重要表现”①。其范围也更为广阔，涉及党所领导的各项工作，也包括党对党外事务的监督管理。党的领导包括政治、思想和组织领导，党的监督也涉及政治、思想和组织等方面。譬如，根据党章，“党必须保证国家的立法、司法、行政机关，经济、文化组织和人民团体积极主动地、独立负责地、协调一致地工作”，该规定

---

① 肖金明：《论党内法治体系的基本构成》，《中共中央党校学报》2016年第6期。

即是党的监督职能的重要体现。又如，在司法实践中，党的政法委员会的主要任务即是监督公安机关、人民检察院、人民法院以及司法行政等部门的工作。由此看来，相较党规监督，党的监督的范围更广，影响力也更大。同时也应看到，在一定意义上，党规监督是党的监督的前提和基础。党规监督的效力越强，党的组织性、纪律性越能得到保障，党的监督的价值也就更易实现。

（四）党规监督与法律监督

党规与国法互为补充、互相促进、互相保障，党规监督与法律监督也存在内在的有机联系。党规监督与法律监督存在耦合。譬如，在针对党员领导干部实施监督时，党规监督与法律监督一般同步推进。党员领导干部违反法律即应承担相应法律责任，违反党规则应受到党内处分。在党规与法律存在冲突的情况下，党规监督与法律监督也可能出现冲突。因此，党规与法律的分工协作系党规监督与法律监督协同推进的前提和基础。党规监督与法律监督的主要区别在于：第一，党规监督的基础是党规，法律监督的基础是宪法法律。第二，党规监督的主体呈现多元性；法律监督则具有专门性，由全国人大及其常委会以及专门的法律监督机关实施。第三，党规监督的对象是党规的制定和实施情况，法律监督的对象则是宪法法律的遵守和执行情况。第四，党规监督与法律监督在公开性上存在差异。法律监督所依据的宪法法律均对全社会公开，法律监督自然具有公开性；党规监督所依据的党规并未完全对全社会公开，有些党规甚至属于秘密[①]，而党规监督自然也具有一定的非公开性。当然，从长远来看，党规所规范的行为、事项可以是秘密，但党规本身不应当属于秘密。质言之，对于确属秘密的事项，不必以党规的形式加以规范。毕竟，党规无法公开，有效的党规监督也就无从谈起。

二、党规监督的特征

第一，党规监督的规范性。党规监督坚持以事实为根据、以党规为

① 譬如，有些党规在发布时即带有密级（参见宋功德：《党规之治》，法律出版社2015年版，第7页）。

准绳。党章等党规系成文的党内制度规范,明确规定了党的组织及党员领导干部的权力与责任、党员的权利与义务。党规监督以党规作为依据,党规的成文性、明确性为党规监督的规范性提供有力保障。

第二,党规监督的系统性。党规监督是一个涵盖了自上而下的组织监督,自下而上的民主监督,党的各级组织、部门间同级监督,以及党内监督和党外监督的监督体系,具有高度的系统性。在党内,党规监督与党内监督具有高度的同质性;在党外,其他政党及其成员、非党组织和群众也是党规监督的重要力量。党规监督以党规为依托,成为联结党内监督与党外监督的重要纽带。

第三,党规监督的独立性。党规监督与党规制定、党规实施分别承担不同职能,具有相对独立性。党规监督的独立性主要包括两方面内容:一是党规监督权力的独立运行,是指行使党规监督权力的机构依照党规独立行使监督权力,"排除任何组织和个人力量对权力监督的干涉";二是党规监督权利的独立行使,排除对党规监督主体行使监督权利的干扰和侵害。①

第四,党规监督的严格性。党规监督和法律监督系依规治党与依法治国协同推进的重要保障。相较法律监督,党规监督的标准更加严格,坚持高标准与守底线相统一。党规监督的严格性源自于党规自身的严格性。党规与法律共同规范党的组织和党员的行为,党的组织和党员必须在宪法法律范围内活动,同时也必须遵守党规。与宪法法律相比,党规对党的组织和党员的要求更高。对尚未违反宪法法律但是违反党的纪律的行为,党规也规定了相应的处理办法。由此,党规监督通过推动党规的严格执行,与法律监督共同发挥规范作用。

第五,党规监督的核心是对权力的监督。党规制定权、执行权和监督权,以及掌握公权力的党员领导干部系党规监督的核心。党规监督既

① 参见肖金明:《论党内法治体系的基本构成》,《中共中央党校学报》2016 年第 6 期。

要监督党规制定，又要监督执规执纪，将党内所有权力行为纳入监督范围。[①] 根据《中央党内法规制定工作五年规划纲要（2013～2017 年）》，党规建设的重要目标在于“使权力运行受到更加有效的制约和监督”[②]。党规监督重在通过规范党规制定权、执行权和监督权的运行，强化对党员领导干部这一“关键少数”的监督，提升党规制定水平，推动党规得到有效实施。

■ 第二节 党规监督的主体与范围

“谁来监督”和“监督什么”系党规监督的核心问题。“党规监督”概念有狭义、中义和广义之分，党规监督主体的范围也会因此产生差异。狭义的党规监督主体仅指依照党规承担党规监督权力的专门机构，广义的党规监督主体包括可以行使党规监督权力和权利的各方主体，中义的党规监督主体范围则介于二者之间。党规监督的范围主要包括党规制定情况和党规实施情况，既涉及党规制定的权限、程序和内容，也包括党规执行和遵守情况。党章监督系党规监督的重中之重，对其他党规监督具有统领作用。

一、党规监督的主体

党规监督的主体是指可以行使党规监督权力或权利的有关组织和个人，主体主要包含如下几类：

1. 党规工作机构。党规工作机构分为三类：一是党规工作责任主

---

① 参见肖金明：《论党内法治体系的基本构成》，《中共中央党校学报》2016 年第 6 期。

② 《中央党内法规制定工作五年规划纲要（2013～2017 年）》，中共中央文献研究室编：《十八大以来重要文献选编》（上），中央文献出版社 2014 年版，第 478 页。

体，如负责党内法规制定日常工作的中央书记处；二是党规制定主体，如根据职权分工承担党内法规制定工作的中央纪律检查委员会、中央各部门和省、自治区、直辖市党委；三是承担党规具体工作的工作机构，如中共中央办公厅法规局。在党章等党内法规均未明确规定党规监督专门机构的情况下，党规工作机构即应承担党规监督的责任。

2.党的专责监督机构，主要指党的纪律检查机关。根据党章，党的各级纪律检查委员会负责维护党的章程和其他党内法规。根据《中国共产党党内监督条例》，党的各级纪律检查委员会系党内监督专责机关，其重要职能之一即是对“所辖范围内党组织和领导干部遵守党章党规党纪”情况进行监督检查。从党规运行实践来看，党的各级纪律检查机关更加重视履行监督职责，注重“对照党章党规党纪检查党员的言行”①，这也是党规监督的重要表现形态。

3.党的各级组织。党的中央组织、地方组织和基层组织等各级组织在各自职责范围内承担党规监督职责。譬如，根据《关于党内政治生活的若干准则》，各级党委和党的纪律检查委员会要定期检查准则的执行情况②；根据《关于新形势下党内政治生活的若干准则》，“党的各级组织要强化对党内政治生活准则落实情况的督促检查”③。

4.党的工作机构。党内负责某一领域业务工作的工作部门，也负有党规监督的职责。比如，党的组织部门对规范党员领导干部选拔任用的党内法规制定、实施情况所开展的监督即属此种监督。

5.党员。党员是党规的拘束对象，也是党规监督的主体。党规监督既是党员权利，也是党员义务。每一名党员均应本着对党的事业高度负

① 《十八届中央纪律检查委员会向中国共产党第十九次全国代表大会的工作报告》，《中国共产党第十九次全国代表大会文件汇编》，人民出版社2017年版，第133页。

② 参见《关于党内政治生活的若干准则》，《中国共产党纪律审查工作现行法规规范性文件汇编》编写组编：《中国共产党纪律审查工作现行法规规范性文件汇编》，法律出版社2017年版，第42页。

③ 《关于新形势下党内政治生活的若干准则》，《中国共产党纪律审查工作现行法规规范性文件汇编》编写组编：《中国共产党纪律审查工作现行法规规范性文件汇编》，法律出版社2017年版，第61页。

责的态度开展党规监督。根据《中国共产党党内监督条例》，党员应履行监督义务，“向党负责地揭发、检举党的任何组织和任何党员违纪违法的事实”。

6. 其他政党及其成员、非党组织和群众。中国共产党是中国的执政党，党组织和党员的行为所产生的效力不仅及于党内，还会通过党的执政行为、部分党员的履职行为产生外部效力，并对其他政党及其成员、非党组织和群众产生影响。因此，其他政党及其成员、非党组织和群众虽然不受党内法规的拘束，但是与党规的实施效果也存在利益相关性。有鉴于此，其他政党及其成员、非党组织和群众也享有党规监督的权利。《中国共产党党内监督条例》也确立了党内监督与党外监督相结合的制度架构，明确提出：“各级党组织应当支持民主党派履行监督职能”，“各级党组织和党的领导干部应当认真对待、自觉接受社会监督”，“虚心接受群众批评”。

二、党规监督的范围

根据党规权力的运行过程，可以将其分为党规制定权、党规执行权和党规监督权。在党规权力运作过程中，党的各级组织根据分工分别行使党规制定权、执行权和监督权。同时，党的各级组织还应履行实施党规的责任。因此，党的各级组织行使党规权力和实施党规的情况，即是党规监督的重点所在。党章明确规定了党员义务，并对每一名党员提出了很高的要求①，遵守党规即是其中之一。在党员中，党员领导干部尤其是主要领导干部系党规监督的重点。具体讲来，党规监督的范围主要包括如下两个方面：

（一）党规制定情况

党规制定情况是指党规制定的权限、程序和内容等。对党规制定情况的监督系党规监督的重要组成部分，具体涉及两个层面：第一，党规内

---

① 根据党章，中国共产党党员应当是中国工人阶级的有共产主义觉悟的先锋战士，必须全心全意为人民服务，不得谋求任何私利和特权。

部。首先，党规制定机构应当按照党内法规确定的党规制定权限制定党规，不得超越权限制定党规。《中国共产党党内法规制定条例》明确了应当由中央党内法规规定的事项："（一）党的性质和宗旨、路线和纲领、指导思想和奋斗目标；（二）党的各级组织的产生、组成和职权；（三）党员义务和权利方面的基本制度；（四）党的各方面工作的基本制度；（五）涉及党的重大问题的事项；（六）其他应当由中央党内法规规定的事项。"由此，中央党内法规之外的党规即不得就上述事项作出规定。其次，党规制定机构应当按照党内法规确定的制定程序制定党规。譬如，《中国共产党党内法规制定条例》明确规定了党内法规的规划与计划、起草、审批和发布等程序，党内法规制定机构应严格按照上述程序制定党内法规。再次，党规内容不能与党章和党的理论、路线、方针、政策相抵触，并符合党规内部效力等级要求。党规内部存在效力等级差别。《中国共产党党内法规制定条例》第25条规定："党章在党内法规中具有最高效力，其他任何党内法规都不得同党章相抵触。中央党内法规的效力高于中央纪律检查委员会、中央各部门和省、自治区、直辖市党委制定的党内法规的效力。省、自治区、直辖市党委制定的党内法规不得同中央纪律检查委员会、中央各部门制定的党内法规相抵触。"在党规体系中，"党章是最根本的党内法规，是制定其他党内法规的基础和依据"，效力等级最高；准则、条例等次之；其他党内法规又次之；党内法规外的规范性文件的效力又弱于党内法规的效力。党规监督的重要内容即是维持党规体系的效力等级，确保低层级、低位阶的党规服从于高层级、高位阶的党规，同层级党规保持协调。第二，党规外部。党的各级组织和党员不仅须依据党规活动，亦应遵守宪法法律。因此，党规监督同样涉及党规与宪法法律关系的协调。党规监督的重要内容即是监督党规是否与宪法法律法规相抵触。

（二）党规实施情况

党规实施包括党规遵守和党规执行，对党规实施情况的监督也涉及上述两个方面。对党规遵守情况的监督是指监督所有党组织、党员是否遵守党规，是否存在违反党规的行为。党规执行主体由党章等党内法规明确规定。对党规执行情况的监督主要是指监督党规执行机构是否严格、规范执行党规,具体包括党规执行机构是否依据党规设定的权限、程序执行党规,是否存在不作为、乱作为以及选择性执行等问题。譬如,党的纪律检查机关负责执行《中国共产党纪律处分条例》,应坚持以事实为依据,以党章、其他党内法规以及法律法规为准绳的原则。《条例》对党组织、党员违反党的纪律的行为作出了非常细致的规定。然而,《条例》为保持充分的适用性,也设计了诸多一般性条款,需要党的纪律检查机关依据党规、根据案情进行自由裁量,这就有可能出现同情不同处理、处理畸轻畸重等问题。为维护《条例》的权威性,保持《条例》适用的统一性,上级纪检机关即需要就《条例》执行对下级纪检机关进行定期督查或专项督查,对其党规执行情况开展监督。

党章监督系党规监督的重中之重。“党章是最根本的党内法规”,依规治党首先是指依照党章治党。党章对其他党规具有统率和规定性作用,党章能否得到有效遵从,是否具有权威,直接影响着其他党规的效力。党规监督的首要任务是确保党章的合法性、合理性,确保党章得到有效实施。第一,党章监督要监督党的各级组织、党员是否存在违反党章的行为,并由党内有关机构对违反党章的行为及时予以纠正、惩处。第二,党章监督要监督党章之外的党规是否与党章相抵触,并对违反党章的党规等及时予以纠正。

第三节 党规监督的性质与功能

党规监督的性质与功能系党规监督研究所应关注的重要命题。党规监督的主体不同,党规监督的性质也存在一定差异。总体讲来,可以将党规监督的属性分为三类:一是兼具权力与责任属性的党规监督;二是兼具权利与义务属性的党规监督;三是作为权利的党规监督。党规监督在党规建设乃至依规治党中发挥着重要作用。党规监督通过提升党规的合法性、合理性水平和执行力，可以有效增强党规权威，为党内法治实现、党的执政合法性水平提升提供重要支持和保障。

一、党规监督的性质

（一）兼具权力与责任属性的党规监督

根据党章等党内法规，行使党规监督权力、负有党规监督职责的党的组织机构所实施的党规监督即同时兼具权力与责任属性。譬如，党规工作机构、党的各级纪律检查委员会所开展的党规监督，既是其权力，也是其责任。党的组织机构在实施党规监督权力时应当遵循权力法定、权责统一以及越权无效原则。党的组织机构所行使的党规监督权力应有明确的党规依据。党规应对党规监督权力的主体、范围、程序和界限作出明确界分。党的组织机构及有关责任人在行使党规监督权力的同时也应承担由此产生的责任，其党规监督行为如违反党规甚至违反宪法法律，应受到相应制裁和惩处；其超越党规所设定的职权范围行使党规监督权力的行为，则应被宣布为无效。

（二）兼具权利与义务属性的党规监督

依据党规行使党规监督权力的党的组织机构及有关工作人员在其职责范围以外，不享有党规监督权力的党的组织机构、党员所开展的党规监督行为，即具有权利与义务相统一的属性。根据党章等党内法规，所有党组织、党员均享有监督的权利，也承担监督的义务，其中即包含对党规制定和实施情况的监督。

（三）作为权利的党规监督

其他政党及其成员、非党组织和群众所实施的党规监督行为仅具有权利属性。1945 年，毛泽东在回答民主人士黄炎培关于中国共产党如何跳出历史周期律的疑问时提出，“只有让人民来监督政府，政府才不敢松懈”，才能跳出“其兴也勃焉，其亡也忽焉”历史周期律。此论断同样适用于党的执政，同样适用于党规监督。党外监督是党规监督的重要组成部分，赋予非党组织和群众以党规监督的权利必将有力提升党规监督的成效及水平。

二、党规监督的功能

(一)党规监督系党内法治实现的重要保障

党内法治是党规建设的根本目标,党规建设系党内法治的基础。党内法治的实现,首先有赖于合法性、合理性兼具的党规制度不断完善。然而,“徒法不足以自行”,党内法治的目标能否达成,还受制于党规效力的实现程度。亦即,党规的有效实施系党内法治由静态的党规制度体系走向动态的党内法治体系的关键所在。党规要得到有效实施,一方面取决于党规自身的合法性——党规能否为党组织、党员所认同和自愿遵从;另一方面则取决于党规监督制度是否完备,党规监督体制机制是否健全。因此,党规监督的成效,直接关系着党规制定和实施的水平,进而影响党内法治的实现程度。

(二)党规监督有助于增强党规权威

党规权威主要源自两个方面:一是党规自身的合法性,二是党规的实际效力。首先,党规监督通过提升党规建设水平以增进党规权威。党规以党规实践为基础,而现实情势却不断变化,因此难以摆脱滞后性的缺陷;党规以制定者的有限理性为基础,而制定者的智识有限性决定了党规不可能完备无缺,甚至与国法、其他党规、客观规律和实际相冲突;党规需要应对未来可能出现的问题并作出制度设计,而此种制度设计可能与党规的运作实践相脱节;党规系一种政治和制度选择,此种选择无法尽善尽美,往往是一种次优选择。由此,加强党规监督,以党规的实施情况为基础,即可以及时、有效地发现党规自身的缺陷与不足,为党规的评估反馈、党规解释、党规修改甚至党规废止等提供重要参考,并有效提升党规的适用性和生命力。其次,党规监督通过推进党规的有效实施以增进党规权威。党规监督缺位、不足则会间接损害党规的权威性。法律的生命在于执行,党规的权威也在执行中生成和增进,党规监督有助于党规获得有效遵守和执行,提高党组织、党员对党规的认同度,并由此增进其权威。党规只有得到严密监督、严格执行,方可实现有规必依、执规必严、违规必究，发挥其刚性约束的功能，产生预期影响力。[①] 与党规相悖的党内潜规则是消解党规权威的重要渊源。在党内生活中，党规与党内潜规则处于竞争关系。党规得到有效遵从，党内潜规则的生存空间就受到压缩甚至就此遁形；党规无法得到有效实施，必然为党内潜规则提供生存与发展的空间，甚至造成“劣币驱逐良币”的效果[②]，并严重影响党规的权威。

（三）党规监督有助于提升党的执政合法性

党规监督是增进党的执政合法性的重要途径。党的执政合法性受多种因素的影响，最为关键的在于党能否依法执政、科学执政、民主执政。进言之，党的执政合法性取决于党能否成为全面推进依法治国、建设社会主义民主政治的表率，党的路线方针政策、执政方略能否赢得党员干部、人民群众的认同和支持，党能否通过合法的程序将党内精英发展成为为人民所认同和支持的领导干部等。党规是党依法执政、科学执政、民主执政的重要依据，是确保党的路线方针政策得到落实的制度载体，是从严监督管理党的组织和党员的重要遵循。党规监督到位，党规建设水平得到提升，党规得到有效遵守和执行，党规的上述功能和价值即可以得到充分发挥，党的执政合法性水平也将相应提升。

第四节 党规监督的基本原则

强化党规监督，既需要完善相关制度规范，明确党规监督的主体、范围和方式，也需要确立党规监督应当遵循的基本原则，确保党规监督契合监督目的，发挥应有效用。党规监督应当坚持民主原则，切实保障各方主体的监督权利，发挥党内民主对党规监督的支撑作用。党规监督应

① 参见宋功德：《党规之治》，法律出版社 2015 年版，第 115 页。

② 参见宋功德：《党规之治》，法律出版社 2015 年版，第 6 页。

坚持平等原则，党员均享有监督权利，所有党组织、党员尤其是党员领导干部均为党规监督的对象。党规监督应坚持公开原则，公开党组织和党员相关信息、党规具体规定以及执纪问责情况系党规监督的基础。党规监督应坚持依法依规原则，确保监督权由党章党规设定，监督程序和方式合乎党规，监督活动不违背宪法法律。

一、民主原则

党规监督以党内民主为基础，也会对党内民主产生影响。党规均须通过党员和党组织的行为加以实现。党内民主充分，党员可以通过制度化途径对党员领导干部提出意见建议，对党组织及其负责人遵守和执行党规情况进行监督；领导班子成员可以对领导班子主要负责人违反党规的行为提出批评；下级党组织可以有效监督上级党组织，党规监督的目标也更容易得到实现。反之，党内民主不足，党员、党组织不能、不敢或怠于行使监督权，党规监督的目标也就难以达成。党内民主主要表现为党员所享有的表达权、选举权、监督权和申诉权。所有党员在党内均拥有表达自己意见建议的制度化渠道，享有选举权和被选举权，可以行使监督权，在受到不利处分时也享有申诉的权利。推进党内民主与党规监督的协同发展，需要坚持自上而下与自下而上两种制度改革进路的统一。一方面，要发挥上级党组织、党的高级领导干部尤其是党的中央委员会、中央政治局、中央政治局常务委员会的表率作用，通过推进党的中央委员会等上级党组织的党内民主来带动党内民主的发展①；另一方面，要鼓励基层党组织积极稳妥地推进党内民主，强化普通党员的党员意识，保障、落实普通党员的党内权利，在党内凝聚推进党内民主、强化党规监督的共识。通过上述两种路径的有机结合，党内民主的制度化水平必将得到有效提升，党规监督的实效性也将得到有力保障。

---

① 譬如，有学者即提出，中国的民主应当走由党内到党外、由高层到基层、由精英到大众、由体制内到体制外的发展道路，而民主化的关键和起点在中央。［参见胡伟：《党内民主与政治发展：开发中国民主化的体制内资源》，《复旦学报》（社会科学版）1999 年第 1 期］

二、平等原则

党规监督坚持平等原则，表现为如下方面：首先，所有党组织、党员既享有平等的监督权利，也同属被监督的对象。普通党员和党员领导干部享有平等的监督权利，党员领导干部等党员中的“关键少数”则是党规监督的重点。根据党章，党员对党的任何组织和任何党员享有批评的权利，对任何组织和任何党员的违法乱纪行为有揭发、检举的权利，对违法乱纪的党员有要求给予处分的权利，对不称职的干部有要求罢免和撤换的权利，对党的决议和政策有提出自己的意见的权利，同时享有向党的上级组织直至中央提出请求、申诉和控告的权利。作为被监督者，在党组织给予党纪处分或作出鉴定时，党员拥有参加和申辩的权利。其次，所有党组织、党员在党规面前一律平等，均受到党规的同等拘束。《中国共产党纪律处分条例》规定：“党内不允许有任何不受纪律约束的党组织和党员。”

三、公开原则

公开是党规监督的前提和保障。党规监督的成效和水平与公开原则能否得到有效落实密切相关。首先，党组织活动和党员信息的公开是党规监督推进的前提与基础。对各级党组织、党员遵守和执行党规行为的监督需要以全面掌握其信息作为基础。党组织活动和党员的信息越完整、越客观，党规监督的效果越好。譬如，党员领导干部如果均能如实申报个人事项，党组织即可以根据其个人事项发现违法违纪的线索，对党员领导干部及时进行监督。同时，如果可以将党员领导干部的个人事项在本单位或者更大范围内公开，对党员领导干部的监督必然会进一步加强。其次，公开党组织、党员执纪问责情况可以有效发挥党规监督的预防、警示功能。党内执纪问责的作用一方面体现为对违法违纪党组织、党员的处罚、纠正，另一方面则表现为对其他党组织、党员的教育、警示。要充分发挥其教育、警示功能，即需要在一定范围内公开执纪问责的有关情况。譬如，中央对违反“八项规定”的党组织、党员给予点名道姓通报的做法即对各级党组织、所有党员发挥了良好的教育、警示作用。

再次，公开的党规是各级党组织、党员的行为遵循。党规作为党规监督的依据应当予以公开。各级党组织、党员通过学习党规，可以明确何为可为、不可为，何为当为、不当为，进一步明确自己的行为边界，进而有效推进党规监督。

四、依章依规原则

党规监督应依章依规进行。首先，党规监督的依据是党章。党规监督应当由党章加以规定，党章系党规监督的根本遵循。其次，党规监督的权力应由党规所设定。党规监督关涉党员的权利义务，涉及对党组织的责任追究，应由党规加以设定。同时，党规对党规监督权力的设定也应当与国家法律法规相协调，不应互相冲突。最后，党规监督的程序应合乎党规。对党员和党组织的监督应当遵照党规所设定的程序进行。

■ 第五节 党规监督的类型与方式

实现党规监督类型化有助于厘清党规监督的内在逻辑。根据党规监督主体发挥作用的方式、党规监督主体与监督对象的关系、党规监督主体的类型与性质、党规监督的内容、党规监督的运行方式等标准，可以对党规监督作出不同分类。党规监督的内容不同，党规监督的方式也存在一定差异。党规监督既包括对党规制定情况的监督，也包括对党规实施情况的监督。与之对应，党规监督的方式也分为对党规制定的监督方式和对党规实施的监督方式，前者主要包括合章性审查和备案审查，后者涉及督查、巡视巡察、检举控告和申诉等。

一、党规监督的类型

（一）全面监督、专责监督、职能监督、日常监督和民主监督

根据监督主体所发挥的作用，可以将党规监督分为全面监督、专责

监督、职能监督、日常监督和民主监督。《中国共产党党内监督条例》规定,党内监督体系包括党委(党组)的全面监督、纪律检查机关的专责监督、党的工作部门的职能监督、党的基层组织的日常监督和党员的民主监督。在党内,党规监督是党内监督的重要内容,党内监督体系是党规监督的重要依托。具体到党规监督而言,党委、党组在各自职责范围内对党规的制定、实施承担全面监督职责,纪律检查机关对党规的制定、实施承担专责监督职责,党的工作部门在各自职责范围内对相关党规的制定、实施承担职能监督职责,党的基层组织对党规的制定、实施承担日常监督职责,党员既有权利也有义务对党规的制定、实施开展民主监督,其他政党及成员、非党组织和群众对党规制定、实施享有民主监督的权利。

(二)组织监督、同级监督和民主监督

根据党内党规监督主体与监督对象的关系,可以将党规监督分为组织监督、同级监督和民主监督。组织监督是指上级党组织对下级党组织制定、实施党规情况,党组织对党员遵守党规情况所开展的监督。同级监督是指同级党组织之间就党规制定、实施情况所开展的监督。民主监督包括下级党组织对上级党组织制定、实施党规情况,党员对党组织制定、实施党规情况,党员对党员领导干部遵守党规情况所进行的监督。

(三)一般监督与专门监督

根据党规监督主体的类型,可以将其分为一般监督和专门监督。一般监督是指不具有党规所赋予监督职责的监督主体对党规制定和实施情况的监督,专门监督是指根据党规承担党规监督职责的党的组织就党规制定和实施情况开展的监督。党员、其他政党及其成员、非党组织和群众所实施的党规监督属于一般监督,党规工作机构、党的纪律检查机关等负有专门党规监督职责的党的组织所实施的监督则属于专门监督。

(四)个体监督与组织机构监督

根据党规监督主体的性质,可以将党规监督区分为个体监督和组织机构监督。个体监督包括党员、其他政党成员和群众实施的党规监督,组织机构监督包括党的组织机构、工作部门以及其他政党、非党组织所实施的党规监督。根据党规监督主体的关系,党规监督又可以区分为四

种类型:一是党员间的监督,具体包括普通党员对普通党员的监督、普通党员对领导干部的监督、领导干部对普通党员的监督、领导干部对领导干部的监督;党员以及领导干部的自我监督。二是党员与党的组织机构间的监督,具体包括党员、党员领导干部对党的组织机构的监督,党的组织机构对党员、党员领导干部的监督。三是党的组织机构间的监督,具体又包括上级党组织对下级党组织的监督、下级党组织对上级党组织的监督、同级党组织间的监督。四是其他政党及其成员、非党组织和群众对党员、党的组织的监督。在具体的党规监督实践中,个体监督与组织机构监督所承担的责任也有所不同。个体监督一般以对党员、党的组织机构的行为监督为出发点和中心;党的组织监督则不仅包括监督上述监督对象的行为,还承担着全面监督党规遵守、执行情况的法定职责。譬如,党的巡视组对《关于新形势下党内政治生活的若干准则》《中国共产党党内监督条例》以及中央“八项规定”遵守、执行情况的监督即属于党规专项监督的重要组成部分;党员、群众则可以就监督对象违反党规的具体问题向巡视组反映,此种监督以监督监督对象为目的,客观上构成了党规监督的重要组成部分。

(五)全面监督与专项监督

根据党规监督的内容,可以将党规监督区分为全面监督和专项监督。全面监督不仅包括党规监督的内容,还包括非党规监督的事项;专项监督则专门围绕党规监督展开。某一党规出台后,对该党规的遵守和执行情况所开展的监督即属于专项监督。2003 年,中共中央印发《中国共产党党内监督条例(试行)》,同时发布通知,要求党的各级组织对《条例》执行情况进行督促检查,及时纠正违反《条例》的行为,此种监督行为即属于对某一党规的专项监督。

(六)回应型监督、执行型监督和附带型监督

根据党规监督的运行方式,可以将其分为回应型监督、执行型监督和附带型监督。回应型监督是指为解决党规制定和实施中存在的具体问题所开展的监督。譬如,为解决党支部“宽软散”问题,就规范党支部行为的党规实施情况所开展的党规监督即属于回应型监督。执行型监

督是指为推进党规有效实施所开展的监督。譬如,为推动《中国共产党党内监督条例》有效实施而开展的党规监督即属于执行型监督。回应型监督与执行型监督的区别在于,监督的动机和出发点有所不同。回应型监督坚持问题导向,以问题推动监督;执行型监督以推进党规实施为目标,同时也致力于通过监督发现党规实施以及党规自身存在的问题。附带型监督是指在对党组织、党员监督的过程中,附带性地开展了党规监督。对党组织、党员进行监督,对党组织、党员违法违纪行为的举报,须以宪法法律、党规作为依据。此时,监督者的目的在于监督具体监督对象的违法违规行为,而非监督其党规实施情况。然而,从结果来看,此种监督也附带性地实现了党规监督的目的。因此,附带型监督也是党规监督的重要类型。

二、党规监督的方式

(一)对党规制定的监督方式

从广义上讲,党规解释、党规评估和党规清理在提升党规自身合法性的同时,也在一定程度上完成了对党规制定情况进行监督的任务。然而,一般讲来,党规解释、党规评估和党规清理属于党规制定的范畴。因此,本书也不将其作为对党规制定的监督方式,而在党规制定部分加以阐述。基于以上考量,本书所讲的对党规制定的监督方式主要包括合章性审查和备案审查。

1. 合章性审查

合章性审查是指对党章外党规是否合乎党章内容、党章精神、党章原则和党章理念等所进行的审查,是对党规制定情况施以监督的重要方式。合章性审查一般产生于党规制定和实施过程中。对应当报经合章性审查机构批准方可公布实施的党规,合章性审查机构应对拟出台党规的合章性情况进行审查。党规实施主体在实施党规的过程中,或者党规规范对象在受到党规规束时,如果认为党规违反党章,亦可以依照规定程序对党规提请合章性审查。对党规进行合章性审查,可以推动党章实施,有效维护党章权威。建立健全合章性审查机制,需要确定合章性审查机构，规定合章性审查程序，明确提起合章性审查的适格主体以及违反党章所应承担的责任。一般讲来，合章性审查会产生两种结果：一是确认党规合乎党章；二是确认党规违反党章。在党规尚未出台时，合章性审查机构如果认为拟出台的党规违反党章，则不予批准，应要求有关机构进行修改并重新报批。在党规实施阶段，在确认党规违反党章的情况下，合章性审查机构应要求党规制定机构通过修改、废止等方式自行纠正；如果党规制定机构拒不纠正，合章性审查机构应撤销与党章相违背的党规。

2.备案审查

备案审查是对党规制定情况进行监督的重要方式。对党规进行备案审查有助于维护党规制度体系的统一性和权威性。党规备案审查包括两个层面：一是党内法规的备案审查；二是党内法规之外的党内规范性文件的备案审查。根据《中国共产党党内法规制定条例》，“中央纪律检查委员会、中央各部门和省、自治区、直辖市党委制定的党内法规应当自发布之日起30日内报送中央备案”，中央办公厅具体负责党内法规的备案审查工作。根据《中国共产党党内法规和规范性文件备案规定》，党规备案审查主要包括如下内容：一是审查党内法规是否同党章和党的理论、路线、方针、政策相抵触；二是审查党内法规是否同宪法、法律相一致；三是审查非中央党内法规是否同中央党内法规相抵触；四是审查党内法规与同效力等级的党内法规是否相冲突。在党内，对党内法规的审查以党规效力等级体系为基础。在党内法规制度体系中，党章具有最高效力，中央党内法规的效力高于中央纪律检查委员会、中央各部门所制定的党内法规的效力，中央纪律检查委员会、中央各部门所制定的党内法规的效力又优于省、自治区、直辖市党委所制定的党内法规的效力。党内法规的效力又整体优于党内法规外的其他规范性文件。因此，在党规备案审查中，应坚持如下基本原则：其一，下位阶党规不得与上位阶党规相抵触；其二，同位阶党规间应协调一致，新制定的党规一般应不与已有党规相冲突。除遵循一般效力等级原则外，党规备案审查还应坚持形式审查与实质审查相统一原则。党规备案审查既涉及党规的形式规范性、制定程序、制定权限，也涉及党规具体内容的合法性、合理性。在党规间发生冲突的情况下，除遵循一般效力等级原则外，还应客观分析具体党规规定，考察何种规定更合乎规律、契合实际。上位阶党规或已有党规确实存在合法性、合理性瑕疵时，党规备案审查机构可以通过规定程序建议有关机构予以修改。

（二）对党规实施的监督方式

1. 督查

在党内，行使党规监督权力的党规监督机构应对党规实施情况进行督促检查或监督检查。督查是党规监督的主要方式，很多党内法规自制定之初即明确了督查主体，分配了督查责任。《关于党内政治生活的若干准则》规定："各级党委和党的纪律检查委员会要定期检查本准则的执行情况，由纪律检查委员会向党的代表大会或党的委员会提出报告。"①《关于新形势下党内政治生活的若干准则》规定："党的各级组织要强化对党内政治生活准则落实情况的监督检查。"②根据《中共中央关于印发〈中国共产党纪律处分条例〉的通知》，"各级党委（党组）和纪委（纪检组）要适时对《条例》实施情况进行专项检查，确保各项规定落到实处"③。在干部选拔等重要领域，党的有关机构还出台了专门的督查党规，如《党政领导干部选拔任用工作监督检查办法（试行）》《中管企事业单位选人用人工作监督检查办法（试行）》等。在全面从严治党的条件下，党的纪律检查机关也更加重视"对制度执行情况的监督检查，对打折扣搞变通、执

---

① 《关于党内政治生活的若干准则》，《中国共产党纪律审查工作现行法规规范性文件汇编》编写组编：《中国共产党纪律审查工作现行法规规范性文件汇编》，法律出版社2017年版，第42页。

② 《关于新形势下党内政治生活的若干准则》，《中国共产党纪律审查工作现行法规规范性文件汇编》编写组编：《中国共产党纪律审查工作现行法规规范性文件汇编》，法律出版社2017年版，第61页。

③ 《中共中央关于印发〈中国共产党纪律处分条例〉的通知》，中共中央文献研究室编：《十八大以来重要文献选编》（中），中央文献出版社2016年版，第728页。

行不力的严肃查处和问责”①。2017 年，中共中央印发《关于加强新形势下党的督促检查工作的意见》，系统规定了党的督促检查工作的指导思想、主要任务、工作原则、工作制度、效能建设与组织领导等内容，该规范性文件的出台，也将对完善党规监督检查机制起到重要推动作用。建立健全党规督查机制，主要应包括如下内容：第一，明确党规督查的主体，如党委（党组）、纪委（纪检组）或党规法制工作机构等；第二，科学界定党规督查机构的权责，明确党规督查机构拥有何种督查权限、应承担何种督查责任；第三，要规范党规督查程序，保证督查的独立性和权威性；第四，要坚持依职权督查与依申请督查相结合，赋予非党规督查机构和个人申请督查的权利，克服对自上而下推进党规督查的路径依赖；第五，要坚持定期督查与专项督查相结合，既实现党规督查常态化，又要围绕重点党规、重点问题不定期开展专项督查；第六，要完善督查结果反馈和应用机制，将党规督查结果及时反馈督查对象，在一定范围内公开，并将党规督查结果运用到党组织和党员干部考核考察中，不断提升督查实效。

2. 巡视巡察

巡视巡察是党内监督的重要制度安排，也是党规监督的重要方式。各级党组织、党员领导干部遵守和实施党章等党规情况系巡视巡察的重要内容。《中国共产党巡视工作条例》规定，巡视组应对巡视对象执行党章和其他党内法规等情况进行监督。巡视巡察组通过听取汇报、个别谈话、受理来信来电来访、抽查核实领导干部报告个人有关事项、询问知情人、调阅复制资料、召开座谈会、列席会议、进行民主测评与问卷调查、开展专项检查等方式实施党规监督。在巡视巡察工作中，巡视巡察组可以更全面掌握党规实施的情况，由此推进党规监督。

3. 检举控告

党规监督主体可以通过检举控告的方式对党组织、党员实施党规的情况进行监督。《中国共产党党员权利保障条例》第 9 条规定：“党员有权

---

① 《十八届中央纪律检查委员会向中国共产党第十九次全国代表大会的工作报告》，《中国共产党第十九次全国代表大会文件汇编》，人民出版社 2017 年版，第 130 页。

向党组织负责地揭发、检举党的任何组织和任何党员的违法违纪事实，有权向所在党组织或者上级党组织提出处分有违法违纪行为党员的要求。”根据1993年出台的《中国共产党纪律检查机关控告申诉工作条例》，党的纪律检查机关负责受理“对党员、党组织的检举、控告”①，对检举控告的主体并未作出限制。1996年实施的《关于保护检举、控告人的规定》进一步明确，任何单位和个人均有权向纪律检查机关检举和控告党组织和党员违纪违法的行为。② 关于检举控告的内容，《中国共产党纪律检查机关控告申诉工作条例》明确规定，纪律检查机关受理检举控告的范围包括“党员、党组织违反党章和其他党内法规”的情况。③ 因此，其他政党及其成员、非党组织和群众也可以就党的组织、党员违反党规的行为向党的纪律检查机关等进行检举控告。

4.申诉

党组织、党员对党组织实施党规的行为不服的，可以向党的有关机构提出申诉，此申诉属于党规监督的重要方式。《中国共产党纪律检查机关控告申诉工作条例》规定，纪律检查机关受理申诉的范围包括“党员、党组织违反党章和其他党内法规”的情况；“党员、党组织对所受党纪处分或纪律检查机关所作的其他处理不服的”，可以提出申诉。党的有关机构对党员、党组织所作的党纪处分以及其他处理均应依据党规进行。因此，党员、党组织的申诉也是对党规实施机构实施党规行为的一种监督。

---

① 《中国共产党纪律检查机关控告申诉工作条例》第1条，《中国共产党纪律审查工作现行法规规范性文件汇编》编写组编：《中国共产党纪律审查工作现行法规规范性文件汇编》，法律出版社2017年版，第579页。

② 参见《关于保护检举、控告人的规定》第2条，《中国共产党纪律审查工作现行法规规范性文件汇编》编写组编：《中国共产党纪律审查工作现行法规规范性文件汇编》，法律出版社2017年版，第587页。

③ 参见《中国共产党纪律检查机关控告申诉工作条例》第3条，《中国共产党纪律审查工作现行法规规范性文件汇编》编写组编：《中国共产党纪律审查工作现行法规规范性文件汇编》，法律出版社2017年版，第579页。

■ 第六节 党规监督的相关制度

党规监督能否达成预设效力，还取决于相关配套制度是否完善、能否为党规监督提供必要支持等。党规监督的发展、完善需要以巡视巡察制度、组织生活制度、党内谈话和函询制度、党内询问和质询制度、党内信访制度、干部考察考核制度、党员领导干部述职述廉制度、党内重要情况通报和报告制度、党员领导干部插手干预重大事项记录制度和舆论监督制度等作为支撑。上述制度并非专为党规监督而设，但均包含或应增加党规监督的内容，对党规监督可以发挥支撑作用。

一、巡视巡察制度

巡视巡察既是党规监督的重要方式，又是党内监督的重要制度。一方面，监督党章等党规实施情况系巡视巡察的重要内容，推进党章等党规的有效实施系巡视巡察制度的重要目标；另一方面，巡视巡察的范围又不限于监督党规实施情况，还包括其他内容。巡视巡察制度在推进党规监督方面具有如下制度优势：巡视巡察的范围具有全面性，能够覆盖所有党组织及其党员领导干部，对党组织和党员执行和遵守党规情况能够给予全面、有效的监督。《中国共产党巡视工作条例》规定："党的中央和省、自治区、直辖市委员会实行巡视制度，建立专职巡视机构，在一届任期内对所管理的地方、部门、企事业单位党组织全面巡视。中央有关部委、中央国家机关部门党组（党委）可以实行巡视制度，设立巡视机构，对所管理的党组织进行巡视监督。党的市（地、州、盟）和县（市、区、旗）委员会建立巡察制度，设立巡察机构，对所管理的党组织进行巡察监督。"由此看来，完善巡视巡察制度对推进党规监督具有重要意义。在党内巡视巡察制度的架构中，还可以建立健全党代表巡视制度，发挥党代表在党规监督中的积极作用。党代表制度是党的组织制度的重要组成部分，党代表应当成为党规监督的重要力量。根据党章，党的各级代表大会代表实行任期制，但目前并未规定党代表的具体权利义务。在党规监督中，党代表可以发挥重要作用。譬如，建立健全党代表巡视制度，由党代表监督党组织、党员的党规遵守和执行情况，既可以实化党代表制度，又能为党规监督提供有力支持。

二、党内组织生活制度

健全党内组织生活制度系规范党内政治生活、强化党内监督的需要。党内组织生活制度主要是指要实现组织生活会和民主生活会经常化、实效化。2012 年，习近平总书记指出："要把检查学习和遵守党章情况作为组织生活会、民主生活会的重要内容。"①根据《县以上党和国家机关党员领导干部民主生活会若干规定》，党组织、党员领导干部应就遵守党章，贯彻党的理论、路线、方针、政策和决议，执行党的政治纪律和政治规矩等内容进行对照检查，开展批评和自我批评。在组织生活会上，所有党员均应汇报学习和遵守党章等党规情况。在依规治党深入推进的背景下，党的政治纪律和政治规矩等内容逐渐载入党规，党组织和党员汇报遵守和执行党规情况也应当成为党内组织生活的重要内容。因此，规范党内组织生活，也将对党规监督起到积极的促进作用。

三、党内谈话和函询制度

党规系党内谈话和函询制度的重要依据，党内谈话和函询制度可以为党规监督提供制度支撑。党内谈话主要包括例行谈话、任职谈话、提醒谈话和诫勉谈话。例行谈话是指上一级党委、纪委领导班子成员和党委组织部门负责人应定期与下级党政领导班子负责人以及班子成员进行谈话，谈话对象应如实汇报并反映有关情况和问题。任职谈话是指党委（党组）或组织（人事）部门负责人根据干部管理权限与新任干部进行的谈话。提醒谈话是指党委（党组）、纪委和党委组织部门等因发现党员领导干部有思想、作风、纪律等方面苗头性、倾向性问题而进行的谈话。

---

① 习近平：《认真学习党章，严格遵守党章》，《人民日报》2012 年 11 月 20 日。

诫勉谈话是指党委(党组)、纪委和党委组织部门等因发现党员领导干部存在轻微违纪问题而进行的谈话,谈话对象应作出说明或者检讨。诫勉谈话制度是对党员领导干部这一“关键少数”进行监督的有效方式。为提升诫勉谈话制度的实效性,地方性党内法规一般规定了诫勉谈话的适用范围。① 党内函询制度是指党的纪律检查机关和组织(人事)部门对可能在政治思想、道德品质、廉政勤政、选人用人等方面存在问题的党员领导干部,以书面形式要求其说明有关情况的制度。党员领导干部在接到函询后应及时、据实予以回复。党内谈话和函询制度重在监督党员领导干部的行为,党员领导干部遵守和执行党规的有关情况亦应属该项制度的应有之义。为强化党内谈话和函询制度的党规监督功能,应明确将遵守和执行党规情况确立为其重要内容。

四、党内询问和质询制度

党内询问和质询制度是指党的委员会委员、纪律检查委员会委员,认为所在委员会全体会议决议、决定在执行中存在问题时,可以依照规定程序进行询问和质询的制度。党内询问和咨询须根据党规开展。党内询问和质询主体如果认为相关决议、决定违反了党规,也可以提出询问和质询。党的委员会委员的询问、质询对象包括所在党委的常务委员会、同级纪委,所在党委的工作部门、直属机构、派出机关、派出的巡视机

① 譬如,《黑龙江省党内监督十项制度实施办法(试行)》规定,领导干部有以下情形之一的,应当对其进行诫勉谈话:(1)不能严格遵守党的政治纪律,贯彻落实党的路线、方针、政策和上级党组织决议、决定以及工作部署不力的;(2)不认真执行民主集中制原则,作风专断,或在领导班子中闹无原则纠纷,影响团结和正常工作的;(3)作风不实,弄虚作假,搞脱离实际的“形象工程”,缺乏事业心和责任感,不认真履行职责,给工作造成一定损失的;(4)不严格执行《党政领导干部选拔任用工作条例》,选人用人方面失察失误、存在问题或群众意见较大的;(5)廉洁自律、道德品质等方面的问题反映较多,或不按有关规定严格要求其配偶、子女和身边工作人员的;(6)有不依法执行公务或妨碍他人依法执行公务行为的;(7)在不执行有关事项报告制度或故意隐瞒应当报告事项的;(8)在经济责任审计中发现应当注意或者纠正的问题的;(9)在年度考核或届中、届末考察中,民主测评不称职票超过20%的;(10)群众信访问题居高不下,工作被动的;(11)其他需要诫勉谈话的。

构和所在党委批准成立的党组(党委)。党的纪律检查委员会委员的询问、质询对象是所在纪委的常务委员会和所在常务委员会的派出机关、派驻机构。询问对象应在接到询问后以书面形式加以说明,存在具体问题的应进行整改。质询制度以询问制度为基础,是询问制度的延伸。质询制度是指,询问人对询问对象所作说明不满意,或者询问对象未在规定期限内作出说明的,询问人可自收到说明之日起或说明期满之日起对询问对象提出质询。质询对象应对质询予以书面解释、答复。质询人如对质询对象所作书面解释、答复仍不满意,或者质询对象未在规定期限内作出书面解释或者答复,质询人可将上述情况向党委常委会、纪委常委会提出,也可以向上一级党委、纪委反映。对质询人提出或者反映的问题,党委常委会、纪委常委会或者上一级党委、纪委应当及时研究处理,限期整改问题;必要时可以成立调查组,核实有关问题,并将处理结果通过适当方式在一定范围内通报,接受党内外监督;对相关责任人员,则可以根据情节轻重分别给予批评教育、通报批评、组织处理或者纪律处分等处理。为保障询问、质询制度的顺利执行,应要求质询对象将接受询问、质询情况列入年度工作报告。

五、党内信访制度

信访制度是具有中国特色、契合中国实际的监督制度和问题解决机制。根据国务院《信访条例》,信访是指“公民、法人或者其他组织采用书信、电子邮件、传真、电话、走访等形式,向各级人民政府、县级以上人民政府工作部门反映情况,提出建议、意见或者投诉请求,依法由有关行政机关处理的活动”。党内信访与政府信访具有高度的同质性,党内信访的形式也是通过书信、电子邮件、传真、电话、走访等提出建议、意见或投诉请求。党内信访的对象是各级党组织和所有党员,党内信访的依据是党章党规和国家法律法规。党内信访在一定意义上履行着党规监督职能。党内信访的内容包括党规制定和实施情况,各方主体可以对党规制定的权限、程序和内容提出意见、建议,也可以就党组织、党员遵守和执行党规的情况进行监督。

六、干部考察考核制度

完善干部考察考核制度是建设一支符合党的要求、能够服务人民群众根本利益的高素质干部队伍，形成能上能下的选人用人机制的根本要求。在党规体系日益健全的背景下，将执行和遵守党规情况确立为干部考察考核的重要内容，既有助于提升党规监督实效，也有助于提升干部选拔成效。考察考核干部的主要标准是干部的德、能、勤、绩、廉表现，应当坚持既重政绩又重政德的原则，重点考察干部贯彻执行党中央和上级党组织决策部署的表现，履行管党治党责任情况，在重大原则问题上的立场，对待人民群众的态度以及完成急难险重任务的情况。在《关于实行党政领导干部问责的暂行规定》和《推进领导干部能上能下若干规定（试行）》中，即明确规定了对干部予以问责和调整的具体范围。[①] 现行的

---

① 根据《关于实行党政领导干部问责的暂行规定》和《推进领导干部能上能下若干规定（试行）》，对存在如下情形的干部应当实行问责：(1)落实从严治党责任不力，贯彻党风廉政建设责任制不到位，本地区本部门本单位或者分管领域在较短时间内连续出现违纪违法问题的；(2)法治观念淡薄，不依法办事，不按法定程序决策，或者依法应当及时作出决策久拖不决，造成不良影响和后果的；(3)抓作风建设不力，本地区本部门本单位或者分管领域形式主义、官僚主义、享乐主义和奢靡之风比较突出的；(4)在干部选拔任用工作中任人唯亲、营私舞弊，本地区本部门本单位或者分管领域用人上不正之风比较突出的；(5)对配偶、子女及其配偶和身边工作人员教育管理不力、约束不力，甚至默许其利用自身职权或者职务上的影响谋取不正当利益的。党员干部存在不适宜担任现职的下列情形，经组织提醒、教育或者函询、诫勉仍未改正或者被认定为不适宜担任现职的，应当予以调整：(1)不严格遵守党的政治纪律和政治规矩，不坚决执行党的基本路线和各项方针政策，不能在思想上、政治上、行动上同党中央保持高度一致的；(2)理想信念动摇，在重大原则问题上立场不坚定，关键时刻经不住考验的；(3)违背党的民主集中制原则，独断专行或者软弱涣散，拒不执行或者擅自改变党组织作出的决定，在领导班子中闹无原则纠纷的；(4)组织观念淡薄，不执行重要情况请示报告制度，或者个人有关事项不如实填报甚至隐瞒不报的；(5)违背中央“八项规定”精神，不严格遵守廉洁从政有关规定的；(6)不敢担当、不负责任，为官不为、庸懒散拖，干部群众意见较大的；(7)不能有效履行职责、按要求完成工作任务，单位工作或者分管工作处于落后状态，或者出现较大失误的；(8)品行不端，违背社会公德、职业道德、家庭伦理道德，造成不良影响的；(9)配偶已移居国（境）外，或者没有配偶但子女均已移居国（境）外，不适宜担任其所任职务的；(10)其他不适宜担任现职的情形。

《党政领导干部选拔任用工作条例》并未明确规定党员领导干部在遵守、执行党规方面的有关要求，未来应将遵守、执行党规情况作为党员干部提拔任用的重要标准，借此构建起干部考察考核制度与党规监督的内在关联，通过规范干部选拔任用、考察考核推动党员干部遵守和执行党规。

七、党员领导干部述职述廉制度

党员领导干部述职述廉制度是指党的各级领导干部应定期述职述廉，自觉接受党组织和党员、群众的监督。目前，述职述廉的主要内容是党员领导干部的理论学习情况、履行岗位职责情况、执行政治纪律和政治规矩情况、履行管党治党责任情况、推进党风廉政建设和反腐败工作情况以及执行廉洁纪律情况。党员领导干部的述职述廉报告，将被载入其工作档案和廉洁档案，并在一定范围内公开，也是党员领导干部业绩评定、奖励惩处、选拔任用的重要依据。要推进依规治党，即应将党员领导干部遵守和执行党规情况纳入其述职述廉范围。如此，该项制度也将成为党规监督的重要制度载体。

八、党内重要情况通报和报告制度

党内重要情况通报和报告制度主要包括如下内容：第一，党委、党的纪律检查委员会等党组织应在一定范围内通报党内重要决议、决定、决策、会议及其他重要情况；第二，下级党组织应向上级党组织报告重要情况和重大问题；第三，各级党员领导干部应向党组织报告个人有关事项。建立健全党内重要情况通报、报告和个人事项报告制度是党务公开的现实要求，而党务公开则是党规监督的前提和基础。党组织应定期、及时通报党内重要情况、重要信息，其中亦应包含党组织、党员遵守和执行党规的情况。这既有助于强化对党组织、党员的监督，也是保障党员知情权的必然要求，同时还可以有效凝聚党内共识，提升党内法规的执行力。下级党组织应定期向上级党组织报告党规实施等重要事项，使上级党组织及时掌握下级党组织遵守和执行党规的有关信息，也有利于上级党组织及时、有效地开展党规监督。党员领导干部应按照相关要求定期、主动报告个人有关事项，这有助于党组织等监督党员领导干部遵守和执行党规的有关情况。

九、党员领导干部插手干预重大事项记录制度

党规监督的重点之一即是党员领导干部行使权力的行为，而党员领导干部滥用权力的重要途径即是插手干预重大事项，甚至据此谋取不当利益。针对上述问题，《中国共产党党内监督条例》规定了党的领导干部插手干预重大事项记录制度，规定：有关部门和工作人员在发现领导干部利用职务便利违规干预干部选拔任用、工程建设、执纪执法、司法活动等问题时，应当及时向上级党组织报告。党员领导干部违规干预重大事项，会对有关部门、工作人员的工作构成不当影响，甚至严重损害公平、公正。党员领导干部如果违反党规干预重大事项，即应依据党规给予处分。因此，党员领导干部插手干预重大事项记录制度，有助于强化对党员领导干部遵守和执行党规情况的监督，可以有效提升党规监督水平。

十、舆论监督制度

舆论监督的内容非常广泛，对党规制定和实施情况加以监督亦是题中之义。在党规监督的语境中，舆论监督主要是指各级党委领导新闻媒体，通过内参报道、公开报道等方式，监督党组织和党员在制定、遵守和执行党规方面存在的问题，并对其予以揭露批评或提出意见建议的有关活动。完善舆论监督制度，重在革新党员的监督理念，形成自觉接受舆论监督、支持舆论监督的良好氛围。舆论监督应当坚持客观、真实、公正原则，并依法依规进行。

第九章
党内法治若干重大前沿问题

加快推进党内法治建设，必须全面认识党内法治与国家法治、政党法治与党内法治、党内法治与社会法治、依规治党与以德治党、党的改革与党内法治、一般法治与特色法治、依法执政与依法参政等若干重大关系。这些重大关系事关党内法治价值取向、建设方向、目标任务、实施路径、方式措施和全面推进依法治国的全局，构成了党内法治建设的一系列重大前沿问题。对上述重大问题和重大关系作出理论阐释和实践探索，直接关系着党内法治建设的进程和成效，也直接影响着全面推进依法治国的现实进展和未来前景。推进党内法治理论与实践创新，就是要深刻认识和阐述上述重大前沿问题的意义和内涵，在实践中探索、在重构中创新党内法治若干重大关系。面向党内法治重大前沿问题的理论和实践创新，加快推进党内法治建设，完善和发展党内法治重大关系，对于促进全面深化改革、全面依法治国、全面从严治党有机统一，迈向全面实现国家治理现代化和全面建成小康社会的近期目标，无疑具有特别重大的现实意义和深远的历史意义。

■ 第一节 党内法治与国家法治

党的十八届四中全会《决定》将完善的党内法规体系纳入中国特色社会主义法治体系，党的十九大报告确立依法治国与依规治党有机统一基本原则，进一步突出了党内法治与国家法治关系的重大现实意义。① 正确认识和处理党内法治与国家法治的关系，将两者既区分开来又结合起来，促进党内法治与国家法治相互之间的有效联动，是推进党内法治理论与实践创新的重大前沿课题之一。②

一、党内法治与国家法治高度关联并互动共进

“中国共产党对国家制度化发展所产生的决定性作用，是建立在中国共产党自身也追求制度化发展的这个基础上的。从中国共产党强调要以扩大党内民主带动人民民主，以增进党内和谐促进社会和谐的党建战略中可以看出，中国共产党是将自身的制度化与国家的制度化建设有机统一起来，形成相互带动、相互促进的关系。”③实践证明，没有党规党法，国法就很难有保证。而改革开放以来国家法治的发展，也在一定程

---

① 党的十八届四中全会提出“社会主义法治体系”这一概念，它不仅对应着法律体系，体现了由法律体系到法治体系的法治实践进度。它还是一个上位概念，“国家法治”“党内法治”“社会法治”成为它的下位概念。依法治国，从法律体系到法治体系，也意味着在全面推进依法治国进程中，党内法治建设上同样存在由党内法规体系走向党内法治体系的逻辑要求，这无疑是党内法治建设的重大理论和实践问题。

② 在法治中国建设视野中，党内民主与法治、国家（政权）民主与法治、社会（组织）民主与法治相互依存、相辅相成。在民主法治问题上，应当逐步分离、明晰和形成三元视角，审视全面依法治国的路径问题，加强在科学立法、严格执法、公正司法、全民守法之外的党内法治和社会法治建设，形成国家法治与党内法治、社会法治系统加强、协同并进、同步发展的局面。

③ 林尚立等：《政治建设与国家成长》，中国大百科全书出版社2008年版，第59页。

度上推动了党内法治的进步。从这样的意义上讲，党内法治与国家法治高度关联并互动共进。更进一步地讲，党内法治水平制约甚至决定着国家法治水平，党内法治构成国家法治的政治前提。

60 多年来的历史经验表明，中国共产党的民主法治观及其实践极大地影响着国家政治生活的民主化、制度化、规范化、法治化进程。尤其是自党的十一届三中全会以来，执政党自身民主建设对国家民主进程产生了深刻影响，而以党的章程为核心的党内法规建设和党内法治实践一直伴随着国家宪法和国家法治的进步。自 1982 年党的十二大通过党章和 1982 年宪法颁行以来，执政党的章程更加密切地联系着国家宪法的发展。十二大党章为 1982 年宪法确定了基调，关于“任何组织或者个人都不得有超越宪法和法律的特权”的规定，关于国家根本任务、国家根本制度和基本制度等，都在修宪前写进了党的十二大党章。1982 年宪法自公布施行以来历经四次修改，修正案均由中共中央向全国人大常委会提出建议，其中重大修改的内容都在修宪前写进了党的章程或党的纲领性文件，自党的十二大以来的历次党的全国代表大会修改党章引领和规范了 1982 年宪法的多次修改，这是党内法治联动国家法治的最高体现。实际上，包括社会民主在内，中国特色社会主义民主的三大领域具有高度的关联性，必然就有包括社会法治在内的中国特色社会主义三条法治战线的高度统一性。① 就党内民主法治与国家民主法治而言，以党内民主带动国家民主，以党内政治生活规范化联动国家政治生活制度化、规范化、程序化，这是长期以来形成的中国民主法治建设的基本经验。

---

① 贯彻实施“依法治国、依法执政、依法行政共同推进，法治国家、法治政府、法治社会一体建设”“依法治国、制度治党、依规治党统筹推进、一体建设”新理念新思想新战略，必然要求在法治中国视野中推进党内法治、国家法治、社会法治同步发展，这就需要中国法治建设三线展开，巩固第一条战线国家法治，深化第二条战线党内法治，拓展第三条战线社会法治。(参见肖金明:《法治中国建设从宪法起步》,《法学论坛》2016 年第 3 期)

二、党内法治与国家法治的关系首先表现在党规与国法的关系

从一定意义上讲,“党内法治”是从“党内法规”深化和延伸而来的概念。① 从实践的意义上讲,加强党内法治建设,必须以党内法规建设为基础,所以党内法治与国家法治的关系首先表现在党规与国法的关系上。党内法规与国家法律在方向目标上是一致的,但在适用对象、效力范围和实效对比等方面是有分别的。党内法规地位不能高过国家法律,但党规党纪在内容上严于国家法律。早在 2015 年 3 月和 5 月,时任中共中央纪委书记王岐山在河南和浙江调研时指出,必须把纪律挺在法律前面,明确纪律的内涵,真正使纪律成为管党治党的尺子、不可逾越的底线。“党纪”与“国法”不是一个概念,两者不能混同,党纪严于国法。党是政治组织,党规党纪是党员的底线;法律体现国家意志,是全体公民的底线。加强党内法治建设,应当充分认识党规国法的共性所存和差异所在,以分合、协统原则为指导,完善党内法规体系和国家法律体系及其相互关系,避免党内法规与国家法律不必要的交叉重叠,特别是要避免两者的矛盾和冲突,尤其是防止以党内法规替代国家法律。② 区分党规与国法,重视党规与国法的分工合作、协调配合,在党内法规严于国家法律的基础上,使党内法规先于国家法律,使党的纪律挺在国法之前,这无疑有利于党内法治与国家法治的协调统一。

---

① 参见肖金明:《关于党内法治概念的一般认识》,《山东社会科学》2016 年第 6 期。

② 2015 年 10 月 18 日,中共中央颁布实施新修订的《中国共产党廉洁自律准则》和《中国共产党纪律处分条例》。两大法规是在 1997 年《中国共产党党员领导干部廉洁从政若干准则(试行)》《中国共产党纪律处分条例(试行)》的基础上修订而成,修订的一项重要原则就是处理好党规和国法的关系。比如,试行的《廉洁从政准则》的许多条款与修订前的《纪律处分条例》、相关法律重复,《纪律处分条例》更是纪法不分,近半数条款与刑法等相关法律规定重复。将适用于全体公民的法律规范作为党组织和党员的纪律标准,降低了对党组织和党员的要求,也模糊了党规与国法的界限。修订后的《准则》紧扣“廉洁自律”,坚持正面倡导,面向全体党员,突出“关键少数”,强调自律,重在立德;修订后的《条例》坚持纪法分开、纪在法前、纪严于法,作为“负面清单”,强调他律,重在立规,实现了党规制定与国家立法的分殊。

三、借鉴国家法治经验推动党内法治建设

如前所述，党内法治、国家法治、社会法治是中国特色社会主义法治体系的三大组成部分，其中党内法治构成国家法治的政治前提，国家法治对党内法治产生重要影响。推进党内法治理论与实践创新，应当吸收和借鉴国家法治建设的经验，将法治一般原理尤其是民主与法治的一般逻辑关系适用于党内法治建设，形成“规范权力—党内民主—保障权利”的逻辑体系，有效发挥党内法治控制权力和保障权利的功效，为党内治理民主化规划路径。比如，通过党内法规科学配置权力，优化权限、程序、责任等制度要素，改革和完善党内决策、执行和监督分离制约的治理机制，依法确保党内民主集中制原则的贯彻执行，把党内权力关进制度的笼子里并确保在党内法规轨道上运行。再比如，通过党内法规保障党员主体地位，健全党员民主权利体系，完善党员权利行使的途径和方式以及党员权利保障和救济的机制和方法，使知情权、选举权、参与权、表达权、监督权等党内民主权利的政治效应得以充分发挥，保证党员权利在党内法治环境中主张和行使，充分体现党员主体地位以保障和实现党内民主。① 党内法治与国家法治共享经验还表现在推进法治的方式方法上。比如，出台《党内法规制定条例》，促进党内法规制定工作规范化、程序化、法规化；加强党内法规和规范性文件清理工作制度化、规范化、常态化，保持党内法规的良性状态；编制党内法规制定工作规划纲要，推进党内立法科学化、制度化、规范化；等等。这无疑都反映了长期积累的行之有效的国家法治经验对党内法治建设的积极影响。

① 参见肖金明：《通过党内法治推进党内治理——兼论党内法治与国家治理现代化的逻辑关联》，《山东大学学报》（哲学社会科学版）2014 年第 5 期。

■ 第二节
政党法治与党内法治

政党法治属于国家法治的范畴，是各国普遍存在的现象；党内法治与国家法治并行，是中国特色的制度现象。正确认识和处理政党法治与党内法治的关系，将两者区别开来又联系起来，促进党内法治与政党法治之间的相互协调统一，是推进党内法治理论与实践创新的重大前沿课题之二。

一、政党法治是政党政治的重要形式和基本内容

政党法治与党内法治的关系同国家法治与党内法治的关系存在一定的交叠。从规范形式的角度看，基于社会规章制度的社会法治，基于国家法律制度的国家法治、基于党内法规制度的党内法治，三者有机结合构成了中国特色社会主义法治体系。在这个意义上，政党法治具有国家立法意义，作为狭义的政党法治属于国家法治的重要组成部分，与党内法治并列；从规制对象的角度看，作用于社会组织及其治理的法治、作用于国家政权及其运作的法治、作用于政党组织及其活动的法治，三者有机统一构成中国特色社会主义法治体系。在这个角度上，作用于政党组织及其活动的政党法治是广义的，是一部分国家法治与党内法治之和，政党法治涵括党内法治。另外，一般而言，“党内法规”作为一个限定性概念，仅指中国共产党党内法规，它的直接效力也仅及于党内组织、活动和关系。但政党法治不同，它的主体还包括各民主党派，涉及国家立法规范党派活动以及各民主党派自身治理规范化问题。无论从哪个角度看，“政党法治”与“党内法治”都不是同一概念。党内法治或者在狭义的政党法治之外与政党法治并列，或者在广义的政党法治之内构成政党法治的独特部分。

也就是说，政党法治有广义和狭义之分。通常所讲的“政党法治”，主要是指狭义的政党法治，亦即国家为政党立法，规定政党在国家政治生活中的地位和作用，以宪法、选举法、政党法和其他专门法律规范的形式及其确立的宪政法治机制，规范政党组织及其政治活动。政党是国家的组织者或领导者，是国家和政府与公民或选民之间的桥梁，这当然是一个根本性的宪法问题，需要宪法加以体现和规范。世界上有超过一半的国家在宪法中对政党进行了或多或少的规定。① 选举是政党的主要政治功能，各国选举法是规定政党政治活动的主要法律。世界上以德国、俄罗斯、泰国、韩国等为代表的不少国家专门制定了政党法，以及政治生活资助法、政治献金法、限制选举经费法等，这些专门立法有比较详细的关于政党政治的规定。世界上还有不少国家的政党法治表现为对政党组织和政党活动的违宪审查。比如，泰国宪法法院对政党组织及其活动的违宪审查近些年来比较频繁，构成了泰国政治的一大特色。② 再比如，韩国也是对政党政治实施违宪审查的代表性国家，此类违宪审查可能导致政党被解散。2014 年 12 月，韩国宪法裁判所判决解散统进党，这是韩国宪政史上首个基于宪法裁判所的决定解散政党的事例。③ 在中国，政党法治是政党政治的重要形式和基本内容。宪法赋予中国共产党以领导地位，明确了党必须在宪法和法律范围内活动的原则，确立了多党合

---

① 《世界各国宪法汇编》对 1976 年 3 月 31 日前生效的 142 个国家的宪法通过计算机进行统计分析发现，65.5%的国家宪法有关于政党的规定，宪法没有关于政党规定的国家为 34.5%。（参见[荷]马尔赛文等：《成文宪法：通过计算机进行的比较研究》，陈云生译，北京大学出版社 2007 年版，第 83 页）

② 2014 年 5 月 7 日，泰国宪法法院认定 2011 年 9 月时任总理的英拉调离国家安全委员会秘书长的行为违反宪法，判决解除其看守总理职务。而不久前的 3 月 21 日，一直拥有左右政局力量的泰国宪法法院曾裁定 2 月 2 日举行的全国大选无效，必须重新举行选举。

③ 2014 年 12 月 19 日，韩国宪法裁判所认为“统进党的活动违背了宪法上规定的民主基本秩序，为了铲除这一极具危害性的具体危险因素，除了解散政党别无他法”，遂以“统合进步党的目标是最终实现朝鲜式的社会主义”为由判决解散统进党，并解除 5 名所属国会议员的议员职务。根据宪法裁判所的决定，中央选举管理委员会当天销毁了统进党的政党登记记录，查封了国库补助金接收账户和政治资金支付账户。

作与政治协商制度，以及民主科学依法执政和参政的原则等，构成了中国政党法治的基石。

二、政党法治有别于党内法治

如果从广义上理解政党法治，政党法治横跨社会主义法治体系的两大板块，包括国家法治体系中有关政党政治的部分和党内法治体系，既包含着国家法律对政党组织和活动的原则规定和一般要求，也包含着党内法规制度体系及其运作。如果从狭义上理解政党法治，政党法治与党内法治属于不同的法治范畴。通常说来，党内法治有别于政党法治，政党法治以国家立法为基础，而党内法治以党规制定为基础。政党法治是指国家法律对政党组织、活动以及政党政治关系等加以规范和保障，由此确立和维护的政党政治秩序，而"'党内法制'是指党内法规和制度，以及按照党内法规和制度建立起来的党内秩序"①。党的十八届四中全会《决定》提出全面推进依法治国总目标，即建设中国特色社会主义法治体系，建设社会主义法治国家。在中国特色社会主义法治体系中，党内法规体系与国家法律规范体系并列为社会主义法治体系的两大板块。从形式意义上讲，国家法治范畴之内的政党法治与国家法治范畴之外的党内法治是并列关系。这里的国家法治不包括党内法治，但包括通常意义上的政党法治。在我国，政党组织和活动必须接受国家法律的规范，这属于政党法治的范畴；同时作为执政党又要受到自身制度尤其是党内法规的约束，这属于党内法治的范畴。由此看来，政党法治与党内法治的关系实际上隶属于党内法治与国家法治的关系，它们共同构成依法治党、建设法治政党的制度基础。

三、政党法治与党内法治关系密切

尽管政党法治与党内法治在形式上两分，但两者关系密切且内容有

① 李乐刚：《什么是以及为什么是党内法制》，《江汉论坛》1995 年第 12 期。

交叉和重叠。[①] 比如，俄罗斯联邦宪法第21条“政党的章程”规定了政党的目的和任务、政党的名称和标志、党员权利与义务、党员登记程序等内容。[②] 而政党的目的任务、组织原则、党员权利义务等，也是俄罗斯各政党章程必须规定的内容。再比如，吸取魏玛宪法失败的教训，为遏制“寡头统治铁律”，避免个人独裁制的政党再现于德国政治生活。德国基本法规定基本政治权利、权力制衡、民主选举等基本民主原则同样适用于政党内部，从而规范了政党内部政治意见的形成方式，以保证党内实行民主。[③] 1967年7月联邦德国制定的《关于政党的法律》经2011年修改后，包括了对政党的一般性规定、对政党的内部组织和内部秩序的规定以及有关政党财务的规定，使得基本法关于政党的规定更加具体化和更具可操作性。这些法律规定当然成为各政党建立健全党内制度的基础。在我国，宪法至上、党章为本的根本原则，以及党规不能违反国法的基本要求，决定了规范政党组织、活动和关系的国家立法与党规制定保持着同一性，政党法治的原则和内容对政党自身的制度建设尤其是执政党党内法规制度建设具有指导和规范意义。协调和密切党内法治与有关政党政治的国家法治即政党法治两者的关系，是政党法治建设和党内法治建设的共同课题。创新党内法治和政党法治的关系，旨在形成党内法治与政党法治的联动，维护党内法规和政党法治的一致性，同时建立和完善相对独立的党内法治机制，通过自洽的党内法治机制产生与国家法治机制相同或类似的效应。比如，完善党内合法性、合规性审查机制，维护党规国法的一致性，就无需在司法审查是否适用于党内法规的问题上过

---

① 从另外的意义上讲，政党法治也可以广义上理解为关于政党的法治，包括了国家为政党立法以规范政党的组织和活动，也包括各政党依照国家法律规定和一般法治原理自立规范加强内部治理。

② 参见刘淑春：《当代俄罗斯政党》附录一，中央编译出版社2006年版，第397页。

③ 参见周淑真、袁野：《论国家法律与党纪党规关系之协调——以当代德国为例》，《中共中央党校学报》2015年第3期。

于纠结。① 加强党内法治建设以维护党内法规制度秩序，控制党内法规与国家法律之间的张力，从而以党内法治维护政党法治，可以视为中国政党法治建设和发展的一个重要选项，这是法治中国的一项重要特色，当然也是政党法治的重大优势。

第三节 党内法治与社会法治

党内法治与社会法治分属不同领域，其价值取向、运行逻辑和制度设计均不相同。正确认识和处理党内法治与社会法治的关系，促进党内法治、国家法治、社会法治同步发展，形成党内法治联动国家法治并带动社会法治的社会主义法治新常态，是推进党内法治理论与实践创新的重大前沿课题之三。

一、党内法治与社会法治分属不同法治领域

严格地讲，政党是一种社会公器，是介于国家和社会之间的一种组织形态。它不同于国家政权组织现象，也不同于一般社会组织现象，有人称其为国家和社会之间的桥梁。从与国家政权相联系的角度讲，政治社会发展不仅需要强调社会变革背景中社会与国家的分离，也不能忽略政治改革进程中政党与国家的结合。如果将政党简单地类同于社会的

① 参见肖金明：《法治中国建设视域下依法执政的基本内涵与实现途径新探》，《山东大学学报》(哲学社会科学版)2015 年第 3 期。当然，党内法治机制不能完全替代国家法治机制。美国学者巴克尔主张在中国共产党内设立特别委员会实现违宪审查，这样的观点值得商榷。巴克尔认为，违宪审查属于政治权力，无论全国人大还是最高法院都无法真正行使违宪审查权，主张按照中国的方式来实现违宪审查，在中国共产党内设立一个类似于法国宪法委员会的特别委员会，目的在于维护国家—政党宪政体制中国家权力与政治权力之间的关系。(参见强世功：《中国宪政模式？巴克尔对中国“单一政党宪政国”体制的研究》，《中外法学》2012 年第 5 期)

一部分，将会削弱它所应当具有的高度政治性和应有的政治功能。当然也不能将政党视为国家政权的一部分，那将形成党国不分、党政不分的体制。在我国，中国共产党是唯一执政党，执政党的各级组织与国家政权密切关联，不能机械地在国家与社会二元结构中定位我国政党尤其是执政党的性质，不能将其简单地归为国家或社会，政党具有针对国家和社会的独特性和独立性。从某种意义上讲，政党、国家、社会三位一体，是界定大社会与小社会之分的一个合适框架。从组织结构功能理论的角度分析，对于执政党的各级组织来讲，组织层级越往上、越趋向中央，政治性就越强，与国家政权结合越密切；组织层级越往下、越趋向基层，社会性就越强，与社会结合越紧密。可以这样讲，执政党的基层组织既是政治组织，又接近于一般社会组织，具有政治性和社会性的双重属性。换言之，它们属于执政组织体系的一部分，实际上也是社会体制的有机形式，除了发挥一定的政治功能外，还应当充分发挥它们在社会治理中的作用。一个有生命力的政党扎根于社会，主要依靠其基层组织与社会的紧密结合。

在全面推进依法治国的系统工程中，依法执政和依法行政至为关键，社会依法治理与运行同样具有重要的意义。在政党—国家—社会的分析框架中，法治国家（包含法治政府）、法治政党、法治社会三位一体，它们成为一个新概念“法治中国”的下位概念。与“法治中国”一样，“法治社会”是一个新的概念，它最早出现在“依法治国、依法执政、依法行政共同推进，法治国家、法治政府、法治社会一体建设”战略论断中，与法治国家、法治政府构成一个组合，党的十八届四中全会《决定》将“增强全面法治观念，推进法治社会建设”作为全面推进依法治国的重大任务之一。相对于“法治国家”“法治政府”来讲，“法治社会”还不是一个明晰的概念，它还缺乏足够稳定的内涵和外延，不少人仅仅在“全民守法”的意义上理解法治社会，大大缩减了法治社会的内涵，也降低了法治社会的定位和意义。“法治社会”是法治中国视野中的新的法治领域，是党的十八大以来日渐重要起来的法治词汇，它与全民守法相一致，所以与科学立法、严格执法、公正司法相并列，更与社会重构、社会制度重建、规范社会组织治理、社会自律自治等相联系。尽管“法治政党”还不是一个明晰的概念，党内法治理论还不够清晰，但有党内法规建设的长期实践，以及党内法治建设的深入探索，党内法治、法治政党已经成为比法治社会、社会法治更为定型、更为成熟的法治领域。

二、党内法治与社会法治应当同向发力

党内法治与社会法治分属于不同领域，它们意义重大，在法治中国建设总体布局中，一个是国家法治建设的政治前提，一个是国家法治建设的社会基础。有学者认为：“法治政党、法治政府、法治社会三位一体才是完整的法治。法治建设推进到今天，社会主义法律体系已经初步形成、法治政府建设已经步入正轨、法治社会建设也在有条不紊推进，剩下的就是法治政党建设的启动。”①实际上，对于法治政府、法治政党、法治社会建设水平的这一评估结论并不准确。比较来看，法治政府的理论比较成熟，法治政府建设稳步推进，既有到 2020 年基本建成法治政府的明确目标，还有行政诉讼、行政检察监督等推进依法行政的良好机制，由此形成了法治国家的良好基础。相对于法治国家、法治政府理论而言，法治社会理论非常单薄，而相对于党内法治实践而言，社会法治建设显然处于后发状态，至少可以说还没有与国家法治、党内法治同频运行。正是在这样的意义上，必须强调在三条战线上全面推进法治，实现党内法治、国家法治、社会法治同步发展。

党内法治、社会法治对于国家法治有着重大影响甚至具有决定性意义。党内法治与社会法治结合起来同步推进，政治前提和社会基础不能缺位和错位，两者互动共进，会形成叠加倍增的效应，在更大的程度上全面推进依法治国，在更强的频度上加快法治中国建设的步伐。如果不能发挥党内法治对社会法治的带动作用，两者错位甚至脱节，就会使法治中国建设的总体布局失去意义，无论党内法治还是社会法治，任何一个方面出现问题都将产生消极效应，放大负面影响。从实践层面上看，党

---

①　鞠成伟：《论法治政党》，“共识网”，2014 年 10 月 31 日。

内法治带动社会法治的理路和趋势已经形成，党内法治带动社会法治重在基层，基层法治是社会法治的主体部分，也是党内法治带动社会法治的主要领域。党的基层组织对社会各方面有着广泛的影响，甚至可以说，有什么样的党的基层组织，就有什么样的社会状态。基层党组织的民主法治状态直接关系着整个基层社会的民主法治状态。一些地方提出法治型党组织建设目标，发挥基层党组织在基层治理和法治中的战斗堡垒作用，是非常有意义的尝试。① 强调党的基层组织建章立制与社会规章制度建设的协调性，党员尤其是党员领导干部要做守法的模范、守范的表率，从遵守党内法规制度做起，保持基层组织的制度化状态、基层组织行为的规范化状态，保持党内法规在基层组织的执行力，引领社会组织走向规范化、制度化、法治化状态。

■ 第四节 依规治党与以德治党

全面推进依法治国有若干重大问题需要理论创新和实践探索，其中就包括依法治国与以德治国之间的关系。正确认识和处理依规治党与以德治党的关系，在法律和道德相辅相成、法治和德治相得益彰的基础上，促进依规治党和以德治党的并行联动，是推进党内法治理论与实践创新的重大前沿课题之四。

---

① 2015 年 3 月，苏州市委出台《关于建设法治型党组织的意见》，率先提出建设法治型党组织，并明确提出“党组织法治意识进一步增强、党组织依法执政依法办事能力进一步提高、党内制度体系进一步完善、基层治理法治化水平进一步提升、党组织引领保障作用进一步增强”的建设目标，推动全市 3.9 万个基层党组织在全面推进依法治国中切实发挥出战斗堡垒作用，并以此为抓手全面增强基层干部法治观念、法治为民意识，提高依法办事能力，大力推进苏州基层治理法治化、现代化，为经济社会发展营造更高水平的法治环境。

一、依规治党与以德治党必须有机结合

新世纪之初，在确立依法治国方略并写入宪法的背景下，执政党又提出依法治国与以德治国相结合的论断。依法治国与以德治国相结合的新论断在学界没有引起足够的共鸣，相反却产生了不少质疑声，认为这一提法可能会削弱依法治国的内涵和意义。① 在随后的若干年里，依法治国与以德治国相结合的提法不再多见，关于依法治国与以德治国关系的争论也随即沉寂下来，依法治国与以德治国相结合的论断并没有产生预期的政治社会效应。在相关争论沉寂了若干年之后，依法治国与以德治国相结合的论断更加隆重地出场，成为全面推进依法治国的基本原则之一。② "法治属于政治建设、属于政治文明，德治属于思想建设、属于精神文明。两者范畴不同，但地位和功能都是非常重要的。我们应当始终注意把法制建设与道德建设紧密结合，把依法治国与以德治国紧密结合起来。"③同样的道理，对一个执政大党的治理来讲，法治与德治从来都是相辅相成、相互促进的，依规治党与以德治党二者缺一不可也不可偏废。依规治党与以德治党相结合，既是依法治国与以德治国相结合的法治原则在党内法治建设上的具体体现，也是全面从严治党的根本要求，应当成为党内法治建设必须依循的重要原则。全面从严治党，必须法纪

① 也有学者立足于社会主义初级阶段研究依法治国，强调依法治国与以德治国相结合的必要性和途径，否定以德治国是传统人治思想的复活，认为以德治国不会影响或代替依法治国。(参见郝铁川:《秩序与渐进——中国特色社会主义初级阶段依法治国研究报告》，法律出版社 2004 年版，第 163～192 页)

② 党的十六大之后，依法治国与以德治国相结合的提法很少出现，不少人认为这是法学界维护依法治国价值和地位的突出成就甚至重大贡献。党的十八大以来，随着全面推进依法治国步伐不断加快，尤其是十八届四中全会专题研究全面推进依法治国若干重大问题，依法治国与以德治国相结合再次进入法学界的视野，它成为全面推进依法治国必须遵循的基本原则。客观地讲，依法治国与以德治国相结合的原则不像坚持党的领导、坚持人民主体地位、法律面前人人平等以及国情与法治相适应等原则那样容易统一认识，实事求是地看，依法治国与以德治国相结合是需要认真对待的全面推进依法治国的重大理论和实践问题之一。

③ 《全国宣传部长会议在京召开》，《光明日报》2001 年 1 月 11 日。

并重、德规并举，纪在法前、德在规前，要把党的纪律挺在法律之前，尤其要把政治道德挺在党内法规之前。依规治党重在依据党章党规治党，以德治党重在依据党伦党德治党，两者结合起来成为全面从严治党、有效管党治党的基本方针。

二、以德治党的意涵

以德治党的“德”是一般性和特殊性的统一。一方面，以德治党的“德”深植于社会传统道德风尚之中，执政党所强调的道德包括社会公德、职业道德、家庭伦理等内容。党员、党员干部作为公民、社会成员和家庭成员等，要受到各种道德的约束。所谓“先锋队成员”，基本要求就是做道德先锋、道德楷模、道德表率。以德治党需要构建完整的执政组织伦理道德体系。“德”的体系存在德的类别、层次、结构等问题，可以从不同的角度审视以德治党的伦理道德体系。比如，它涵盖了政治道德、职业道德、生活道德等不同类型；再比如，它包括家庭道德、社会公德、组织伦理等不同形式；还比如，有些道德要求与公民道德要求相同，有些道德要求则具有相对的独特性。毫无疑问，个人诚信、健康作风、勤勉尽责等道德标准都是以德治党的道德资源。另一方面，以德治党的“德”具有特殊性，政党的组织成员不同于普通公民、社会组织成员，党员身份更重要地强调了党员与公民的区分，党员负有特别的义务，加入一个组织必须承担特别义务。[①] 党员负有特殊的道德约束，包括党的理想信念、根本宗旨、优良传统作风、精神情操等诸多内容。在入党宣誓仪式上作出庄严承诺就承载着高度的道德要求。“永不叛党”是中国共产党作为一个执政组织所确立的最高戒律，这就是不同于一般道德的“党德”。以德治党就是要将法律规范、社会规范所认同和支持的道德要求吸收进党的组

---

① 也可以将此归结为特别义务关系，与特别权力关系一样，反映了特定组织中权利—义务、权力—权利关系的特殊性。由于特别权力关系理论的影响，执政党组织内部党员权利的逻辑、内容及其限制不同于公民权利，具有特殊性，有关权利争议通常不受外部干预；由于特别义务关系理论的影响，执政党组织内部党员义务也不同于公民义务，党员义务更为严格且摆在权利之前。

织和党员行为规范中，同时确立相对独立的党内伦理规范，以更为严格、特殊的道德要求约束党的组织和成员。

以德治党的“德”是政治性与伦理性的统一。一方面，以德治党的“德”与政治高度关联，尽管以德治党的“德”具有广泛性，但核心是政治道德。政党属于政治组织，政党内部的权力、责任、权利、义务，也包括道德等，具有鲜明的政治性；另一方面，以德治党的“德”具有伦理性。基于党的性质和宗旨，全心全意为人民服务既是中国共产党所确立的政治信条，又是全党的最高伦理要求。就党自身来讲，要求全体党员对党忠诚，对党忠诚是执政党最基本的伦理要求。加强党的组织伦理建设。很明显，这些道德要求主要属于组织伦理范畴。以德治党的关键是依据政治道德和组织伦理治党。毫无疑问，在党内治理和党内法治建设中，贯彻依法治国与以德治国相结合的原则，深入推进依规治党与以德治党的有机结合，主要应将以德治党落脚在党的组织建设和队伍建设上，着重加强党的组织建设、作风建设，着力消除党内的人身依附关系和“小圈子”现象，尤其要将以德治党的要求落实在党员标准上，落实在对党员和党员干部的义务和责任要求上，在加强由伦理责任、社会诚信、勤勉尽责等构成的道德体系建设的同时，丰富党员标准的道德因素，突出政治道德和组织伦理的意义，以保证执政组织所必需的组织忠诚和党内秩序。

以德治党的“德”具有规范性，其规范性不仅表现为道德自身的规范性，还体现在道德规范与法规规范的结合上。坚持依规治党与以德治党相结合，必须强化党内法规与道德规范的关联性。以德治党的“德”不是虚无缥缈的，它具有相对独立性和有效性，但通常又附着在或者内嵌于各种行为规范之中。国家制裁规范、社会评价规范、党内纪律规范等不同程度地认同社会道德标准和诉求。不仅如此，实际上绝大多数道德要求就深嵌在社会行为规范之中，不少道德标准已经纳入党内纪律法规和国家制裁规范。一般说来，党内法规中的道德标准和要求的显示度、严格度等明显高于国家法律，这也就是党纪严于国法的主要体现。道德准则融入党内法规有很多表现，党章规定入党誓词就是党内法规与伦理道德结合的高度体现，而《廉洁自律准则》就是党内法规规范与道德规范相结合的集中表现。《廉洁自律准则》是一部从内容到形式都具有独特性的党内法规，它坚持正面倡导、重在立德，是党员和党员干部能够看得见和够得着的高标准，形成道德要求的规范化形态。

第五节 党的改革与党内法治

全面深化改革包含了党自身的改革，党的改革是全面深化改革的关键，全面推进法治包括了党内法治建设，党内法治建设是全面推进法治的重中之重。正确认识和处理党的改革与党内法治的关系，在党的改革领域实践“重大改革于法有据”的法治要求，促进党的改革与党内法治并行不悖且相辅相成，是推进党内法治理论与实践创新的重大前沿课题之五。

一、党的改革必须依规而行

改革与法治的关系不仅存在于国家政权的运作中，表现在政府与市场、社会关系改革中，也体现在党内治理领域以及党与国家的关系上，党内法治改革当然属于重大改革领域和重大改革事项。正确处理党的改革与党内法治的关系，必须将全面深化改革、全面推进法治、全面从严治党统一起来，就是要从治党的高度和深度看待和推进党的改革和党内法治，以改革的立场和方法看待和推进从严治党和党内法治，以法治的思维和方式看待和推进党的改革和全面从严治党。以法治思维和法治方式推进党内改革，就需要遵循“重大改革于法有据”的基本原则，做到党内改革依循党章、于规有据，将党的改革决策权纳入党规国法铺设的法治轨道。

在改革与法治的关系上，改革开放初期立法相对缺失，改革动力较足而障碍相对较少,改革与法律的张力并不明显。[①] 与改革初期的情形不同,在全面深化改革时期,法律制度体系已经形成,政治、经济、社会、文化、生态文明等各方面基本上能够做到有法可依,凡改革尤其是重大改革都会涉及与现行法律制度的关系,这就需要突破改革与法治关系的原有准则,确立和遵循"重大改革于法有据"的新准则。这一准则不仅适用于国家政权组织及其运作,也适用于执政党各级组织及其活动。也就是说,重大改革必须于法有据的法治要求,必然延伸出党自身的重大改革必须于章有据、于规有据的法治逻辑。这就必然要求坚持科学、民主、依法改革原则,充分发挥党规制定对党的改革的引领和规范作用,防止党内改革逆规而行,通过党内法规的制定、修改、废止、解释或者暂停实施法规条款等措施,纾解和消除改革与现行法规之间的紧张关系,确保党的改革与党内法规步调一致。从全面推进依法治国是全面深化改革的保障的高度,重新审视改革与法治的关系,不能将改革与法治的关系简单地理解为改革与法律的关系,其更深层次的意义在于强化法治思维和法治方式对改革的重大作用。具体到党的改革与党内法治的关系上,就是要在党章党规基础上推进党的改革,将党内重大改革纳入法规轨道,将党的各级组织的改革决策权关进制度的笼子里。[②]

---

① 即便如此,执政党也非常重视改革与法制的关系,党的十三大政治报告曾比较全面地阐述了改革与法制的关系,至今仍有指导意义。党的十三大政治报告在"关于政治体制改革"部分阐述"加强社会主义法制建设"时指出:"我们必须一手抓建设和改革,一手抓法制。法制建设必须贯穿于改革的全过程。一方面,应当加强立法工作,改善执法活动,保障司法机关依法独立行使职权,提高公民的法律意识;另一方面,法制建设又必须保障建设和改革的秩序,使改革的成果得以巩固。应兴应革的事情,要尽可能用法律或制度的形式加以明确。"

② 党章是最高的党内法规,在党内法规体系中处于核心位置,所有党内法规都要受党章的统率。基于此,当党内法规与党章并列时,目前比较正式的表述是"党章和其他党内法规"。这种表述本身没有问题,但与国家法律体系的同类情形存在表述上的差异。在国家法律体系中,宪法处于统帅地位,具有最高法律效力,当宪法与法律并列时,通常的表述是"宪法法律"而不是"宪法和其他法律"。建议将目前的"党章和其他党内法规"的表述调整为"党章法规"或者"党章党规",使其成为一种规范表述。

二、在党的改革中贯彻党内法治

在全面深化改革时期，党的自身改革是全方位的，包括思想观念、制度规范、体制机制、方式方法、能力水平等诸多方面。推进思想观念上的深度改革，就是要将法治思想融入意识形态，在思想观念上强化党既是民主政党又是法治政党，是民主法治信仰者和践行者的强烈意向，致力于“在全社会全世界树立法治政党的伟大形象”①；推进制度规范上的重大改革，就是要贯彻法治精神和原则，实践党内法治特别逻辑，与国家法律相协调，与党内政策、政治道德相结合，在党内法规制度体系中突出党内法规的基础地位和作用，在党内法规制度内容上突出规范党内职权，强化党内职责，保障党内权利，加强党内义务；推进体制机制上的深化改革，就是要贯彻法治原理和要求，反映执政组织的特质，在体制机制上完善以民主集中制为原则，以决策、执行、监督分离制约为特征，以党员行使知情权、选举权、参与权、表达权、监督权等党内民主权利为基础的党内治理体系；推进方式方法上的广泛改革，就是要增强党的组织和活动的法治成分和因素，正确处理党内政策与党内法规的关系，坚持依法依规管党治党和科学民主依法依宪执政；推进能力水平上的重点改革，就是要在将党的工作纳入法规轨道的基础上，着重提升全党法治思维水平，着力提升依法办事和依规办事的能力，尤其是党内重大事项依法决策能力、地方党委依法执政能力、依法执纪和依法监督能力等。

三、党内法治与党的改革相辅相成

全面从严治党必须全面深化党的改革，全面推进党内法治。党的改革涉及面很广，党内法治建设应当与之相适应，将全面深化党的改革与全面推进党内法治有机结合起来。比如，全面深化党的改革，必须改革党对立法的领导，逐步形成党领导立法的工作机制、程序和方式，将中央关于加强对国家立法工作领导的党内规范性文件上升为党内法规，推进

① 张文显：《法治中国建设的前沿问题》，《中共中央党校学报》2014 年第 5 期。

党领导立法工作法规化、法治化。再比如，加快改革党对政法的领导，转变政法委员会的职能及其实现方式，完善党领导政法工作的机制和方法，适时制定加强党对政法工作领导的党内法规，推进党领导政法工作法规化、法治化。又比如，加快纪检体制改革，根据党章的要求和党的十八届三中全会《决定》，推动党的纪律检查工作双重领导体制具体化、程序化、制度化，在《党内监督条例》《巡视工作条例》《纪律处分条例》《纪检办案工作条例》等基础上，结合国家监察制度改革，推进党的纪检工作法规化、法治化。[①] 还比如，加快党的组织、宣传、统战、外事等领域的党内法规建设，制定党的领导不同领域的牵头法规，形成以《组织工作条例》《宣传工作条例》《统战工作条例》《外事工作条例》等为龙头的部门（领域）法规体系，确保党的各项工作及其改革于章有据、依规运行，将党的各项工作全面纳入法规制度框架。如果党的改革不彻底，改革就无法做到全面深化；如果党内法治不到位，法治就很难做到全面推进；如果党的改革与党内法治不能结合起来，就很难做到依法治国、依规治党统筹推进、一体建设，也就很难将全面从严治党与全面深化改革、全面推进法治有机结合起来。

■ 第六节 法治规律与特色法治

世界上没有完全一样的法治、民主和政治权威及其组构的治理模式，在国家治理模式上，民主受到法治的保障和制约，权威受到法治的制

---

① 为此进行的纪检体制改革表现在若干方面，其中包括强化上级纪委对下级纪委领导，各级纪委书记、副书记的提名和考察以上级纪委会同组织部门为主。为落实党章的规定和十八届三中全会《决定》的精神，同时出台《省（自治区、直辖市）纪委书记、副书记提名考察办法（试行）》《中央纪委派驻纪检组组长、副组长提名考察办法（试行）》《中管企业纪委书记、副书记提名考察办法（试行）》等，就是通过党内法规推进纪检体制改革的重大举措。

约和保障,但民主、法治、政治权威的相互关系呈现出不同的特征,世界各国法治有共性也有差异。正确认识和处理法治规律与特色法治的关系,在党内法治建设中贯彻一般法治原理,同时探寻党内法治自身的特别逻辑,实现一般法治规律与特别法治逻辑的有机结合,是推进党内法治理论与实践创新的重大前沿课题之六。

一、党内法治是一般法治规律与中国实际相结合的特色法治

中国法治的特色有很多,坚持党的领导是本质特征,党内法治是由此延伸出来的法治特色,这是一般法治规律与中国实际相结合的必然现象。换言之,就党内法治而言,关于法治规律和特色法治的关系主要表现在两个方面:其一,“党内法治”是一个中国意义上的概念,作为社会主义法治体系的重要组成部分,它是最具中国特色的法治板块。也就是说,党内法治充分体现了社会主义法治的中国特色。其二,党内法治既遵循一般法治规律,也依循自身的特别逻辑。在国家法治、党内法治、社会法治同步发展中,它们有共性也有差别,党内法治既要贯彻法治的一般原理,又要遵循执政组织法治的特别逻辑。

如前所述,政党尤其是执政党不属于国家(政权)的组成部分,但也不能将其简单地归属为社会(组织),政党尤其是中国共产党在国家政治生活和法治建设中具有独特的价值和意义。它扎根和广泛联系着社会,领导和依法执掌着国家政权。与社会密不可分的执政党各级组织必须与法治社会建设并行,以党的基层组织及其活动的制度化、规范化和程序化带动社会组织制度建设;与国家政权适度结合的执政党各级组织必须适应法治国家的要求,以执政组织及其活动的制度化、规范化、程序化联动国家政权的法治化。所以应当明确提出“法治政党”的概念,与法治国家、法治政府、法治社会并列,法治中国由法治政党、法治国家(法治政府)、法治社会构成。国家讲民主,政党内部讲民主,社会组织各方面也要讲民主,民主—法治的逻辑通行于不同的组织形态中,无论国家政权、执政党还是社会组织,都要通过治理走向善治。法治的基本要素如权力、责任、权利、义务等存在于国家、社会和政党等不同领域,民主、自由、

平等、公正等则是多样态法治所共同尊奉的价值。

二、党内法治与国家法治共享某些规律

一般说来，不同地方的法治有所不同，但法治最重要的共性要素包括宪法和法律至上、公权力得到控制和制约、人权得到尊重和保障、政务公开和透明，以及司法独立、公正、权威，等等。[①] 不同地方的法治再特别，一般也要具备这些基本要素。通常说来，不同领域的法治亦有所不同，但法治的一般原理都有所适用。法治意味着国家良法善治，党内法治建设亦强调良规善治；推进法治是国家治理现代化的必经之路，党内法治建设则是党的治理现代化的必由之路；法治与民主相结合、与人权相统一，党内法治也要与党内民主相结合并与党内权利保障相统一；依法治国关键是依法治"官"、依法治"权"，依法治党的关键也是规范和控制权力，把党内权力纳入党内法规的轨道；从"法制"到"法治"，从"法律体系"到"法治体系"，体现了法治发展的一般规律，从"党内法规"到"党内法治"，从"党内法规制度体系"到"党内法治体系"，则反映了党内法治的发展逻辑。概言之，无论是法治国家、法治政府，还是法治社会、法治政党，其中的法治内涵既有逻辑差异，也有共性规律。

三、一般法治原理与党内法治特别逻辑不能偏废

既然党内法治与国家法治有共性也有差别，就不能机械地、僵化地在党内法治建设上照搬国家法治，复制国家法治模式，照搬和复制国家法治就容易将党内法治过于简单化了。比如，在党内法治体系的构建方面，有学者主张，在从严治党层面设立与现行国家法治同样的规治体系，其中包括在党内设立司规系统，负责对党员与党员之间、党员与党组织之间、党组织与党组织之间的纠纷进行裁决。甚至主张在党内设立类似于"公、检、法"一样的体制亦即侦查、监督和审判体制，特别是设立党庭进行适用党内法规的审判，党员和公民都可以对党员或者党组织的违纪

① 参见姜明安：《论法治中国的全方位建设》，《行政法学研究》2013 年第 4 期。

违规进行起诉，党内规治系统与国家法治系统一样要严格遵循程序规则，侦查、监督和审判之间相互独立相互配合，做到公开、透明和公正。① 再比如，在权利与权力、权利与义务的关系上，国家法治上的权利本位理论就不能机械地搬用到党内法治上。如果说在一般法治上“义务重心论”还有待商榷，但在党内法治上“义务重心论”有着更大的合理性。作为联系国家与社会的主体性桥梁，执政党组织必须是紧密型的政治组织，党内法治在一些重大主题上与国家法治的差别必须受到足够的重视。这就意味着政治规矩、组织纪律、民主集中制等对党内法治建设具有特别的意义，也由此影响着党内组织体系和治理结构的特征。加快推进党内法治建设，一方面需要强调一般法治原理的指导和规范意义，另一方面需要明确党内法治特别逻辑的重要价值和作用，两者只能统一不能偏废。

第七节 依法执政与依法参政

在推进国家治理体系和治理能力现代化的过程中，必须完善和发展中国特色的多党合作与政治协商制度，全面推进中国特色政党政治现代化。中国特色政党政治现代化不仅指执政党现代化，还应当包括各民主党派现代化，也就是各政党的民主法治化。正确认识依法执政与依法参

① 参见柯庆华：《党导法治：将党关进党规的钢笼子里》，“爱思想”，2015 年 6 月 16 日。一段时间以来，党的纪律检查委员会非常强势，作为党的执纪机构，其执纪手段和措施甚至比国家相关机关所拥有的手段和措施还要严厉，这也就是“双规”备受质疑的主要原因。凡涉违法尤其是犯罪的，党的执纪机构并不负责证据事实问题，即使在执行纪律或实施监督过程中附带获取有关证据，也必须依法移交司法机关进入刑事程序，所以党的执纪机构没有必要拥有国家机关才能拥有的调查甚至侦查措施。有一段时间，有人甚至主张纪委可以“钓鱼”执法，应当拥有监听权力等。这些手段和措施根本不适用于执政组织维持秩序的需要。

政的关系是推进党内法治理论与实践创新的重大前沿课题之七。

一、依法参政与依法执政同等重要

政党法治是指国家为政党立法，应当包括国家为民主党派立法，这是完善和发展中国特色政党制度的必然要求。如前所言，基于党内民主、党内治理和依法执政的需要，执政党必须加快党内法规和法治建设，贯彻从严治党、制度治党、依规治党的方针，积极实施依法治国、依规治党统筹推进、一体建设的战略，全面推进依法治党，加快建设法治政党。同理，基于内部民主治理、依规办事、依法参政的需要，各民主党派必须有组织、有规划、有步骤地加强政党内部规范制度建设。尤其需要健全内部权力运行程序规范和纪律规范，按照决策、执行、监督分离制约原则完善内部治理结构，形成权力监督制约和权利保障救济机制，提高民主党派政治生活的制度化、规范化、程序化水平，以及法治思维水平和依规办事、依法参政的能力。①

二、依法执政与依法参政有机统一

各民主党派作为参政党，应当顺应法治中国建设的趋势，融入中国法治建设总体布局，与执政党一道积极推进人民政协制度民主化、法治化，逐步由民主党派走向民主法治党派，成为发展人民民主和建设法治

① “据广东省纪委网站 2015 年 1 月 6 日消息，经广东省委批准，广州市政协原副主席潘胜桑因涉嫌严重违纪违法问题，正在接受组织调查。”（新华网，2015 年 1 月 6 日）潘胜燊系民建成员，曾任民建广州市委会主任委员，其因涉嫌严重违纪违法问题“接受组织调查”引起不少人的议论。民主党派成员违法违纪应当接受组织处理，这里的“组织处理”是指中共纪委还是民主党派内部的监督处理？尽管后来的官方解释将其定位为监察部门对公职人员的调查，但民主党派组织治理问题引起人们一定程度的关注。长期以来，各民主党派缺乏合理的内部治理体制机制，其内部纪律规范也不完整。2008 年年底，各民主党派相继成立中央监督委员会，陆续颁布党派内部监督条例，标志着我国民主党派内部监督体系建设开启了新的篇章。但从总体上讲，参政党内部治理还处于起步阶段，其内部执纪和监督的目标内容、体制机制、方式方法，以及与执政党和国家的相关体制机制的衔接等，有待进一步健全和完善。加强民主党派内部规范建设、完善内部治理结构是中国政党政治现代化的现实命题，应当在国家监察制度改革中通盘考虑、统筹规划。

中国的重要政治力量。执政党和参政党应当在宪政法治框架内，创新发展政党关系和政党政治，遵循政党政治一般规律和中国政党政治的特别逻辑，以依法执政带动依法参政，以依法参政协力依法执政，推进依法执政与依法参政有机统一。加快推进中国政党政治现代化，是法治中国建设和国家治理现代化的重大课题，其侧重点就是推进依法依宪执政、依法依宪参政，实现科学、民主、依法执政与科学、民主、依法参政的有机结合，共同为全面推进依法治国、推进国家治理现代化构筑完整可靠的政治前提。从一定意义上讲，实现依法执政与依法参政有机结合，是全面依法治国的政治机制，也是法治中国的重大特色之一。

第十章
加快推进党规学学科建设

党规现象属于党建学、政治学、法学等多学科共同关注和研究的政治现象和制度现象。党规学是党建学、政治学、法学等多学科交叉融合的新的学科领域。与传统法学学科相比，以党规现象为研究对象的党规学，是一门正在起步趋向成熟的学问和有待走向独立的学科，它需要相应的概念范畴、知识体系和理论系统。以学科意识和法学思维推进党规现象研究，加快建设和发展作为新型法学分支学科的党规学，是党内法治建设理论与实践的急迫需要。加快党规学学科建设和发展，一方面，必须加强在党规研究领域不同学科的交流与合作，尤其要突出党建学的高度、政治学的视野和法学的思维逻辑对党规学研究的意义；另一方面，要克服传统法学仅以国家政权现象为核心展开对国家立法、执法和司法活动研究的局限，将围绕政党政治尤其是执政党组织和活动展开的党规制定、党规实施活动等纳入法学研究视野。

第一节
党规现象研究的现状与意义

“党规”已经成为一个中国特色的制度性概念，以其为基础不断深化党内法治研究，具有重要的理论和实践价值。但是相对于党规现象的实践发展，学界对党规现象的理论研究还存在不充分、不平衡的问题，学界尤其是法学界需要将党规现象作为一类特殊的法现象，拓展党规现象研究的视角和方法，提高党规现象研究的理论化和科学化水平。

一、党规现象研究现状

长期以来，党规现象研究主要局限在党建学领域有关党的制度的宽泛研究上，政治学虽有所涉及但并不深入，法学界则基本处于对党规现象和法治实践需求“不关注、不参与、不回应”的状态。不少法学专业学者不愿正视党规现象，对于“党规”概念持疑问和否定态度，仿佛一讲“党规”，就有亵渎国家法治的危险，就会混乱法治理论。有人甚至认为党规及其相关问题既非科学问题更非法学问题，不能也不应该纳入法学研究范畴，由此形成了党规制度现象不入“法眼”的状况。[①] 大致来看，粗浅、零散的党规研究在视角、方法尤其是思维上比较单一，难以形成一门成熟的学问和独立的学科。党规建设作为党建学、政治学、法学等学科的一个共同的研究领域，应当成为一个多学科交叉融合的专业领域和学科方向。

近些年来，在法学界，法理学、公法学方面的学者越来越多地关注党规现象，逐步摆脱了关于党规的一般性争议以及由此形成的学术困扰，在党规概念、价值、意义等方面正在形成共识。更重要的是，面向党规制度建设和党内法治建设的重大需求，“推进党内法治建设理论与实践创新研究”等一批国家社科研究课题获得立项，武汉大学、山东大学、中国法学会、中央党校、中国政法大学党内法规研究中心等一批专门研究机构密集成立，一系列党内法规和法治建设学术研讨会陆续召开。一批来自党建学、政治学、法学等不同学科的学者汇集在一起，在学术交流与合作中营造了党规研究愈来愈浓的学术氛围，党内法规和法治研究不断深

---

① 参见王振民：《党内法规制度体系建设的基本理论问题》，《中国高校社会科学》2013 年第 2 期。

化，已经形成了一批重要研究成果。

总体而言，学界已经改变了长期忽略党规现象的状况，党规、法治研究已经形成了一定的学术气候。[①] 党规现象正在成为党建学、政治学、法学等多学科共同研究的学术领域。这当然归因于全面从严治党和推进国家治理体系和治理能力现代化的实践需要。在此情势下，理应集结政治学、党建学、法学等学科交叉融合的优势，集合党规领域知识创造和理论创新的成果，结合党规制度建设实际尤其是党内法治实践经验，创设相对独立的概念范畴、知识体系和理论系统，推进党规学的体系化、规范化建设，使其发展成为一门成熟的学问，独立成为政治学、党建学和法学的一个分支学科。

二、党规现象研究意义

适应"四个全面"战略布局和社会主义现代化建设新征程的需要，深化党规现象研究加快建设和发展党规学，不断推进党规理论创新与实践探索，不断提升党规专业人才培养质量和党规工作队伍水平，将有助于丰富和充实中国特色社会主义法治理论体系，推进全面依法治国与深入依规治党的有机统一，推进党内法规和法治建设与全面深化改革、全面依法治国、全面从严治党、全面建成小康社会、全面实现国家治理现代化的有机结合。

其一，全面建成小康社会，加快发展人民民主和实施依法治国的步伐，必须坚持和改善党对民主法治建设的领导，在党内治理和党的各项

① 当前，法学界关于党规与法治研究已经粗具规模。以中共中央办公厅法规局引领的党规实务界与学界保持着密切联系和合作，以中国法学会主导的党内法规和法治建设理论创新研究矩阵已经基本形成，以法学界为主体正在形成以问题和课题为指引、以理论与实践相结合为动力、以高水平研究机构为依托、以高水平学术会议为支撑的党内法规和法治研究良好局面。"创新党内法治理论与实践"学术研讨会（2015 年 7 月，济南）、"推进党内法治建设理论与实践创新"学术研讨会（2016 年 7 月，青岛）、"统筹依法治国与依规治党有机统一"法治论坛（2017 年 4 月，深圳）、全国党内法治高端论坛（2017 年 7 月，济南）等党内法规和法治专门学术会议和论坛，不断推进党内法规和法治理论和实践创新。

工作上实践民主和法治，这就需要加强党规现象研究，推进党规理论创新，加快党内法规和法治建设，推进党内法治与国家法治、社会法治同步发展。

其二，全面深化改革，推进国家治理体系和治理能力现代化，必须推进执政党自身治理的现代化，这就需要加强党规现象研究，阐释党规制度发展规律，完善党内法规制度体系，将党的治理奠定在党规制度基础上。

其三，全面依法治国，建设中国特色社会主义法治体系，必须构建由党内法治理论体系、党内法规制度体系、党内法治实施体系、党内法治监督体系、党内法治保障体系合成的党内法治体系，这就需要加强党规现象研究，阐明党内法治逻辑，推进党内法规体系走向党内法治体系。

其四，全面从严治党，推进依章依规治党管党，实现依法治国与依规治党有机统一，这就需要加强党规现象研究，探求党规国法关系，实现党内法治与国家法治的互动并进。

其五，全面实现国家治理体系和治理能力现代化，以实现党的治理现代化为前提，这就需要加强党规现象研究，探索党内法治与党的治理现代化的关系，加强党内法规和法治建设，以执政党的现代化推进社会主义现代化建设新征程。

三、“软法论”“活法论”与党规研究

在一般人的观念中，国家与法相联系，法制、法治、法律、法规等大凡带“法”的制度现象一律归于国家法律制度范畴，归于国家专属的政权现象，政党不具有立法权，“党内法规”也不具有法的特征，党内的制度规范不应称为“法规”，也不宜使用易生误解的“党内法规”的概念，政党制定的党章、党规、党纪等都属于党的规范或党内规范的范畴，应当以“党的规范”或“党内规范”替代“党内法规”的概念。但客观地讲，党规是伴随中国共产党 90 多年革命、建设和改革的历史而存在的制度现象，也是当前执政党制度建设的基础层面，它是一种不能忽略的历史性和现实性的客观存在。

正是基于对这种历史和现实的客观存在的认识和再认识，近些年来，党建学、政治学、法学界比以往更加关注党规现象。法学界已经有学者通过“软法论”将党规现象纳入法学研究的视野，“软法论”者基于治理方式多元、治理规范多样的基本认识，构筑了完整的软法规范体系。① 罗豪才教授提出的“软法理论”强调非传统的法规范形式对于治理的意义，其软法理论强调软法规范体系性。软法主要包含以下几类规范：一是法律、法规和规章中那些旨在描述法律事实或者具有宣示性、号召性、鼓励性、促进性、协商性、指导性的规范；二是国家机关依法创制的诸如纲要、指南、标准、规则、裁量基准、办法等大量的规范性文件；三是各类政治组织创制的旨在解决参政、议政等问题的自律规范；四是名目繁多的社会组织创制的自治规范。姜明安教授更是将执政党和参政党规范本党组织和活动及党员行为的章程、规则、原则等纳入软法的范围，并认为中国共产党的党规不完全是社会法和软法，它同时具有一定的国家法和硬法的因素。宋功德教授认为，党作为一种政治组织所制定的党规属于软法，它对于党组织和党员而言是必须一体遵守、不得例外的硬要求，属于“坚硬的软法”。尽管“软法论”并不能科学阐释党规现象，但它对党内法规入“法眼”、推进党内法治研究无疑产生了积极的推进作用。②

对于分析党规现象和认识党规属性来讲，与国内“软法论”具有同样意义的是国外社会学法学理论及其“活法论”。奥地利法学家、欧洲社会学法学、自由法学创始人之一埃利希(Eugen Ehrlich，1862～1922)创制

---

① 参见罗豪才：《加强软法研究，推动法治发展》，人民网，2014 年 6 月 20 日；罗豪才等：《软法与公共治理》，北京大学出版社 2006 年版，第 9、89 页；姜明安：《论中国共产党党内法规的性质与作用》，《北京大学学报》(哲学社会科学版)2012 年第 3 期；宋功德：《党规之治》，法律出版社 2015 年版，第 64 页。

② 党规是否属于法，法学界还存在不同认识。党规作为一种法和制度现象，还缺乏足够的理论论证。有关党内法规属于软法的论点实际上混淆了党规制度与党的政策的关系。从某种意义上，党的政策属于软法范畴，有时在软法的意义上也被视为一种特殊的法律渊源。党规与党的政策不同，它是与法律并列的法规范现象，其中一些党规规范具有强制性甚至严厉的制裁性，它并不具备软法的“软”的特征。不仅如此，它与国法分属不同秩序序列，具有相对独立性。

了“活法”(Living Law)概念,概述了小至家庭、村落、企业,大至政党、协会、国家,不论规模大小、形态复杂程度的人类团体内生性秩序,认为产生自团体内部而不是由外部施加的一阶规范是法律发展的重心所在。活法论者认为社会中的权力和社会秩序是多元的,“活法”内生于社会并作用于社会,是指与国家制定法相对应的,在社会生活中真正起作用的各种社会规则,也就是各种社会团体的内在秩序。活法论的重点是无需和没有国家介入的法律领域,而不是国家制定法律。尽管法与法律概念交叠,将“活法”纳入法律范畴,不利于形成科学合理的党规国法关系,但“活法论”在一定意义上对党内法规和法治研究具有重要启发意义。①

国内“软法论”与国外“活法论”对党内法规和法治研究的意义是有限的。从一定意义上讲,政党组织的制度规范尤其是执政党党内法规与国家制定的法律制度分属不同的社会制度系统,国家法律制度现象被视为典型的法的现象,也可以说是传统法学研究的对象,而党规现象则属于特殊的法现象,应当成为法学研究的新领域。

第二节 党规学学科、内容与方法

党规学是法学的一门分支学科,普遍适用于法学各学科的一般原理、原则,同样也适用于党规学。作为一门以党规现象、党规规律为研究对象的法科学和一个特殊的部门法学,相对于宪法学、刑法学、民法学等法学学科,党规学是处于萌芽和逐步成形的新学科。毫无疑问,法理学、宪法学等法学分支学科的理论和方法对构建党规学研究体系、发展党规学学科具有重要的借鉴意义。

① 国内有学者将党章与宪法联系起来,认为党章乃是中国宪法体系的有机组成部分。(参见强世功:《党章与宪法:多元一体法治共和国的建构》,《文化纵横》2015 年第 8 期)

一、党规学学科

随着党规实践的不断拓展和深化，以及学界广泛和深度的介入，党规学应该也能够独立成为一门研究党规现象和党规规律的学问。党规学拥有多元发展路径，它可以成为党建学、政治学研究的重要分支和方向，也可以成为法学学科体系的新成员。一门成熟的学问或者独立的学科必定有其特定的研究对象。

（一）党规学学科属性

党规的多重性质决定了它是一个多学科交集的领域，尤其是一个政治学、党建学和法学等学科的共涉领域。这些学科的学者在不同的进路上触及作为学科的党规学与政治学、党建学、法学等学科的关系。

其一，党规学与政治学。“党规本政。”党规是政党的要素之一，是政党组织及其活动的内备制度，与国家立法确立的政党组织及其活动的外给规范等一起，构成政党政治的制度基础。换言之，党规现象是一种社会政治现象，与政党政治密切相关，也可以说是政党政治和政党制度的一个侧面。政党政治是政治学的重要内容，政治学研究政党政治原理和制度，研究政党组织和活动，研究政党行为和关系规范，甚至研究政党内部的规范运作，党规现象因此成为政治学研究不可或缺的内容。

其二，党规学与党建学。“党规姓党。”党建学是以党的建设为研究对象的学问，涉及党的组织建设、思想建设、作风建设、反腐倡廉建设和制度建设等广泛领域。党规建设构成党的建设的一个基本领域，党规学面向党的建设尤其是党的制度建设，以党规制度建设为研究对象，科学研究党规制度建设的基本原理，科学探寻党规制度建设的基本规律，主旨是促进党的建设规范化、程序化、制度化水平。党规学研究是党建学研究的重要板块，党规学是党建学学科的重要分支。

其三，党规学与法学。“党规属法。”党规是组织规范、行为规范、责任规范的集合，作为与国法并列、与社会规范并行的制度现象，属于一种“法”现象，因此也成为法学研究的一个特殊领域。党规是一种历史和现实的客观存在，改变法学长期将党规现象拒之门外的状况，将党规学纳入法学学科体系，使其成为法学学科体系中相对独立的分支学科，是一种科学的态度和现实的选择。相对独立的党规学与法理学、宪法学等法学学科形成良性互动，有利于法学理论和方法、法治思维和逻辑在党规现象研究中的应用，对于完善政党内部治理以及社会组织自身治理，对于推进党和国家治理现代化无疑具有深远意义。比较而言，党规学作为一个部门法学，与法理学、宪法学等部门法学关系最为密切。有学者认为在党规学还没有成为一门独立学科的情况下，可以将党规学理论与实践研究纳入法理学或者宪法学体系，作为法理学或者宪法学的一个特别理论领域和特殊学术版块。党规与国法既有相当多的共性也有一定的差异，适用于国法的概念、原理和方法论可以在党规学上加以借鉴甚至直接移植；同样，宪法学基本原理、原则和制度与党章基本理论、原则和制度既有差异也有共性，宪法学的知识理论体系和方法论对党规学研究具有重要参照价值。

（二）党规学学科体系

加快党规学学科建设和发展，使其成为一门成熟的学问和一个独立的部门法学，需要建立起自己的知识和理论体系。党规学的知识和理论体系应当包括党规学原理、党规史学、党章学、领域党规学、比较党规学等。

其一，党规学原理。学问以理为基，党规学原理侧重于党规学基本概念、基本范畴，阐释党规概念、党规本质特征、党规内涵外延、党内形式类型、党规价值理念、党规功能作用，阐明党规基本原则、党规制度逻辑，探求党务管理、党内治理和党规关系及其制度化、规范化和程序化，以及党规规范体系、层级结构、党规运行机制机理、党内法治体系，等等。

其二，党规史学。发展以史为鉴，党规史学着重考察和研究政党发展史的思想和制度侧面，党规制度史研究与党规思想史研究结合起来，侧重于不同历史阶段党规思想和党规制度发展和历史背景分析，以及党规思想和制度在党的建设上的地位和作用，概括思想建党与制度治党的历史经验，探讨党规制度建设和发展、依规管党治党的规律和逻辑，指导党规制度建设和党内法治的发展。

其三，党章学。党规以章为纲，党章学主要分析党章概念、特质和类型，在党规体系中的地位、价值和功能，党章框架体系、基本原则和基本制度，党章历史发展、党章与宪法的关系，政党组织体系、党内权力责任、党员义务权利及其相互关系，等等。

其四，领域党规学。学科以域为要，领域党规学依循政党政治一般原理，借鉴其他法学学科部门法学研究的经验，基于政党组织体系、内部治理、政党活动等形成的不同党务关系，以问题为导向，发展领域党规学，如组织党规学、宣传党规学、统战党规学、政法党规学、纪检党规学、军事党规学等，推进不同领域党规理论创新和实践探索。

其五，比较党规学。“他山之石，可以攻玉。”比较党规学着重于不同国家和地区政党党规的比较分析，通过比较分析概括共性与差异、特色与优势，侧重于不同政党体制中政党党规的比较研究、不同意识形态政党党规的比较研究，以及世界大党党规的比较研究等，通过比较研究，借鉴经验教训以取长补短，完善党规制度和党规实践。

二、党规学研究内容

党规学作为法学的一门分支学科，它研究的就是法现象中的一种特殊现象——党规现象。党规学研究党规产生和发展的规律，研究党规的本质内容、形式类型，研究党规的价值体系和功能作用，研究党规与国法及其他社会规范的关系，研究党规制定和实施对党内治理、政党执政以及对国家和社会治理的作用和影响，等等。随着党规学理论研究的不断深入，深化基础研究、加强应用研究的党规学研究路径日趋明晰，党规学专业取向和学科定位日渐明确，党规学基础范畴、基本理念、基本原理、基本逻辑及未来趋向等日益稳定和成熟，党规学研究内容科学化、规范化、体系化日益增强。

（一）党规学研究路径

党规学研究应当在基础研究和应用研究两个相互联系、各有倾力的维度上拓展和深化。基础研究与应用研究不会界限分明，它们密切关联、侧重不同，基础研究是为了学科更像学科和更加科学，应用研究是为了学科更有地位和更有作为。对于党规学建设来说，应当把基础研究与应用研究摆在同等重要的位置。

其一，运用民主法治、权力责任、权利义务、法行为与法关系等对应性制度要素逐步建立起党规学理论分析框架，将法学的基本范畴和基本原理、法治的基本价值和基本规律、制度的基本原则与基本逻辑等引入党规学基础研究中，探求党规学的体系与内容、原理与原则、价值与逻辑。

其二，要面向政党政治、治国理政、参政议政、政党内部治理等重大现实需要，分析不同类型政党、党规建设的共性和差异，面向党规的制定、实施和监督等不同于国家立法、行政和司法的独特实践形态，以及党规国法创设和运行的分工合作，尤其要面向执政党自身治理如何遵循法治—共治—自治—善治的并生共进逻辑。

（二）党规学研究内容体系

尽管对党规学的理论体系可能见仁见智，但党规学研究内容主要不外乎基础理论、历史规律、制度规范和具体实践等几个方面。

其一，党规学基础理论。党规学作为法学学科的一个分支学科，法学基础原理、基本原则、制度逻辑等同样适用于党规学。作为法学学科的新成员，党规学不同于传统部门法学，它既要研究与其他部门法学共有的一般共性问题，又要研究作为独立的法学分支自身的特殊逻辑，创设相对独立的概念范畴、知识体系、专业领域和理论系统，在一般法治原理、规律的基础上探求自身的独特逻辑，超越传统部门法学观念，强化问题导向的领域法学意识，强化学科交叉性和理论原创性，形成和发展不同于其他部门法学的理论和学说。

其二，党规的历史发展。任何社会事物和现象都处于历史发展之中，党规现象是历史的存在、不断变化的现实并显现出一定趋势的未来。党规现象作为一种社会政治制度现象，其产生和发展联系着一定的历史环境和条件，包括政治、经济、社会和文化背景等。与其他制度现象相比，党规现象的变化发展受社会环境因素的影响更为明显。党规学致力于探求党规现象变化发展的脉络和党规建设的历史经验，认识和把握党规建设的规律和党规现象的发展趋势，推动党规建设和党内法治实践与时俱进。

其三，党规的制度规范。党规学研究党规制度现象，将党规制度视为一个相对独立的社会制度系统，将党规制度规范作为主要研究内容，侧重于探讨党规制度框架体系和结构、党规制度规范形式和效力，探寻适应政党内部治理需要的党规建设途径和方式，完善不同领域和方面、不同形式和形态的党规制度规范，构建由党内法规、党内规章、党内规范性文件以及党内不成文规矩等构成的层级分明、结构合理、完整统一的党内制度规范体系。

其四，党规的实践形态。党规学研究尤其是应用研究需要面向党规的实践层面。党规实践主要是指党规的制定和党规的实施，包括决策与立规、执行与执纪、监督与问责、守规与依规等环节，具体包括科学立规、严格执规、严肃执纪、严密监督、严明问责，以及全党严守党规等具体实践形式。党规学研究尤其是应用研究需要面向党规制定、党规遵守、党规实施、党规监督等具体实践形态，旨在通过党规建设和党内法治实践，完善党内治理，走向党内善治。

三、党规学研究方法

一门学问被称其为科学，或者发展为一门学科，重要表征之一是它拥有成熟的方法论。一门学科可以有很多研究方法，社会科学最基本的方法就是马克思主义的辩证唯物主义和历史唯物主义，坚持辩证唯物主义和历史唯物主义的方法论，有助于运用系统论、理论联系实际、阶级分析、比较分析、历史分析、规范法学、社科法学等研究方法，科学研究和分析党规现象和党规规律。

（一）马克思主义基本方法

党规学研究必须坚持马克思主义基本立场和方法。强调马克思主义立场、方法的基本性，是因为离开了辩证唯物主义和历史唯物主义，就不可能形成社会科学的方法论。社会科学领域每一个学科的理论研究都需要认真对待辩证唯物主义和历史唯物主义，这关系到社会科学研究的基础方法论。无论传统政治学、党建学、法学研究，还是作为一门新学科的党规学研究，无论是对政党、国家等政治实体及其活动还是对党规国法等制度现象的研究，都应当坚持实事求是、一切从实际出发、理论联系实际的学术立场，坚持物质决定意识、社会现象普遍联系和相互作用、社会历史发展等方法论原则和观点。

党规学作为一门研究对象广泛、内容极为庞杂的法学分支学科，是法学理论体系中凸显中国特色的学术领域，以辩证和历史的态度和方法开展党规学研究，才能少走弯路和避免谬误。辩证唯物主义和历史唯物主义方法论对于社会科学各领域各学科具有共同的意义，对于党规学尤为重要。党规学研究应当坚持以科学理论为指导，客观分析党规现象及其发展逻辑，坚持历史唯物史观，结合党规历史发展进程研究党规制度及其建设规律，坚持理论联系实际的原则，面向党规建设实际需要，推进党规学理论创新和实践探索。

（二）党规学研究具体方法

其一，系统论方法。党规现象不是孤立的法现象，它与政治、经济、社会、文化等现象交融在一起。因此，党规学必须坚持事物相互联系的观点，运用系统论的方法开展党规研究，既要研究党规制度与环境的关系，又要研究党规供给与需求的关系；既要防止脱离政治、经济、文化、社会等背景孤立地研究党规现象，又要将党规作为一个整体进行研究，避免过于单一零散、粗糙简单甚至支离破碎的制度研究。

其二，理论联系实际方法。党规学研究必须面向党的制度建设的实践，面向党内治理的需求，增强问题意识，坚持理论联系实际的学风和方法。运用理论联系实际方法，需要以科学的调查统计方法和技术作支撑对党规现象进行客观分析，需要围绕党规制度建设和运行中的特定事件和案例进行个案和类案分析，从个别到一般地形成对党规现象、党规行为及其过程和规律性认识。

其三，阶级分析方法。传统政党是阶级的组织，是一定阶级或阶层利益的代表。政党的社会基础可能发生变化，但政党的意识形态、政治纲领、路线方针政策等与一定的阶级或阶层利益相联系，这一本质不会改变。党规是政党的基本要素，是政党意志的产物，它必定联系着和服务于一定的阶级或阶层利益。阶级分析方法就是透过一般政党政治现象，分析政党组织、活动及其制度规范的本质，即它们所联系、反映和体现的根本利益。

其四，历史研究方法。根据党规现象发展的历史脉线，依据党规思想和制度等方面的历史资料、党规思想制度赖以存在和发展的政治社会历史环境，分析党规思想脉络、制度逻辑和党规现象发展变化的规律，概括党规制度和实践的历史经验与教训。党规思想研究与党规制度并重，防止党规研究以偏概全，防止党规研究脱离党规思想和制度所处时代的经济、政治、社会、文化条件。

其五，比较研究方法。侧重于对不同环境条件下的党规现象进行对比分析，找出共同点和差异性，分析党规现象变化发展的共同规律和不同逻辑，尤其注意不同的经济、社会、政治、文化条件对党规发展变化的影响。比较不同政治制度和政党体制中的政党规范，分析党规共性和差异以及党规制度的利弊得失，有利于对世界上不同的党规制度作出正确评价，凸显中国党规建设尤其是执政党党规建设的特色，保持和发展党内法治和党内治理的优势。

其六，规范法学方法。注重将研究对象定位为党规规范本身尤其是“文本规范”，关注党规规范的建构和规范体系的完善，注重党规规范内部的逻辑演绎和规范分析，强调成文党规体系结构的完整性，注重从党规完善的角度解决党规实践中的问题，追求党规规范的有效实施。规范法学方法是法学研究中常用的方法，应当成为党规学的重要研究方法。

其七，社科法学方法。社科法学研究方法强调运用社会科学方法研究法的现象，以开放包容的态度，接纳能够对法现象作出科学解释的所有方法，遵循科学研究的一般准则，聚焦已经发生的“经验事实”，遵循“价值中立”的原则，对研究对象的状态、模式、成因、发展趋势等作出解释。运用社科法学方法研究党规现象，需要将党规作为一种政治现象和政治治理的方式，关注“政治实践中的党规”，侧重于分析研究政党政治生活中的党规规范及其实际作用，尤其注重其动态实施状况和产生的效应。

第三节 党规学的意义与建构

加快建设和发展党规学，构建中国特色党规学学科，需要形成一支以党规制度现象与党内法治规律为研究对象、科研领域和学术方向的专业研究队伍，推进党规科学研究和理论创新，形成完整的党规知识和理论体系，加快党规专业人才培养，推进高水平党规人才和法治工作队伍建设，聚焦党规制度和党内法治建设重大现实问题，不断推进党规建设和党内法治实践探索。

一、党规学的价值意义

（一）党规学理论价值

党规学如果能够成为一门知识体系完整和理论体系自洽的学问，必须处理好与其他学科的关系。作为一门亟须进一步理论化的学科，它需要形成内生创新的力量，既发展自身，又贡献于法治理论的发展和法学学科体系的完善。加快建设和发展党规学，有利于形成明确的党规研究领域，汇集各方面的专家学者聚焦党规建设和党内法治实践，促进相关学科在党规研究领域的沟通对话、交流合作，形成多学科共同关注的实践场域和共同参与的学术场域，形成多学科交叉研究、跨学科研究的局面，逐步形成一支致力于党规研究的专业队伍，建立相应的专业团体和学术团队、专业机构和科研平台，促进党规基础理论和应用研究。

加快建设和发展党规学，有利于增强社会科学界的使命感，促使社会科学研究工作者从关注学术研究到关注学科建设，这将有利于形成新的学术增长点，进而推动政治学、党建学、法学等学科体系建设，并催生和培育新的学科增长极。比如，就法学学科建设而言，建设和发展党规学，使党规学成为法学学科体系的重要分支，与法理学、宪法学等学科并列互动，这无疑有利于提升法学学科体系的完整性。

(二)党规学实践意义

党规学如果能够成为一门成熟的学问和独立的学科,必须处理好党规理论与党规实践的关系。党规学作为一门应用性很强的学科,它需要从实践中来,又必须到实践中去,在理论与实际的结合中,既完善自身,又贡献于党内法规、法治建设和党内治理、善治实践。加快建设和发展党规学,明确其相对独立的学科地位,将人才培养和科学研究结合起来,以科学研究为支撑,形成一支党规领域教育教学和人才培养的队伍。建立完善的党规学人才培养目标体系,培养适应党建工作和党规建设的专门人才,推动党内法治工作队伍建设,为党内法治建设和党内治理现代化提供强有力的人才支持。

加快建设和发展党规学,有利于形成科学的研究体系,促进理论联系实际,产生更有质量和水平的研究成果,使党规学研究保持理论基础和广度,增进理论创新和深度,结合高水平党规智库建设,形成与党规实践结合、对党规实践作用的状态,为全面从严治党、全面推进法治、全面实现党和国家治理现代化的伟大实践提供智力支持。

二、创设发展党规学

一门成熟的学问和一个独立的学科,需要具备一些基本要素和基础条件。党规学要成为成熟的学问和独立的学科,需要一个由核心范畴、基本范畴、重要范畴组成的概念体系,一套能够阐释党规建设学理的理论体系,一套比较完善的方法论,一批代表性理论研究成果。[①] 一般说来,独立的学科由科学研究和人才培养等密切关联的多重因素构成。其一,科学研究所需要的人员和机构,形成稳定的科研队伍和自由的学术机制,所创造产生的知识和理论成果,具有成熟的方法论。其二,人才培养所需要的知识体系和理论方向,形成不同层次人才培养的教学和课程体系,形成教育教学的学科特色,具有人才培养的学科优势。其三,科学研究、人才培养所需要的对外交流与合作,所形成的各学科、国内外交流

---

① 参见宋功德:《党规之治》,法律出版社 2015 年版,第 431 页。

合作的机制和平台,形成与其他学科交流合作的局面,具有国际交流合作的能力。其四,理论面向实践所需要的机制与格局,所形成的应用能力和智库形式,形成学术服务于实践的话语体系,具有党规理论作用于党规实践的影响力。

换言之,一个学术领域是否成熟到能获得普遍承认的程度,取决于多项学术和实践上的表征:其一,形成一个以该领域为稳定研究方向的学者群体。其二,有专门刊登该领域论文的杂志和其他出版物的发展。兼言之,学问的成熟度取决于“学而成群,研而成体,研学群体成统”。学科的独立性取决于“学而成理,研而成论,研学理论成就”。党规学作为成熟的学问和独立的学科要获得普遍承认,从形式上看,也必须具备稳定的研究队伍、学术成果展示的媒介这样的条件。其三,有以科研为支撑面向党规专业人才培养的基础教材。

从某种意义上讲,推进党规学建设,使其发展成为一门独立的学科,当前尤需关注不可忽略的两个重要支点:其一,党规研究刊物的公开出版,不一定是核心期刊或 CSSCI 期刊。其二,基础党规学教材的编写,一定是有关党规现象常识和常理的结晶。

附录一 中央党内法规制定工作五年规划纲要（2013～2017年）[①]

为落实中央关于加强党内法规制度建设的要求，全面提高党的建设科学化水平，依照《中国共产党章程》《中国共产党党内法规制定条例》有关规定，根据党的十八大关于党的建设总体部署，制定本规划纲要。

一、指导思想、工作目标和基本要求

1. 指导思想。坚持以马克思列宁主义、毛泽东思想、邓小平理论、“三个代表”重要思想、科学发展观为指导全面落实党的十八大精神和习近平总书记一系列重要讲话精神，牢牢把握加强党的执政能力建设、先进性和纯洁性建设这条主线，坚持解放思想、改革创新，坚持党要管党、从严治党，以党章为根本，以民主集中制为核心，积极推进党内法规制定工作，加快构建党内法规制度体系，为全面提高党的建设科学化水平、加强和改善党的领导、确保党始终成为中国特色社会主义事业的坚强领导

---

① 2013年11月27日，《中央党内法规制定工作五年规划纲要（2013～2017年）》正式发布。这是中国共产党历史上第一次编制党内法规制定工作五年规划，是加强党的制度建设的战略工程，为进一步加强党内法规制度体系建设注入了新的动力，对其后五年中央党内法规制定工作作了统筹安排，提出了中央党内法规制度建设的指导思想、工作目标、基本要求、主要任务和落实要求，并确定了一批党内法规重点制定项目。

核心提供坚实制度保障。

2.工作目标。在对现有党内法规进行全面清理的基础上，抓紧制定和修订一批重要党内法规，力争经过5年努力，基本形成涵盖党的建设和党的工作主要领域、适应管党治党需要的党内法规制度体系框架，使党内生活更加规范化、程序化，使党内民主制度体系更加完善，使权力运行受到更加有效的制约和监督，使党执政的制度基础更加巩固，为到建党100周年时全面建成内容科学、程序严密、配套完备、运行有效的党内法规制度体系打下坚实基础。

——基础主干党内法规更加健全。对一些分散交叉的党内法规和规范性文件进行整合提升，形成一批综合性党内法规，党内法规制度的集成性明显提高。党的思想建设、组织建设、作风建设、反腐倡廉建设、制度建设各领域的基础主干党内法规基本制定，党的领导和党的工作方面的基础主干党内法规制定取得重要进展，党内法规制度体系框架基本确立。

——实践亟须的党内法规及时出台。针对党的建设和党的工作中存在的突出问题，以保障党员权利、发展党内民主、改革用人制度、加强基层组织、推进作风转变、规范权力行使、严明党的纪律、强化党内监督为重点，抓紧制定实践迫切需要、干部群众热切期待的党内法规，努力为解决干部群众普遍关注的热点难点问题提供制度安排。

——配套党内法规更加完备。加强对已有党内法规制度的配套建设，使基础主干党内法规的实施办法和细则基本完备，相应的配套专项制度不断完善，程序性、保障性、惩戒性规定得到强化，党内法规的匹配性、操作性实用性明显提高。

——各项党内法规之间协调统一。党内法规工作的统筹规划机制、审议审核机制、动态清理机制、备案审查机制、解释评估机制建立健全并有效运行，不同领域、不同位阶、不同效力的党内法规相互衔接，党内法规的系统性、协调性、统一性明显提高。

3.基本要求。做好党内法规制定工作，要遵循以下基本要求：

——围绕中心，服务大局。认真贯彻党的基本理论、基本路线、基本纲领、基本经验、基本要求,自觉服务于中国特色社会主义事业总体布局,服务于党的建设新的伟大工程,从制度上确保党的理论和路线方针政策的贯彻落实,充分发挥党内法规在促进全局工作中的重要作用。

——宪法为上,党章为本。以宪法为遵循,保证党内法规体现宪法和法律的精神和要求,保证党内法规制度体系与中国特色社会主义法律体系内在统一,确保各级党组织和党员在宪法和法律范围内活动,认真履行党内的各项职责和义务。以党章为根本,按照党章确定的基本原则、要求和任务,推进党内法规制定工作。

——整体推进,突出重点。着眼于构建系统完备的党内法规制度体系,立体式、全方位推进党内法规制定工作,维护党内法规制度体系的统一性。把阶段性任务与战略性目标结合起来,按照急用先立原则,抓住核心、关键、亟须制定的党内法规项目,集中力量推进,努力在主要方面和关键环节上取得突破。

——发扬民主,科学制定。坚持从实际出发,充分发扬民主,深入调查研究,广泛征求意见,遵循党的制度建设规律,妥善处理数量与质量、前瞻性与现实性等关系,确保党内法规适应党的建设和党的工作需要,体现广大党员、干部意愿,经得起实践和历史检验。

——改革创新,与时俱进。在总结吸取正反两方面历史经验的基础上,研究新情况、解决新问题、总结新经验,尊重基层首创精神,借鉴国外政党有益做法,注重把实践中的成功经验和规律性认识上升为党内法规,及时修改同实践要求不相适应的党内法规,使党内法规建设始终随着实践的发展、时代的进步不断向前推进。

——严谨规范,有效管用。按照于法周延、于事简便的原则,提高党内法规制定水平,做到内容翔实、措施管用,逻辑严密、表述准确,文字精练、格式规范,具有针对性、指导性和可操作性。

二、完善党的领导和党的工作方面的党内法规,进一步改进党的领导方式和执政方式

围绕更好发挥党总揽全局、协调各方的领导核心作用,按照党的领

导主要是政治、思想和组织领导的原则，抓紧制定和完善党的领导和党的工作方面的党内法规，通过科学、规范的机制安排，加强和改善党的领导，提高党科学执政、民主执政、依法执政水平。

1.完善地方党委工作制度。抓紧修订《中国共产党地方委员会工作条例(试行)》，制定体现集体领导和个人分工负责相结合的具体制度和办法，建立健全决策权、执行权、监督权既相互制约又相互协调的权力结构和运行机制。

2.规范和完善党组工作制度。抓紧制定《中国共产党党组工作条例》，明确党组的设立、职权职责和工作方式，规范党组决策程序，进一步理顺党组与所在机构组织的关系，既支持人大、政府、政协、司法机关、人民团体依照法律和各自章程独立负责、协调一致地开展工作，支持国有企业和事业单位依法运营，又发挥党组在这些机构组织中的领导核心作用，保证党的路线方针政策和决策部署得到落实。

3.完善党领导国家法治建设的党内法规。按照党领导立法、保证执法、带头守法的要求，加强党对法治建设的领导，健全党领导法治建设的制度和体制机制。加强和改善党对立法工作的领导，修改《中共中央关于加强对国家立法工作领导的若干意见》，规范党领导国家立法的工作程序，更好地使党的主张通过法定程序成为国家意志。加强和改善党对政法工作的领导，积极推进司法体制改革，适时研究制定党委政法委工作条例，完善党领导政法工作的体制机制。完善党员、干部特别是领导干部带头学法尊法守法用法的制度规定，带动全社会形成崇尚法治、遵守法律、依法办事的良好氛围。

4.完善意识形态工作方面的党内法规。加强宣传思想工作方面党内法规建设，从制度上加强、改进和保障党对意识形态工作的领导。坚持党管媒体原则，完善新闻媒体及新闻从业人员管理制度和办法，加强对互联网等新兴媒体的管理，把舆论导向管理落到实处。完善意识形态阵地管理法规制度，健全各类学会、协会、研究会、民办社科研究机构管理制度，不给错误思潮和主张提供传播渠道。

5.完善统一战线工作方面的党内法规。坚持和完善中国共产党领导的多党合作和政治协商制度，推进政治协商、民主监督、参政议政制度建设。制定《中国共产党统一战线工作条例》，完善党领导统一战线工作的体制机制，更好地促进政党关系、民族关系、宗教关系、阶层关系、海内外同胞关系的和谐。研究完善社会主义协商民主方面的制度规定，健全协商民主工作机制，推进协商民主广泛、多层、制度化发展。

6. 完善群众工作方面的党内法规。研究制定加强和改进党对工会、共青团、妇联等人民团体领导的制度，将党对人民团体的领导纳入制度化、规范化轨道，支持人民团体充分发挥桥梁纽带作用。

7. 完善外事工作方面的党内法规。修改完善外事管理工作有关制度规定，建立健全外事工作体制机制，提高外事工作制度化、规范化水平。

8. 完善军队政治工作方面的党内法规。坚持党对军队绝对领导的根本原则和人民军队的根本宗旨，修改完善《中国人民解放军政治工作条例》及《中国共产党军队委员会工作条例》《中国共产党军队支部工作条例》加强党在军队中的思想工作和组织工作，更好地发挥军队政治工作的服务保证作用，确保军队始终忠于党、忠于人民。

三、完善党的思想建设方面的党内法规，为做好理论创新和理论武装工作提供制度保障

着眼于教育引导广大党员、干部坚定理想信念，以思想理论建设为根本、党性教育为核心、道德建设为基础加人思想建设方面党内法规制定力度，积极探索理论创新和理论武装工作的有效途径和方法，推动思想建设工作制度化、常态化。

1. 完善党员干部理论学习制度。健全马克思主义理论研究和建设工作体制机制，完善中国特色社会主义理论体系宣传普及制度。健全学习型党组织建设制度。完善党委(党组)中心组学习制度、领导干部理论学习考核制度、学习培训阵地建设管理制度、学风建设制度以及学习培训纪律规定，强化刚性约束，增强学习效果。制定中国共产党党员教育工作条例，修订《干部教育培训工作条例(试行)》，提高教育培训的针对性和实效性。

2.完善党员党性教育和分析制度。对照党章规定、新时期保持共产党员先进性的基本要求，探索建立健全党性教育和分析的机制与办法，对党员坚持原则、履行义务、发挥作用等情况进行分析，强化党员党性意识。健全党员立足岗位创先争优长效机制，引导广大党员更好地发挥先锋模范作用，保持党员队伍的纯洁性。

3.完善党员、干部道德建设制度。针对党员、干部特别是领导干部道德建设方面存在的突出问题，明确新形势下党员、干部道德指引，明确领导干部从政道德要求，健全道德评价考核办法，完善道德建设奖惩措施，督促引导党员、干部做社会主义道德的示范者、诚信风尚的引领者、公平正义的维护者。

四、完善党的组织建设方面的党内法规，着力提高组织工作制度化水平

着眼于夯实党执政的组织基础，进一步完善干部队伍建设、基层组织建设、党员队伍建设等方面的党内法规着力构建覆盖广泛、结构合理、功能健全的组织体系，着力建设高素质执政骨干队伍，推动组织建设在制度化轨道上不断取得新进展。

1.完善干部宏观管理制度。抓紧制定加强干部宏观管理方面的规定，加强干部政策的规范，清理地方已出台的与中央政策不一致的规定，严禁超职数配备干部，规范干部职务名称，严禁擅自提高机构规格和干部职级待遇，防止干部任职年龄层层递减。

2.完善干部选拔任用方面的党内法规。深化干部人事制度改革，修改完善《党政领导干部选拔任用工作条例》，坚持和完善民主推荐，完善考察内容和方法，规范公开选拔和竞争上岗，从严规范破格提拔，完善任职回避制度，健全干部选拔任用工作监督检查、责任追究等制度，有效遏制选人用人上的不正之风。

3.完善领导干部考核评价制度。抓紧制定改进完善干部考核工作的意见，把握考核干部的标准，突出德的考核，改进工作实绩考核，强化作风考核，树立以德为先、科学发展、注重作风的导向，切实改变一些领

导干部片面追求生产总值、盲目攀比发展速度的现象。

4. 完善党政领导干部职务任期制度。适时修订《党政领导干部职务任期暂行规定》，严格控制选任制领导干部任期内职务变动，规范干部轮岗交流，避免党政领导干部因调动频繁而引发短期行为。

5. 完善党政领导干部问责制度。适时修订《关于实行党政领导干部问责的暂行规定》，进一步明确问责情形、规范问责方式。抓紧制定严格做好被问责干部工作安排的有关规定，严格被问责干部复出条件、程序和职务安排等，保证问责制度与党纪政纪处分、法律责任追究制度有效衔接。完善组织处理制度，通过调离岗位、免职、降职等方式，加大对不胜任、不称职干部的调整力度。

6. 完善党的基层组织工作制度。修改完善《中国共产党农村基层组织工作条例》，抓紧制定国有企业基层组织工作条例，制定关于加强基层服务型党组织建设的意见，明确各领域基层服务型党组织建设的目标要求、主要任务、保障措施，健全党的基层组织工作制度体系，推动服务群众、做群众工作制度化、常态化、长效化。

7. 健全党员队伍建设方面的党内法规。按照控制总量、优化结构、提高质量、发挥作用的要求，完善和细化发展党员和党员管理制度。健全党员能进能出机制，优化党员队伍结构，疏通党员队伍出口，对不合格党员及时进行组织处理。健全党员民主评议制度、党内表彰制度。完善流动党员教育管理服务制度，健全党内激励关怀帮扶机制。

8. 健全党管人才方面的党内法规。研究制定人才工作条例，加快人才发展体制机制改革和政策创新，改进党管人才工作方式，建立健全人才培养开发、评价发现、选拔任用、流动配置、激励保障机制，推动形成激发人才创造活力、鼓励人才干事创业的制度保障，把各方面优秀人才集聚到党和国家事业中来。

五、完善党的作风建设方面的党内法规，为推动作风转变提供强大动力

以贯彻落实中央八项规定精神为着力点，针对形式主义、官僚主义、

享乐主义和奢靡之风等突出问题,加大作风建设方面党内法规建设力度,提高相关制度的集成性、针对性和执行力,为推进作风建设提供有力制度支撑

1. 完善党员、干部特别是领导干部直接联系群众制度。结合开展党的群众路线教育实践活动,完善党员、干部特别是领导干部直接联系群众制度,包括领导干部基层联系点制度、调查研究制度、定期接待群众来访和下访制度、基层办公制度等,拓展和畅通群众诉求反映渠道,完善党和政府主导的维护群众权益机制,把联系服务群众作为党员、干部特别是领导干部的重要任务和职责,提高做好新形势下群众工作的能力。

2. 完善党政机关厉行节约反对浪费方面的党内法规。清理以往反对和禁止铺张浪费行为的各项制度规定,以改革创新精神加强厉行节约反对浪费制度体系建设。制定党政机关厉行节约反对浪费条例,坚决遏制公务支出、公款消费中的违规违纪违法现象。

3. 完善领导干部待遇方面的党内法规。按照既保证工作生活需要又从严从简的要求,修改完善领导干部住房、办公用房、用车、工作人员配备、医疗、休假休息、交通、安全警卫等方面的党内法规制度,严格规范领导干部工作和生活待遇。

4. 完善作风建设监督惩戒制度。健全作风建设监督检查机制,加大监督检查力度。将作风建设情况纳入巡视工作范围。健全作风建设惩戒机制,明确违规违纪责任内容和惩罚措施,严格责任追究,以严明的纪律和严厉的惩戒督促党员干部切实改进作风。

六、完善党的反腐倡廉建设方面的党内法规,切实把权力关进制度的笼子里

围绕建设廉洁政治,加大教育、监督、惩处力度,以解决体制缺陷和制度漏洞为重点,加快推进反腐倡廉建设方面党内法规建设,提高制度安排的系统性、科学性,努力形成不敢腐的惩戒机制、不能腐的防范机制、不易腐的保障机制。

1. 健全权力运行制约和监督体系。修订《中国共产党党内监督条例

(试行)》,进一步健全监督机制,拓宽监督渠道,强化监督力量。研究制定加强对主要领导干部监督的制度,切实加大对一把手的监督力度。修订《中国共产党巡视工作条例(试行)》,充分发挥巡视工作发现问题、形成震慑的重要作用。完善领导干部述职述廉、提醒谈话、诫勉谈话、函询、质询、罢免或撤换等制度。完善领导干部报告个人有关事项制度。

2.完善预防腐败的党内法规。着眼于从源头上防治腐败,努力形成一整套有效的预防腐败制度。加强廉政风险防控机制建设,形成以积极防范为核心、以强化管理为手段的科学防控机制。建立健全防止利益冲突制度,加强对领导干部及其亲属和身边工作人员的教育和约束。建立预防腐败信息共享机制、预警机制和廉政指标体系,充分发挥现代科技手段在防治腐败中的作用。

3.完善查办腐败案件的党内法规。整合已有相关制度规定,研究制定《中国共产党纪律检查机关案件办理工作条例》,进一步完善办案程序、规范办案措施、提高办案质量。健全网络举报和受理机制、网络信息收集和处置机制,及时揭露、发现、查处腐败案件。

4.完善纪律处分制度和党员申诉制度。修订《中国共产党纪律处分条例》,根据新形势新情况,增补处分情形,细化相关规定,明确处分标准,统一违纪行为名称,提高纪律处分的规范化水平。研究制定《中国共产党纪律检查机关处理党员申诉工作规定》,明确党员对所受党纪处分不服的申诉程序,畅通受处分党员申诉渠道,健全申诉办理机制,切实保障党员的申诉权利。

5.完善处理检举、控告的制度。完善对党组织和党员干部检举、控告进行处理的程序规定,明确受理检举、控告的范围和方式,严格处理程序,对错告、误告、诬告行为予以明确界定,严肃查处打击报复举报人、控告人的行为,从制度上保护举报人、控告人的合法权益。

6.完善纪检监察体制机制。进一步明确纪律检查委员会的机构设置、职能任务和工作制度。完善纪检监察派驻机构统一管理制度,健全管理体制、工作机制,更好地发挥派驻机构对驻在部门领导班子及其成员的监督作用。完善国有企业、事业单位纪律检查工作制度。

七、完善党的民主集中制建设方面的党内法规，加快构建党内民主制度体系

按照党章和《关于党内政治生活的若干准则》的要求，抓紧建立健全民主集中制的具体制度，着力构建党内民主制度体系，切实推动民主集中制具体化、程序化，真正把民主集中制重大原则落到实处。加强党的纪律建设进一步严明党的纪律规定，维护党的集中统一。

1. 健全党员权利保障制度。以落实党员知情权、参与权、选举权、监督权为重点，修改完善《中国共产党党员权利保障条例》，细化保障措施，明确保障程序，进一步提高党员对党内事务的参与度，强化对侵犯党员权利行为的责任追究，更好地发挥党员在党内生活中的主体作用。

2. 完善党的代表大会制度。深化县（市、区）党代会常任制试点，试行乡镇党代会年会制。落实和完善党的代表大会代表任期制，制定党代会代表提案制实施办法，为党代会代表履职尽责提供制度保障。

3. 完善党内选举制度。适应党的建设新形势和发展党内民主需要，总结吸收近年来地方各级党委和基层党组织在选举工作中创造的好经验好做法，修改完善《中国共产党地方组织选举工作条例》《中国共产党基层组织选举工作暂行条例》，进一步完善党内选举办法，严格选举程序，严明选举纪律，改进候选人提名方式，规范差额提名、差额选举的范围和比例，扩大党员参与推荐候选人的途径，形成充分体现选举人意志的程序和环境。

4. 完善党委议事决策制度。研究制定地方党委决策程序规定，把调查研究、征求意见、法律咨询、集体讨论决定作为必经程序，完善地方党委讨论决定重大问题和任用重要干部票决制，提高党委科学决策、民主决策、依法决策水平。健全工委工作体制机制，对工委的设置、职责、工作制度等作出规定。

5. 完善党员领导干部民主生活会制度。着眼于严格党内生活，总结吸收党的群众路线教育实践活动专题民主生活会的经验做法，抓紧修订《关于县以上党和国家机关党员领导干部民主生活会的若干规定》，用好

批评和自我批评武器，增强党内生活的政治性、原则性、战斗性，加强党内监督和领导班子的思想、作风建设，切实提高依靠自身力量解决矛盾和问题的能力。

6.完善党内基层民主制度。研究制定《中国共产党党务公开条例》，健全党内情况通报制度，增强党内生活透明度。扩大党内基层民主，建立健全党内事务听证咨询制度，完善党员定期评议基层党组织领导班子制度，建立健全党员旁听基层党委会议、党代会代表列席同级党委有关会议等制度。

7.完善政治纪律规定。着眼于加强党的纪律建设，进一步强化党员、干部政治纪律要求，完善监督机制和惩戒机制，严肃查处违反政治纪律的行为，坚决维护中央权威。

8.完善党委督促检查工作制度。研究制定《党委督促检查工作规定》，完善党委督促检查工作领导体制和工作机制，进一步明确督促检查工作职责，规范督促检查工作程序，增强督促检查工作效果，推动中央和地方各级党委重大决策部署贯彻落实，保证政令畅通，坚决纠正有令不行、有禁不止现象。

八、提高党内法规制定质量和执行力

1.提高党内法规制定质量。认真履行制定程序，严格按照《中国共产党党内法规制定条例》有关规定，做好规划计划、组织起草、前置审核、审议批准、审核签批、公开发布等环节的工作。要坚持走群众路线，深入实际、深入基层进行调研，充分听取各方面意见，切实做到集思广益。要加强前置审核，重要党内法规应在经过党内法规工作机构初步审核后再报请审议审批，确保及时发现和消除党内法规草案中的问题。做好党内法规解释工作，保证党内法规制定意图和条文含义得到准确理解。完善党内法规备案制度，维护党内法规制度的协调统一。健全清理工作机制，及时解决党内法规制度存在的不适应、不协调、不衔接、不一致问题。

2.加大党内法规宣传力度。按照公开是原则、不公开是例外的要求，做好党内法规及时公开工作。凡是能公开的就不定密，能解密的要及时解密公开，公开时要做好配合宣传工作。完善宣传教育机制，把党内法规纳入党校、干部学院培训教材，引导党员领导干部依规办事、依规用权、依规施政。建立健全党内法规定期汇编制度一般每5年对发布的党内法规进行一次汇编，并在履行解密手续后公开出版，以便执行和遵守。

3.健全党内法规执行机制。坚持有规必依、执规必严、违规必究，加大党内法规执行力度，使刚性约束得到严格遵循，切实做到法规制度面前人人平等、遵守法规制度没有特权、执行法规制度没有例外，坚决防止出现“破窗效应”，切实增强法规制度的严肃性和权威性。健全监督检查机制，明确监督执行的责任部门，完善监督检查方式，加大监督检查力度。完善惩处追责机制，明确保障党内法规执行的惩戒性规定，定期通报党内法规执行情况和对违规行为的查处情况。积极开展党内法规实施后评估工作，并根据评估反馈情况及时修改完善相关党内法规。

九、抓好组织实施

1.加强组织领导。中央办公厅要认真履行党内法规建设统筹协调职责，抓好任务分解，拟订年度计划，协调抓好本规划纲要各项任务的落实。承担中央党内法规起草任务的中央纪委和中央有关部门，对落实本规划纲要中的制定项目负有重要责任，要切实加强组织领导，制定实施方案，主要负责同志要亲自过问，有关负责同志要加强协调，法规工作机构要着力抓好落实。

2.充分发挥党内法规工作机构的作用。各地区各有关部门要抓紧建立健全党内法规工作机构，并帮助解决队伍力量、设施条件、工作开展等方面的实际困难，充分发挥党内法规工作机构在服务党的制度建设和党依法执政方面的参谋助手作用。要为党内法规工作机构负责人列席本级党委重要会议特别是讨论法规文件的会议创造条件。要将党内法规工作经费纳入同级政府财政预算，为开展党内法规工作提供保障。

3.强化督查指导。中央办公厅要加强对本规划纲要实施情况的跟踪分析，保持与项目起草单位的密切沟通与联系，及时掌握制定工作进展情况，协助解决起草工作中涉及的重要问题，督促完成起草任务。各牵头起草单位每年年底要报送起草工作进展情况，由中央办公厅汇总后向中央报告。中央办公厅每年以适当方式通报本规划纲要落实进展情况。

本规划纲要确定的重点制定项目，是对今后 5 年中央党内法规制定工作的预期安排。在实施过程中，可以针对遇到的新情况新问题，根据党的事业发展和党的建设、党的工作实际需要，及时对制定项目进行增减和调整完善。

各地区各有关部门可以根据本规划纲要精神，结合自身实际，编制本地区本系统党内法规制定工作五年规划中央军委及其总政治部可以依照本规划纲要精神，编制军队党内法规制定工作五年规划。

附录二
中共中央印发《关于加强党内法规制度建设的意见》[①]

2017年6月，中共中央印发《关于加强党内法规制度建设的意见》（以下简称《意见》）。《意见》贯彻落实以习近平同志为核心的党中央关于全面从严治党、依规治党的重大决策部署，从指导思想、总体目标、加快构建完善的党内法规制度体系、提高党内法规制度执行力、加强组织领导等方面，对加强新形势下党内法规制度建设提出明确要求、作出统筹部署。

《意见》指出，治国必先治党，治党务必从严，从严必依法度。加强党内法规制度建设，是全面从严治党、依规治党的必然要求，是建设中国特色社会主义法治体系的重要内容，是推进国家治理体系和治理能力现代化的重要保障，事关党长期执政和国家长治久安。

《意见》要求，加强党内法规制度建设，必须深入贯彻习近平总书记系列重要讲话精神，紧紧围绕统筹推进“五位一体”总体布局和协调推进“四个全面”战略布局，牢固树立新发展理念，坚持以党章为根本遵循，坚持思想建党和制度治党相结合，坚持从管党治党、治国理政实际出发，坚

① 资料来源：新华网，http://www.xinhuanet.com//politics/2017-06/25/c_1121206814.htm。

持制定和实施并重，改革创新、与时俱进，把中央要求、群众期盼、实践需要和新鲜经验结合起来，扎实推进党的工作和党的建设制度化、规范化、程序化，为保持党的先进性和纯洁性，提高党的执政能力和领导水平、增强抵御风险和拒腐防变能力提供坚强法规制度保证，确保党始终成为中国特色社会主义事业坚强领导核心。

《意见》提出，到建党100周年时，形成比较完善的党内法规制度体系、高效的党内法规制度实施体系、有力的党内法规制度建设保障体系，党依据党内法规管党治党的能力和水平显著提高。

《意见》强调，党内法规制度体系，是以党章为根本，以民主集中制为核心，以准则、条例等中央党内法规为主干，由各领域各层级党内法规制度组成的有机统一整体。要坚持目标导向和问题导向，按照“规范主体、规范行为、规范监督”相统筹相协调原则，完善以“1＋4”为基本框架的党内法规制度体系，即在党章之下分为党的组织法规制度、党的领导法规制度、党的自身建设法规制度、党的监督保障法规制度4大板块。完善党的组织法规制度，全面规范党的各级各类组织的产生和职责，夯实管党治党、治国理政的组织制度基础。完善党的领导法规制度，加强和改进党对各方面工作的领导，为党发挥总揽全局、协调各方领导核心作用提供制度保证。完善党的自身建设法规制度，加强党的思想建设、组织建设、作风建设、反腐倡廉建设，深化党的建设制度改革，增强党的创造力、凝聚力、战斗力。完善党的监督保障法规制度，切实规范对党组织工作、活动和党员行为的监督、考核、奖惩、保障等，确保行使好党和人民赋予的权力。

《意见》要求，中央纪委、中央各部门和各省区市党委要按照党中央决策部署，统筹谋划、积极推进本系统本地区党内法规制度建设。探索赋予副省级城市和省会城市党委在基层党建、作风建设等方面的党内法规制定权。

《意见》强调，制定党内法规制度必须牢牢抓住质量这个关键，方向要正确、内容要科学、程序要规范，保证每项党内法规制度都立得住、行得通、管得了。

《意见》要求，提高党内法规制度执行力，要坚持以上率下，从各级领导机关和党员领导干部做起，以身作则、严格要求，带头尊规学规守规用规。加强学习教育，加大党内法规宣讲解读力度，将党内法规制度作为各级党委（党组）中心组学习重要内容，纳入党校、行政学院、干部学院必修课程。强化监督检查，将党内法规制度实施情况作为各级党委督促检查、巡视巡察的重要内容，对重要党内法规制度实施情况开展定期督查、专项督查。加大责任追究和惩处力度，严肃查处违反和破坏党内法规制度的行为。完善备案审查制度，建立贯通上下的备案工作体系，建立备案工作考核通报制度。

《意见》强调，中央各部门和地方各级党委要认真抓好职责范围内的党内法规制度建设工作，与党建其他工作一同部署、抓好落实。加强党内法规工作机构建设，充实配强工作力量。省区市党委根据工作需要设立党内法规工作机构，承担党内法规制度规划计划、起草审核、备案清理、督促指导和服务党委领导立法、法律顾问等职责。制定党内法规人才发展规划，建设党内法规专门工作队伍、理论研究队伍、后备人才队伍。坚持把思想政治建设摆在首位，着力打造一支对党绝对忠诚、综合素质高、专业能力强、勇于担当负责、甘于吃苦奉献的党内法规专门工作队伍。

附录三
中共中央印发《中央党内法规制定工作第二个五年规划(2018～2022年)》[①]

2018年2月,中共中央印发《中央党内法规制定工作第二个五年规划(2018～2022年)》(以下简称《规划》)。《规划》深入贯彻落实习近平新时代中国特色社会主义思想和党的十九大精神,着眼于到建党100周年时形成比较完善的党内法规制度体系,对今后5年党内法规制度建设进行顶层设计,提出了指导思想、目标要求、重点项目和落实要求,是推进新时代党内法规制度建设的重要指导性文件。

《规划》指出,做好新时代党内法规制定工作,要高举中国特色社会主义伟大旗帜,全面贯彻党的十九大精神,坚持以马克思列宁主义、毛泽东思想、邓小平理论、"三个代表"重要思想、科学发展观、习近平新时代中国特色社会主义思想为指导,紧紧围绕进行伟大斗争、建设伟大工程、推进伟大事业、实现伟大梦想,贯彻落实新时代党的建设总要求,坚持依法治国和依规治党有机统一,坚持思想建党和制度治党同向发力,以改革创新精神加快补齐党内法规制度短板,使党的各方面制度更加成熟、更加定型,增强依法执政本领,提高管党治党水平,确保党在新时代中国

---

① 资料来源:中国新闻网,http://www.chinanews.com/gn/2018/02-23/8453032.shtml。

特色社会主义的伟大实践中始终成为坚强领导核心。

《规划》提出，要适应新时代坚持和加强党的全面领导、以党的政治建设为统领全面推进党的各项建设的需要，到建党100周年时形成以党章为根本、以准则条例为主干，覆盖党的领导和党的建设各方面的党内法规制度体系，并随着实践发展不断丰富完善。党内法规制度质量明显提高，执行力明显提升，系统性、整体性、协同性明显增强。

《规划》强调，做好党内法规制定工作，要坚持正确政治方向，以习近平新时代中国特色社会主义思想为指引，紧紧围绕坚持和加强党的全面领导、紧紧围绕以党的政治建设为统领全面推进党的各项建设，确保全党坚定维护以习近平同志为核心的党中央权威和集中统一领导，确保党的领导更加坚强、党的执政地位更加巩固。坚持以党章为根本遵循，全面贯彻党章精神和党章规定，特别是将十九大党章修正案的新规定和新要求细化具体化，切实维护党章权威性和严肃性。坚持问题导向，直面人民群众反映强烈，弱化党的领导、损害党的先进性和纯洁性的问题，发挥制度的治本作用，抓紧制定实践急需、条件成熟、务实管用的法规制度，堵塞制度漏洞。坚持立改废释并举。坚持党内法规和规范性文件相得益彰。坚持党内法规同国家法律衔接和协调。

《规划》指出，要突出准则在党内法规制度体系中的特殊地位和作用。在已有党内政治生活准则和廉洁自律准则基础上，研究制定党的思想道德、密切联系群众方面的相关准则，为规范党组织活动和党员行为提供基本准绳。

要完善党的组织法规。坚持民主集中制这一根本组织原则，全面规范党的各级各类组织的产生和职责，夯实管党治党、执政治国的组织制度基础，为坚持和加强党的全面领导、实现党在新时代的历史使命提供坚强组织保证。重点制定中国共产党中央委员会工作条例、中国共产党纪律检查委员会工作条例、国有企业党组织工作条例、中国共产党支部工作条例等党内法规；修订中国共产党全国代表大会和地方各级代表大会代表任期制暂行条例、中国共产党地方组织选举工作条例、中国共产党基层组织选举工作暂行条例、中国共产党农村基层组织工作条例、中国共产党党和国家机关基层组织工作条例、中国共产党普通高等学校基层组织工作条例、中国共产党党组工作条例(试行)等党内法规。要完善党的领导法规。坚持党对一切工作的领导,完善党的领导体制机制,改进领导方式,提高执政本领,不断增强党的政治领导力、思想引领力、群众组织力、社会号召力,把党总揽全局、协调各方落到实处。重点制定中国共产党重大事项请示报告条例,党中央领导全面深化改革工作、经济工作、法治工作等方面的规定,中国共产党农村工作条例、宣传工作条例、组织工作条例、政法工作条例、机构编制工作条例、群团工作条例、外事工作条例、人才工作条例等党内法规;修订中国共产党统一战线工作条例(试行)、中国人民解放军政治工作条例等党内法规。要完善党的自身建设法规。坚持党要管党、全面从严治党,以党的政治建设为统领,全面推进党的政治建设、思想建设、组织建设、作风建设、纪律建设,把制度建设贯穿其中,深入推进反腐败斗争,不断提高党的建设质量,增强党的建设工作的科学性和有效性。重点制定加强党的政治建设方面的法规制度、党员教育管理工作条例、公务员职务与职级并行规定、党委(党组)落实全面从严治党主体责任规定等党内法规;修订党政领导干部选拔任用工作条例、中央企业领导人员管理暂行规定等党内法规。要完善党的监督保障法规。按照"规范主体、规范行为、规范监督"相统筹相协调原则,切实加强对党组织和党员干部的监督、奖惩、保障,建立健全相关法规制度,形成有权必有责、有责要担当、用权受监督、失责必追究的激励约束机制,确保行使好党和人民赋予的权力。重点制定党政领导干部考核工作条例、纪律检查机关监督执纪工作规则、党内关怀帮扶办法、组织处理办法等党内法规;修订中国共产党党员权利保障条例、中国共产党纪律处分条例、中国共产党问责条例、中国共产党党内法规制定条例等党内法规。修订完善信息、督查、机要密码工作等方面的法规制度。《规划》强调,要认真抓好组织实施。列入本规划的制定项目,绝大多数要在 2021 年前完成。承担中央党内法规起草任务的部门和单位要高度重视,加强组织领导,制定工作方案,确保完成好党中央交给的起草任务。要深入调查研究,摸透实情、找准问题,确保每部党内法规都质量过硬,立得住、行得通、管得了。各级各类党组织要切实把执规责任扛起来,加大宣传教育、监督检查、问责追责力度,以钉钉子精神抓好党内法规贯彻落实。

主要参考文献

一、著作类

[1]《马克思恩格斯选集》第1～4卷，人民出版社2012年版。

[2]《列宁选集》第1～4卷，人民出版社2012年版。

[3]《毛泽东选集》第1～4卷，人民出版社1991年版。

[4]《邓小平文选》第1～3卷，人民出版社1993、1994年版。

[5]《彭真文选(1941～1990年)》，人民出版社1991年版。

[6]《习近平谈治国理政》，外文出版社2014年版。

[7]《习近平谈治国理政》第2卷，外文出版社2017年版。

[8]《习近平关于全面从严治党论述摘编》，中央文献出版社2016年版。

[9]王惠岩：《政治学原理》，高等教育出版社2006年版。

[10]王沪宁、林尚立等：《政治的逻辑——马克思主义政治学原理》，上海人民出版社2016年版。

[11]张文显：《法哲学范畴研究》，中国政法大学出版社2001年版。

[12]季卫东：《大变局下的中国法治》，北京大学出版社2013年版。

[13]王韶兴主编：《政党政治论》，山东人民出版社2011年版。

[14]王长江：《政党论》，人民出版社2009年版。

[15]俞可平：《治理与善治》，社会科学文献出版社2000年版。

[16]张恒山：《义务先定论》，山东人民出版社1999年版。

[17]景跃进、陈明明等:《当代中国政府与政治》,中国人民大学出版社 2016 年版。

[18]宋功德:《党规之治》,法律出版社 2015 年版。

[19]王振民、施新州等:《中国共产党党内法规研究》,人民出版社 2016 年版。

[20]柯华庆主编:《党规学》,上海三联书店 2018 年版。

[21]中央中共办公厅法规局:《中央党内法规和规范性文件汇编(1949 年 10 月～2016 年 12 月)》,法律出版社 2017 年版。

[22]中共中央文献研究室编:《十六大以来重要文献选编》(下),中央文献出版社 2008 年版。

二、论文类

[1]张文显:《迈向科学化现代化的中国法学》,《法制与社会发展》2018 年第 6 期。

[2]宋功德:《坚持依规治党》,《中国法学》2018 年第 2 期。

[3]王伟国:《国家治理体系视角下党内法规研究的基础概念辨析》,《中国法学》2018 年第 2 期。

[4]李林:《科学定义“党内法规”概念的几个问题》,《东方法学》2017 年第 4 期。

[5]付子堂:《法治体系内的党内法规探析》,《中共中央党校学报》2015 年第 3 期。

[6]李树忠:《党内法规与国家法律关系的再阐释》,《中国法律评论》2017 年第 2 期。

[7]王振民:《党内法规制度体系建设的基本理论问题》,《中国高校社会科学》2013 年第 5 期。

[8]周叶中:《关于中国共产党党内法规建设的思考》,《法学论坛》2011 年第 4 期。

[9]周叶中:《关于中国共产党党内法规体系化的思考》,《武汉大学学报》(哲学社会科学版)2017 年第 5 期。

[10]周叶中、邓书琴:《论中国共产党党内法规的价值取向——以党员义务和党员权利为视角》,《中共中央党校学报》2018 年第 4 期。

[11]周叶中、汤景业:《论宪法与党章的关系》,《中共中央党校学报》2017 年第 3 期。

[12]莫纪宏:《坚持党的领导与依法治国》,《法学研究》2014 年第 6 期。

[13]莫纪宏:《党内法规体系建设重在实效》,《东方法学》2017 年第 4 期。

[14]莫纪宏:《论党章的最高效力》,《西北大学学报》(哲学社会科学版)2017 年第 5 期。

[15]姜明安:《论党内法规在依法治国中的作用》,《中共中央党校学报》2017 年第 2 期。

[16]秦前红:《依规治党视野下党领导立法工作的逻辑与路径》,《中共中央党校学报》2017 年第 4 期。

[17]秦前红、苏绍龙:《党内法规与国家法律衔接和协调的基准与路径——兼论备案审查衔接联动机制》,《法律科学(西北政法大学学报)》2016 年第 5 期。

[18]肖金明:《为全面法治重构政策与法律关系》,《中国行政管理》2013 年第 5 期。

[19]肖金明:《论通过党内法治推进党内治理——兼论党内法治与国家治理现代化的逻辑关联》,《山东大学学报》(哲学社会科学版)2014 年第 5 期。

[20]肖金明:《全面推进依法治国理论与实践创新》,《山东社会科学》2015 年第 1 期。

[21]肖金明:《法治中国建设视域下依法执政的基本内涵与实现途径新探》,《山东大学学报》(哲学社会科学版)2015 年第 3 期。

[22]肖金明:《关于党内法治概念的一般认识》,《山东社会科学》2016 年第 6 期。

[23]肖金明:《法治中国建设从宪法出发》,《法学论坛》2016 年第

3 期。

[24]肖金明:《论党内法治体系的基本构成》,《中共中央党校学报》2016 年第 6 期。

[25]肖金明:《法学视野下的党规学学科建设》,《法学论坛》2017 年第 2 期。

[26]肖金明:《推进法治社会理论与实践创新》,《法学杂志》2017 年第 8 期。

[27]肖金明、冯晓畅:《新时代以来党内法规研究的回顾与展望——以 2012～2018 年 CNKI 核心期刊文献为分析对象》,《党内法规理论研究》2018 年第 1 期。

[28]肖金明、冯晓畅:《治理现代化视域下党内法规的定位——兼与"党内法规是软法"商榷》,《四川师范大学学报》(社会科学版)2019 年第 1 期。

[29]李会勋、肖金明:《党内法规的价值维度研究》,《中共四川省委党校学报》2017 年第 3 期。

[30]汪全胜、黄兰松:《党内法规的可操作性评估研究》,《中共浙江省委党校学报》2017 年第 3 期。

[31]王建芹:《法治视野下的党内法规体系建设》,《中共浙江省委党校学报》2017 年第 3 期。

[32]王耀海:《党内法规的制度定位——马克思主义法学探索之四》,《东方法学》2017 年第 4 期。

[33]刘长秋:《论党内法规的概念与属性——兼论党内法规为什么不宜上升为国家法》,《马克思主义研究》2017 年第 10 期。

[34]李忠:《构建依规治党法规制度体系研究》,《西北大学学报》(哲学社会科学版)2017 年第 5 期。

[35]王勇:《正确把握国家法律与党内法规之间的关系》,《理论视野》2017 年第 4 期。

[36]伍华军:《论党内法规的基本范畴》,《法学杂志》2018 年第 2 期。

[37]陆宇峰:《依规治党与依法治国相统一的原理和要求》,《当代世

界与社会主义》2017 年第 1 期。

[38]沈国明:《论依法治国、依法执政、依规治党的关系》,《东方法学》2017 年第 4 期。

[39]周悦丽:《制度治党的法理与逻辑》,《新视野》2017 年第 5 期。

[40]屠凯:《党内法规的二重属性:法律与政策》,《中共浙江省委党校学报》2015 年第 5 期。

[41]邹庆国:《党领导依法治国的推进路向与制度构建》,《新视野》2015 年第 2 期。

[42]邹庆国:《党内法治:管党治党的形态演进与重构》,《山东社会科学》2016 年第 6 期。

[43]周望:《论党内法规与国家法律的关系》,《理论探索》2018 年第1 期。

[44]张立伟:《中国共产党党内法规的正当性论证——基于党内法规与国家法的关系视角》,《中国法律评论》2018 年第 1 期。

[45]苗雨:《中国共产党党内法治的历史发展和经验总结》,《山东社会科学》2016 年第 6 期。

[46]李先涛:《法治中国建设的核心基础与行动指引》,《东岳论丛》2016 年第 12 期。

[47]张海涛:《如何理解党内法规与国家法律的关系——一个社会系统理论的角度》,《中共中央党校学报》2018 年第 2 期。

后　记

本书已经超出了传统法学的视野和观念，超越了传统法治的框架和格式，在考察中国共产党党内法治历史经验的基础上，分析党内法规制度现象，研究党内法治实践活动，深化党内法治理论研究，形成了"理论—历史—制度—实践"的党内法治研究框架体系。本书着眼于完善和发展中国特色社会主义制度，推进国家治理体系和治理能力现代化的战略目标，坚持党的领导、人民当家作主、依法治国有机统一的中国特色社会主义法治道路，以及坚持依法治国、依法执政、依法行政共同推进，法治国家、法治政府、法治社会一体建设，依规治党、依法执政、依法治国有机统一的中国法治新理念新思想新战略，科学阐释了"党的治理现代化—依规治党、法治政党—依法执政、依法行政—依法治国、法治国家—国家治理现代化"的法治中国逻辑体系。

本书侧重于理论创新，围绕本书主题展开的相关研究，旨在提升党内法规研究学理化水平，推动党内法规学学科化进程，并以此参与推进新时代法学变革，立足于党领导人民治国理政理论创新、制度创新和实践创新的历史性成就，着力于对实践中的中国法的形态和体系的新变化作出学理阐释，以丰富发展中国特色社会主义法治理论体系，创新发展中国特色风格气派的法学知识体系、理论体系和话语体系。

本书回应了"党内法规是法吗?"的质疑，持守党内法治理论与实践命题的价值和意义，以党内法规—党内法治为基础范畴，构建包括依规治党—依法执政、党的建设—党的领导、党内民主—党内权威、党规权利—党规权力在内的概念体系。本书提出了“党内法规是软法吗?”的疑问,科学合理地为党规定位,对党规与国法之间相对独立性、高度关联性的复杂关系作出合理阐释,在党的政策、党内法规与国家法律三位一体中界定党规与国法的关系。本书主张党内法规“归政”“姓党”“属法”的多重属性观点,以及马克思主义理论、政治学、党建学和法学等学科交叉和跨学科研究的重要性,尤其强调法学方法研究党内法规和法治现象的重要意义。

本书被纳入国家出版基金资助计划,并受到国家社科重大项目“推进党内法治理论与实践创新研究”课题组的支持。本书的作者是一个学术群体,主要成员有冯威(山东大学)、相焕伟(山东农业大学)、苗雨(山东政法学院)、陈一远(山东大学)、陈光(大连理工大学)、冯晓畅(山东大学)等,相焕伟对本书的成稿付出了更多的努力。与本书作者关系密切的诸多学者对本书都有贡献,他们是中国法学会王伟国研究员,中国政法大学王建芹教授,复旦大学刘红凛教授,国家法官学院施新州教授,山东大学汪全胜、门中敬、方雷教授,山东政法学院刘炳君教授等。对上述学者的帮助和贡献,一并感谢!

本书为提升党内法治研究学理化水平、推进党内法规学学科化所作的努力是初步的,一些观点、论证未必周延甚至不一定准确,诚请学界同仁评正。

肖金明
2018 年 12 月